Découvrez l'histoire par les archives de presse

RETRONEWS

Le site de presse de la BnF

www.retronews.fr

ANNUAIRE OFFICIEL

DES

JOUETS & JEUX

DES

BAZARS

Bimbeloterie, Articles de Paris

ET DES

INDUSTRIES ANNEXES

PUBLIÉ SOUS LE PATRONAGE

DE LA

Chambre Syndicale des Fabricants des Jouets et Jeux de Paris

PAR

A. CLAVEL

Édition 1897

BUREAUX

36, Rue de Dunkerque, 36

PARIS

PRIMES EXCEPTIONNELLES — A NOS LECTRICES

Si vous désirez posséder l'une des meilleurs

MACHINES A COUDRE

adressez-vous directement

A LA MAISON D. BACLE 46, RUE DU BAC

15 f. en Prime — *Garantie 2 Années*

A cette époque de l'année elle livre dans un but de grande propagande à titre de **PRIME-ÉTRENNE**, trois modèles de ses superbes machines à des prix réellement exceptionnels : Valable jusqu'à fin Décembre 1894.

1° L'ÉTINCELLE BACLE, charmante petite machine à main à un fil, de qualité garantie, est livrée **en Prime** contre mandat de **15 fr.** *franco* de tous frais.

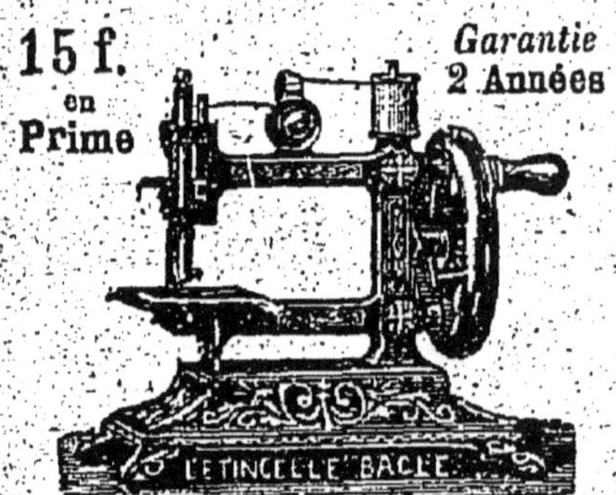

L'ÉTINCELLE BACLE A 1 FIL

PRIX Exceptionnel 55 fr. Franco d'emballage et de port en toute la France

COMPLÈTE d'accessoires et des **GUIDES** désignés — **QUALITÉ** garantie 3 années

2° La VOYAGEUSE BACLE n° 6, belle et grande machine également à main, mais à deux fils faisant le point de navette bien perlé et indécousable, **en prime** contre mandat de **55 fr.** Elle pique droit, petits plis, ourle ouate.

L'emballage de ces deux machines à main est *gratis*, le port, par exception, est également *franco* en toute la France.

LA VOYAGEUSE BACLE N° 6

Étrennes 1894 — 89 f.

3° **LA FAMILLE** très belle et parfaite machine sur pied à roulettes, richement décorée, table en noyer d'amérique avec bord à frise, mètre et bande marqueteries, dévidoir automatique, bien complète d'accessoires et de tous les guides. Cette dernière est par exception expédiée *franco* de tous frais gare d'arrivée en toute la France, excepté pour les colonies, contre mandat de **89 fr.** Sa qualité irréprochable est garantie sur facture **3 années**.

NOTA. — *Les trois modèles désignés ci-contre sont la propriété exclusive de la* **Maison D. BACLE**. *Toute machine livrée avec dénomination pareille n'est qu'une imitation de qualité inférieure que l'acheteure doit soigneusement éviter.*

La **Maison D. BACLE**, qui est fondée depuis un quart de siècle, n'a aucun dépôt ni succursale, elle est bien connu d'un grand nombre de Lectrices de notre *Journal* ; son succès, qui est dû à la préférence des acheteurs, est motivé par l'application sérieuse du principe qu'elle a adopté dès son début, vendre bon marché est entièrement de confiance les modèles de machines à coudre les mieux perfectionnées, les plus douces, et les plus complètes.

Toutes les commandes faites avec indication des avantages offerts par notre organe seront immédiatement exécutées.

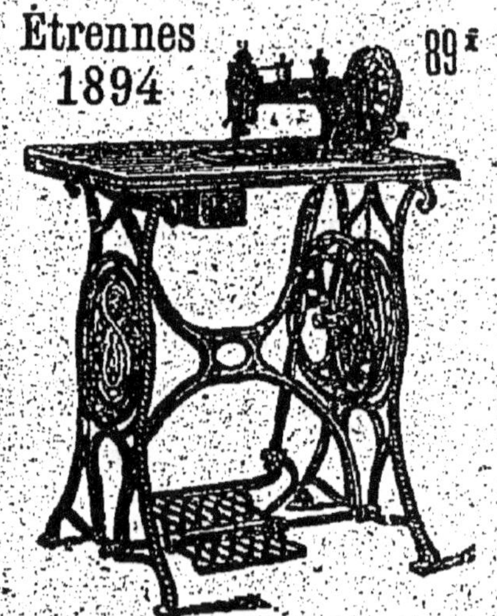

LA FAMILLE N° 1

Modèle exact livré avec leçon gratis dans Paris, ou bien **franco** de port et d'emballage dans toute la France.

EN PRIME 89 fr.

S'adresser uniquement au Fabricant : Maison D. BACLE

PARIS — 46, Rue du Bac, 46 — PARIS

Seul Propriétaire des Célèbres Machines à **PÉDALE MAGIQUE**, *Brevetée et Médaillée*

ANNUAIRE OFFICIEL

DES

JOUETS & JEUX

DES

BAZARS

Bimbeloterie, Articles de Paris

ET DES

INDUSTRIES ANNEXES

PUBLIÉ SOUS LE PATRONAGE

DE LA

Chambre Syndicale des Fabricants des Jouets et Jeux de Paris

PAR

A. CLAVEL

Édition 1897

BUREAUX :

36, Rue de Dunkerque, 36

PARIS

NOTICE

Les annuaires généraux qui embrassent, en un seul livre volumineux et incommode, toutes les branches des affaires et du commerce, ne répondent plus qu'imparfaitement aujourd'hui aux exigences d'une industrie spéciale.

Leur cadre est forcément beaucoup trop vaste et leurs indications, sommaires et incomplètes en raison même de leur abondance, sont absolument insuffisantes pour le spécialiste.

Aussi des annuaires particuliers sont-ils devenus indispensables pour les industries de quelque importance. Ne s'occupant que de celle à laquelle ils se consacrent, spécialisant leurs informations, ils peuvent être rédigés avec une compétence appréciée, fournir des renseignements spéciaux et rendre les plus grands services à tout une corporation.

Plusieurs publications, conçues dans cet ordre d'idées, ont obtenu un véritable succès et sont hautement estimées par tout le commerce spécial auquel elles s'adressent.

Par une exception singulière, seule, en France, à côté d'autres plus favorisées bien que moins développées, l'importante industrie des Jouets et Jeux ne possédait pas son annuaire particulier.

Quelle autre cependant le méritait mieux que cette industrie éminemment française, dans son esprit comme dans ses produits, et qui fait connaître au monde entier, par l'exportation, le goût artistique et le génie inventif du fabricant français et parisien, que partout on admire et qu'on voudrait en vain imiter ?

Malgré son rôle actif dans la formation de notre richesse nationale, il manquait au commerce des Jouets et Jeux français cet organe spécial où se trouvent réunis tous les renseignements utiles concourant à un même but, où tous les membres de la vaste famille que forme cette industrie peuvent se sentir les coudes et se considérer comme chez eux.

C'est de cette idée qu'est né l'**Annuaire des Jouets et Jeux** qui peut être appelé, en venant combler cette lacune, à rendre les plus grands services à la corporation toute entière, si tous ceux que la question intéresse veulent bien, chacun selon ses moyens, et dans un but de commune utilité faciliter la tâche de l'éditeur, toujours difficile au début d'une création nouvelle.

En assurant ainsi le succès de l'ouvrage ils travailleront pour eux car ils permettront de le mettre en plus grand nombre entre les mains des acheteurs de tous les pays et dans les Consulats et Chambres de commerce de l'étranger.

Déjà, *la Chambre syndicale des fabricants de Jouets et Jeux de Paris*, avec une parfaite intelligence des services qu'on peut attendre de cette publication, a fait preuve d'une louable initiative et d'une bienveillance particulière en lui accordant son *patronage officiel* et en encourageant les efforts de l'auteur par la lettre textuellement reproduite ci-après (page 10) comme la meilleure et la plus efficace recommandation qu'il puisse invoquer auprès de tous ceux qui s'occupent de cette intéressante industrie.

L'auteur se félicite également de pouvoir, à l'apparition de ce premier volume, remercier ici tous ceux qui ont bien voulu lui permettre de fonder une œuvre durable en lui accordant leurs précieux concours.

De même il croit pouvoir compter pour l'avenir sur toutes les promesses bienveillantes faites en vue de l'aider à élever cet annuaire à la hauteur du rôle utile qu'il doit remplir en faveur de toutes les industries groupées autour de l'intelligente fabrication des jouets et jeux français.

UTILITÉ DE L'OUVRAGE

L'Annuaire officiel des Jouets et Jeux est appelé à rendre de réels services à tous les commerçants, à toutes les industries, — et elles sont très nombreuses, — qui concourent à la fabrication et à la vente des jouets et jeux français dans le monde entier.

LES FABRICANTS y trouveront un auxiliaire fort utile pour faciliter l'écoulement des produits de leur fabrication par des débouchés nouveaux.

Cet annuaire est en effet très largement répandu chez les commissionnaires et acheteurs de Paris et de la Province ainsi que dans toutes les Chambres de Commerce françaises et auprès de beaucoup de Consulats et chargés d'affaires de France à l'étranger, où il représente la corporation avec la souscription et l'appui des Ministères des Affaires Étrangères, du Commerce et des Colonies.

Les fabricants ont donc le plus grand intérêt à y faire insérer la nomenclature aussi complète que possible de tous leurs articles afin d'augmenter les indications spéciales qui feront de cette utile publication un guide indispensable à consulter pour les acheteurs de tous les pays.

Ils y trouveront aussi, groupés pour la première fois, des renseignements nouveaux, n'existant nulle part ailleurs, et précieux, autant pour l'achat des fournitures si variées nécessaires à la fabrication du jouet, que pour offrir leurs produits, envoyer leurs représentants, diriger leur publicité ou lancer des circulaires.

LES ACHETEURS en gros, commissionnaires, grands bazars, etc., de Paris, des départements, de l'étranger, et tous ceux qui s'occupent du commerce des jouets et jeux auront un avantage indiscutable à consulter cet annuaire dans lequel ils trouveront des renseignements multiples et inédits qu'ils chercheraient en vain dans les gros annuaires généraux.

L'adresse de leur maison, figurant dans cette publication qui sera entre les mains de tous les fabricants de jouets, de jeux et de bimbeloterie, attirera l'envoi des offres, prospectus et circulaires annonçant des nouveautés, occasions, articles avantageux, etc., avec leur provenance exacte.

Ils pourront également en tirer d'autres avantages résultant de l'expédition en nombre, dans les grands centres commerciaux de l'étranger, de cette publication où ils figureront parmi les maisons notables s'occupant de ce genre d'affaires.

LES FOURNISSEURS des matières premières, produits et accessoires qui entrent en si grande variété dans la fabrication des jouets et jeux ont un très grand intérêt à être connus directement des fabricants.

Il est en effet peu d'industrie nécessitant autant que celle-ci le concours des fournisseurs les plus divers apportant leurs produits destinés à la fabrication d'articles dont la variété et les modifications sont infinies.

Le classement de ces industries annexes par spécialités, n'a pas encore été fait dans ce but particulier, et rendra les plus grands services aux fabricants de jouets qui trouveront ainsi, clairement réunis, de précieux renseignements jusqu'ici disséminés dans les annuaires généraux et presque perdus au milieu de tant d'autres matières étrangères à cette industrie.

Aussi tous les fournisseurs d'articles contribuant de près ou de loin à la fabrication du jouet, trouveront-ils dans cet annuaire spécial une publicité exceptionnellement avantageuse pour les faire connaître à toute l'étendue de la clientèle des fabricants qu'ils recherchent et dans laquelle il suffit d'une seule affaire nouvelle pour rémunérer largement des frais d'une insertion.

Certes les listes qui figurent dans cette première édition n'ont pas encore l'importance et l'étendue que nous nous proposons de leur donner. Mais nous comptons apporter chaque année à cet ouvrage, de nouveaux perfectionnements qui l'aideront à atteindre le but que nous poursuivons, aidé par les industriels qui y sont intéressés.

PRÉFACE

L'idée d'avoir réuni dans ce nouvel *Annuaire* toutes les industries relatives au jouet, est doublement heureuse, puisqu'elle rendra de gros services, en même temps qu'elle permet de mieux mesurer l'importance considérable de cette fabrication spéciale. Elle prend d'année en année une extension telle, qu'elle devient une des branches les plus fortes de notre commerce ; l'on est stupéfait à la fois par le nombre des ouvriers qu'elle nourrit, et par la variété des métiers qu'elle emploie.

La plus grande diversité règne dans les jouets. Il s'est fondé à Paris, à l'exemple de ce qui se passe en plus grand à l'étranger, des musées commerciaux pour l'article jouet, spécialement. Un certain nombre de fabricants s'allient et s'unissent en société pour la vente et l'écoulement de leurs produits. Rien n'est curieux comme l'une de ces salles, où se trouvent réunis et rapprochés les échantillons de tous les articles propres à cette industrie particulière. C'est comme un concile du jouet, où tous les ordres sont représentés, depuis le bibelot à un sou jusqu'à l'automate vêtu de satin, depuis l'humble roturier jusqu'à l'aristocrate à musique. Là sont convoqués et exposés tous les spécimens de tous ordres, de la crécelle à la boîte de couleurs, du képi de général au jeu de quilles animées, de la locomotive en carton au Buffalo fumeur, du lapin à sonnette à la France électrique ; et nulle part on ne prend mieux conscience de l'infinie complexité d'une industrie qui tient à tout.

Que d'ateliers il lui faut ! Vernis, cordages, cartonnages, vaisselle et étain pour les ménages, bois découpé, fer estampé, moulages, usines colossales, établis de peinture, laboratoires de chimie, cabinets de physique, connaissances géographiques ou scientifiques, elle utilise tout et met en œuvre des milliers d'hommes.

Considérez cette petite locomotive jetée négligemment sur l'une des planchettes au milieu des cabs, tramways, puits, seaux, plats et pousse-pousse du même acabit. Elle coûte un sou : les pièces qui la composent sont solidement agrafées ; les roues sont découpées à jour, et une bavure de plomb figure suffisamment un panache de fumée. L'esprit demeure confondu quand on songe à quels progrès considérables de la science et de l'industrie on doit ce modeste bibelot, fait de deux pièces estampées, repliées, accrochées l'une dans l'autre. Il a fallu l'atelier le plus compliqué où des ouvriers gagnent péniblement leur vie à aplanir des déchets de métal, à les soumettre au mouton à vapeur, à les découper, à les souder ; il a fallu un hall immense où tous ces engins sont alignés, qu'illuminent le soir des phares électriques, où gémissent de fortes machines sous pression, que dominent de hautes cheminées, et que soutiennent de forts capitaux. Il a fallu en outre une armée d'artisans et d'ouvrières qu'on voit, le soir, penchées à la lueur de l'abat-jour dans les mansardes, et qui se hâtent pour rapporter à l'usine la tâche prescrite.

Ce qui est remarquable, c'est la bonne humeur de ces modestes ouvriers, qui prennent leur parti de leur condition, et fabriquent en sifflotant les jouets les plus comiques, quelquefois les plus drôlement satiriques. Si l'on veut descendre vers les derniers échelons de l'industrie bimbelotière, on croise le camelot, qui parcourt les boulevards en vendant les derniers cris de l'année ! Parfois il est le fabricant, le plus souvent il est l'intermédiaire entre le public et le modeste inventeur.

C'est peut-être parmi ces ouvriers ou patrons à l'esprit inventif qu'on trouve les types les plus curieux pour leur originalité, leur ingéniosité, leur don d'observation. On ne réfléchit pas assez combien il faut d'études, d'essais, de réflexion pour trouver le jouet qui séduira le public. Ce n'est pas d'hier qu'on invente des jouets, et, tout comme en littérature, il semble bien que « tout a été dit et que nous venons trop tard. » Voilà des années et des années qu'on fait des nouveautés ; ce n'est pas un filon inépuisable. Cependant le public est insatiable,

> Il lui faut du nouveau, n'en fût-il plus au monde !

Le fabricant étudie, essaie, combine, et chaque nouvelle année apporte son contingent d'inédit : cela est admirable. Ce fabricant est un observateur, et nos jouets actuels sont d'un réalisme surprenant. La salle à manger est du plus pur style Henri II, et les ustensiles de cuisine ont suivi tous les progrès de la ferblanterie moderne. Il y a des vaches que l'on trait, des automates qui gesticulent à ravir, des voitures qu'on prendrait pour ces anciens diminutifs des maîtres de corporations, tant les modèles sont exacts. Ces dames les poupées sont mises à la dernière mode ; comme elles ont dans leur étroit intérieur un phonographe et des rouages, elles parlent comme vous et moi, et si on leur donne la main, comme Faust à Marguerite, elles font moins de façons que la fille de Gœthe ; loin de répondre

> Et je n'ai pas besoin qu'on me donne la main,

elles tendent la leur, et se mettent à marcher pour vous suivre, jouant des jambes comme une grande personne, ou comme un banquier à la frontière. Tout cela n'est-il pas merveilleux ?

C'est ainsi que les nouveautés du jouet se succèdent et se produisent par contre-coup, à la suite des nouveautés de la mode, ou de la science. Mais la source la plus féconde, c'est l'actualité, que le jouet met à profit avec un à propos, un esprit et une malice qui le rendent des plus attrayants. A peine un évènement occupe-t-il l'opinion, le camelot s'élance sur le macadam à la recherche du client avec le petit objet de zinc découpé et verni qui fixe pour l'enfance les menus détails de l'histoire : une grenouille perforant l'isthme de Panama, ou Behanzin sortant d'une boîte, ou le jeu de Chicago, ou la question de la Triple-Alliance, ou l'Alliance Franco-Russe, sous les espèces d'un casse-noisettes symbolique.

Quand bien même le jouet nouveau ne signale aucune actualité, quelle diversité et quelle ingéniosité dans ses multiples avatars, depuis le riche et fastueux bébé dont les plus renommées couturières ont coupé les toilettes, jusqu'au bibelot de la boutique à treize ou à dix-neuf sous ! Parmi ces derniers, quels petits chefs-d'œuvre de mécanique et de science, et que d'études pour un résultat si peu ambitieux. Les publications savantes elles-mêmes s'occupent de ces humbles découvertes qui sont les plus heureuses applications des lois scientifiques, dans leur rigoureuse simplicité, comme ce petit chef-d'œuvre qui est la poupée écuyère, ou encore le bicycliste, la locomotive, le pêcheur à la ligne ou le meunier prévoyant !

Le jouet a suivi les progrès de la civilisation ; toutes les sciences lui ont apporté leurs découvertes, et le petit baby, en se jouant des hochets modernes qu'on lui donne, devient électricien, mécanicien, physicien, chimiste, photographe, opticien, géographe, jusqu'à humilier père et mère.

Le jouet scientifique est une des plus étonnantes inventions de ce siècle. On prétend qu'il existait depuis longtemps, et que Héron d'Alexandrie fabriquait déjà des *éolipyles* qui étaient de petits tourniquets à vapeur. Depuis, l'enfance est devenue plus exigeante et mieux servie. On aurait peine à croire combien d'ingéniosité on dépense pour instruire les enfants en les amusant par des boîtes d'optique, de géographie, d'électricité, de géométrie, de dessin. Ce sont des jeux de loto ou de cartes pour lesquels il faut savoir les sous-préfectures sous peine d'être grevé d'amendes ; ce sont des listes où la question est liée télégraphiquement à la réponse, et un timbre sonne quand le joueur a posé ses deux clés sur les boutons qui se correspondent : alors, le silence de sa boîte est la leçon du petit ignorant.

Son âme aussi, et son cœur et sa conscience, subissent l'influence décisive des jouets dont il s'amuse. Sans aller jusqu'à réclamer, comme certains physiologues, qu'on commence l'éducation des enfants avant leur naissance il y a lieu de se préoccuper de la question morale dans la question du jouet.

Il faudrait veiller avec grand soin aux jouets qu'on donne aux enfants, de manière qu'ils ne reçoivent dès le jeune âge que de belles et profitables impressions. Hippolyte Rigaut s'emportait parce qu'il voyait donner aux babys des hochets à grelots, qui lui semblaient désagréables et assourdissants, propres à leur inculquer une éducation musicale des plus sauvages.

— Ils débutent dans la vie par une fausse note, disait-il.

Il insistait sur l'influence des premières impressions reçues : elles persistent et se prolongent sous toute la trame de la vie. Or, elles nous viennent en grande partie par le jouet, qui est le premier instrument d'étude de l'enfant; il est à l'origine de nos connaissances et de nos observations, à une époque où le jeu ressemble singulièrement à un travail.

Observez l'enfant qui joue : quelle attention, quelle étude, quel travail que ce jeu ! Il examine, retourne, palpe, mesure, analyse l'objet qu'il tient ; il le scrute, l'interroge, le déchire, le dissèque, en étudie les ressorts cachés, c'est la plus minutieuse des enquêtes: on dirait un savant à l'affut d'un secret de la nature. Il meuble son esprit de notions qu'il ignorait; il apprend le monde en se jouant.

De là vint le souci de livrer aux mains de l'enfant des objets propres à éveiller les instincts esthétiques, soit par leurs proportions, soit par leur aspect extérieur, à la différence de ces horribles poupées en bois, de Nuremberg, dont le corps semble un squelette et dont les articulations semblent des allumettes chevillées. A ce compte, l'enfance de notre temps arrive à point, car jamais on ne vit de joujoux plus flatteurs à l'œil, ni plus artistiques, par la forme et les couleurs.

Il y a plus d'affinité qu'on ne croit entre la fillette et celle qu'elle appelle sa fille. Elle lui donne son affection, sa confiance, elle lui fait ses confidences, elle veille à son éducation, la sermonne, la gronde, lui pardonne. C'est aussi une amie fidèle vers laquelle elle se réfugie quand elle a un gros chagrin, par ce besoin qu'ont les femmes d'avoir un ami et un appui. Michelet a bien joliment noté ce trait de mœurs de la fillette :

« Elle commence son rôle de femme ; toujours sous l'autorité, elle gémit un peu de sa mère, comme plus tard de son mari. Il lui faut une petite, toute petite confidente, avec qui elle soupire! De quoi? De rien aujourd'hui peutêtre, mais de je ne sais quoi, qui viendra dans l'avenir. C'est surtout l'hiver, au foyer, que vous observerez la chose, quand on est plus renfermé et qu'il y a moins de mouvement extérieur. Un jour qu'on l'a un peu grondée, vous la voyez dans un coin envelopper tout doucement le moindre objet, un petit bâton peut-être, de quelques linges, d'un morceau d'une des robes de sa mère, le serrer d'un fil au milieu, et d'un autre un peu plus haut, pour marquer la taille et la tête, puis l'embrasser tendrement et le bercer : « Toi, tu m'aimes, dit-elle à voix basse ; tu ne me grondes jamais. »

La poupée est un être, une personne, qui occupe une grande place dans l'existence de l'enfant, et qui éveille chez la petite fille les premiers sentiments d'amour maternel, comme les premières impressions, qu'elle n'oubliera pas. Son imagination toute jeune et toute fraîche lui prête des qualités, des goûts, des habitudes, une réciprocité d'affection qui est touchante, qui fait éclore en elle l'instinct de ses futurs devoirs, et le pressentiment de son avenir. C'est comme le premier et vague prélude de la maternité. Le grand poète qui pratiqua de façon si tendre l'art d'être grand père, Victor Hugo, ne s'y était pas trompé, quand il écrivait : « Se figurer que quelque chose est quelqu'un, tout l'avenir de la femme est là. Tout en rêvant et tout en jouant, tout en faisant de petits trousseaux et de petites layettes, tout en cousant de petites brassières, l'enfant devient jeune fille, la jeune fille devient grande fille, la grande fille devient femme : le premier enfant continuera la dernière poupée. »

Léo CLARETIE.

REPRODUCTION
de la Lettre de Recommandation en faveur de l'Annuaire adressée à M. CLAVEL, Éditeur.

CHAMBRE SYNDICALE

DES

FABRICANTS DE JOUETS ET JEUX

(Anciennes Chambres Syndicales de la Bimbeloterie et des Fabricants de Jouets Français Réunies)

Siège social : Place de la République, N° 8ᵇⁱˢ, PARIS

Paris, le 18 juin 1892.

La Chambre syndicale des fabricants de Jouets et Jeux recommande à tous les membres de la corporation et à tous ceux qui s'intéressent à l'industrie du Jouet français, le nouvel

ANNUAIRE OFFICIEL DES JOUETS ET JEUX

auquel elle accorde son patronage moral à l'exclusion de toute autre publication analogue.

Cet ouvrage, d'après le plan exposé par M. Clavel, est appelé à rendre des services à notre corporation et nous croyons que chacun d'entre nous doit encourager cette publication qui ne demande aucune subvention et dont l'éditeur compte, pour la développer et la répandre, sur la bienveillance de tous ceux qui s'occupent de notre industrie.

En accordant à M. Clavel notre appui moral pour un annuaire devant comprendre tous les renseignements utiles aux fabricants et aux acheteurs de Jouets et Jeux, nous pensons qu'il rencontrera parmi tous les intéressés le même accueil favorable, indispensable au succès et au développement de l'ouvrage, que notre Chambre syndicale a bien voulu lui accorder.

Le Président

DE LA CHAMBRE SYNDICALE DES JOUETS ET JEUX

G. VICHY.

CHAMBRE SYNDICALE

DES

FABRICANTS DE JOUETS & JEUX

Anciennes Chambre syndicales de la Bimbeloterie et des Fabricants de Jouets Français réunies

SIÈGE SOCIAL : HOTEL MODERNE, PLACE DE LA RÉPUBLIQUE

STATUTS

La Chambre syndicale des Fabricants de Jouets et Jeux, réunie en Assemblée générale, à Paris, après en avoir délibéré, a adopté les Statuts dont la teneur suit :

ARTICLE PREMIER

Entre tous les Membres faisant actuellement partie des Chambres syndicales de la Bimbeloterie et des Fabricants de Jouets français, entre tous les citoyens français, jouissant de leurs droits civils exerçant la profession exclusive de Fabricants de Jouets et Jeux, et adhérant aux présents Statuts, il est formé en France, un Syndicat professionnel sous le titre générique de : **Chambre Syndicale des Fabricants de Jouets et Jeux.**

ARTICLE II

1º Le Siège de la Chambre est fixé et son domicile social est établi à Paris, place de la République, *Hôtel Moderne* ;

2º Le domicile social de la Chambre pourra être transféré en tout autre endroit sur avis conforme des Syndics.

ARTICLE III

Cette Chambre a pour mission :

1º De représenter cette industrie près le Gouvernement et les autorités, soit en matière de douanes, de tarifs de commerce, etc., de provoquer la modification ou l'amélioration des tarifs qui la concernent, de défendre la cause et les intérêts du groupe syndical dans quelque circonstance que ce soit, et par les moyens que le Syndicat croira devoir employer tels que, publication de journaux, recueils, etc. ;

2º De faciliter les rapports entre ses différents membres ;

3º De régler à l'amiable toutes les contestations qui lui seront soumises par les intéressés et qui sont de sa compétence, d'instruire les affaires qui pourraient être soumises à son arbitrage par des Tribunaux Civils ou de Commerce, de concilier les parties, si faire se peut, ou dresser un rapport s'il y a lieu ;

4º D'examiner toutes les propositions et réclamations qui pourraient lui être faites soit par écrit, soit verbalement, et de prendre toutes les mesures utiles aux intérêts qu'elle représente.

ARTICLE IV

1º La Chambre syndicale est représentée vis-à-vis de la corporation par dix-huit Syndics élus en Assemblée générale, au scrutin de liste et à la majorité absolue des Membres présents ;

2º Dans le cas où le premier tour de scrutin donnerait un résultat négatif ou incomplet, il serait immédiatement procédé à un second tour de scrutin et les Syndics restant à élire seront élus à la majorité relative des Membres présents.

ARTICLE V

Les Syndics nomment eux-mêmes leur Bureau, qui sera composé de : un Président, deux Vice-Présidents, un Trésorier et deux Secrétaires dont un Secrétaire-Adjoint élus parmi les Syndics et rééligibles tous les ans. Ne pourra faire partie du Bureau tout Fabricant ayant des attaches à une industrie de détail ou de commission.

La durée des pouvoirs du Président sera fixée ultérieurement.

Les Syndics sont élus pour trois ans et renouvelables par tiers chaque année. Les Syndics sortants sont rééligibles. En cas de vacances survenues dans l'intervalle par suite de démission ou de décès, les Syndics en exercice remplaceront les Syndics décédés ou démissionnaires en élisant en leurs lieu et place d'autres membres de la Chambre, et les nouveaux Syndics, ainsi élus, fonctionneront valablement jusqu'à la plus prochaine Assemblée générale.

Cependant, dans le cas où le Syndicat se trouverait réduit à moins de neuf Membres, par suite de démission collective, l'Assemblée générale devra être aussitôt convoquée pour qu'il soit procédé aux élections complémentaires.

Article VI

Les Syndics nomment eux-mêmes leur Bureau, qui sera composé de : Un Président, deux Vice-Présidents, un Trésorier et deux Secrétaires, dont un Secrétaire-Adjoint, élus parmi les Syndics. Ne pourra faire partie du Bureau, tout Fabricant ayant des attaches à une industrie de détail ou de commission.

Les Syndics sont élus pour trois ans et renouvelables par tiers chaque année. Les Syndics sortants sont rééligibles à l'exception du Président qui ne pourra être élu que pour une année et ne sera rééligible qu'une année après avoir quitté la Présidence.

Article VII

Le Président est chargé de la direction des travaux de la Chambre et des Assemblées générales, du maintien de l'ordre et du tour de parole dans les Séances, du résumé des questions avant les votes et de la proclamation du résultat de ces votes. C'est au Président que doivent être adressées les communications relatives à la Chambre. Les deux Vice-Présidents sont chargés d'assister le Président et de le remplacer.

Les deux Secrétaires sont chargés de rédiger les procès-verbaux des Séances, de veiller à la conservation des archives de la Chambre et de présenter chaque année à l'Assemblée générale, après en avoir donné communication au Syndicat, le compte-rendu du travail annuel de ladite Chambre.

Article VIII

Les Syndics se réuniront au Siège social, le troisième vendredi de chaque mois, sauf pendant les vacances, sur la convocation du Secrétaire de la Chambre.

Le Bureau a la faculté de changer le jour de réunion mensuelle, dans le cas où la question de local rendrait ce changement nécessaire.

Sur la demande motivée de cinq des Syndics ou de dix Membres de la Chambre, les Syndics devront être convoqués par le Président.

Tout Membre de la Chambre pourra assister avec voix consultative seulement aux délibérations des Syndics.

Article IX

Toute demande d'admission devra être adressée par écrit au Président de la Chambre et sera soumise par lui aux Syndics qui statueront dans les conditions requises par la loi et conformément aux présents Statuts.

Article X

La cotisation annuelle est fixée à la somme de 12 francs, payable en une seule fois et d'avance, sur l'acquit du Trésorier ; toutefois, il sera défalqué sur les cotisations arrivant en cours d'année, une somme égale au nombre de trimestres écoulés.

L'année syndicale commence le 1er Avril et finit le 31 Mars de chaque année, et c'est dans ce dernier mois que devra avoir lieu l'Assemblée générale.

Article XI

La cotisation est individuelle et obligatoire.

Tous les associés et intéressés d'une même maison peuvent chacun faire partie de la Chambre et participer à son fonctionnement, mais deux associés ne peuvent en même temps faire partie du Bureau.

Tout Membre de la Chambre peut se retirer de l'Association, quand il le juge à propos, mais il doit au préalable acquitter sa cotisation de l'année courante, conformément à l'article VII de la loi du 21 Mars 1884, dont la teneur suit :

« Art. VII. — Tout Membre d'un Syndicat « professionnel peut se retirer à tout instant « de l'Association, nonobstant toute clause « contraire, mais sans préjudice du droit pour « le Syndicat de réclamer la cotisation de « l'année courante. »

Article XII

L'Assemblée générale est souveraine. Elle se compose de l'universalité des Membres de la Chambre, jouissant du droit d'assister à ses délibérations.

Elle est convoquée par le Président de la Chambre, par convocations spéciales à domicile, et présidée de droit par lui ou en cas d'empêchement par l'un des Vice-Présidents.

Elle élit les Syndics, ratifie leurs élections complémentaires, prend connaissance du rapport annuel du Président sur les travaux du Syndicat et du rapport annuel du Trésorier, sur la situation financière de l'Association.

Elle connaît en dernier ressort de toutes les contestations qui pourraient lui être soumises soit par ses Membres, pour faits professionnels, soit par d'autres Chambres syndicales.

Elle prescrit l'emploi des fonds syndicaux provenant soit des cotisations de ses Membres, soit des dons et legs faits à la Chambre.

Ses décisions font force de loi entre ses Membres même absents. Elles résultent de procès-verbaux, signés par le Président et les Membres du Bureau, et consignés dans un registre spécial, déposé au Siège social et mis à la disposition des Membres de la Chambre.

L'Assemblée délibère, régulièrement convoquée, quel que soit le nombre des Membres présents.

La convocation de l'Assemblée générale, pour être régulièrement faite, devra être insérée dans un journal désigné par le Syndicat.

MEMBRES DE LA CHAMBRE SYNDICALE

DES

FABRICANTS DE JOUETS & JEUX

COMPOSITION DU BUREAU ANNUEL

Exercice 1892-93

Président : M. Vichy (NC) ✥.
Vices-Présidents : MM. A. Chauvin et F. Martin.
Trésorier : M. Chevrot.
Secrétaires : MM. Lafosse et Gavot.
Syndics : MM. Charpentier, Dumont, Du Val, Hallé, Jumeau, Lamagnère, E. Lefèvre, Loiseau, Montcharmont, Péan, Wogue, Delachal.

Exercice 1893-94

Président : M. F. Martin.
Vice-Présidents : MM. Hallé et E. Lefèvre.
Trésorier : M. Chevrot.
Secrétaires : MM. Gavot et Perret.
Syndics : MM. Chauvin, Charpentier, Delachal, Dumont, Du Val, Girard, Lamagnère, Loiseau, Moncharmont, Péan, Vichy et Wogue.
Transports — Douanes : MM. Chevrot, Dumont, Du Val, Hallé, Loiseau.
Admissions : MM. Dumont, Vichy.
Finances : MM. Chevrot, Delachal.
Marque de Fabrique : MM. Dumont, F. Martin, Moncharmont.
Journal : MM. Chauvin, Dumont, Gavot, Lefèvre, Perret, Wogue.
Banquet : MM. Hallé, Lefèvre, Delachal, Du Val.

MEMBRES ADHÉRENTS

H. ALEXANDRE	Ex-Fabricant (publiciste)	Rue Montorgueil, 49.
ASTRUA	Jouets articulés et habillés	Boul. de Ménilmontant, 36.
BARRÉ	Jouets en fer	Rue des Couronnes, 87.
BAZILLE	Cordes à sauter	Faubourg du Temple, 83.
BAZIN	Jeux de Salon et de Jardin	Rue Christiani, 13.
BIGOT	Instruments de musique	Rue Vieille-du-Temple, 74.
BLANCHARD-DEGUETTARD	Ballons et Jouets à musique	Rue Saint-Charles, 83.
BONTEMPS	Oiseaux et Tableaux à musique	Rue de Cléry, 72.
BOURGEOIS	Boîtes de couleurs	Rue du Caire, 31.
BOUCHARD	Chiens sauteurs. Jouets pneum.	Rue Morand, 11.
BUFFARD	Jouets en détail	Passage de l'Opéra, 3.
CARRÉ	Cartonnages pour cotillon	Rue Amelot, 120.
CARRIÈRE	Glaces et Cadres pour poupée	Boul. Richard-Lenoir, 115.
CHARPENTIER	Cartonnages artistiques	Avenue de Montsouris, 34.
CHAUVIN	Jouets habillés	Rue Oberkampf, 15.

MEMBRES ADHÉRENTS

Cohen	Jeux cartonnages	Rue-Oberkampf, 37.
Chevrot	(Ex-fabricant)	Rue Lamandé, 9.
A. Chauvin (nc)	Fusils, Sabres, Panoplies	Rue Charlot, 24
Courtot	Animaux, Jouets	Rue Oberkampf, 125.
Couturier	Parures pour poupées	R. du Grenier-St-Lazare, 31.
Crauser	Animaux en laine	Rue Montmorency, 44.
Danel	Bébés nus et habillés	Montreuil, r. des Ecoles, 64.
David	Cartes d'enfants, Lotos, etc	Rue Saint-Merry, 23.
Dehan	Surprises, Articles de Pâques	R. des Francs-Bourgeois, 50.
Dehors et Deslandres	Jouets en métal et faïence	Rue des Haudriettes, 8.
Delachal	Jouets en caoutchouc	Rue Saint-Sabin, 58.
Denancy	Chevaux et voitures	Rue N.-D.-de-Nazareth, 7.
Derolland	Jouets en caoutchouc	Boulevard Sébastopol, 71.
Douillet	Bébés nus et habillés	Rue Pastourelle, 8.
Dumont	Croquets, Quilles, etc	Rue Charlot, 7.
Dumont	Meubles de Poupée, Bijouterie	Rue Folie-Méricourt, 101.
Dumoutier	Ex-fabricant	Rue Beaurepaire, 6.
Duseaux	Médailles	Rue Pastourelle, 29.
Dutheil (Petitjean) Suc'.	Voitures et Chevaux mécaniques	Rue Saint-Maur, 96.
Du Val	Cartonnages, etc	Rue des Archives, 55.
Falk-Roussel	Bébés nus, etc	Quai Jemmapes, 220.
Fruit (Ed.)	Théâtres, Guignols	Rue Rebeval, 59.
Gavot	Ménages, Faïence, Porcelaine	Rue des Vinaigriers, 50.
Gerbeau	Soldats de plomb, Ménages métal	Rue Charlot, 32.
Girard	Bébés et Poupées nus et habillés	Boulevard de Strasbourg, 1.
H. Giroud	Ballons en peau	Rue Aumaire, 47.
Grandpierre	Jouets mécaniques	Boul. Bonne-Nouvelle, 2.
Guépratte	Bébés et Fournitures	Montreuil, r. des Ecoles, 64.
Guillory	Jouets habillés à mouvement	Rue des Archives, 81.
Hallé	Jouets carton moulé	Rue Boulard, 7.
Hanau	Appareils photographiques	Boul. de Strasbourg, 27.
Hesse (Aug.)	Poupées et Bébés habillés	Rue des Haudriettes, 3.
Jacquemin	Armes d'enfants	Rue Saint-Maur, 220.
Jost	Jeux de courses, Roulettes	Rue Oberkampf, 120.
Jumeau	Bébés nus et habillés	Rue Pastourelle, 8.
Lafosse	Bébés, nus et habillés	Rue d'Avron, 60.
Lamagnere	Constructions, Cubes	Rue de Turenne, 129.
Lambert	Jouets mécaniques	Rue Portefoin, 13.
Lardenois	Jouets en métal	Rue du Chemin-Vert, 146.
E. Lefèvre	Jouets en fer blanc	Rue Gambey, 15.
Lefèvre (Fern.)	Jouets en métal	Rue Gambey, 15.
Lemaitre	Jeux de tonneau, Etablis	Rue de la Justice, 24.
Loiseau	Tambours, Jouets mécaniques	Rue Charlot, 12.
Mallein	Voitures d'Enfants et poupées	Passage Prady, 96.
Manon	Jouets en métal	Rue du Petit-Thouars, 10.

MEMBRES ADHÉRENTS

MARBAIS	Perruques et Poupées habillées.	Rue Beaubourg, 73.
MARTIN	Voitures, Tombereaux, etc....	Rue Aumaire, 31.
F. MARTIN	Jouets mécaniques, fer....	Boul. de Ménilmontant, 90.
MAY (ELIE)	Bébés nus et habillés	Rue de Saintonge, 64.
MERCIER (HENRI)	(Ex-Fabricant)	Rue Saint-Maur, 168.
MOLET	Jouets en tous genres	à Villeneuve-s-Lot (Lot-et-G)
MONGÉ	Jouets scientifiques.	R. des Francs-Bourgeois, 17.
MONTCHARMONT	Masques en tous genres	Rue du Temple, 114.
OUACHÉE	Jouets en détail	Rue de Rivoli, 156.
PARAIN	Jouets en cartonnages.	Faub. Saint-Martin, 11.
PAVY	Masques	Rue Saint-Denis, 144.
PÉAN (ALPH.)	Jouets en métal	à Creil (Oise).
PÉAN	Ménages, Faïence, Porcelaine...	Faubourg du Temple, 96.
PERRET	Jouets en cartonnages.	Rue Vaucanson, 6.
PHALIBOIS	Pièces et Tableaux à musique.	Rue Charlot, 22.
POUDRA	Kaleidoscopes, etc.	Rue Pastourelle, 30.
RABÉRY	Bébés habillés et nus, etc.	Rue des Archives, 63.
RADIGUET	Voitures, Cerceaux, etc	Rue Chapon, 18.
RENOU	Jouets habillés, Marottes	Rue Montmorency, 19.
ROITEL	Jouets en métal	Av. de la République, 160.
ROSSIGNOL (CH.)	» »	Av. de la République, 160.
ROULLEAU	Tambours, Jouets mécaniques.	Rue Charlot, 12.
SENDER	Jouets en fer blanc	Rue Saint-Maur, 140.
SEVETTE (AINÉ)	Tambours et Jouets mécaniques.	Rue Barbette, 6.
TALLON	Raquettes pour Law-Tennis.	Saint-Quentin, r. Calixte-Soupplet, 18.
TANTET	Jouets en métal	Rue du Petit-Thouars, 10.
VALETTE	Voitures et Jouets	Montreuil, r. de l'Ermitage 24
VICHY (NC)	Jouets mécaniques	Rue Montmorency, 36.
VINCENT (PAUL)	Voitures, Chevaux mécaniques.	R. du Château-d'Eau, 29 bis.
VIX (LÉON)	(Maison Chauvin)	Rue Charlot, 24.
WERTHEIMER	Poupées et Bébés habillés.	Rue du Temple, 148.
WOGUE	Cartonnages	Rue Michel-le-Comte, 23.
WURTH	Cosaques, Coiffures en papier.	Rue Chapon, 17.
YVARD	Bateaux à Vapeur	Faub. du Temple, 123.

LES RÉUNIONS MENSUELLES DE LA CHAMBRE

ont lieu

le troisième vendredi de chaque mois à 8 h. 1/2 du soir

AU SIÈGE SOCIAL :

8 bis, place de la République (Hôtel Moderne), PARIS

COTISATION ANNUELLE : 12 FRANCS

donnant droit au service du journal (page 16)

MARQUE DE FABRIQUE

DU JOUET FRANÇAIS

La Chambre syndicale des Fabricants de Jouets français a déposé au Greffe du Tribunal de Commerce de la Seine, le 1er Juin 1886, sous le n° 23,795, une marque de fabrique dont nous donnons le fac-simile.

La Chambre syndicale, dans le but de développer l'industrie nationale, accorde l'autorisation de se servir de cette marque à tout industriel français qui en fera la demande.

Il suffit de justifier de sa qualité de fabricant français.

S'adresser, pour les renseignements à la Chambre syndicale, le troisième vendredi de chaque mois, Hôtel Moderne, place de la République.

LE

JOUET FRANÇAIS

BULLETIN MENSUEL

Organe de la Chambre syndicale des Fabricants de Jouets & Jeux

SECRÉTAIRE DE LA RÉDACTION
ET ADMINISTRATEUR
G. GAVOT

ADMINISTRATION ET RÉDACTION
50, RUE DES VINAIGRIERS, A PARIS, 50

Gérant :
A. CHAUVIN

COMITÉ DE RÉDACTION :

MM. CHAUVIN ⚜, DUMONT, GAVOT, E. LEFÉVRE, P. PERRET, WOGUE

ABONNEMENTS : Pour une année, 2 francs.

AVIS

☞ Toutes les communications, demandes de volumes, etc., concernant l'*Annuaire*, doivent être adressées au Bureau de la publication et au Directeur :

M. A. CLAVEL, 36, rue de Dunkerque, PARIS.

qui accueillera avec reconnaissance tout renseignement ou avis, toute rectification ou proposition de nature à améliorer l'ouvrage et à le rendre plus profitable à tous.

Plusieurs documents qui n'ont pu être prêts pour cette première édition figureront à la prochaine qui contiendra, entre autres améliorations, de nombreux renseignements statistiques entièrement inédits; la date de la fondation des principaux bazars des départements, la population des localités permettant d'apprécier le chiffre d'affaires, etc.

FABRICANTS DE JOUETS ET JEUX

DE PARIS

CLASSÉS PAR ORDRE ALPHABÉTIQUE

AVEC

Leurs adresses et indications de leurs principales spécialités

Abadie (G.), fabricant de billards, rue Meslay, 54.

Abat (Paul), imprimeries enfantines, rue Joquelet, 2.

Achard (Justin), tabletier, rue de l'Entrepôt, 26.

Adline, fabrique de sifflets et médailles, petits couverts. (*Voir annonce* page suivante), rue Duris, 9.

Adt frères ✳, jouets et bimbeloterie, rue Turbigo, 45.

AIVAS (Albert) directeur du *Comptoir français de photographie*. Appareils et fournitures photographiques, propriétaire des plaques extra-rapides *à l'as de cœur*. **Téléph.**, rue Vivienne, 39. (*Voir annonce* ci dessous).

Alexandre (A.), toupies, rue Charlot, 75.

Alliance de la fabrication française des jouets, rue des Petites-Ecuries, 9.

Alphonse Wogue et Lévy (G. *voir* Wogue et Lévy), jeux en cartonnages, rue Michel-Lecomte, 28.

Alphonse Wermeister, boîtes de ménage en fer blanc, cuisines complètes, arrosoirs, hochets, grand choix de petits jouets pour surprises, rue d'Eupatoria, passage Notre-Dame-de-la Croix, 13.

Amenc, billes et accessoires de billards, rue de la Fidélité, 5.

André, jouets divers, rue Réaumur, 32.

André (L. A.), ballons à musique, rue Volta, 45.

André-Vincent, pantins mouvementés, marottes à musique, pièces pour cotillons, rue Pastourelle, 4.

Armand (Mme), poupées et jouets habillés, rue de Clichy, 36.

Arondel jeune (Vve Jacquelin, successeur), tentes pour jouets d'enfants, faub. Saint-Martin, 122 et 124.

ARTHAUD brev. s. g. d. g., rue des Fontaines-du-Temple, 7 fb. de jeux en tabletterie et cartonnage, dominos, dés à jouer, fiches et jetons, damiers, lotos, échecs, jonchets, osselets, marques de jeux, etc. — Osserie, boîtes à ouvrage, brodeuse sur verre, mercerie, tapisserie avec métiers, boîtes de jeux réunis, nouveautés tous les ans, Fontaines-du-Temple, 7. (*Voir Annonce, ci-dessous.*)

ARTHAUD (*Maison Arthaud*), sans succursale spéciale pour cafés, cercles et casinos, propriétaire des dominos **pans ronds**, E. B., marque déposée, faub. Saint-Martin, 48. **Téléph.** (*Voir annonce ci-après.*)

Astrua (L.) (successeur de H. Lourme), grande fabrique de jouets habillés mécaniques et articulés, propriété exclusive et garantie de fabrication française. Com. Export., boulevard Ménilmontant, 36. (*Voir annonce, page suivante*).

At (Henri), jouets scientifiques et autres, rue Parc Royal, 5.

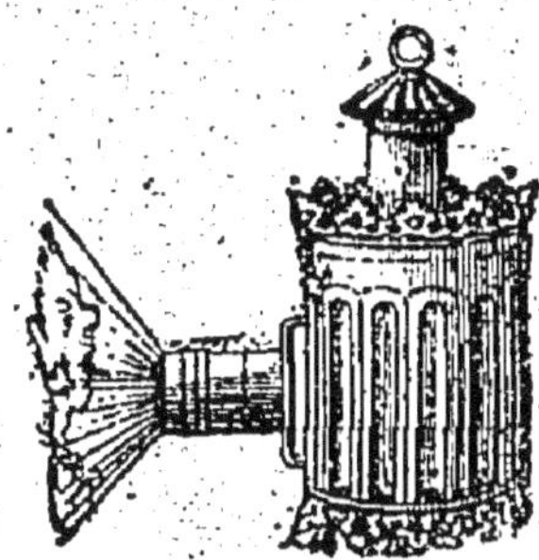

Aubert (mais.). Ed. Lapierre successeur. Fabrique de LANTERNES MAGIQUES, fantasmagorie, lampascopes: rélleclroscopes, appareils de projection, et sujets mécanisés, physique amusante, médaille à l'exposition universelle de Paris, 1878, quai Jemmapes, 38.

Aubin, poupées habillées, rue Thévenot, 8.

Auer-Fontaine (Victor), voitures jouets, rue de Lyon, 57 et 59.

Au Paradis des Enfants, Ouachée, grand choix de nouveautés en jouets d'enfant, jeux de société et de jardins, cartonnages instructifs, bébés parlants et poupées articulées, pièces mécaniques, voitures d'enfants, articles pour cotillon (vente et location), articles exclusifs, loto des chemins de fer, artifices pour salons et jardins, illuminations, lance-ballons, etc., rue de Rivoli, 156 et rue du Louvre, 1. (*Voir annonce.*)

Avoiron (H.), marque de fabrique (H. A.), ancienne maison A. Petitnicolas. Jouets en fer blanc et métal fondu. Boîtes de soldats, ménages, chapelles. Nouveaux modèles tout e l'année. Spéc. de jouets à la grosse pour surprises. Trompettes, sujets et sifflets bon marché. Chemins de fer, omnibus, tramways, voitures, roues en plomb, rue Rébéval, 53.

Avoiron (P.), jouets, rue des Trois-Bornes, 1.

Bacon (V.), jouets, rue du Faub-du-Temple, 2.

BACUS (Vᴱ E.). Maison fondée en 1859, mention honorable expos. 1889, fabricant de jouets d'enfants, chevaux en carton, bergeries en boîtes et sur planches, animaux vernis laine et demi-laine en tous genres, soufflets insecticides, art. de nouveautés, com. export., rue Beaubourg, 49.

Bader (Hugo), boîtes à feu, rue Amelot, 56.

Bahuand et Pradel, jeux de salon et jardin, rue du Temple, 83. (Voir Pradel success.)

Bail (Vᵈ et fils), jouets, rue Rivoli, 210.

Baillot-Bary, ancienne maison Suffourt, raquettes, jeux de grâce, rue de Boulets, 66.

Ballu (E.). A l'étoile d'Or. — Spécialité de bébés nus et habillés, lanternes, ballons et artifices. Com. export., rue St-Denis, 76.

Bancilhon (L.) fils, billards, rue Sedaine, 42 bis.

Bapst et Hamet, ballons réclames, rue N.-D. de Nazareth, 39.

Barbey, guides brassards, quai Jemmapes, 16.

Barbier (A.), jouets en carton, animaux veloutés avec tête mobile, moulage à façon, rue des Récollets, 3.

Barbier (S.) fils, billes et billards, rue Borda, 3 et rue Montgolfier, 10.

Bardin (E.) et Cᵉ, appareils photographiques, lanternes magiques et à projections, stéréoscopes, fournitures pour les arts, l'optique et les sciences mathématiques, rue des Sts-Pères, 53 (Voir annonces pages 20 et 21.)

Barraillon (M.), abats-jour, supports, illuminations et drapeaux, rue Vieille-du-Temple, 106.

Barré (H.), chemins de fer mécaniques, rue des Couronnes, 87,

BASSÉE et MICHEL jouets électriques, rue de Bondy, 92. (Voir annonce).

OFFICE CENTRAL DE PHOTOGRAPHIE E. BARDIN & Cᴵᴱ
47, rue de Rennes, PARIS

APPAREILS PHOTOGRAPHIQUES
DEPUIS 40 FRANCS

Les plus complets — Les mieux construits — Les plus perfectionnés

Avec tous leurs accessoires pour portraits, groupes, paysages, reproductions scènes instantanées

Donnant des épreuves du format 9 × 12, 13 × 18, 18 × 24

APPAREILS A MAIN POUR LA PHOTOGRAPHIE INSTANTANÉE

Nombreux modèles à partir de 40 francs

CONSULTER LE CATALOGUE SPÉCIAL DES APPAREILS PHOTOGRAPHIQUES

Envoyé gratuitement sur demande

FABRIQUE DE JOUETS ÉLECTRIQUES
BASSÉE & MICHEL

PARIS		PARIS
92, rue de Bondy, 92		92, rue de Bondy, 92

TÉLÉGRAPHES		**RÉVEILS ÉLECTRIQUES**
A PILES SÈCHES		A PILES SÈCHES
Nécessaire de Galvanoplastie		Boîtes d'expériences électriques
TÉLÉPHONES		FANTAISIES ELECTRIQUES
A PILES SÈCHES		MODÈLES VARIÉS
—o—		—o—

Moniteur électrique

Il donne par la mise en fonction automatique d'une sonnerie la réponse juste à des questions d'histoire, de géographie, etc., instructives et amusantes

Bascaule, fabr. de billards, r. de la Roquette, 90.

Bataille (P.), billards, billes, draps, queues, procédés, jetons de jeux pour cercles et casinos, tout est vendu à petit bénéfice et entièrement de confiance, catalogue et prix courants envoyés franco. (*Téléphone.*)

Balard (Emile), jeux de salons, boul. Ménilmontant, 59.

Bathias (P.), voitures pour enfants et poupées, rue du Temple, 83. (V. Passerat succ.)

Bau (Max.), bimbeloterie et quincaillerie de bazar, rue N.-D. de Nazareth, 20.

Baudry (A.), jeux pour limonadiers, passage Industrie, 3.

BAUER fabr. de jouets d'enfants tels que chevaux, chats, chiens, moutons, bœufs, animaux bêlants en tous genres, têtes mouvementées, conservation contre les mites, boul. de la Villette, 114.

Bazille (R.), filets, filets à provision, porte-gibiers, etc. Cordes à sauter, corderie pour gymnastique, cordages, ficelles de toutes sortes, rue du Faub.-du-Temple, 83.

Bazin (A.), jeux pour salons et cercles, r. Gravilliers, 7.

Bazin (G.), jeux de jardins, r. Christiani, 13.

Beauchamps, bimbelotier, fb. St-Antoine, 216.

Beaufils, bimbelotier, rue des Pyrénées, 43.

Beaulande, brouettes pour enfants, boul. Ménilmontant, 14.

Beauté (J. et A.), bimbeloterie, rue du Faubourg-du-Temple, 23.

Beausillon (A.), jouets, rue aux Ours, 23.

Bédouille, billards, rue Titon, 15.

Bélin (Vᵉ), jeux de grâce, rue Gravilliers, 75.

Bellevaux (A.), jouets mécaniques, rue du faub.-Saint-Martin, 11.

Bénard, jouets cartonnages, rue Levert, 14.

Benoit fils et Romain, jouets en tous genres, fabr. de jeux de cubes et jouets en carton incassables, billes en tous genres, rue des Archives, 63.

Bensa et Souwien, jouets, passage du Ponceau, 38, 40.

Bernard (Gustave), balles papier avec élastiques, passage Léon, 7.

BERNARDIN-BÉCHET ET FILS librairie enfantine illustrée, quai des Augustins, 58. (*Voir annonce*).

Bernheim (M.), jouets pour bimbelotiers, rue des Haudriettes, 2.

Bertaux (E.), jeux géographiques, rue Serpente, 25.

BERTOLA (A.) aîné. Fabric. de jouets mécaniques

coqs chantants, chèvres et moutons bêlants, marmites à surprises, oiseaux et animaux en tous genres marchants et roulants, articles pour Pâques, articles nouveaux tous les ans, rue Moret, 32.

Bertrand (L.) jouets en tous genres, r. Michel-le-Comte, 31. (Voir Morand succ.)

Bertrand (Mme), jouets français, place Thorigny, 4.

Bertrand, jouets, rue des Canettes, 26.

Besnard (C.), jouets, rue N.-D. de Nazareth, 66 et 53.

Besnier (Ch.), guides et attelages d'enfants, rue Beaubourg, 89.

Bideau et Cie (J. G.), balles et ballons, avenue de la République, 174.

Bigot, (brev. S. G. D. G.), 21 récompenses. Instruments de musique en carton dits *Bigophones* comiques pour sociétés, fêtes, noces, etc. Tous modèles déposés, rue Vieille-du-Temple, 74.

Bigot (J.), cordes à sauter, rue Grenier Saint-Lazare, 19.

Billy (Ch.), lanternes magiques, rue de la Comète, 14.

Bisson (A.), manufacture de petits meubles en fer en tous genres, spécialités de lits pour poupées, garnis ou non garnis, rue de Belleville, 253, (Cité Lemière, 6).

Blanchard (A.), jeux de jardins, rue Ménilmontant, 18.

Blanchard-Deguittard, (H. Pottier, succ.), spécialité de ballons, rue Saint-Charles, 83. Dépôt, rue de l'Échiquier, 48.

Blanchon, armes pour enfants, rue de Saintonge, 4.

BLOCK (A.) Editeur

Maison spéciale d'Editions Photographiques Fondée en 1862 pour STÉRÉOSCOPE, COSMOS, PANORAMAS, DIORAMAS et la PROJECTION (Lanternes magiques), Articles spéciaux pour Bazars et Directeur de Musées forains. Vues noires, coloriées, Dioramiques transparentes, Verres, Cercles et tous les Accessoires. Marque de fabrique B K. Téléphone relié avec la France et l'Etranger. A PARIS, boulevard de Sébastopol, 91. *Prix courants et Catalogues spéciaux sur demande affranchie.* (*Voir annonces*).

BOLANT (maison Vve Privé fondée en 1823). Spécialité de meubles pour poupées, chambres, salons et salles à manger, seul fabricant de ce genre d'articles, rue Grenier Saint-Lazare, 16, au 4°. (*Ne pas confondre avec le magasin du 1er. Voir annonce page 23*).

Bon, bimbeloterie, rue Saussure, 21.

Bonnesœur (Vve), fabrique de volants, raquettes, jeux de grâce, boîtes de jeux garnies de raquettes et volants, r. St-Martin, 251.

Bonnet et Cie, jouets scientifiques et instructifs, rue Paul Lelong, 7.

Bonnichon-Fontaine, voitures d'enfants, boulevard St-Germain, 26.

BONTEMS oiseaux chanteurs et sujets automatiques, rue de Cléry, 72. *(Voir annonce)*.

Borreau (G.), boul. Voltaire, 43.

Bartoli frères, rue de l'Entrepôt, 23.

Bossu (J.), tambourins, mandolines, rue St-Denis, 215.

Bottelin, billards, rue Fontarabie, 12.

BOTTELOUP père, fabr. de navires à voiles de toutes grandeurs, paquebots, cotres, goëlettes, bricks, clippers, spécialité de coques pour amateurs, bateaux anglais, ancres, canots, canons et périssoires. comm., export. Rue de la Mare, 71. (*Voir annonce page 23*).

BOUCHARD (A.), automates, pièces pneumatiques de toutes tailles, bébés pneumatiques, poupées nageuses dernier modèle, animaux sauteurs, roulants et mouvementés, poupées pneumatiques. jouets scientifiques et instructifs, jouets pneumatiques, chiens et animaux sauteurs. Personnages pneumatiques. Rue Morand, 11.

BOUCHER (Dᴱ.), Cerceaux, roues, petites roulettes tonneaux, *baguettes*, *bâtons*, voitures osier, rue Oberkampf, 125. (Cité Grisier, 10).

Boucher (Vve), poupées, rue Chapon, 58.

Bouchet (Ad.), poupées nues et habillées, rue des Petites Écuries, 13.

Boucley (P. E.), rue d'Hauteville, 23.

Boucley, Thomas, Barbou, Clerc et Cie, Appareils de gymnastique, 12, boulevard Sébastopol. (Voir *Corderie centrale*).

Bourcier (J.), jouets en métal, sifflets. ménages, soldats, etc., rue de Saintonge, 43. (*Voir annonce*).

Boudard (E.), articles en fonte pour bazars, rue de l'Asile Popincourt, 5.

Bourgeois aîné, boîtes garnies de couleurs *sans danger* pour enfants, pastels en étui, couleurs sans danger pour la décoration des jouets, boîtes garnies et accessoires divers pour tous les genres de dessin et peinture, rue du Caire, 31. (*Voir annonce*).

BOURGOGNE, fabricant de jouets, cerfs-volants, drapeaux, tambours à main, parachutes, théâtres, acteurs, théâtres-guignols, rue des Amandiers, 29.

Bourguet (Germain). voitures pour enfants, rue Oberkampf, 104.

Boursier, jouets, rue du Bac, 67.

Bourson (L.), rue Nationale, 174.

Boussuge, jouets en cartonnages, rue Saint-Martin, 36.

Boutteville (F.), jouets automatiques, fabrique de jouets mécaniques automates et pièces à musique, pièces pour vitrines, haute fantaisie, rue de Poitou, 15.

Bouvard, cartonnages, rue Charlot, 28.

Bouvier, poupées et bébés, rue Froissard, 5.

Bouvier (M.), rue des Archives, 67.

Bray, rue du Four-Saint-Germain, 44.

BREGMAN (H. S.) (marque Vici), fabrique de ballons en celluloïd multicolores, articles de réclame, glaces de poche, calendriers,

imitation ivoire et écaille, phototypie en celluloïd, spécialité de filets pour ballons, rue de l'Argonne, 24.

Bresson, billards, tourniquets, rue de Lyon, 122.

Breton, bimbeloterie, rue Pixérécourt, 76.

Bréval (Paul), confetti et serpentins, rue Mouton-Duvernet. 6.

Brion, rue des Gravilliers, 22.

Brissonnet (H.), ballons baudruches, boul. Sébastopol, 86. (Voir annonce.)

Brocheton, bimbeloterie, rue Vieille-du-Temple, 36.

Bronchy, jouets fantaisie. papillons roulants, rue des Amandiers, 59.

BRU, (Paul Girard succes.), bébés et poupées, grande manufacture du BÉBÉ BRU, boul. de Strasbourg, 1 et 3. (Voir P. Girard).

BRU JEUNE (E. Rambour, succ.), poupées et bébés, jouets nouveaux, boul. Bonne-Nouvelle, 2. (Voir E. Rambour).

BRULIN & CIE (ancienne maison Braud fondée en 1816), fabr. d'arcs, flèches et arbalètes, carquois, jeux de fléchettes avec paillasson, spéc. pour théâtres, faub Saint-Martin, 59 (ci-devant même faub., 75).

Brun (Vve et fils), rue des Halles, 19.

Brunat (Marcelin), trompettes d'enfants, rue Du Petit-Thouars, 18.

Brunessaux (H.), jouets caoutchouc, rue St-Denis, 89.

Buathier (L), fabr. spéc. de cerceaux, baguettes cintrées à la vapeur, cerceaux à timbre et à plusieurs timbres, cerceaux couleur à grelots, cerceaux de choix et échasses, voitures, chevaux bois naturel et vernis de différents modèles et jouets nouveaux, rue Michel-le-Comte, 25.

Buchmuller (G.), fabr. de jouets, spécialités pour la crèche, ménagères et pâturages en boîtes, animaux drapés et empeaussés en tous genres, rue Piat, 50.

Buffard (G.), passage de l'Opéra, 3.

Bugleau et Courtot, animaux articulés, rue Oberkampf, 125 (cité Griset, 14).

Burtin et Cie, rue Folies-Méricourt, 110.

Bussière-Messier, jeux de salons et jardins, rue des Mignottes, 32.

Cabot, jouets, rue de la Villette, 98, pass. Longcheval, 7.

CAPENDU (A.), imageries, librairie enfantine, constructions, décalcomanies, albums, broderie, etc., rue des Haudriettes, 3. (*Voir annonce*).

CARCHON-COYEN (H.), succ. de COYEN, (O) exp. univ. Paris 1878, (A) Paris 1879, (A) Bruxelles 1880, (A) Barcelonne 1888, fabrique générale de jeux en cartonnage, tels que : patiences, atlas-patience, merceries et tapisseries en boîtes et en valises, jeux instructifs et de sociétés, boîtes et malles de jeux réunis, loteries, boîtes de constructions et de physique, découpures sur bois et sur carton tirs, ombres chinoises, boîtes de perles et de fleurs, services à thé et de table, caba-rets, toilettes, etc., en porcelaine et faïence blanche et décorée, en coffrets et en paniers vannerie, pour enfants et poupées, articles riches et ordinaires, articles nouveaux chaque année, Turenne, 38, usine hydraulique et à vapeur, à Ligny (Meuse). (*Voir annonce*).

Caron (A.), spéc. de bébés incassables fins et ordinaires, mignonnettes, habillage riche et fantaisie, polichinelles et marottes musique et autres, jouets mouvementés, habillage de toutes nouveautés nouvellement paru. Maison fondée en 1876, rue du Grand Prieuré, 6.

Caron-Nugues, ménages en boîtes, paniers fantaisies, jouets bois, scies, échelles, claquettes, plumiers, râteaux, pelles, etc., rue St-Sébastien, 39.

A. CAPENDU

PARIS, 3, RUE DES HAUDRIETTES, 3, PARIS

DÉPOT GÉNÉRAL

Des Éditeurs d'Épinal, de Pont-à-Mousson, de Nancy, de tout ce qui se fait en **imagerie** ordinaire dorée, jeux, décors, **constructions**, bonnes aventures, etc.

Librairie enfantine illustrée.

Pour tous les prix, depuis le **0.05** cent. jusqu'à **5** francs pièce.

Seul Dépôt d'Albums : DÉCALCOMANIE ET ALBUMS, BRODERIE

(*Fabrication française, marque A.-C. PARIS*)

Jeux divers tels que : Cerfs-volants, oiseaux japonais, billes, balles, toupies, cordes à sauter, etc.

USINES A VAPEUR A LIGNY (MEUSE)

H. CARCHON-COYEN

Successeur de COYEN

(BRONZE) Exposition universelle Paris 1878. (ARGENT) Paris 1879. Bruxelles 1880. Barcelone 1888.

PARIS — 16, rue des Minimes, 38, rue de Turenne — PARIS

FABRIQUE GÉNÉRALE DE JEUX EN TOUS GENRES

Damiers. — Dominos. — Trictracs. — Cornets et dés à jour. — Echecs. — Lotos. — Bostons. — Fiches et Jetons. — Plaques de cercle os, ivoire et nacre gravées. — Nains jaunes. — Bogs. — Tapis et Marques de jeux. — Presse-cartes. — Porte-menus. — Solitaires. — Jonchets. — Osselets. — Jeux de société. — Cubes. — patiences. — Alphabets. — Jeux d'assaut, de cheval blanc, de steeple, etc... — Boîtes de physique et de jeux réunis. — Tirs. — Loteries. — Valises et boîtes de tapisserie, mercerie, perles, couleurs. — Ménages, cabarets, toilettes, thés faïence et porcelaine, (pour enfants) en boîte ou en vannerie (*Voir Jouets aux spécialités*).

CARRÉ, émailleur, souffleur de verre, sujets religieux, croix, navires, chandeliers, lustres, services en cristal, fleurs en émail, canards, cerfs, chiens, oiseaux, plumes, fils de verre, boules argentées pour tir, bouilleurs de Francklin pour la force du sang, impasse Fessart, 4, (Belleville).

Carré, lanternes magiques, boul. Richard-Lenoir, 120.

Carré, accessoires de cotillon, rue Amelot, 120.

Carrière, glaces pour poupées, boul. Richard-Lenoir, 115.

CARUE ☼ ✳ [N. C.], fabricant de corderie, breveté s. g. d. g., cordes, cordages, câbles, ficelles et fils en tous genres, articles de GYMNASTIQUE pour bébés, enfants, jeunes gens, hommes, balançoires de tous modèles, HAMACS en tous genres pour bébés, enfants et grandes personnes, membre du jury hors-concours, 18 diplômes d'honneur, 68 médailles d'honneur (O) (V) (A), etc., rue Saint Denis, 269, Paris.

Cassanet, rue St-Denis, 119.

Chabiron, tirs hygiéniques à sonneries, boul. St-Germain, 58.

CHACHEREAU, confetti multicolores, r. de l'Orillon, 33 (*Voir annonce.*)

Chalory, poupées, rue Pastourelle, 22.

Chaillou (A.), fabr. de voitures pour enfants et poupées, vélocipèdes et dogcarts, chevaux mécaniques, voitures anglaises, rue des Amandiers, 64.

Chamaux (Auguste), orgues automates, rue Oberkampf, 130.

CHAMPAGNE (F.), fabrique de meubles pour poupées, ameublements complets, usine à vapeur, rue St-Sébastien, 9.

Champion, jouets, rue Puget, 10.

Chapon (A), fabr. de raquettes et lapins, diables en boîtes, tapis à cartes et jeux de grâces, cerceau national, (déposé), rue des Gravilliers, 63.

CHARDON et PION, (E. PION, successeur), fabr. de jeux de salons et jouets, billards anglais et chinois, billards carambolages, toupies, diablotins et hollandaises, jeux de baraqu et jeux polonais, etc.., passe-boules, jeux de jacquet, jeux divers pour forains, nouveaux modèles tous les ans. Usiné à vapeur. (*Voir Annonces*, E. PION), rue des Gravilliers, 16.

Charon, fusils, jouets d'enfants, faub. du Temple, 99.

Charpentier, jouets, rue du Temple, 122.

Charpentier (Ch.), jouets cartonnages, chevaux à jupons, quilles, passe-boules, œufs de Pâques, imitations à surprises, têtes grotesques, avenue de Montsouris, 34.

Chartier, jouets en verre, faubourg du Temple, 83.

Chaufour, (au *Bonheur des enfants*). Poupées et bébés, boulevard Malesherbes, 43.

CHAUVET (A. G.) ancienne maison Fruchier-Toussaint, fabricant breveté s. g. d. g. de stéréoscopes monocles, graphonopes et appareils photographiques en boîtes complètes. (TÉLÉPHONE) (*Voir annonce*), rue St-Maur, 214.

Chauvière, jouets, boulevard des Capucines, 27.

Chauvin (H), jouets habillés, rue Oberkampf, 15.

Chenel, jouets, rue Quincampoix, 35.

CHAUVIN (A.) [N. C.] (O) ✪, fabrique spéciale de fusils de chasse, chassepot, gras et Lebel à répétition, (breveté s. g. d. g.) carabines à air comprimé, Flobert, arbalètes à arc, etc., Pistolets divers systèmes, sabres d'infanterie et cavalerie de tous modèles et fantaisies, gibernes, épaulettes, artillerie, casques et cuirasses, carniers couteaux de chasse. Panoplies de toutes armes et tous uniformes, guides-ceinture et guides-brassards, fouets, outils de jardinage ordinaires et fins, clairons, trompettes, cors de chasse, pistons et instruments de musique en cuivre, toupies à ressorts et à musique, rue Charlot, 24 et 26.

CHÉNOT (J.) fabricant de chevaux de bois en tous genres, chevaux à roulettes, à bascules, au pas et au galop, chevaux de manège, spécialité de chevaux pommelés, comm. export, rue Fontaine-au-Roi, 56.

Chenu, rue Saint-Denis, 119.

ANCIENNE MAISON QUÉRAT & CHAUVIN

A. CHAUVIN [N. C.] Successeur

MANUFACTURE DE JOUETS

24 et 26, rue Charlot, 24 et 26

PARIS

MAISON AYANT OBTENU LES PLUS HAUTES RÉCOMPENSES
DANS CES ARTICLES

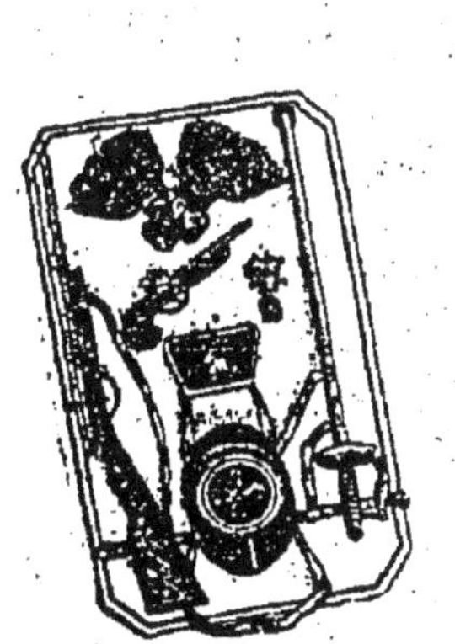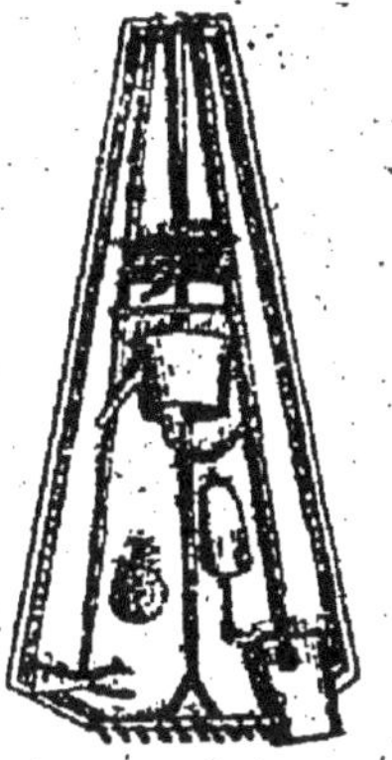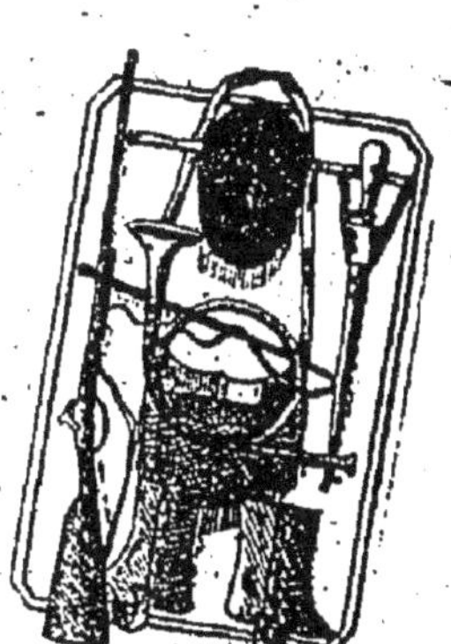

PANOPLIES TOUTES ARMES

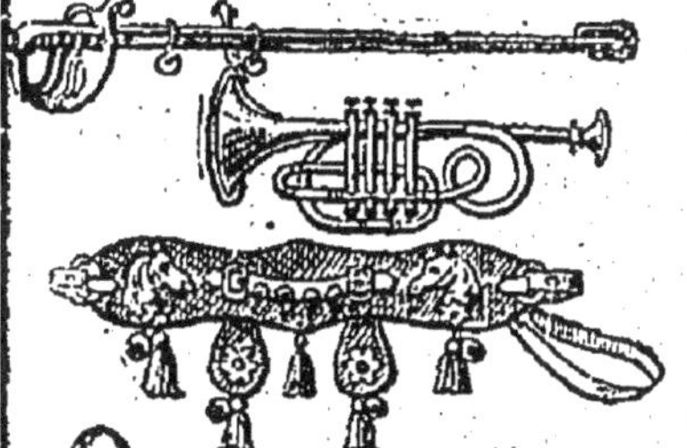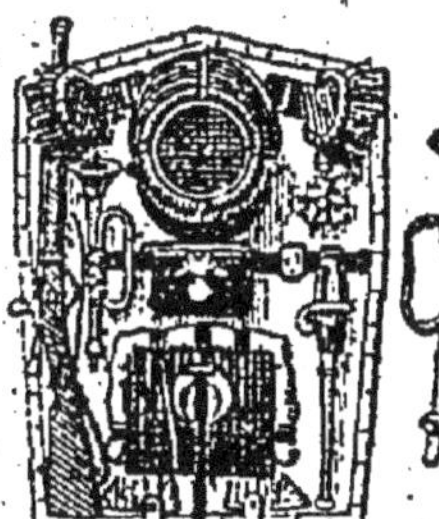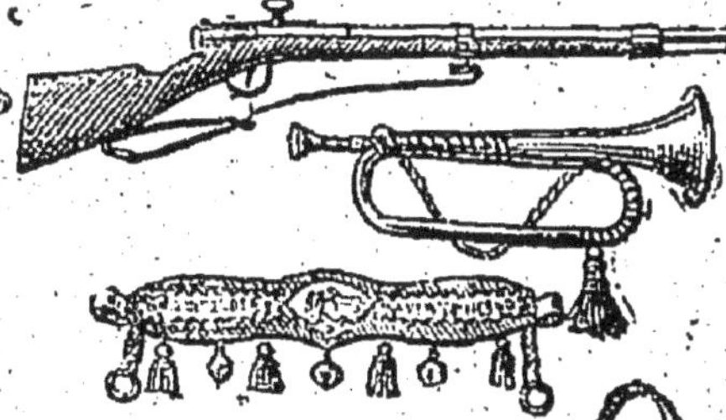

FUSILS DE CHASSE, GRAS, SCOLAIRES | **GUIDES A CEINTURES & BRASSARDS**

et divers Systèmes Brevetés S.G.D.G | *Panoplies de tous uniformes à tous grades*

PISTOLETS, CARABINES DE SALON | **OUTILS DE JARDINAGE**

Bouchon à Air comprimé Arbalètes & Arcs | *Ordinaires Forts Polis Bronze*

SABRES DE TOUS MODÈLES & FANTAISIE | **INSTRUMENTS DE MUSIQUE**

Gibernes Casques et Cuirasses | *Pistons, Clairons sonnants etc*

KÉPIS, SCHAKOS, SACS, ARTILLERIE | **TROMPETTES, CLAIRONS CORS DE CHASSE**

Couteaux de Chasse, Cornes d'Appel, Carniers | *Ordinaires et forts etc.*

TOUPIES À RESSORTS & A MUSIQUE

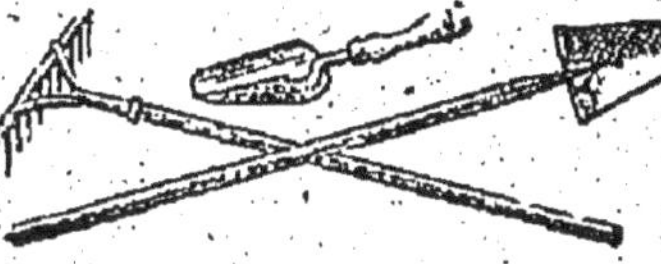

CHOBERT (E), (ancienne maison Allié), fabricant de raquettes, volants et jeux de grâce, rue Saint-Martin, 223, et passage de l'Ancre. *(Voir annonce).*

Choël, jeux, rue des Immeubles-Industriels, 6.

Choumara, surprises, figures, articles de Noël, rue du Temple, 18.

Churque (P), fabricant de jouets, tournés à musique, spécialité de canons détonnants, canonnières à musique, chaises gothiques et bambous. Usine à vapeur, rue Saint-Maur, 81, dans le passage, 8, près l'avenue de la République.

Cigogne, fabricant de billards, rue Broca, 29.

Clavel-Figard, (G. Verdenet, successeur), mouches, insectes divers, faubourg du Temple, 96.

Clément et Gilmer, lanternes magiques, rue de Malte, 8.

Clergé (Vve D.), fabricant de voitures d'enfants, chevaux mécaniques, vélocipèdes, jouets assortis, chevaux mécaniques de toutes grandeurs et en tous genres, vélocipèdes de toutes dimensions et en tous genres, spécialité de voitures d'enfants, brev. S. G. D. G.), passage Ménilmontant, 29.

Cohen, jeux cartonnages, rue Oberkampf, 37.

Colas (L.) success. de Parain, éditeur-fabricant de jeux en cartonnages et tabletterie, rue du Château-d'Eau, 29.

Coiffier (F.), fabrique de métal anglais, articles en métal en tous genres, articles pour bazars, confiseurs, parfumeurs et coiffeurs, houppes, boîtes à houppes, boutons de houppes, usine à vapeur, rue des Trois-Couronnes, 42. *(Voir annonce).*

Colin (A. C.). Articles en fonte pour bazars, usine à Charency-Vezin. Dépôt à Paris, rue Lafayette, 213.

Collet (L.), meubles pour poupées, rue de Turenne, 24.

Collet (Mme), jouets, rue Notre-Dame-des-Victoires, 28.

Collimont (N), successeur de la maison Félix, fabricant d'animaux à poils et en laine à mouvements, façons mécanique et habillés, animaux debouts et sur socle, criant couchés, moutons bélants, chiens, chats, chèvres, ânes, chiens cimbaliers et valseurs, rue Aumaire, 8.

Combet (H.), fabricant de jouets en fer blanc, chevaux métal, voitures attelées, tombereaux, canons attelés, voitures de laitiers, chemin de fer, carrousel, etc., grande spécialité de seaux fer blanc imprimés, pompadour, plage, marine et artillerie, articles fantaisie, rue Merlin, 12.

Compagnie Parisienne de Cellulosine, balles et ballons, jouets en tous genres, boulevard Sébastopol, 84.

COMPTOIR PARISIEN, jouets d'enfants, et tous articles pour bazars; maison spéciale pour la vente à bon marché rue Simon le-Franc, 7, 8 et 10. *(Voir annonce* MOUREMBLES.)

Comte, boulevard de la Villette, 50.

CONSELIN (MLLE)

spécialité de théâtres, de guignols et acteurs, acteurs en tous genres, ombres chinoises, théâtres, guignols, panoramas, acteurs pour guignols, jeux de nain-jaune, jeux d'oie, damiers, échiquiers, chapelles, autels, etc. etc., rue Michel-le-Comte, 21.

Constant, jouets en bois, boulevard du Temple, 40.

Copeaux, jouets en gros, boulevard Voltaire, 26.

Coqueret (Watilliaux successeur), jeux de société, rue Vieille-du-Temple, 110, (ancienne rue Chapon, 33.)

Coquet, masques en tous genres, boulevard Sébastopol, 110.

Corairie (Émile), passage Charles-Dallery, 20.

CORDERIE CENTRALE (Anc. établissements Freté et Cie), Bouchy, Thomas, Bardou, Clerc et Cie, appareils de Gymnastique, boulevard Sébastopol, 12. (*Voir annonce*).

Cordier et Cie, billards, boulevard Contrescarpe, 44.

Cordonnier, cartonnages, rue Chapon, 48.

Cormier (E.), bijouterie pour bazars, rue du Temple, 150.

Cornaille fils, fabricant de jouets, articles pour confiseurs, rue Parc-Royal, 5.

Cornillat, fabricant de jouets, rue Dupetit-Thouars, 18.

Cornileau (G.), rue d'Hauteville, 84.

Cornileau (Jne.), jouets en gros, rue Meslay, 18.

Cornu (Gustave), fabricant de jouets, rue Pierre-Lescot, 30.

Cosman frères, manufacture de bébés, rue des Archives, 68.

Couillard (H.) jeune, poupées en toile, rue Mercœur, 6.

Coulon, passage des Panoramas, 46.

Coulon (H.), lanternes magiques, rue du Tunnel, 13.

Coupelle (Vve), chevaux en carton, rue d'Angoulême, 70.

Courtois (A.), jouets, rue d'Aboukir, 125.

Courtois (E.), rue du Chemin-Vert, 7.

Courtot, fabricant de jouets, rue Caumartin, 75.

Courtot (Perrot, successeur), fabricant de jouets, rue Oberkampf, 136.

Courtot, animaux, jouets, rue Oberkampf, 125, (cité Griset, 14).

Couterier (Alice), rue Saint-Roch, 8.

Cracchi, fabricant de jouets d'enfants en étain, spécialité de surprises et sifflets de chasse, boîtes de ménages, chandeliers, trompettes, soldats, etc., rue des Trois-Couronnes, 46, et boulevard de Belleville, 13.

Crauser (J.) aîné, animaux à tête mobile, rue Montmorency, 44.

Crauser jeune, animaux en laine, rue des Archives, 90.

Cros (J), poupées et bébés peau, rue des Gravilliers, 47.

Crosnier et Guérin, faubourg Saint-Denis, 187.

Crozier fils, fabricant de billards, rue des Vinaigriers, 60.

Cussac (A.), jeux, rue de l'Orillon, 24.

Dailly (E.), boîtes à jeux, rue Amelot, 74 (ci-devant, rue du Perche, 7 bis).

Daine (L.), successeurs de Paillaud, glaces et cadres pour bazars, jouets, pipes magiques, rue Charlot, 5, ci-devant, avenue Parmentier, 29.

DALET, spécialité de cuir tressé et martinets en tous genres, cannes pour hommes et enfants en tous genres, à épée, à feu et à vent, fabrique spéciale de fouets de cabriolets en cuir, cravaches et fouets d'enfants, laisses en cuir pour chiens et chaînes de gilets, sautoirs tressés en cuir, fabrique : rue des Crémaux, 27, à Triel (Oise), faubourg du Temple, 38. (*Voir annonce*).

Dalisier (H.), animaux poils et laine, rue Charlot, 38..

DANEL, PARIS-BÉBÉ innovateur du bébé chaussé, manufacture de bébés nus et habillés, seul bébé de la fabrication française, perfectionné, spécialité de nègres et mulâtres, articulations. Brev. s. g. d. g. à montures métalliques recommandé pour l'exportation supprimant l'inconvénient du caoutchouc, usine, rue des Ecoles, 64, Montreuil-sur-Bois, maison de vente, rue des Petites-Ecuries, 3. (*Voir annonce*).

Dandrieux, jouets fantaisie moulés, en cartonnage, fer blanc et tous métaux, nouveautés tous les ans, Marque [E. D.], rue Rébeval, 60.

Danson (C.), fabrique de jeux, pour salons et jardins, rue Duris, 25.

Dauchy-Pinon, jeux de salons, rue Portefoin, 28..

David-Cahen, bébés, boulevard Sébastopol, 19.

David (L.), (J. David successeur), fabrique de jouets divers, rue Saint-Merri, 23.

David, rue des Filles du Calvaire, 6.

Davillé, spécialité ballons-réclames, rue de Javel, 91.

Debrenne (H.), mécaniques pour jouets roulants, rue Rébeval, 93.

Debroïse (A.), poupées et bébés, rue Turbigo, 72.

Debrosse (A.), jouets bimbeloterie, bijouterie, spécialité pour bazars, rue des Archives, 78.

Decré (M.), fabrique jouets, rue Vieille-du-Temple, 58.

Decré (M.), montres-jouets, spécialité pour bazars, rue Saint-Martin, 176.

Decrette, fabrique de cartonnage et jouets en carton, rue Saint-Sabin, 66.

DEFRANCE (Veuve), b. s. g. d. g. petits meubles : guéridons et chaises pliantes décorées pour enfants, spécialité de petits lits et ber-

ceaux en fer, pliants et ordinaires, bercelonnettes garnies et non garnies, rue des Amandiers, 14.

Degardin (Veuve) (B), Paris 1885, fabrique d'éventails de poche à surprises tels que : cigares, sucres de pommes, bouteilles de champagne, etc. etc., faubourg Saint-Martin, 192.

Degouy (A.), fiches et jetons pour jeux, faubourg du Temple, 133.

Dehaeck (Ch.) fils, fabrique jouets, rue Beautreillis, 16.

DEHAN, confiseur, spécialité d'articles, jouets pour la vente à 0.05 c. surprises d'enfants, de soirées, de carnaval, cotillons, pièces et accessoires en tous genres, surprises, fabrique des articles spéciaux. Maison connue pour ses créations continuelles. Usine à vapeur et maison de vente, avenue Parmentier, 64 bis, passage Léchevin, 12 et 14. (*Voir annonce*).

Dehors et Deslandres, fabrique de jouets en métal et faïence, appareils photographiques nouveautés permanentes, rue Haudriettes, 8.

DELACHAL, jouets en caoutchouc, haute nouveauté, fabrication supérieure, bébés, poupées, animaux, sujets, bébé tout articulé, yeux émail, nouvelles séries de bébés articulés, acquéreur et successeur de la maison Jung jeune. Usine à vapeur, rue d'Avron, 119. Marque FrAnCe $\frac{J}{L.\,D.}$ (*Déposé*). Maison de vente, boulevard Sébastopol, 71. (*Voir annonce*).

DELAGRAVE

(**CH.**), jeux géographiques, jeux du tour du monde, dominos géographiques, le touriste, loto national, France électrique, le Magister, etc., etc. Le lampadorama servant à l'amusement et à l'instruction des enfants, indispensable aux artistes et aux dessinateurs, rue Soufflot, 15. (*Voir annonce page 34*).

Delanne, rue Charlot, 65.

DELARUE (**G.**), libraire-éditeur, collection spéciale et complète d'ouvrages sur les jeux et les sports. (*Voir page annonce ci-contre*), rue des Grands-Augustins, 5.

Delhotal (L.), bébés, tambours de basques, avenue Parmentier, 180.

Delorme, rue Ribette, 19, cité Léclerc, 12.

Delle, fabrique de ballons en celluloïd multicolores, rue N.-D. de Nazareth, 77. (*Voir annonce*).

Delousteau, montgolfières, ballons, animaux et sujets en baudruche, lanternes vénitiennes, verres de couleurs, articles pour illuminations, rue de la Chapelle, 105.

DELRIEU (**A.**), rue Martel, 15 bis. (*Voir annonce ci-contre page 36 et Union des fabricants de Jouets.*)

Denamur, grande manufacture de bébés, rue des Prairies, 63.

Denancy (P.), fabrique de chevaux, voitures, écuries, stalles en bois vernis, voitures en bois, cuisines, écoles, nouveautés tous les mois, rue Saint-Sabin, 58, (allée verte, 8).

DEHAN, Confiseur

SPÉCIALITÉ D'ARTICLES — JOUETS POUR LA VENTE A 0 fr. 05 cent.

SURPRISES D'ENFANTS

De Soirées, de Carnaval, Cotillons, Pièces et Accessoires en tous genres

SURPRISES

FABRICANT DES ARTICLES SPÉCIAUX

MAISON CONNUE PAR SES CRÉATIONS CONTINUELLES

USINE A VAPEUR ET MAISON DE VENTE

64 bis, avenue Parmentier, 12 & 14, passage Léchevin

PARIS

DELACHAL Maison de vente, 21, Boul. Sébastopol, 21, Paris. — **JOUETS** CAOUTCHOUC (Haute nouveauté). — Fabrication supérieure. —
Bébés, poupées, animaux, sujets, bébé tout articulé yeux émail, Nouvelles séries de bébés articulés.

Acquéreur et Successeur de la Maison JUNG Jeune. — Usine à vapeur, 119 rue d'Avron

MARQUE   FrAnCe $\frac{J}{L.\,D.}$ (DÉPOSÉ)

FABRIQUE de BALLONS en CELLULOID MULTICOLORES

Commission   **DELLE**   Exportation

PARIS. — 77, Rue Notre-Dame de Nazareth, 77. — PARIS

G. DELARUE Libraire-Éditeur

PARIS. — 5, Rue des Grands-Augustins, 5. — PARIS

COLLECTION D'OUVRAGES SUR LES JEUX ET LES SPORTS

La Roulette et le Trente et Quarante par Martin Gal, 1 vol.......... 12 »

La Roulette, par Grégoire et le Dr Laun, 1 vol................... 5 »

Le Billard, par Vignaux, 1 vol. 232 figures..................... 6 »

Manuel du Billard, par Désiré Lemaire, 1 vol. 42 planches............... 5 »

Le Jeu des Echecs, par Neumann et A. de Rivière, 1 vol................ 12 »

Analyse du Jeu des Echecs, par Philidor, 1 vol................... 3.50

Manuel du Jeu des Echecs, par Stein, 1 vol....................... 5 »

Traité théorique et pratique du Jeu des Echecs, 1 vol............... 4.50

Nouveau manuel du Jeu des Echecs, par A. de Rivière, 1 vol......... 3.50

Règle, marche, termes explicatifs du Jeu des Echecs, par Philidor, 1 vol. 1 »

Guide Manuel du Jeu de Dames, par Grégoire, 1 vol................ 3 50

Traité du Jeu des Dames, par Manoury, 1 vol................... 1 »

Traité analytique et synthétique du Poker, par Habeythé, 1 vol....... 1.50

Traité du Jeu de l'Ecarté, par Laun, 1 vol........................ 1.50

Traité du Baccara, par Laun, 1 vol.. 1.50

La Manille, ses ruses et ses finesses, par Laun, 1 vol.................. 1.50

Stratégie du Croquet français, par A. Desprès, 1 vol................ 1.50

Traité du Jeu de Trictrac et de Jacquet, par Richard, 1 vol......... 1.50

Traité élémentaire du Jeu de Whist, par Bernard, 1 vol............. 1 »

Traité du Jeu de Piquet, par Robert, 1 vol....................... 1 »

Académie des Jeux très complète, par Bonneveine, 1 vol............. 6 »

Académie des Jeux, par Richard, 1 vol. 1.25

Manuel des Jeux de Cartes. 1 vol.... 2 »

Règle du Jeu de Domino.
— — de Dames.
— — des Echecs.
— — de Boston.
— — de Bésigue.
— — de Piquet.
— — de Whist.
— — de Trictrac et Jacquet.
— — de Billard.
— — de l'Ecarté.
— — de la Roulette.
— — du Croquet.
— — de Rams, Poker et Polignac, chaque règle.............. 0.50

Traité de l'Art des Armes, par Bonnet, 1 vol........................ 2 »

Boxe, baton, canne et chausson, 1 vol. 2 »

Canottage, voile et aviron, 1 vol.... 2 »

Traité d'Equitation d'après La Guérinière, 1 vol................... 2 »

Traité de Gymnastique, par Mulot, 1 vol......................... 2 »

Jeux et exercices physiques, par Laun, 1 vol..................... 2 »

Traité de Patinage, par Georges Denay, 1 vol.................... 2 »

Traité de Photographie, par Ch. de Maimbressy, 1 vol.............. 2 »

Manuel du Tireur, par le Capitaine D***, 1 vol.................... 2 »

Manuel du Vélocipédiste. 1 vol.... 2 »

CARTES

Le Grand Jeu des 78 Tarots Égyptiens avec livret explicatif......... 7 fr. 50
Le Grand Jeu de l'Oracle des Dames, 78 cartes tarots à l'imitation des miniatures du Quinzième Siècle avec livret...................... 11 fr. »

Envoi du Catalogue franco sur demande.

Denis, billards, rue Saint-Martin, 325.

Depiesse-Grange, bébés, rue Quincampoix, 80, et Saint-Martin, 155.

Derendinger (J.), jouets, billes, perles en verre, rue d'Hauteville, 49.

Derolland (B.), jouets en caoutchouc, balles et ballons, rue N.-D. de Nazareth, 7.

Derondel (H.), fab. jouets, rue Lemoult, 25.

DE SARAN, successeur de G. Du Mourier, éditeur et fabricant de jeux, lotos, dominos, bostons, damiers, trictracs, échecs, boîtes de tapisserie, mercerie, jeux de patience, malles de jeux réunis, boîtes de jeux d'enfants en cartonnages et en bois, jetons, fiches en os, ivoire et nacre, nouveautés tous les ans, rue Chapon, 21.

Deschepper (E.), cartonnages, rue Michel-le-Comte, 20.

Descourtils frères, tables articulées et fixes avec jeux, rue du Chemin-Vert, 148.

Desportes (Victor), spécialité d'animaux en peaux, boulevard Voltaire, 197.

Détré (E.), succ. de Dautreppe, parfumeur pour poupées, jouets, parures et toilettes de poupées en boîtes sous verre, carton et bois, valises, boîtes fantaisie, coffrets, verre, cartonnages de fantaisie et d'emballage, rue du faub. du Temple, 22.

De Vrainville, cartonnages, rue Charlot, 9.

D'Hostingue (F.), poupées, rue des Martyrs, 23.

Didout (D.) jeune, fab. de mirlitons, rue de Belleville, 26.

Dielh (Ch.) succ. de Lemoine, meubles pour poupées, rue Beaubourg, 36.

Diettenberger, fab. jouets, rue Réaumur, 28.

DOLÉAC (L.) et Cie, fabrique de poupées et bébés. — Habillage en tous genres. (*Voir annonces*), rue Archives, 72.

Donadey (A.), rue N.-D. de Nazareth, 12.

UNION DES FABRICANTS

DE

JOUETS, ARTICLES DE PARIS ET OBJETS ARTISTIQUES

MUSÉE COMMERCIAL

EXPOSITION

5bis Rue Charles Martel, 5bis

VENTE

(Précédemment, 36, rue d'Hauteville, 36)

Hors concours

PARIS

Méd. d'argent

Anvers 1885

COMPTOIR D'ÉCHANTILLONS

Anvers 1885

Jouets et jeux, maroquinerie, Bijouterie fausse, parfumerie, petits bronzes, cadres, bouton, articles pour fumeurs, de bureaux, etc.

MÊMES PRIX et CONDITIONS que chez le FABRICANT

Antonin DELRIEU, Directeur

FABRIQUE DE POUPÉES ET BÉBÉS

Habillage en tous genres

Marque de [*L. D.*] Fabrique

L. DOLÉAC

PARIS ✻ 72, Rue des Archives, 72, ✻ PARIS

POLICHINELLES, FOLIES MAROTTES A SIFFLET ET MUSIQUE

Trousseaux, Poupées, Bébés, Baigneurs

FOURNITURES POUPÉES ET BÉBÉS ET FANTAISIE

Dossang (N.), polisseur, spéc. d'acier poli, bronzes d'art, joue s d'enfants, fourreaux de sabre, canons de fusils, arrosoirs, rue St-Maur, 165. (*Voir aux annexes*).

DOUBLIER (H. et C⁰), nouveau cerceau français, incassable médaillé et breveté en France et à l'étranger. *Le Cyclesonne*, fabrique à Cloyes (Eure-et-Loire) Bureaux et dépôts, rue de Rennes, 47. (Voir *annonce*.)

Douillet (F.) fils, succ. de Bouvier, fab. de jouets mécaniques, polichinelles, Marottes, rue des Archives, 67.

Dreuse (Mlle), rue du Temple, 145.

Drevet, fab. jouets, pass. Choiseul, 72, 74 et 76.

Dreyfus (D. et M.), éditeur propriétaire du Jeu des Eclipses, breveté, s. g. d. g , rue de Thorigny, 10.

Druyve et Francfort, spécialité de chevaux et ânes peaussés, attelés et en selle, rue des Gravilliers, 60.

Dubaut, boul. Sébastopol, 84.

Dubois, fabrique de poupées, rue des Amandiers, 36.

Dubos (E.), fabrique de voitures d'enfants, de poupées et pour malades, rue Oberkampf, 125, cité Griset, 5.

Duché et Déjardin, guignols, rue d'Eupatoria, 13.

Duchesne, (P.), musiques, grelots, sifflets en caoutchouc. spécialité de canons nouveaux systèmes, rue des Panoyaux, 36.

Duchène (Louis), jouets d'enfants, rue Oberkampf, 154.

DUCLOS (A.), successeur de Rungaldier, Foucaut et Duclos, fabrique de bébés et de jeux, jouets en gros, rue Chapon, 48. (*Voir annonce*.)

Dufaux, Mathieu et André, marques à jeux, rue de la Mare, 89.

Dufresne et Cie, gendre et successeur de Pellegrin (breveté), maison fondée en 1860. Jeux spéciaux, jouets à transformations, billard vertical métal et bois, à surprises, à carillon, à automate, course de billes, saut de billes et de dés, tourniquets, zanzibar sous verre incassable breveté, petits billards pour enfants, spéc. de forts, forteresses, châteaux, maisons, etc., en métal décoré, façon artistique et déposés, pièces sur commande, jeux forains, comm. export., boul. Beaumarchais, 93.

DUHOTOY fils, voitures d'enfants et de poupées, chevaux mécaniques, jouets roulants, vélocipèdes et tricycles pour enfants, charrettes anglaises et russes, hautes nouveautés toujours en magasin, rue Saint-Maur, 115. (*Voir annonce*)

Dumont, successeur de Mercier, petits meubles pour enfants et jouets en bambou, rue de la Folie-Méricourt, 104.

Dumoulinneuf (E.), surprises, amorces, pistolets, bombes pour jouets d'enfants, rue Sainte-Croix-de-la-Bretonnerie, 40.

Du Mourier, fabr. de jeux, rue Chapon, 21

Dupéron, instruments de musique en cuivre pour enfants, rue Claude-Vellefaux, 27.

Duperré, fabricant de chevaux en bois, boul. Ménilmontant, 120.

Duseaux, médailles, rue Pastourelle, 29.

DUTHEIL, manufacture de carrosserie enfantine, voitures et chevaux mécaniques, rue Saint-Maur, 194 et 196. (*Voir* Petitjean successeur, et pages d'annonces).

Dutrcih (Georges), musiques à ressort, jouets, manivelles, boîtes à musique, rue Charlot, 15.

Egrefeuille, jouets, av. Victor-Hugo, 106.

Eisler (Ch.), *(J. Placet successeur,)* bijouterie de deuil, boucles d'oreilles depuis 3 fr. 50 la grosse ; colliers, bracelets, broches bois durci garanti depuis 2 fr. 50 la douzaine Articles pour bazars, faub. du Temple, 50.

Erlich frères, jouets et articles de fantaisie, rue d'Hauteville, 82.

Eliot (L.), balles et ballons, rue des Quatre-Fils, 7.

———

Falkenstein (B.), balles et ballons d'Allemagne, rue d'Hauteville, 84.

Falk-Roussel, bébés nus, boulevard de la Villette, 117, et quai Jemmapes, 220.

Farcy (L.), billards, rue Daguerre, 33.

Fayaud (Vve A.), et fils, fab. spéciale de ballons en peaux caoutchoutées, rue St-Denis, 77.

Férafiat (Vve), jeux de salons, fab. de jouets, figurines pour jets d'eau, chevaux, bébés articulés, rue des Mûriers, 12.

Féret et Cie, confettis, spirales, tables, la table Féret est à élévation facultative pour les travaux de classe des enfants aux écoles et dans leur famille, grands bureaux même système pour les administrations. et le commerce, rue Etienne-Marçel, 16.

Ferté, poupées, jouets, rue d'Angoulème-du-Temple, 70.

Ferry, fab. de jeux, rue St-Maur, 144.

Février (A.), jouets, passage du Caire, 41 et 43.

FIGUERAS (E.) Jouets électriques et scientifiques. Appareils pour cabinets de physique. Moteurs électriques et à vapeur. Mécanique de précision pour les études scientifiques. Faubourg St-Martin 194. *(Voir annonce ci-dessous.)*

Fischer frères, sujets artistiques en étain pour jouets, rue de Flandre, 86.

Flécheux (A.), voitures-jouets, rue Meslay. 22, Boul. St-Martin, 15.

Fleischmann et Bloedel, bébés, rue Turbigo, 51.

Fleury, billes et ballons en peau, cité Dupetit-Thouars, 7.

Fleury, rue des Fontaines-du-Temple, 7.

Flohr (Paul), jeux de société, rue de Sèvres, 47.

FOIN ET **DUMONT** fab. spéc. de jeux de jardins et de salons, jeux de croquet, Lawn-Tennis, tonneaux, raquettes, balles, thèque, cricket, foot, balls ronds et ovales, galine, Jocrosse. gouret, cibles et fléchettes. quilles, boules, anneaux, quilles et polonais, billards chinois, anglais, 3 jeux et caramholages, toupies hollandaises, établis, boîtes d'outils, macarons. passeboules. turbines, échasses, damiers, jacquets. trictracs, nains jaunes, échecs, carnets et dés. Médailles d'argent, Paris, 1878 et 1889. Usine hydraulique, à Neanfles-St-Martin (Eure), (téléphone), rue Charlot, 7. *(Voir annonces pages suivantes.)*

Foliot, jouets, montres d'enfants rue du Faubourg Saint-Martin 122.

Forest (B.), rue Saint-Gilles, 18.

FABRIQUE SPÉCIALE DE JEUX

Médaille d'argent

Paris 1878.

FOIN & DUMONT

PARIS. — 7, rue Charlot, 7. — PARIS

Médaille d'argent

Paris 1889.

MÉDAILLES D'ARGENT

Expositions

DE PARIS 1878 ET 1889

USINE HYDRAULIQUE

à Neaufles-Saint-Martin

près Gisors (Eure).

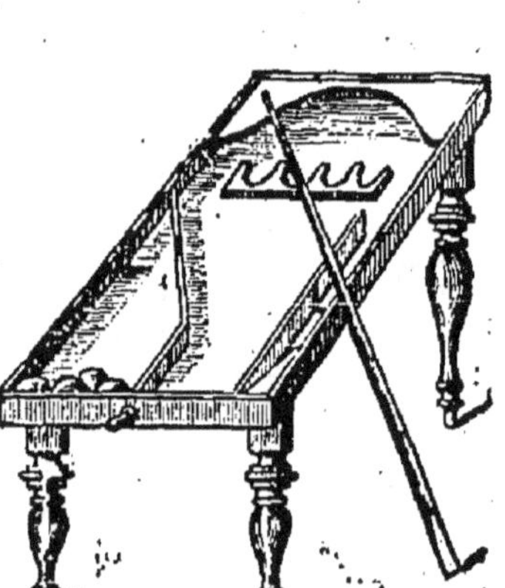

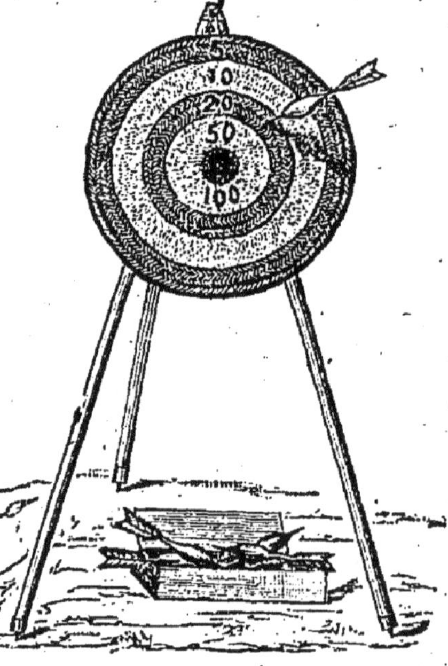

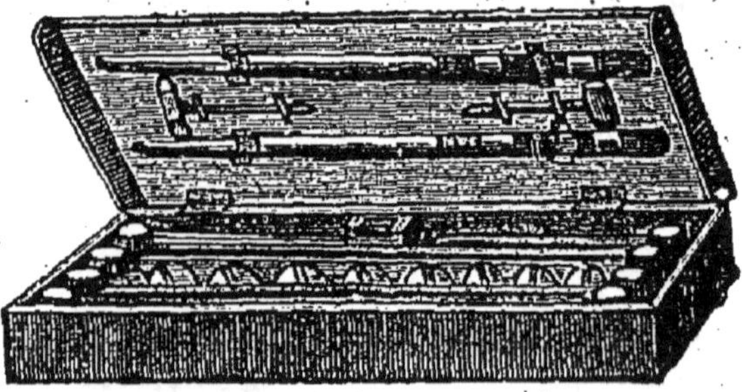

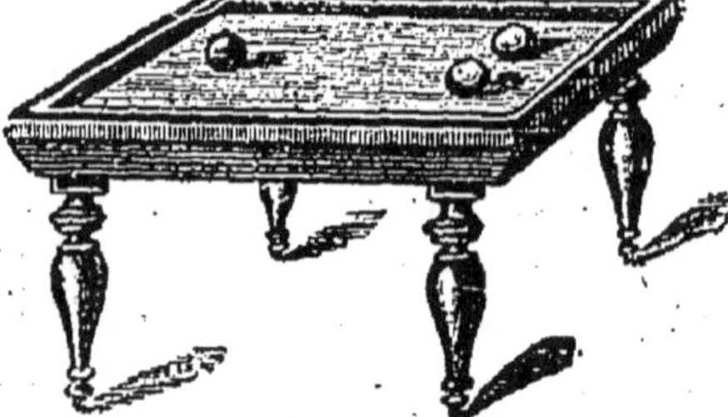

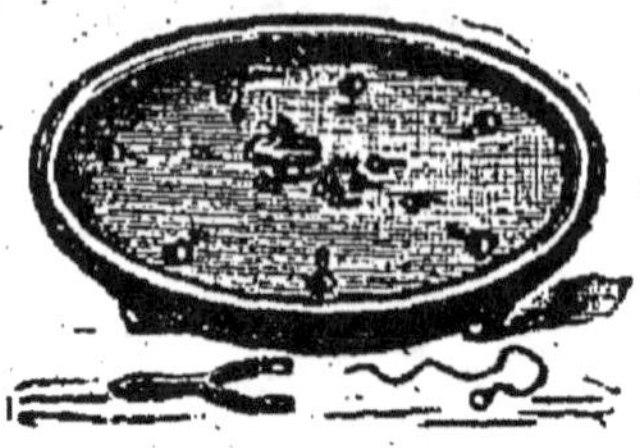

Jeux de croquet, tonneaux, lawn-tennis, fléchettes, quilles, passe-boules, anneaux quilles, anneaux polonais, billards chinois, trois jeux, anglais et carambolages, macarons, toupies hollandaises, établis, boîtes d'outils, damiers, jacquets, trictracs, nains-jaunes, échecs, jeux de boules, turbines, échasses, foot-balls, crickets, gourets, etc, etc...

FABRIQUE SPÉCIALE DE JEUX

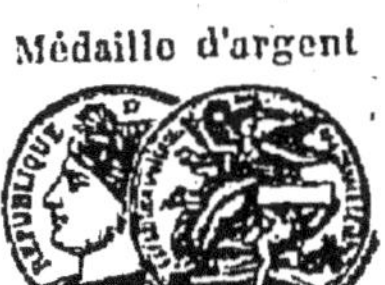

FOIN & DUMONT

PARIS. — 7, rue Charlot, 7. — PARIS

MÉDAILLES D'ARGENT

Expositions

DE PARIS 1878 ET 1889

USINE HYDRAULIQUE

à Neauflos-Saint-Martin

près Gisors (Eure).

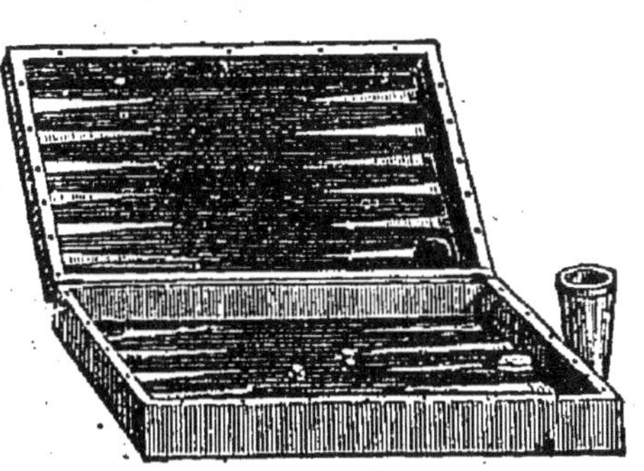

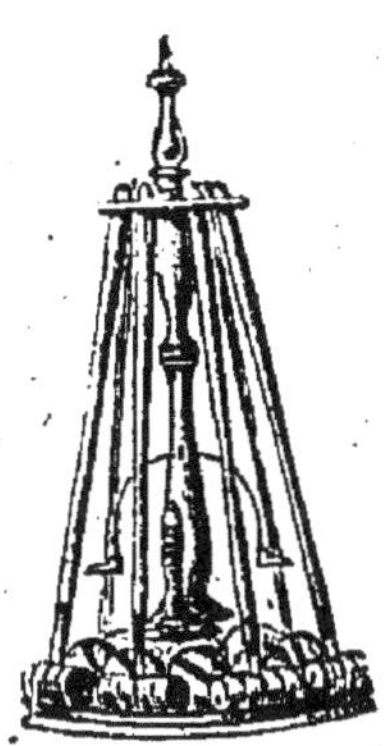

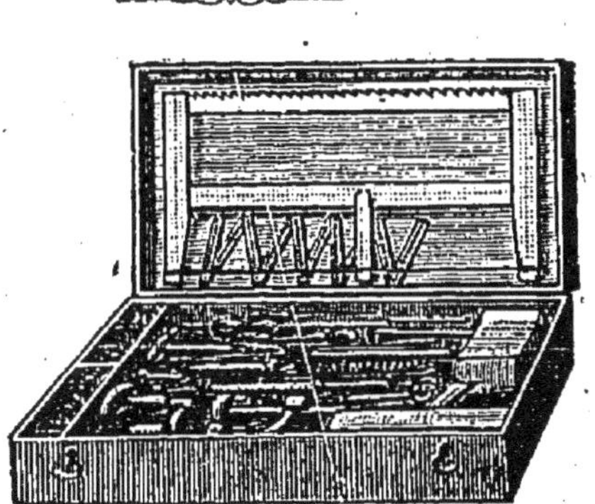

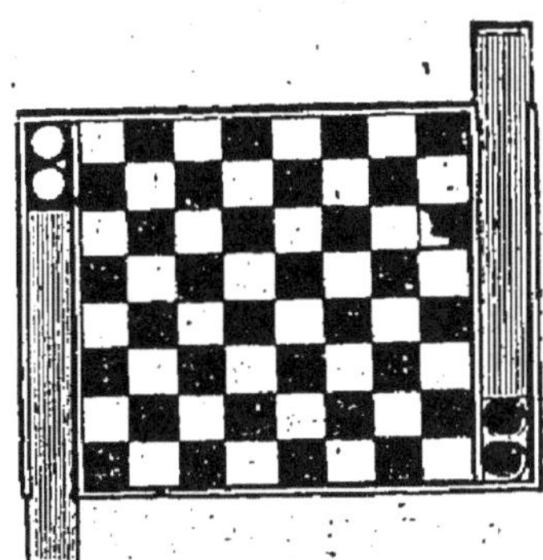

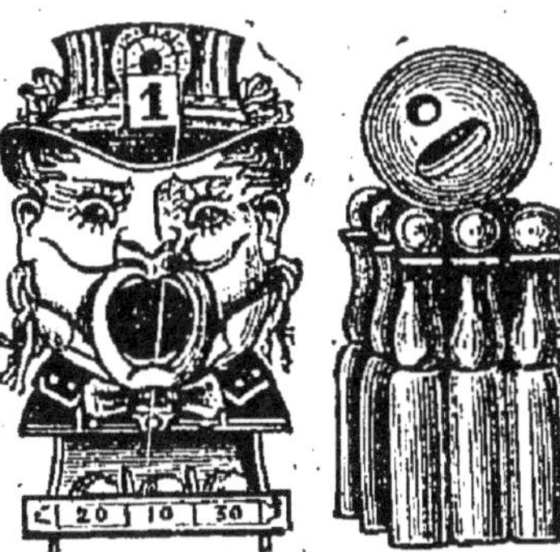

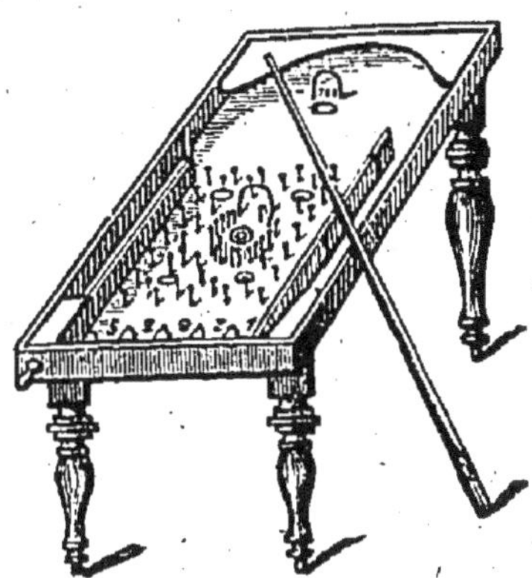

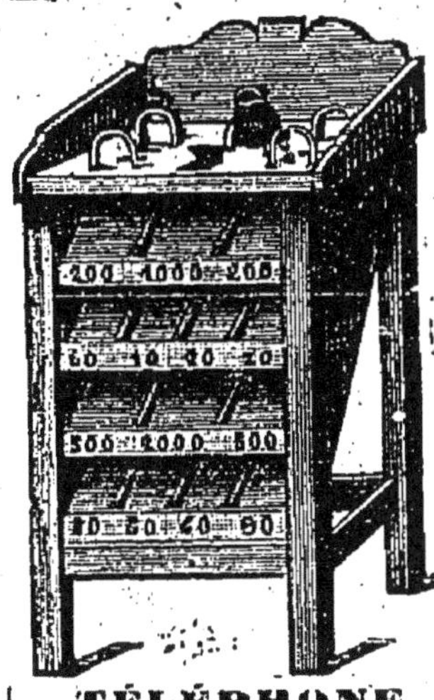

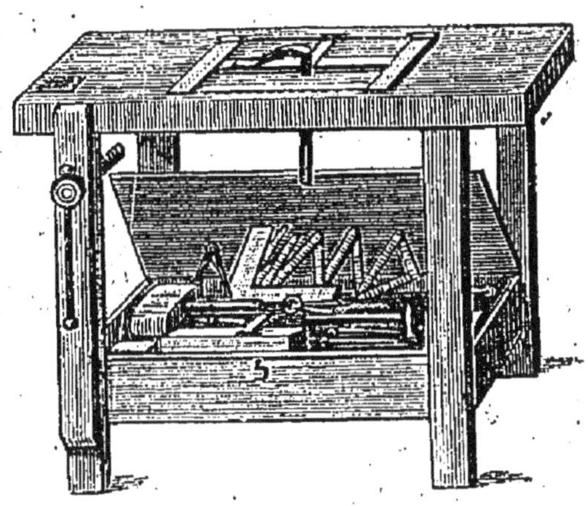

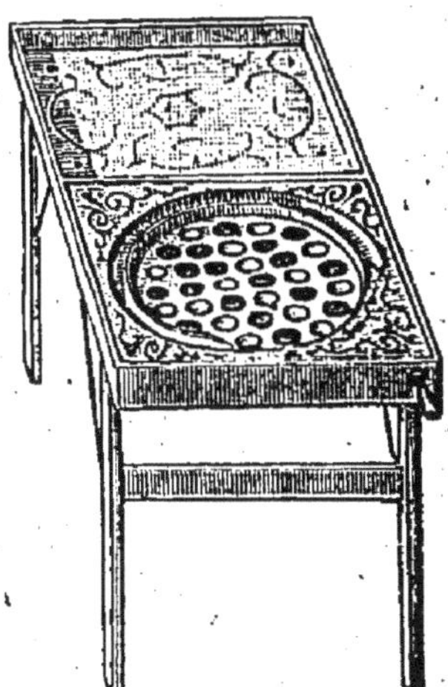

Jeux de croquet, tonneaux, lawn-tennis, fléchettes, quilles, passe-boules, anneaux, quilles, anneaux polonais, billards chinois, trois jeux, anglais et carambolages, macarons, toupies hollandaises, établis, boîtes d'outils, damiers, jacquets, trictracs, nains-jaunes, échecs, jeux de boules, turbines, échasses, foot-balls, crickets, gourets, etc, etc,

Foucaud (Edmond), ballons multicolores, rue de Rambuteau, 77.

Fouché (L.), fab. de surprises, rue de Belle-ville, 37.

Fournier, tableaux à horloge et à musique, danseurs de corde, oiseaux chanteurs, Faub. Saint-Denis, 12.

Frédéric (Ch.), ballons multicolores, rue Chapon, 48.

Friquet aîné, fab. de lits en fer pour poupées, passage Vaucouleurs, 1 *bis*.

Fruit (E.), fab. de guignols et théâtres, cuisines, épiceries, tirs, massacres, forteresses, rue Rébeval, 59.

Funck (J.), billards, rue de Charonne, 99.

Gagnère (P.), bébés incassables, mignonnettes, nageurs, nus et habillés, rue du Pressoir, 2. (*Voir industries annexes*).

Gagniard, bercelonnettes, rue de Charonne, 32.

Gaigneur, petits théâtres, rue Ménilmontant, 24.

Gallerand (G.), hochet grelot (déposé) hochets à musique, rue Montmorency, 40. (TÉLÉPHONE).

Galy (Vve), balles et ballons en tous genres, balles en liège pour jeux de paume, r. Blainville, 11.

GASTEAU (CH.), fabrique de jouets en cuivre, zinc et fer blanc, seaux, porteurs d'eau, arrosoirs, brocs, trompettes, cors de chasse, clairons, voitures, cabs, filtres, toupies à ressort, rue Oberkampf, 147. (*Voir annonce*.)

Gautier (J.), fab. de petits coffres-forts, rue du Foin, 8.

Gautier (J.), Billards, rue de la Roquette, 53.

Gauzin (G.), jouets mécaniques et automatiques, rue Pastourelle, 32 et 34.

GAVOT (G.), services de table, toilettes pour enfants, rue des Vinaigriers, 50. (*Voir annonce*).

ANCIENNE MAISON V^{VE} LESUEUR

CH. GASTEAU, Succ^R

PARIS — 147, RUE OBERKAMPF, 147 — PARIS

FABRIQUE DE JOUETS EN CUIVRE, ZINC & FER BLANC

SEAUX EN TOUS GENRES, PORTEURS D'EAU

ARROSOIRS, BROCS, TROMPETTES, CORS DE CHASSE, CLAIRONS, CORNES-TRAMWAY

Voitures, Cabs, Cuivre et Zinc, Filtres, Toupies à ressort, etc.

COMMISSION ——o∞o∞o—— EXPORTATION

FABRIQUE SPÉCIALE DE JOUETS

FAIENCE et PORCELAINE en BOITES ou en PANIERS

SERVICES DE TABLE, TOILETTES DE POUPÉES

Paniers ménage, Services à thé.

MARQUE   NOUVEAUTÉS

de   tous

FABRIQUE   LES ANS

PANIERS DE QUILLES & DE JARDINS, ARTICLES DE BAINS DE MER

G. GAVOT

50, rue des Vinaigriers et 31, passage Dubail, PARIS

Genin (Edmond), jouets d'enfants, rue de Grenelle, 126.

Geoffroy fils, boîtes et cartonnages pour jouets, malles pour poupées, rue du Perche, 8.

GEORGE aîné, fabrique de jouets, ménages, fer battu, seaux, arrosoirs, trompettes, fourneaux, cuisines, filtres, fontaines, rue Pelleport, 15. (*Voir annonce*.)

Georges, jetons pour jeux. rue Saint-Martin, 168.

GERBEAU (M.), fabrique de jouets, étain et métal anglais, services de table et à thé, boîtes, ménages et soldats, timbales, couverts, sifflets de chasse et de chemins de

fer en métal anglais, soldats et sujets massifs en plomb. (Modèles déposés). Boîtes ménages faïence, services de table et à thé en porcelaine, garnitures de toilettes, rue Charlot, 32. (*Voir annonce.*)

GERBEAULET (H.), bimbeloterie et jouets. Articles spéciaux pour bazars et la vente à prix fixe, rue de la Perle, 1. (*Voir annonce*)

Germain, roues en étain pour jouets, rue de Saintonge, 17.

Gervat (J.), jouets scientifiques, rue Popincourt, 32.

Gesland (E.), fab. de poupées, r. Béranger, 5.

Gilson (Yve), fab. de jouets, spécialité pour colporteurs et forains, arbres de Noël, sin-

---

res, oiseaux, fleurs roses pour tirs, escargots à musique, moules à surprises, noix, oiseaux, pots, caisses à fleurs, bouquets, choix de modèles pour cotillon, cocardes, bouquets, roses pour conscrits, plumeaux, grande spécialité d'insignes, décorations, guirlandes de feuillages, rue du Temple, 120.

GIRARD (PAUL) (succ. de) **BRU** JEUNE breveté s. g. d. g. manufacture du BÉBÉ-BRU le plus parfait de toute la fabrication parisienne ;

poupées et bébés nus et habillés, boulevard de Strasbourg, 1 et 3. (*Voir annonce.*)

Girard (G.), bateaux à voile et à vapeur pour enfants, boussoles, ancres, embarcations, rue St-Roch, 9.

Girard-Kreis, voitures attelées, animaux en peaux, chevaux en peau naturelle sellés et harnachés, rue Oberkampf, 104 et 106.

GIROUD (H.) fab. de ballons en peau, spécialité de gros ballons pour collèges et sociétés, articles nouveaux, rue Aumaire, 47. (*Voir annonce.*)

Givord (P.), balles et ballons, rue du Théâtre, 76 (Grenelle.)

Godcy, (anc. maison Chauvière), *A l'Enfant sage* ; jouets d'enfants, mobiliers de poupées jeux de jardins. Passage du Havre, 50 et 52.

Goffard (Isidore), arcs, flèches et carquois pour enfants, rue des Pruniers, 20.

Gonce (G.), ébéniste, fab. de billards, relevages et réparations, accessoires, tapis, queues, procédés blanc, brosses, paniers à poule. Teinture et retournage de billes, location de billards et de jeux de billes, boulevard Saint-Jacques, 65, passage Gourdon, 3.

Goosteau, jouets divers, rue des Lavandières-Ste-Opportune, 7.

Gottschalk et C⁰, jouets d'enfants en bois, métal, porcelaine, bébés nus et habillés, faubourg St-Martin, 76.

Grangé (A.), spécialité de tambourins, cité Dupetit-Thouars, 5.

GRANGOIR (J.), fabrique de jouets en métal brillant et ménages en faïence, soldats en plomb, trompettes, canons, cité de Gènes, 9 bis (rue Julien-Lacroix.)

Grandperrin, billards et accessoires, rue Crozatier, 10.

Grands Bazars réunis (Société anonyme), rue des Archives, 66.

Grémy (S.), chevaux de bois à têtes mobiles, rue Ramponneau, 31.

Grenier (A.), boîtes de couleurs, rue Vieille-du-Temple, 31.

Grin (C.-D.), jouets en métal, rue du Commerce, 74.

Grombach (A.), jeux, rue du Temple, 145.

Grossin et C⁰, jouets en gros, rue des Gravilliers, 24.

Grosmann-Rigolet, ballons gaz, ballons réclame et ballons à musique, imp. Collineau, 11.

MANUFACTURE DE BALLONS PEAU

ARTICLES NOUVEAUX. — SPÉCIALITÉ POUR COLLÈGES ET SOCIÉTÉS

H. GIROUD, 47, rue Aumaire, PARIS

BÉBÉ BRU

BREVETÉ S. G. D. G.

Huit Médailles d'Or

Paris 1885, 1886, 1888.	Toulouse 1887.
Liverpool 1886.	Barcelone 1888.
Le Havre 1887.	Melbourne 1888.

PAUL GIRARD

FABRICANT

1 et 3, boulevard de Strasbourg, PARIS

Les BÉBÉS BRU sont les plus solides, les plus gracieux et les plus élégamment habillés de tous les Bébés Parisiens.

Vient de paraître :
Le 1er Elan marchant et parlant.
Le 2e Elan marchant, tournant la tête.
Le Respirant, parlant ou avec musique.

GRUYER (A.), Pelles, rateaux en bois, bois de soufflets pour jouets, spécialité de pelles à poi-
gnées dites anglaises. Usine Leprince, rue
des Trois-Couronnes, 42.

Guencau aîné, jeux, quai Jemmapes, 176.

Gueret (E.), billards, rue de Lancry, 53.

Guérin, poupées, bébés, jouets divers, faub.
St-Denis, 187.

Guérin et Vincent, chevaux et jouets mécaniques, rue du Château-d'Eau, 29 bis.

Guesneau (V.), jeux, rue Oberkampf, 125.

Guichard (A.), fab. spéciale de grelots pour
jouets, rue Renault, 3.

Guichard (H.), cartonnages pour jouets, rue
de Meaux, 67.

Guigne (G.), rue N.-D. de Lorrette, 4.

GUILLEM (F.), mécanicien, découpeur, estampeur, fabrique de confettis, jouets et jeux, rue des Trois-Couronnes, 40.

CONFETTI

Guillet, fabricant de boîtes à jeux, damiers en
tous genres, jacquets, jeux de solitaires, etc.
rue de Montreuil, 37 bis.

Guillet frères et Cuny-Ravet, jouets divers,
faub. du Temple, 96.

Guillon (J.), rue St-Denis, 163.

Guillory jeune, jouets habillés à mouvement,
rue des Archives, 81.

Guilmont (E.), jeux en cartonnage, rue Charlot, 62.

Guimier (H.), biberons pour poupées, imp.
Fessart, 11.

Guiter, billards, rue Lafayette, 139.

Guiton, bébés incassables, jouets, jeux, lanternes magiques, passage Jouffroy, 13, 15
et 17.

Guttin (A.), chats, moutons, animaux divers,
rue Saintonge, 43.

Guy (Alphonse), jouets, fab. de balles en peau,
jouets pour jardins et bains de mer, passage Raoul, 17.

Guyot (A la Tentation), poupées, bébés nus
et habillés, jouets divers, place de la République, 5.

Guyot, jouets, passage Vendôme, 22.

Hallé (Ch.), [C. S.], cartonnages artistiques, spécialité de jouets en carton incassables, rue Boulard, 7.

Halopeau, fab. de bébés, pass. Molière, 12.

Hameau (J.), Eug Renault, gendre et succes., jeux de jardins et de société, jouets mécaniques, bébés, maroquinerie, cartonnages, rue Tournon, 11 (près le Luxembourg). *(Voir Renault.)*

HANAU (E.) ✠, fabrique d'appareils pour la photographie, constructeur breveté, modèles spéciaux, boul. de Strasbourg, 27. *(Voir annonce.)*

Hartmann (Ph.) aîné, maison fondée en 1871, fabrique de jouets d'enfants, spécialité de plumes et boîtes à diables, rue Daubenton, 14. *(Voir annonce.)*

Hartmann (J.), jouets, rue de Charenton, 141.

Hattler frères, impressions sur étoffes pour jouets. *(Voir industries annexes.)*

Hébert et Chanforan, bébés et poupées, boul. St-Denis, 8.

Helouin (G.), lits et berceaux de poupées, trousseaux en malles, en valises, en cartons, costumes et parures de poupées, jouets. Barcelonnettes garnies et non garnies, rue Réaumur, 11. *(Voir annonce.)*

Hénin, billes de billards, cité Dupetit-Thouars, 8.

Henriot, jeux, rue de la Corderie, 16.

Henry, spéc. de cartes à jouer pour enfants et confiseurs, impressions en tous genres, coloris à façons, albums et théâtres, rue des Maronites, 47.

HENRY et Cie. Spécialité d'inventions. Bijoux animés chantants. Bijouterie féérique, curiosités mécaniques,

petits articles nouveautés fantaisie toujours en fabrication, appareils photographiques

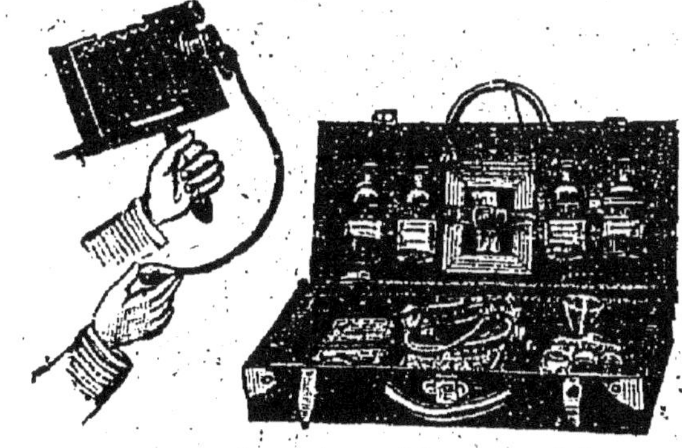

FABRIQUE D'APPAREILS POUR LA PHOTOGRAPHIE

Spécialité d'Appareils instantanés.

E. HANAU ✠

Constructeur breveté S. G. D. G.

Hors Concours, Membre du Jury, 12 Méd. aux diverses Exposit.

Exposition internationale de Photographie, Paris, 1893 ✠

27, Boulevard de Strasbourg, PARIS.

Catalogue général illustrée *franco* sur demande.

FABRIQUE DE JOUETS D'ENFANTS FONDÉE EN 1871

Ph. HARTMANN, Aîné

Rue Daubenton 14,   PARIS   Rue Daubenton, 14

SPÉCIALITÉ DE MOULINS EN PLUMES ET BOÎTES A DIABLES

Barcelonnettes		Malles, Valises
Lits de bois	**HÉLOUIN**	Trousseaux
Lits de fer		Costumes
garnis et non garnis	*PARIS. — 11, Rue Réaumur, 11 — PARIS.*	Parures de poupées

spéciaux, comme jouets scientifiques et cadeaux pour les débutants, rueVieille-du-Temple, 100. *(Voir annonce.)*

Hermand fils, cartonnages pour surprises, bonbonnières, bouquets artificiels, œufs de Pàques, etc., rue Chapon, 25. *(Voir annonce.)*

HERZOG (Bernard), fabrique de jouets pneumatiques, chiens, lapins, chevaux et mulets sauteurs, oiseaux chanteurs, personnages marchant (modèles déposés). Commission exportation, 6, impasse Daunay, (58, rue de la Folie Regnault).

Hess (J.), fab. de jouets, rue Popincourt, 25.

HESSE (Auguste). [C. S.] fab. de poupées et bébés nus et habillés en tous genres, mignonnettes et dormeurs, spécialité d'habillage riche, malles et valises garnies, trousseaux et layettes, fournitures pour poupées, rue des Haudriettes, 3. *(Voir annonce).*

HENRY & CIE

100, Rue Vieille du Temple. — PARIS. — Rue Vieille du Temple, 100

SPÉCIALITÉ D'INVENTIONS ET DE CURIOSITÉS MÉCANIQUES

BIJOUTERIE FEERIQUE	APPAREILS PHOTOGRAPHIQUES
Grande attraction	*Grande nouveauté*

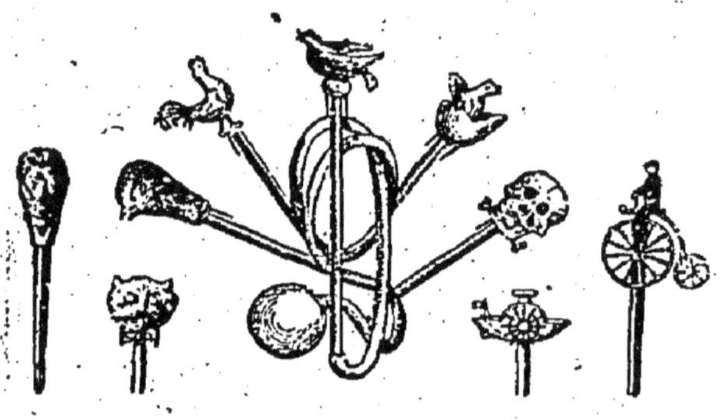

Bijoux animés et chantants | **Le petit photographe**
Épingles de cravates, broches, etc. | Jouets scientifiques

Série de Petits articles

PHOTO FIN DE SIÈCLE — LANCE PARFUMS — PETITE BALLE SIFFLANTE

La maison a toujours des nouveautés en fabrication

ARTICLES SURPRISES POUR NOEL

HERMAND FILS

25, rue Chapon. — PARIS. — rue Chapon, 25

Objets à surprises, Bonbonnières, OEufs de Pâques, Poupées, Boîtes Articles de Noël, Sujets grotesques, Bonnets, Éventails, Porte-Cigares, Objets à Poudre, Fruits, Boîtes, Crèches.

FABRIQUE DE POUPÉES & BÉBÉS NUS & HABILLÉS

EN TOUS GENRES

Spécialité d'HABILLAGE RICHE

AUGUSTE HESSE [C. S.]

3, Rue des Haudriettes, — PARIS — Rue des Haudriettes, 3

MIGNONNETTES ET DORMEURS	MALLES ET VALISES GARNIES
Fournitures pour Poupées	**Trousseaux et Layettes**

Hiolle (Ch. Marillier success.), fab. de queues de billards, boulevard St-Martin, 45, rue Mesly, 52.

HIPPOLYTE, sellier ceinturonnier, fab. d'articles de chasse pour enfants, guêtres, carniers et guides, rue de la Folie-Méricourt, 18. *(Voir annonce)*.

Hirsch (J.), spécialité de locomotives à vapeur, jouets et instruments électriques et d'optique, réparation et échange d'articles ne convenant pas, boulev. de Strasbourg, 73.

Hirsch (J.), jouets mécaniques, rue des Beaux-Arts, 2.

Hivert et Arnal-Dujarrier, cartonnages, rue des Ardennes, 4. (Villette).

Hodel (J.), berceaux-jouets, bercelonnettes de fantaisie, lits d'enfants, faubourg Saint-Antoine, 127.

Hoffmann, verrerie foraine, rue Fontaine au Roi, 26.

Houdas, jeux divers, rue du Temple, 140.

Houy, montres pour enfants, rue d'Angoulème, 66.

Huart, jeux de tonneaux, boîtes d'outils, pass. Théruin, 1 bis.

HUBÉ, fab. de jouets d'enfants, voitures de poupées en pitch-pin verni, chevaux peaussès et attelés, spécialité de chevaux drapés, attelés, harnachés, sur planches, sur galets, ânes, chèvres, chiens attelés, écuries, chalets, breack, dog-cart, charrettes fourragères, laitières, articles de Paris, rue St-Nicolas, 18.

HUBERT, fab. de jouets, acteurs poupards, pelotes, coquilles et guignols, rue des Maraîchers, 70. (Charonne).

Hué (E.), jouets, rue St-Ambroise, 7.

Huret, (Carrette succ.), poupées et bébés articulés, boulevard Hausmann, 34.

Hurpy (A.), fab. d'arcs, flèches et arbalètes, spéc. pour enfants, faub. St-Denis, 13.

Husbrocq-Marchand, jetons nacre, rue St-Martin, 323.

Iung jeune (G. F.), jouets en caoutchouc, rue d'Avron, 119.

Jacob, fab. de jouets, rue St-Denis, 183.

Jacquelin (Vve), tentes, jouets d'enfants, rue St-Martin, 122-124.

Jacquemain (L.), jouets, rue Corbeau, 33.

Jacquemin, armes d'enfants, rue St-Maur, 220.

Jaeck, jouets carton-pâte, r. des Pyrénées, 78.

Jacques, fab. et mag. de chevaux en bois, tête mobile, au pas, au galop, à roulettes en bois et en fer, à poussettes, à bascules, écartés et couverts en peau, ainsi que les chevaux de bagues, rue Fontaine-au-Roi, 49.

Jamain, billards, rue de Charonne, 165.

Jandron, jouets, rue Montmorency, 20.

Janin (J.), fab. de tables de billards, rue Neuve-Popincourt, 14.

Jannin, jouets, rue St-Jacques, 212.

Jarlat (A.), billards et accessoires, faubourg St-Denis, 129.

Jaubert(P.(, maison spéciale de tambours et jeux de paume, fondée en 1859, commission exportation, rue des Gravilliers, 56.

Jaume (J.), fab. de jouets d'enfants, panoplies militaires, képis, shakos et sacs, épaulettes, jeux de jardins, spécialité de fusils et de sabres pour enfants, rue Vieille du Temple, 36 (*Voir annonce*).

Jay fils, boîtes à musique, rue St-Maur, 189.

Jeance (Vve) et fils, articles militaires pour le jouet, rue Rambuteau, 65.

Jeandé (A.), éditeur de jeux et travaux enfantins, rue de Rennes, 74.

Jeanson, manufacture de fusils, sabres, pistolets, jouets d'enfants, rue de Bagnolet, 79.

Jeanson (Vve), jeux de tonneau, jeux de jardins, rue de Bondy, 34.

Jellin (Emile), fab. de jouets d'enfants, articles de Paris, rue Bichat, 10.

JOST (J. A.), [C. S.] manufacture de jeux de précision, petits chevaux, roulettes, mascottes, mâts de cocagne, billards ordinaires, billards anglais, chinois, bagatelle, etc., toupies hollandaises, tapis de roulettes, tables à jeux pour salons, cercles, etc. (*Envoi franco du catalogue*), rue Oberkampf, 120, impasse Gaudelet, 1. (*Voir annonce*).

Journeaux (*Docks St-Germain*), jouets, linoléum à 2 fr. 75 et 3 fr. 25 le mètre carré, boul. St-Germain, 131.

Journeaux, fab. de cannes, pour bazars, rue de l'Orillon, 33.

Jouanne, fab. de jouets d'enfants, cornets et mirlitons, rue de Belleville, 19.

Jousset (A.), jouets, rue Quincampoix, 92.

Joutier, fab. de billards, boul. Raspail, 210.

Julhes (A.), fab. de petits ménages d'enfants, rue Pierre-Levée, 13.

Julliard (A.), confiserie à surprises, bouteilles liqueurs, tubes anis, etc., pour la vente à 0.05 et 0.10 cent. Rue Saint-Gilles, 18.

Jullien jeune, fabrique de poupées et bébés nus et habillés, trousseaux, malles, polichinelles, poupées mignonettes, costumes nationaux, paysannes, dames, fillettes, nageurs, baigneurs, pêcheurs et pêcheuses pour bains de mer, nouveautés tous les ans, articles pour bazars et maisons de gros, rue Beaubourg, 40.

Juliette (H¹ᵉ.), jouets en verre, spécialité pour la vente à 0.05 et à 0.10 cent., rue Vieille-du-Temple, 115.

JULLIEN, (ancⁿᵉ maison) A. du Val & M. LOGEAT successeurs.

plusieurs médailles argent et bronze, hors concours, membre du Jury à l'Exposition de Barcelone 1888 et de Paris 1889. Fabrique de jouets et jeux, tabletterie et cartonnage, alphabets, atlas, coffrets mercerie, coffrets tapisserie, cubes, damiers, dés, dominos, échecs, fiches et jetons, garnitures de Boston, imprimeries, jeux d'oies, jeux réunis, jouets et jeux divers, loteries, lotos, lotos fantaisie, machines à coudre, malles de jeux, marques de jeux, nains jaunes, papeteries, patiences, peintures, perles, petites brodeuses, physiques, quilles, solitaires, tapis de cartes, tirs, trics-tracs, valises mercerie, valises tapisserie. Fabrique à Villeneuve-sur-Bellot (Seine-et-Marne). (Voir page d'annonces, actuellement 55, rue des Archives et à partir du 15 janvier 1894, 4 et 6, rue Ternaux, près la rue Oberkampf). (Voir annonces pages 52 et 53).

JUMEAU ✳ [C. S.], propriété exclusive du *Bébé Jumeau* connu du monde entier pour leur habillage de premier ordre. Le *Bébé Jumeau* a toujours obtenu les plus hautes récompenses dans toutes les expositions, manufacture à Montreuil-sous-Bois, Bureau, rue Pastourelle, 8. (*Voir annonce page 54.*)

Keim (N.), jouets en gros, rue des Arquebusiers, 3.

Kéranguevel (Vve), fabrique de jouets, spécialité de trompettes mirlitons, clairons, cors de chasse, rue Fontaine-au-Roi, 25 et 27.

Kicken (L.), jeux de jardin, rue Nicolo, 3.

Kiteman (A.), jouets, rue de Sicile, 18.

Kirby, Beard et Cie, jeux de tennis, croquet, rue Auber, 5.

Kitzinger (Prosper), jouets pneumatiques, animaux sauteurs, marcheurs, cymbaliers, rue Anthony, 3. (*Voir annonce.*)

Kodak, appareils photographiques, place Vendôme, 4.

Kol, jouets d'enfants, chiens et moutons en laine, rue du Vertbois, 27.

Kratz-Boussac, jouets nouveautés, rue Saint-Laurent, 3.

Kreutz jeune, spécialité de fusils et pistolets à piston, à aiguille et bijoux, carabines de salon et à bouchon, arbalètes pour tir, spéc. de sabres et d'équipements militaires pour enfants, comm. export., rue des Amandiers, 63. (*Voir annonce.*)

Kreutz (G.) aîné, père et fils, fab. de fusils scolaires et tirs à surprises, rue Oberkampf, 156.

ANCIENNE MAISON JULLIEN

A. DUVAL & M. LOGEAT SUC^{RS}

Fabrique de Jouets et Jeux

55, RUE DES ARCHIVES, 55

PARIS

J. L
PARIS
DÉPOSÉE

SPÉCIMENS

DE

FABRICATION

Catalogue
sur demande

Loto.

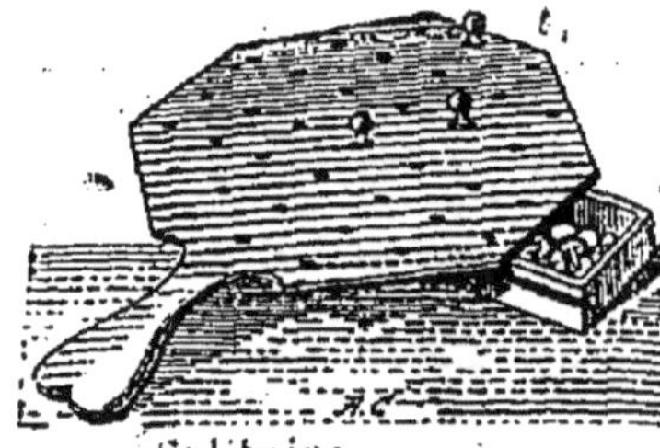

Solitaire.

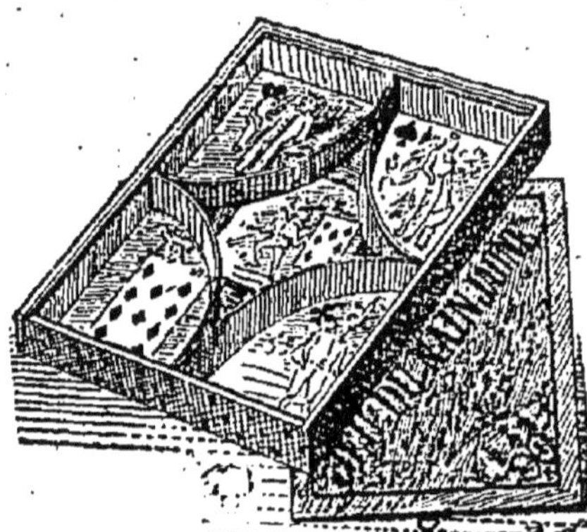

Nain-jaune.

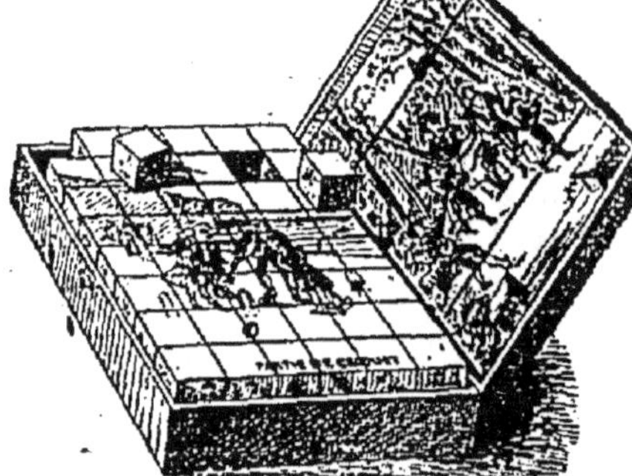

Jeu de Cubes.

Imprimerie.

Damier.

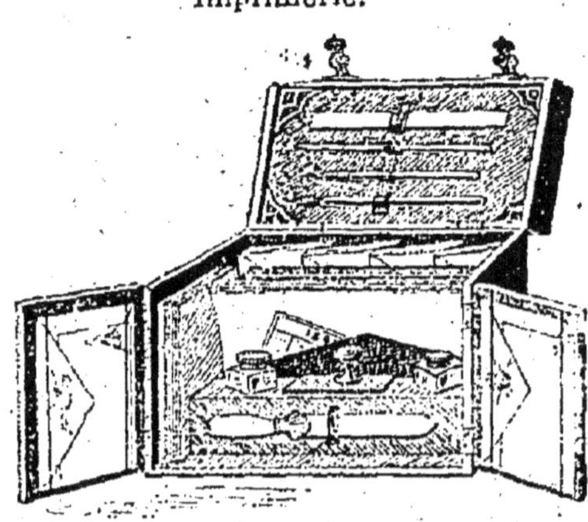

Papeterie.

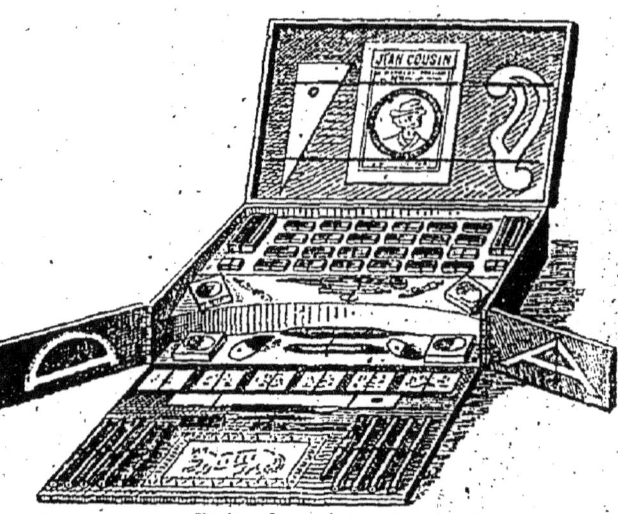

Boîte de peinture.

A partir du 15 Janvier 1894 la Maison sera

ANCIENNE MAISON JULLIEN
A. DUVAL & M. LOGEAT SUC^{RS}
Cartonnages et Tabletteries

55, *RUE DES-ARCHIVES*, 55

PARIS

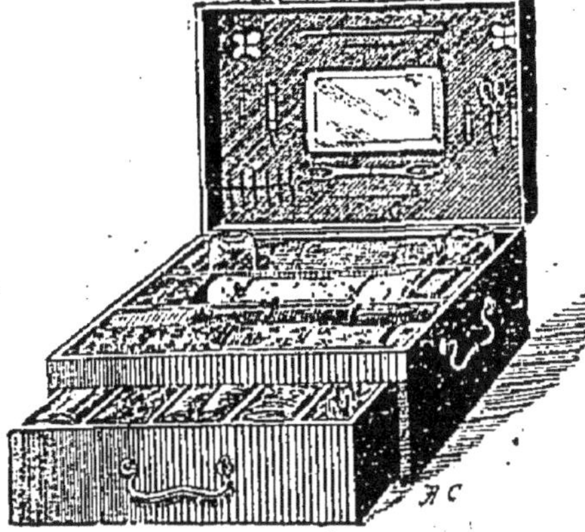

Coffret, mercerie et tapisserie.

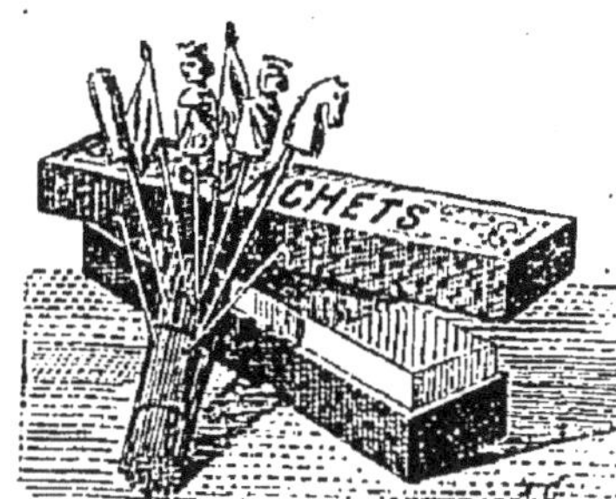

Jonchets.

Tir.

Physique amusante.

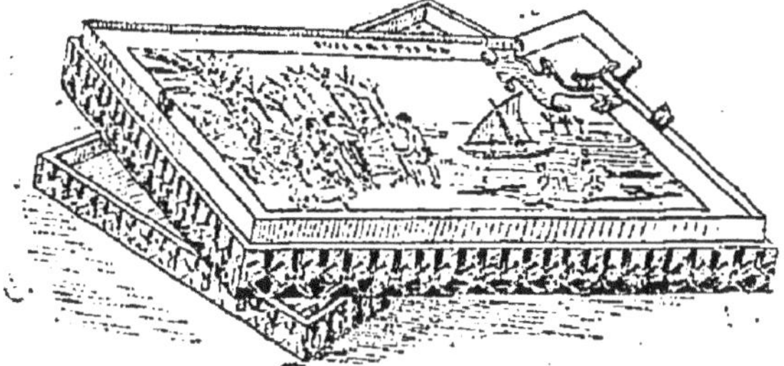

Patience.

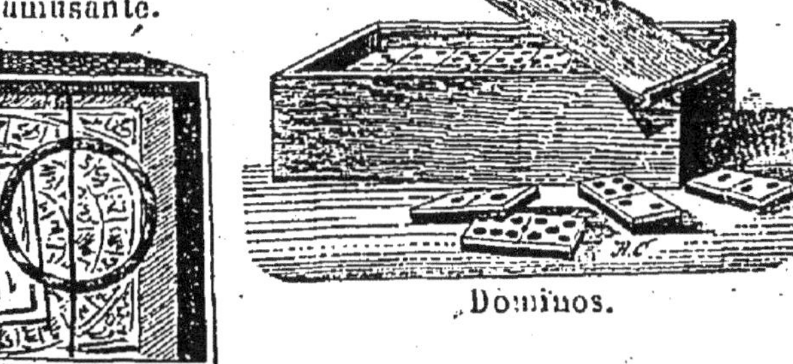

Dominos.

Jeux réunis.

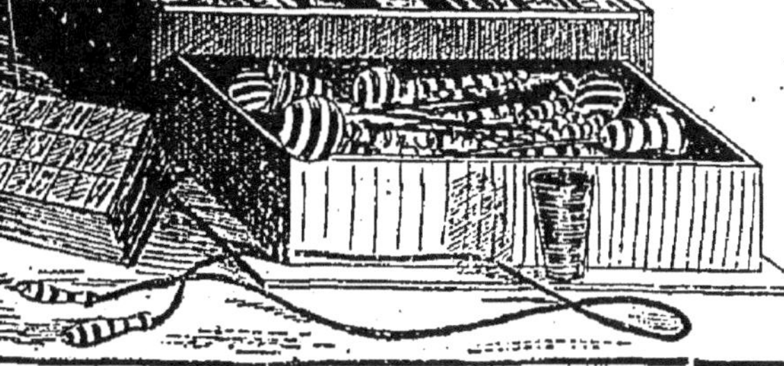

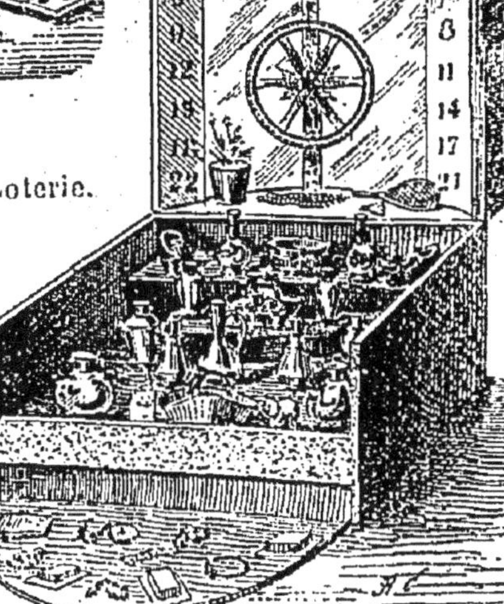

Loterie.

transférée 4 et 6, rue Ternaux (près la rue Oberkampf).

Labalme, tourneur-tabletier, marques et jetons, rue Chapon, 6.

Lachambre (H.), méd. or 1885, construction d'aérostats de toutes dimensions, aérostats-jouets, ballons grotesques en baudruche, passage des Favorites, 24, (Paris Vaugirard).

Lafon (E.), jouets en métal, articles en étain et métal anglais, rue du Faubourg-Saint-Denis, 16.

Laffon et Cie, fabrique de billes de billards, jacquets, dominos, rue du Château-d'Eau, 55.

LAFOSSE (A.) ancienne maison J. Steiner, fondée en 1855, jouets d'enfants, bébé incassable et mécanique breveté, bébé parlant, bébés avec yeux mobiles, bébés mécaniques, remuant, parlant et pleurant ; bébé « premier pas », marchant comme un enfant, tête biscuit doublée, presque incassable. Médaille d'argent, Exposition 1878, médaille d'or Exposition 1880, diplôme d'honneur 1890, hors concours 1891, manufacture rue d'Avron, 60, dépôt rue Saint-Denis, 273. (Voir annonce).

Laire (J.), neveu et gendre, fabrique d'animaux en carton en tous genres, chevaux, vaches, ânes, chiens, etc., chevaux façon peau, spécialité de chevaux en carton incassables, spécialité de drapeaux, sentier des Falaises, 38, (Villa de Falaise), (Ménilmontant).

Lajourdie (A.) et Fleury, jouets en fonte pour enfants, boulevard Richard-Lenoir, 89.

Laloue-Bouché (Mme E.), poupées, rue Bonaparte, 68.

Lallemand (E.), fabrique de poupards, rue des Prairies, 44.

Lamagnère (Théophile), breveté s. g. d. g. 

modèles déposés, fabrique de jeux, boîtes de constructions, cibles paillassons, jeux de fléchettes, jeux de parquets; rue de Turenne, 129.

Lambert, jouets, rue Montmorency, 6.

LAMBERT (L.), jouets mécaniques, automatiques à musique, pièces riches et de vitrines, rue Portefoin, 13. (*Voir annonce.*)

Lampre, jeux divers, rue Amelot, 40.

Langlois, ballons en baudruche, rue de Bagnolet, 84, cité Adrienne, 3, (Charonne).

Langlumé (A.), articles spéciaux pour bazars et colporteurs, rue d'Angoulême, 98. (Usine à vapeur.)

Lapierre (E.) fils aîné, lanternes magiques, appareils de projection, (*Voir Aubert*), quai Jemmapes, 38

LARDENOIS, breveté s. g d. g., maison fondée en 1873, méd. expos. 1889. Spécialité de jeux de courses ronds et carrés, jeux de bagues, canons, mitrailleuses, cages à mouches, cages en métal découpé, rue du Chemin-Vert, 146.

Larroque (Robillard successeur), billards, rue des Récollets, 11.

Laumonnerie–Nadaud, jouets, cotillon, rue du Quatre-Septembre, 32.

LAURENT (A.),  fabrique de ballons en caoutchouc à musique, gaz et réclames en toutes langues, ballon « *le Diabolique* » breveté S. G. D. G. médaille d'argent, manufacture d'élastiques anglais en tous genres, Exposition

---

L. LAMBERT, 13, RUE PORTEFOIN, PARIS

MÉDAILLES
Barcelonne 1888 et Paris 1889

FABRIQUE DE JOUETS
MÉCANIQUES, AUTOMATIQUES, A MUSIQUE,
Pièces de vitrines
GRAND CHOIX DE BÉBÉS MÉCANIQUES
à musique.

ARTICLES RICHES

Maison se recommandant par la richesse et le bon goût de l'habillage, joint à la solidité du mécanisme.

LARDENOIS, Breveté S.G.D.G.

Usine à vapeur : 146, Rue du Chemin-Vert
MÉDAILLE EXPOSITION UNIVERSELLE PARIS 1889

SPÉCIALITÉ DE JEUX DE COURSES DE TOUS SYSTÈMES
DEPUIS 5 CENTIMES JUSQU'A 100 FRANCS

Cages à mouches — Jeux de bagues — Nouveau canon à pointage facultatif
Mitrailleuse perfectionnée
avec forteresse de tir ne laissant pas égarer les projectiles
Cages en métal découpé — Nouveautés tous les ans

COMMISSION   **EXPORTATION**

universelle de 1889, maisons à Londres et à Leicester, fabrique, rue Croix-Nivert, 143 (Paris-Vaugirard), maison de vente, boul. Sébastopol, 58. Téléphone

Laurent (A.), bébés habillés, costumes et accessoires, rue des Archives, 37.

Laurent (E. et A.), successeur de Chevalier, accessoires pour le cotillon, rue des Quatre-Fils, 4.

Lavenère (Paul), jouets en carton, boulevard Sébastopol, 85.

Lavergne, chariots hygiéniques, boulevard Ménilmontant, 73.

Lavesvre, jouets, poupées, rue Clignancourt, 37.

Lazard (Vve), jouets, rue du Bac, 36.

Lebeau (C.), jouets en cartonnages, rue Rébeval, 34.

Leblu, vannerie artistique, rue de Braque, 10.

Lebon, jeux, avenue Montaigne, 101.

Lebon (Boucley, Thomas, Bardou, Clerc, successeurs), jeux de jardins et de salons, boulevard Sébastopol, 12. *(Voir Corderie centrale et annonce).*

Leclerc (H.), fabrique spéciale de porte-cigares à musique, caves à liqueurs et nécessaires en tous genres, boîtes à gants, à mouchoirs et bijoux, séchoirs à cigares, papeteries. Maison fondée en 1859, usine à vapeur, rue de la Corderie, 14, (près du Temple). *(Voir annonce).*

Leclerc et Darnault, bébés articulés, rue Meslay, 47.

LECONTE (H.) ET Cie, manufacture de jouets en fer-blanc, jouets mécaniques et mouvementés, jeux de courses, jeux de bagues, chemins de fer, voitures. Articles depuis 1 fr. 25 la grosse jusqu'à 12 fr. la douzaine, articles pour les prix fixes, surprises, brev. s. g. d. g. commission, exportation, rue des Fêtes, 63, (Paris-Belleville). *(Voir annonce).*

Lecoq (H.), peignes pour poupées, usine à vapeur, rue Volta, 39 et 41.

Lefebvre (André), fabrique de bébés incas-

Lefebvre (Ch.), spécialité de jeux de quilles, toupies, bilboquets, pions, rue Charlot, 62. sables, rue Chapon, 25.

Lefebvre (Vve), voitures et vélocipèdes, rue Grange-aux-Belles, 21.

LEFEVRE (E. F.) [C. S.] breveté s. g. d. g. Jouets, boîtes de ménage en fer blanc, fer battu, cuivre et faïence, voitures et chemins de fer mécaniques, chemin de fer marchandises, circulaires sur rails, bateaux fer brevetés, à hélice, à voiles, fourneaux tôle faïence et bois, cuisines, forts garnis, écuries, fermes et animaux en métal, soldats estampés et émaillés, marque de fabrique, rue Gambay, 15 et 17.

FV **DS**

LEFEVRE ET Cie, successeur de Petit, fabrique de jouets fantaisie, articles incassables, pompier, gendarme, militaire, clown, polichinelles, quilles, jouets mécaniques, marottes à musique, pantins variés, jeux et massacres. Plusieurs médailles. Nouveautés tous les ans, comm., export. rue Charlot, 71. (*Voir annonce*).

Legcay (A.), boîtes à surprises, rue Saint-Martin, 323.

Léger (G.), succes. de Renard, voitures et chevaux mécaniques pour enfants, rue des Ecluses-Saint-Martin, 12.

Legoux, jouets, rue Popincourt, 39.

Legros, billards, boulevard Voltaire, 54.

Lejeune, jouets d'enfants en tous genres, voitures peintes et bois naturel, rue Beaubourg, 81.

Leleu, jouets, avenue Bosquet, 4.

Leleu (Mlle), poupées, cité de l'Alma, 2.

Lemaire (F.) et fils, jouets, petits bronzes, faubourg du Temple, 75.

Lemaire, jetons pour jeux, rue Oberkampf, 26

Lemaire (G.), fabrique de bateaux à voile, à

vapeur et électrique pour enfants, rue de La Borde, 44. (*Voir annonce.*)

LEMAIRE (MAISON) fondée en 1839. Lemaire fils et Dumont gendre, succésseur, brevèveté s.-g. d. g. Spécialité pour la Commission et l'Exportation, fabrication d'agrès et appareils de gymnastique pour écoles, lycées, sociétés et maisons de campagne. Appartements, etc., etc. Hamacs en aloès, chanvre, coton, etc. etc.,

à mailles simples, doubles et indiennes à franges-haute fantaisie. Tapis-Brosse, tissus végétaux. Sacs pour bains de mer et filets à provision. Usine à vapeur à Dammartin-en-Serve (S.-et-O.) Maison de vente *à Paris*, 59, r. Meslay. Téléphone. (*Voir annonce*)

Lemaître (Léon), jeux divers, rue de la Mare, 32.

Lemaître (Léon), fabrique d'établis et boîtes d'outils pour enfants, jeux de tonneau, jeux de quilles, rue de la Justice, 24.

LEMAITRE ET ROUXEL, Comptoir du prix-fixe. Fournitures pour bazars et marchands forains, jouets, bimbeloterie, coutellerie, articles de Paris, couverts en métal ferré, aciéré, anglais, rue Turbigo, 69 (*Voir annonce*).

LE MONTRÉER (Y) ET FILS, jouets d'enfants en tous genres, spécialité pour bazars. (Demander les catalogues), rue du Château-d'Eau, 27. (*Voir annonce*).

Lenacrts, billards, rue de Reuilly, 31.

Lepelletier (Mme), poupées en carton, rue du Rendez-Vous, 56.

Lequenne frères, jouets en fer blanc, spécialités pour surprises, rue des Amandiers, 58.

Lequesne, poupées, rue de Sèvres, 63.

Leroux (C.) et Cie, billards, rue Biscornet, 6

Létocart, fabricant de jouets en bois, diverses spécialités de quilles, bouteilles en paniers, jeu de Bacchus sur son tonneau, spécialité de porte-manteaux articulés dits porte-chapeaux, rue Mercœur, 4.

Lettere, jouets en tous genres, rue d'Hauteville, 37.

Levasseur (E.), boîtes à musique manivelles, pièces grand format avec accompagnement d'instruments, rue d'Hauteville, 47.

Lévy (A.) fils et Salmon, (maison), jouets en gros et pièces à musique, rue du Château-d'Eau, 40.

Lévy (Adrien), billards, rue des Trois-Bornes, 45 et Saint-Maur, 143.

LÉVY (ALBERT), surprises, bimbeloterie, articles farces et artifices de salon, faubourg Saint-Martin, 39.

Lhuillier et Barbanchon, bébés, rue Réaumur, 69.

Liorat (H.), poupées, rue Sedaine, 50.

LIOTTARD (A.), breveté s. g. d. g fabrique de jouets articulés, articles nouveaux, rue N.-D. de Nazareth, 68. *(Voir annonce)*.

Lizé et Costil, lanternes et appareils de projections, rue Turbigo, 48.

Lizoire, jeux de flèches et jeu oriental, rue du Buisson Saint-Louis, 10.

Loiseau, tambours, jouets mécaniques. *(Voir Sevette, Roulleau et Loiseau)*

Lombardini et Cie, bimbeloterie, rue Saint-Pétersbourg, 30.

Longuet, fabrique de billards, rue Charonne, 56.

LOREAU, fabrique de billards, billes en ivoire, jetons en ivoire et nacre, quilles et tous accessoires de billards, rue de Turenne, 1. *(Voir annonce.)*

Lorin aîné, machines à découper, impasse de Châlon, 2 et 4.

Lorin (D), jouets, rue de Rivoli, 154.

Lorrain (A.), spécialité de jouets, et jeux de guides pour enfants, rue du Gaz, 85.

Lotz (Arthur), chevaux mécaniques, tricycles, rue du Louvre, 44.

Loubinoux, billards et jeux pour marchands de vins, rue de la Roquette, 22.

Louchart (Jules), billards, rue Etienne-Marcel, 3.

Lucotte frères, cartonnages pour jouets, faub. Saint-Denis, 61.

Lucotte (Vve), *(Au plat d'Étain)*, jouets, soldats en plomb, cavalerie, artillerie, spécialité de petits-sujets, rue des Saints-Pères, 37 *quater*.

Ludet (Mme), poupées habillées, rue du Bouloi, 21.

Lunel (Vve), jouets en bois, rue d'Aboukir, 104.

GRAND SUCCÈS !

FEUX D'ARTIFICES

DE SALON
de la plus haute fantaisie
Garanti inoffensif

BOITE

D'ASSORTIMENT
3 fr., 4 fr. et 5 fr.

Albert LÉVY
39, faub. St-Martin, 39
PARIS

FABRIQUE DE JOUETS ARTICULÉS
ARTICLES NOUVEAUX
A. LIOTTARD, Breveté s. g. d. g.
PARIS, 68, rue Notre-Dame-de-Nazareth, 68, PARIS

FABRIQUE DE BILLARDS EN TOUS GENRES
LOREAU 1, rue de Turenne, PARIS
Au coin de la Rue Saint-Antoine.

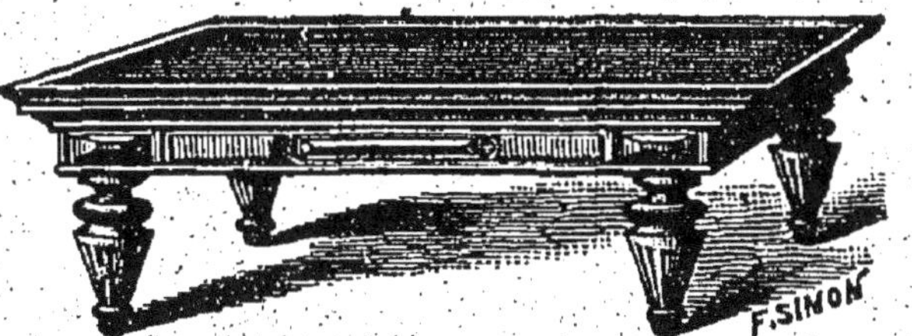

Bandes système perfectionné reconnu supérieur, Bandes Américaines, Fabrique de Billes en ivoire, Fabrique de queues, procédés, blanc, etc. Drap d'Elbeuf toutes nuances.

Maas, petits équipements militaires riches, rue de Braque, 2.

Mac-Kain (J.), jouets, voitures anglaises pour enfants, boulevard Hausmann, 53.

Madelenat (Ch.), articles pour bazars, rue Debelleyme, 16.

Mainguet, jouets divers, rue de Bagnolet, 73.

MAILLARD (H.), successeur de Ch. Deshayes, jouets mécaniques et pneumatiques, rue du Temple, 78 (*Voir annonce*).

MALLEIN, fabricant de voitures d'enfants et de malades, vélocipèdes et chevaux mécaniques, voitures de poupées. Méd. bronze argent et or, 1884-1885-1886-1889, passage Brady, 96 et 97 (*Voir page annonce ci-contre*).

Mallval et Cie, jouets, rue de Bondy, 68.

MALTÈTE (Ch.), breveté s. g. d. g. plusieurs médailles aux expositions. *Manufacture de jouets mécaniques et à vapeur*, moteurs électriques, chemins de fer mécaniques sur rails circulaires, locomotives et tenders, chemins de fer à montagnes suisses, carrousels, moulins avec chaînes et godets, voitures mécaniques assorties, navires de guerre à éperon, bateaux mouches et hirondelles, tramways, poissons et cygnes mécaniques etc. Nouveaux cerceaux à musique, cerceaux caoutchouc montés sur fer nicklé. *Manufacture de jeux de courses* pour casinos, villes d'eaux et fêtes foraines, petits jeux pour familles, tables de salons, nouveau jeu de pousse-pousse, rue Debelleyme, 19.

Manuel Périer, jouets scientifiques, r. Pleyel, 1.

ANCIENNE MAISON MALTÊTE ET PARENT
CH MALTÊTE SUCCESSEUR
FABRICANTS DE JOUETS MÉCANIQUES, ÉLECTRIQUES ET A VAPEURS
Breveté s. g. d. g. Nombreuses récompenses

CHEMINS DE FER MÉCANIQUES
sur rails droits, circulaires, à bifurcation, aiguillages, etc.

SPÉCIALITÉ DE JEUX DE BOURSES
pour casinos, villes d'Eaux, fêtes foraines.

CAROUSELS, VOITURES, TRAMWAYS, BATEAUX, MOTEURS A VAPEUR
Catalogues illustrés spéciaux
PARIS — 19, Rue Debelleyme 19, — PARIS

JOUETS MÉCANIQUES ET PNEUMATIQUES
ANCIENNE MAISON CH. DESHAYES, Breveté, S. G. D. G.
H. MAILLARD SUCCESSEUR
78, Rue du Temple. — PARIS. — Rue du Temple, 78
Nouveaux jouets pneumatiques roulants, breveté S. G. D. G.
Spécialité de chiens aboyants. — Animaux sauteurs et roulants. — Oiseaux, Poupées, Clowns. — Grosses caisses.

MODÈLES DÉPOSÉS ET NOUVEAUTÉS TOUS LES MOIS

ANCIENNE MAISON MARTEAU

VOITURES D'ENFANTS, VÉLOCIPÈDES & CHEVAUX MÉCANIQUES

MALLEIN, S^{UCC}R

FABRICANT, PLUSIEURS FOIS BREVETÉ S. G. D. G.

PASSAGE BRADY, 88, 96, 97
PARIS

VOITURE AVEC ROUE DIRECTRICE MONTÉE A *QUATRE* RESSORTS
Ferrure mobile se baissant, caisse tôle ou acier.

VOITURE POUR MALADE AVEC CAPOTE ET TABLIER. — CAISSE TOLE

VOITURE ORDINAIRE A QUATRE ROUES, POUR MALADES. — CAISSE TOLE OU OSIER

FAUTEUIL VOITURE A RESSORTS POUR APPARTEMENT ET JARDIN. — CAISSE TOLE OU OSIER

Fauteuils cannés pour appartements et jardins, avec ou sans mains-courantes,
de 130 et 200 francs.

VOITURE LONGUE, DITE COXAIGIE POUR ENFANT COUCHÉ ET POUR TOUTES LES MALADIES

Voiture d'enfants 2 places dite landau, 2 capotes à compas.

VOITURES, FORME ANGLAISE, TOURNANTES ET FIXES, A CAPOTES MOBILES ET RENVERSABLES
POUR ENFANTS ET POUPÉES

CHEVAL TRICYCLE, NOUVEAU MODÈLE, A PÉDALES RÉGLABLES et TENSION de CHAINE, *Breveté*.

VOITURE A BRAS POUR IMPRIMERIE, LIBRAIRIE, ETC

VOITURE POUR BOULANGERIE A 3 OU 4 ROUES

VOITURE PLATEAU DITE PLACIÈRE A 2, 3 ET 4 ROUES

Voiture à 2 roues et à bras pour toute industrie.

Panier pour boulangerie monté sur ressorts.

PANIER POUR BOULANGERIE MONTÉ SUR ESSIEUX ET 4 ROUES EN FER

Envoi franco ⎰ A. Voitures de promenade pour malades. ⎱ *S'adresser pour l'envoi :*
des ⎰ B. Voitures pour enfants. Chevaux et Jouets. ⎱ **Passage Brady, 88, 96, 97.**
ALBUMS ⎰ C. Voitures poussettes et à bras pour Boulan- ⎱ **PARIS**
         gerie, Bijouterie et toutes industries.

ATELIERS DE CONSTRUCTION : 233, Faubourg St-Martin

LOCATION   TÉLÉPHONE   RÉPARATION

MARBAIS (Mme A.), spécialité de perruques pour poupées et bébés, thibet, fourrure et cheveux, modèles nouveaux chaque saison, Mention honorable exposition 1889. Commission. — Exportation, rue Beaubourg, 73. (*Voir annonce.*)

Marcat (Veuve), jouets en caoutchouc, en laine, jeux de quilles, rue Vieille-du-Temple, 137.

Marchal et Buffard, jeux divers, pass. de l'Opéra, 1 à 11 et 6 à 12.

Marendaz, billards, boul. Bourdon, 33 *bis*.

Mariani (S.), ballons en peaux, rue Victor-Hugo, 28 (Grand Montrouge).

Maridet (Veuve), dépôt et fabrique de bimbeloterie en tous genres, spécialité pour la vente à 0.05, 0.10 0.15 c., etc., faub. du Temple, 39.

Marillier (Ch.), (ancienne maison Hiolle), queues de billard, boul. St-Martin, 45.

Marion (E.), jouets, rue du Bac, 96.

Marois-Jeune (Veuve), jouets en gros, articles de Paris, rue Grenier-Saint-Lazare, 16.

Martin (Elie), jouets mécaniques, rue des Archives, 60.

MARTIN (FERNAND),
ingénieur-mécanicien, breveté en France et à l'étranger. Manufacture de jouets d'enfants et d'articles de Paris. — Spécialité de jouets mécaniques en métal, médailles d'or et d'argent à toutes les expositions, boulevard Ménilmontant, 90 (*Voir page annonce ci-contre*).

Martin (L.), fab. d'armes blanches et à feu pour jouets d'enfants, rue des Archives, 63.

Martin (Mme), cigares à musique, boul. de la Villette, 47.

MARTIN (Veuve), fabrique de jouets d'enfants, spécialité de voitures en tous genres avec cheval se détélant vernies et non vernies. Commission. Exportation, rue Aumaire, 31.

MARTINENQ,
accessoires de cotillon et articles surprises, articles et boîtes pour confiseurs. Catalogue franco, rue de Paradis, 10. (*Voir annonce.*)

Martiny, jouets en caoutchouc, faub. Poissonnière, 5.

Mass et Cie, jeux, spéc. de raquettes, av. de Versailles, 87.

MANUFACTURE DE JOUETS D'ENFANTS
et Articles de Paris.
SPÉCIALITÉ DE JOUETS MÉCANIQUES ET SCIENTIFIQUES
en métal.

FERNAND MARTIN
INGÉNIEUR-MÉCANICIEN

MÉDAILLES D'OR
et d'argent
A TOUTES LES EXPOSITIONS

COMMISSIONS

Marque de Fabrique

VINGT BREVETS
et additions
EN FRANCE ET A L'ÉTRANGER

EXPORTATION

TÉLÉPHONE — CONSTAMMENT des NOUVEAUTÉS — TÉLÉPHONE
PARIS. — 90, Boulevard Ménilmontant, 90. — PARIS

MATHIEU, (CH.), inventeur breveté s. g. d. g. Fabrique d'ocarines et flûtes métalliques, cannes et parapluies à musique, flûtes de tous systèmes et de tous les prix. Envoi du catalogue sur demande, boul. Sébastopol, 66. *(Voir annonce.)*

Maubé frères, jouets, rue de Lancry, 6.

Mauclair-Dacier, spécialité de jeux, rue Charlot, 29.

Maugin (L.), fab. de jouets mécaniques, rue Oberkampf, 104 et 106.

Maujean, jouets, rue Oberkampf, 118.

Max frères, bimbeloterie, rue des Petites-Écuries, 31.

Max Schudze, jouets, rue des Archives, 81.

May et Bertin, bébés articulés, rue Saintonge, 64.

MAY & MOTTEROZ.

ANCIENNT MAISON QUANTIN. Librairies-imprimeries réunis. Éditeurs de nombreuses publications concernant les jouets, l'enfance et la jeunesse. *Encyclopédie enfantine*, rue Saint-Benoît, 7. *(Voir page annonce ci-contre)*

Mayer (Vve), képis d'enfant, spécialités pour panoplies, rue du Trésor, 3.

Mayermarix, fab. d'instruments de musique, pass. des Panoramas, 48.

Maynard (H.), perruques de poupées, avenue des Gobelins, 27. *(Voir annexes)*.

MAYOLI (P.), fab. spéciale de jouets en métal anglais, haute nouveauté. — Services de table et à thé, porcelaine et faïence, toilettes de poupées, boîtes de soldats, canons, ménages sous verres, sifflets de chasse et autres, articles de chapelle en général, surprises pour confiseurs. Commission, exportation, rue N.-D. de Nazareth, 68. *(Voir annonce page 68 ci contre.)*

Mazaleyrat et Cie, billards, rue St-Blaise, 28.

Mazo (E.), lanternes pour projection, boul. Magenta, 10.

Meissonnier (Veuve), jouets de fantaisie, vannerie garnie de jouets, rue Meslay, 14, boul. St-Martin, 3. — 14.

Melchisedech (Maison) **DROIT** (Ach.) Succr. armures, épées, boucliers et travestis d'enfants toutes nationalités. Armures, bijouterie, accessoires pour théâtres et collections, rue Bouchardon, 14, près la porte Saint-Martin.

CH. MATHIEU

INVENTEUR BREVETÉ S. G. D. G.

PARIS, 66, BOULEVARD SÉBASTOPOL, 66, PARIS

FLUTES EN ZINC
ŋ Nickelé

FLUTES EN MÉTAL FONDU
Nickelé

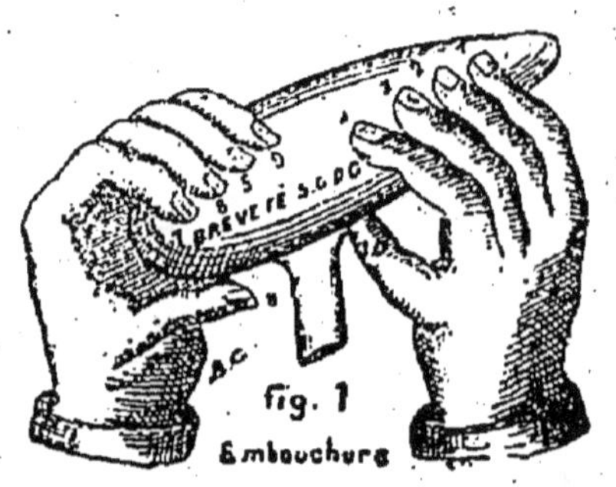

OCARINES
Métalliques
Brevetées s.g.d.g.

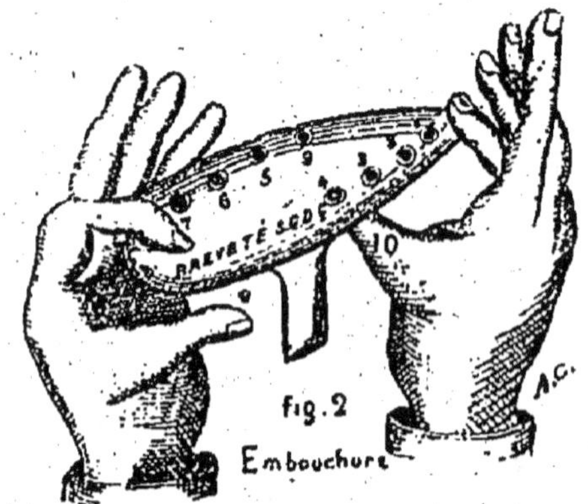

CANNES FLUTES

MUSETTES EN MÉTAL

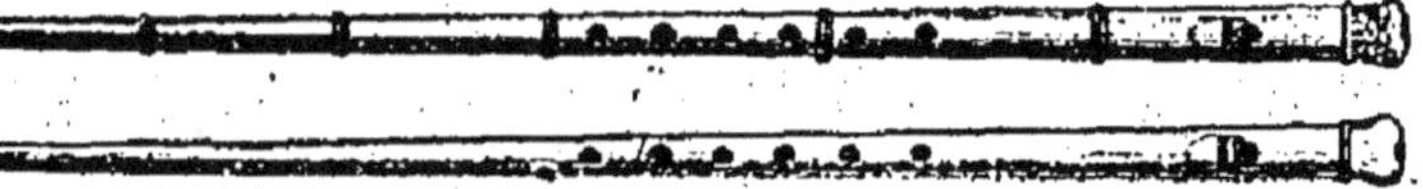

Flûtes de tous systèmes et de tous prix. — Envoi du Catalogue sur demande.

FABRIQUE SPÉCIALE DE JOUETS EN MÉTAL ANGLAIS
HAUTE NOUVEAUTÉ

P. MAYOLI, BREVETÉ S. G. D. G.

68, RUE NOTRE-DAME-DE-NAZARETH, PARIS

Chandeliers, Candélabres, Christs, Saints-Sacrements, Calices, Saints-Ciboires,
Encensoirs, Sonnettes, Lustres, Lampes, etc.

Boîtes, Ménages, Soldats et Chapelles sous verre, etc. — Services de table à thé et à café en métal anglais et étain fin. Services en faïence et porcelaine, Toilettes de poupées en tous genres. — Sifflets de chasse et chemins de fers. — Spécialité de boîtes de couleurs fantaisie pour enfants, Sujet nouveau, breveté s. g. d. g.

Fait également en métal anglais argenté :

Cabarets, Tasses à café, à thé, à déjeuner, Timbales pour pensions, Ronds de serviette, Coquetiers, Dessous de carafes et couverts, Couteaux en ruolz et métal blanc, etc.

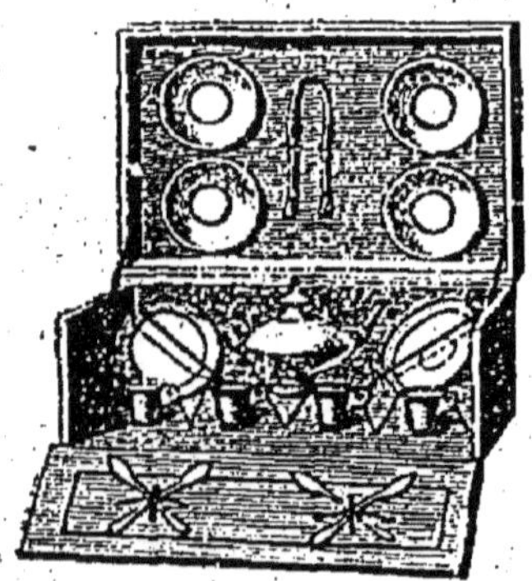  

GRAND ASSORTIMENT D'ARTICLES
pour MM. les Fabricants de Surprises et les Confiseurs.

Mellet (G.), fab. de chevaux de bois, rue de Tourtille, 20.

Mély (P.), verreries pour bazars, rue des Petites-Écuries, 26.

MENDEL CHARLES, appareils photographiques et fournitures générales pour la photographie photo-miniature, objectifs, cartes, etc., rue d'Assas, 113. *(Voir page annonce à la Revue industrielle.)*

Ménétrier, jouets, sacs et valises pour poupées, rue Debelleyme, 31.

Ménoreau (Alexandre), jeux de société et de jardin, boul. Poissonnière, 23.

Mérat (Veuve), jouets, rue St-Merri, 22.

Mercier (H.), petits meubles pour enfants et jouets, rue Folie-Méricourt, 104. *(Voir Dumont successeur.)*

Merlier, spécialité pour jeux de tonneaux, rue Ménilmontant, 6.

Merlin (A.), (Vigneau successeur), jouets, rue des Gravilliers, 23.

Michel, fab. d'animaux, rue Chapon, 17.

Michelin et Cie, fab. spéciale de balles noire creuses et pleines, balles pour tambourins, rue de la Roquette, 159.

MIGAULT (A.), bijouterie breveté s. g. d g.

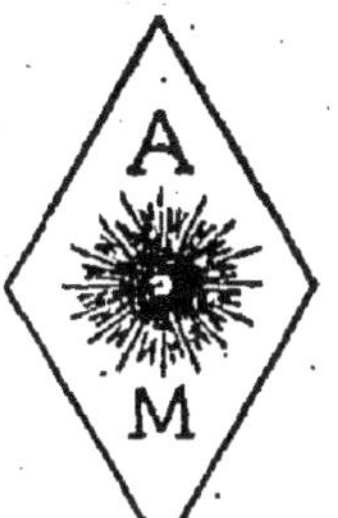

Montres jouets, imitation, minuterie à remontoir et à clef, montres porte or, fausses montres, montres breloques à remontoir. (Marque de fabrique déposée). Rue Notre-Dame-de-Nazareth, 82.
(Voir annonce ci-dessous.)

Minaux, spéc. de cordes à sauter, rue Michel-le-Comte, 23.

MINIER (A.), représentant dépositaire de jeux et jouets, damiers, trictracs, dominos, lotos, coffrets, boîtes, tabletterie, cartonnages, peignes, brosserie en corne de buffle et celluloïd, brosserie fine en buffle uni ou incrusté nacre, miroirs en buffle et celluloïd, peignes tous modèles, fabrication spéciale des peignes et brosses pliants pour la poche, rue St-Martin, 345.

Mœckel, fab. de jouets, avenue Parmentier, 17 bis.

Moitrier, jouets, rue Bonaparte, 63.

Molteni, appareils pour projection, polyoramas, fantasmagorie, rue du Château-d'Eau, 44.

FABRIQUE DE MONTRES-JOUETS IMITATION

MINUTERIE A REMONTOIR DE 12 A 18 LIGNES
MINUTERIE A CLEF DE 12 A 18 LIGNES

Montres Porte-Or — Fausses montres

MONTRES BRELOQUE A REMONTOIR

A. MIGAULT

BIJOUTIER BREVETÉ s. g. d. g.

Brev. s.g.d.g.   Brev. s.g.d.g.

PARIS. — 82, Rue N.-D.-de-Nazareth, 82. — PARIS

FABRIQUE DE JOUETS EN TOUS GENRES

SPÉCIALITÉ

DE LAPINS EXCELSIOR ET D'OISEAUX PNEUMATIQUES

L. BERTRAND

MORAND SUCCESSEUR

PARIS — 31, rue Michel-le-Comte, 31 — PARIS

Nouveautés tous les Mois
Dernier article pour VOITURE PNEUMATIQUE

Moncharmont (H.), fab. française de *masques en tous genres*, jouets, cartonnages moulés, fab. de confettis et spirales pour fêtes publiques. Créations nouvelles chaque année, rue du Temple, 114.

Monin (P.), spécialité de jouets et articles de Paris pour colporteurs, rue Vieille-du-Temple, 64.

Monneret (H.), jouets, jeux de tous genres, croquets, fiches et jetons, rue Charlot, 52.

Monnier (A.), fabrique de poupards, rue des Quatre-Fils, 20.

Morand, (successeur de Bertrand), jouets pneumatiques, rue Michel-le-Comte, 31. *(Voir annonce.)*

Moreau (Félix), marques de piquet en métal, rue du Temple, 174.

Morelli aîné (C.), spécialité de cages pour bazars, rue des Amandiers, 80.

Morin-Baumester, spéc. de bébés habillés en tous genres, trousseaux, layettes et valises, grand choix de costumes riches, bébés incassables habillés et mignonnettes en tous genres, rue du Faubourg-du-Temple, 52.

Morize (G.), successeur de Van-Roy, billards, rue N.-D. de Nazareth, 66.

Mothereau, bébés, rue de la Voûte, 55, 57 et cours de Vincennes, 112.

Mougé (A.), jouets scientifiques, rue des Francs-Bourgeois, 17.

MOUREMBLES (D.),
COMPTOIR PARISIEN DE LA BIMBELOTERIE. Grand assortiment d'articles de ménage en tous genres, fer battu, émaillé, galvanisé Articles pour étrennes et pour fumeurs. Jouets, papeterie, bijouterie, parfumerie, coutellerie, maroquinerie, articles de Saint-Claude, porcelaine, verrerie, etc. Maison spéciale pour la vente à 0.05 0.10, 0.15, 0.20, 0.35, 0.50, 0 95 cent. et au-dessus, rue Simon-le-Franc, 7, 8, 10, *(Voir page annonce ci contre.)*

Mousset et Bancilhon, billards, rue Sedaine, 42 bis.

MULLER (maison). Grand assortiment de vannerie pour jouets d'enfants, fantaisies pour poupées, paniers de parfumeries, tables de toilette et de ménage, tables à ouvrage pour dames et enfants, trousseaux de poupées. Confection haute nouveauté. Commission. Exportation, rue Portefoin, 15 (ci-devant rue St-Sébastien, 48.)

MUSÉE COMMERCIAL, union des fabricants de jouets et articles de Paris, rue Martel, 5 bis. *(Voir aux noms* Union *et* Delrieu, *directeur)*

Myey (Mᵐᵉ), fab. poupées en tous genres, pass. Corbeau, 11.

L'ANNUAIRE OFFICIEL DES JOUETS & JEUX

Très répandu dans toutes les industries

TOUCHANT A LA FABRICATION ET A LA VENTE DE CES ARTICLES

Remis à tous les principaux commissionnaires de Paris

DEMANDÉ PAR TOUS LES GRANDS BAZARS DE LA PROVINCE

EXPEDIÉ A TOUTES LES CHAMBRES DE COMMERCE FRANÇAISES

DE L'ÉTRANGER

Ainsi qu'aux principaux Consulats et chargés d'affaires de France

CONSTITUE UN EXCELLENT MOYEN DE PUBLICITÉ

Aussi important qu'efficace et économique

POUR TOUS CEUX QUI Y FIGURENT A UN TITRE QUELCONQUE

MAISON SPÉCIALE pour la vente à 5, 10, 20, 35, 50, 75 c., 1 fr. 45 et au-dessus	COMPTOIR PARISIEN DE LA BIMBELOTERIE D. MOUREMBLES ET CIE 7, 8, 10, rue Simon-le-Franc. **PARIS**	ARTICLES DE MÉNAGE La maison se charge de tous les articles à la commission

COMPTOIR PARISIEN

DE LA BIMBELOTERIE

M^{son} D. MOUREMBLES & Cie

7, 8 & 10, RUE SIMON-LE-FRANC, 7, 8 & 10

PARIS, près l'Hôtel-de-Ville, **PARIS.**

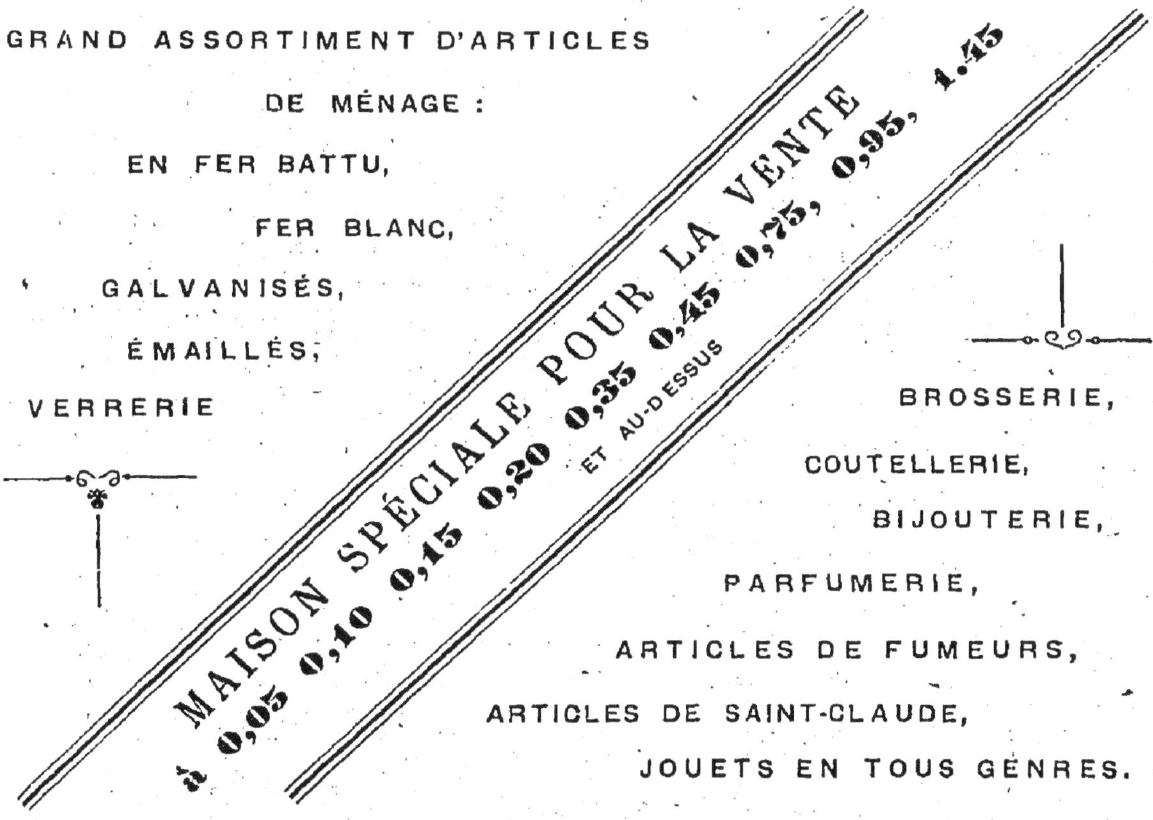

Les Expéditions sont faites

AVEC LA PLUS GRANDE RAPIDITÉ ET FRANCO D'EMBALLAGE.

Escompte : **2 O/o**

LA MAISON REÇOIT SANS FRAIS

toutes les Remises destinées à ses clients et les joint à leurs Commissions

COMMISSION ———————— EXPORTATION

Seule maison possédant dans ses Magasins une concentration
de tous les articles permettant aux clients de faire des assortiments complets
sans avoir recours aux maisons similaires ou spéciales.

CATALOGUE GÉNÉRAL FRANCO SUR DEMANDE

Nacivet et Peulvé, cartes à jouer françaises et étrangères, rue d'Aboukir, 87.

NARÇON (Vve H.). (Voir P. Perret successeur et *pages annonces*), rue Vaucanson, 6.

Nadaud, jeux de salons et jardins, spécialité d'accessoires pour le cotillon, rue du Quatre-Septembre, 32.

Nautré (E), jetons pour jeux, boul. de Strasbourg, 26.

Nave, fab. de billards, rue de Charonne, 5.

Navé, fab. de billards, rue St-Sébastien, 30.

NÉAL jeux de société anglais et américains, spécialité de nouveautés, rue de Rivoli, 248 (*Voir annonce*).

Nepveu de Villemarceau, surprises, accessoires de cotillon, rue Charlot, 13.

Neumann et Marx, ballons celluloïd en tous genres, boul. Sébastopol, 108.

Nicaud (J), jouets en cartonnages, rue Ramus, 60.

Nicolas, fab. de billards, rue Michel-le Comte, 26.

Nicole, boîtes à plumes de 5 et 12, porteplumes fer, couleur et nacré, taille-crayons, jouets chenille à décoration, singes et oiseaux pour fêtes nationales, rue Piat, 41.

Niquet (Adh), mirlitons et jouets à s.rprises, mirlitons en satin pour cotillons et fêtes, coiffures cosaques, surprises dorées pour arbres de Noël, nouveaux modèles chaque saison, rue Saint-Ambroise, 9.

Niquet (E.). jouets en caoutchouc, rue de Charonne, 166.

Niquet (E.) et Ad. Bouchet, bébés, jouets, rue de Javel, 149. Dépôt : rue des Petites-Ecuries, 13. (Voir Bouchet.)

Noiriel et Robert, succ. de Lamirelle, bimbeloterie, rue de Turenne, 114.

Notot, jouets en bois, rue des Cascades, 51.

Noublanche, jeux, cristaux, porcelaines, rue de Paradis, 52.

Nowy (A.), fils, éditeur, fabricant de jeux, rue des Petits-Champs, 41.

Nussbaum (E.), jouets pour bazars, rue Saint-Denis, 257.

Ohstein (Léo), jouets en faïence, rue du Château-d'Eau, 29.

ORESTE MARTIN, manufacture de ballons et jouets en caoutchouc dilaté, musettes, binious, cornemuses, nouveautés. Bibis-hochets, plumets, animaux, etc., etc., boulev. Sébastopol, 38. *(Voir annonce)*.

OUACHÉE, Au Paradis des Enfants, grand choix de nouveautés en jouets d'enfants, bébés parlants, poupées articulées, jeux de société et de jardin, cartonnages instructifs, pièces mécaniques, voitures d'enfants, articles pour cotillon (location pour Paris et la province), fabrique de vélocipèdes. *Articles exclusifs.* Les carrés magiques, l'alphabet par le dessin. — Le jeu des sept familles, le loto des chemins de fer, le jeu des quatre souris. — Artifices pour salons et jardins, illuminations en tous genres, jeu du lance-ballon, comm., export., rue de Rivoli, 156, et rue du Louvre, 1. *(Voir annonce)*.

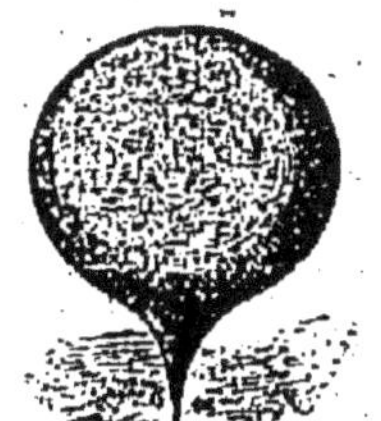

MANUFACTURE DE BALLONS
EN CAOUTCHOUC DILATÉ
ORESTE MARTIN
PARIS — 38, *Boulevard de Sébastopol*, 38 — PARIS

BALLONS GAZ, 2 côtes et 4 côtes

BIBI-HOCHETS, 1/2 HOCHETS, POUPARDS, SERPENTS, ANIMAUX
NOUVEAUTÉS
BINIOUS, MUSETTES, CORNEMUSES

AU PARADIS DES ENFANTS
OUACHÉE
BREVETÉ S. G. D. G.

PARIS, 156, RUE DE RIVOLI ET RUE DU LOUVRE, 1, PARIS

GRAND ASSORTIMENT DE JOUETS EN TOUS GENRES

LE COTILLON
Accessoires pour la danse. Vente et location pour Paris et la Province.

GRANDE FABRIQUE DE VOITURES POUR ENFANTS

Poupées, Trousseaux et Layettes, Bébés parlant, Cartonnages instructifs.
PIÈCES MÉCANIQUES, PHYSIQUE AMUSANTE, GYMNASTIQUE
Artifices pour Jardins et Salons. — Feux complets depuis 12 francs.

P

Paganuzzy et Cie, jouets en celluloïd, rue Saint-Maur, 165.

Paillion (Charles), jouets, articles pour surprises, rue Julien-Lacroix, 48, et imp. de Gênes, 5.

Pali, bimbeloterie, rue Tiquetonne, 31.

Palisson, successeur de Descayrac, fabrique de billards, rue Oberkampf, 10.

Parcy, billards, rue de Liancourt, 36.

PARROT et Cie (ancienne maison Appel) fabrique de CONFETTIS PARISIENS, *ventilés et sans poussière* vendus en sacs, portant la marque déposée. Confettis serpentins de toutes tailles, rue du Delta, 12.

Pascal (L.), jeux d'échecs, jetons, rue du Temple, 117.

PASSERAT (H.), ancienne maison Bathias, fabrique de jouets, brouettes en tous genres, camions et haquets, tombereaux, fourragères, breaks, dog-carts attelés, sablières, (nouvel article breveté S. G. D. G.), tonneaux d'arrosage. Charrettes anglaises avec brancards mobiles, voitures à bras à 2 et 4 roues. Voitures d'enfants et de poupées en tous genres, chaises roulantes. Spécialité de cerceaux forts à quadruple branche. Usine à vapeur à Grenelle, bureaux et magasins, rue du Temple, 83. *(Voir annonce.)*

Pattey, Lee et Cie, vélocipèdes, boulevard de Strasbourg, 5.

Paturel (A.), fabrique spéciale de ballons-réclames, rue d'Avron, 123 et 125.

Paul (J.), poupées de saxe, rue des Petites-Écuries, 59.

Pavy frères, (successeur de Kleine), masques en tous genres, rue Saint-Denis, 144.

Paysan (H.), spécialité de voitures de poupées, rue Julien-Lacroix, 22.

Péan, ménages faïence et porcelaine, faubourg du Temple, 96.

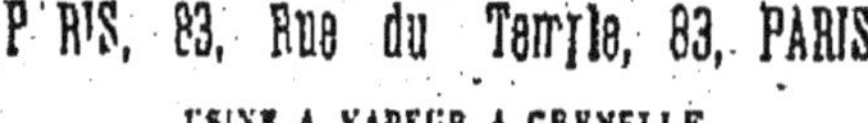

Felichet et Martin, équipements militaires pour enfants, voir Martin successeur, rue des Archives, 63.

Pelisson (F.-L.), spécialité de cartonnages pour le jouet, rue Aumaire, 15 et Gravilliers, 34.

PELLETIER (L.), grande fabrique de jouets et jeux en cartonnage. Breveté S. G. D. G. modèles pour MM. les fabricants de jouets. Mention honorable exposition 1889, Paris, rue de Savies, 12, (près la gare Ménilmontant). *(Voir annonce et annexes).*

Pennetier, bimbeloterie, faubourg du Temple, 33.

Pernet, voitures d'enfants et de poupées, rue Godefroy-Cavaignac, 37.

PERRET (P.)

successeur de veuve H. Narçon, maison fondée en 1818, fabrique spéciale de jeux de société, damiers, échiquiers, fiches et jetons pour cercles, lotos, triclracs, nain-jaune en bois ou cartonnage, roulette parisienne (déposée), tapis pour jeux, boîtes et valises contenant

jeux, boîtes à ouvrage, machines à coudre, cartonnages, lotos, jeux de patience, loteries, décalcomanies, physique amusante, boîtes de couleurs, boîtes de moulage, pastels. Lotos comique, géographique, chronologique, des découvertes, des départements, etc. Tirs à transformations et de salons. Service à thé, service de table, ménage, porcelaine décorée, en cartonnage de luxe, etc. *(Envoi franco sur demande du catalogue illustré),* rue Vaucanson, 6. *(Voir pages d'annonces 76 et 77).*

Perrin, billards, rue d'Aboukir, 18.

Perrin (E.), jouets en métal, voitures, articles de jardin, boul. de Belleville, 52.

PERROT, ancienne maison Courtot, fabrique de jouets, animaux garnis de peaux, tels que chiens, chats, moutons, ânes, conservation de la peau contre la mite, grand choix de nouveautés animées en marchant, rue Oberkampf, 136, passage Ménilmontant, 9. *(Voir annonce).*

FABRIQUE SPÉCIALE DE JEUX DE SOCIÉTÉ ET BOITES A OUVRAGES

Maison Vᵉ H. NARÇON
FONDÉE EN 1858

P. PERRET Successeur

PARIS. — 6, rue Vaucanson, (au coin de la rue du Vert-Bois) — PARIS

BOITES A OUVRAGE

CARTONNAGE

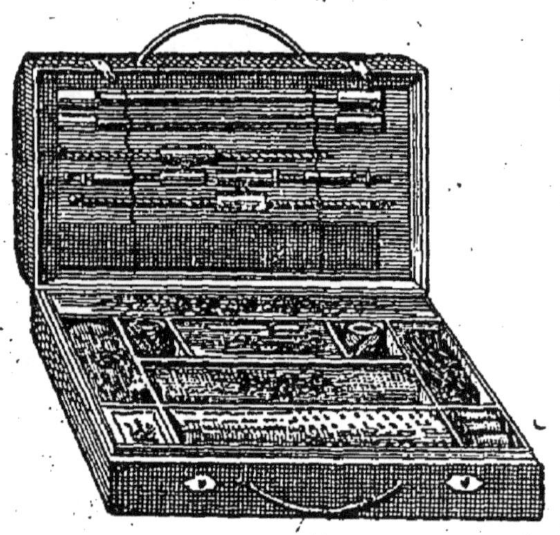

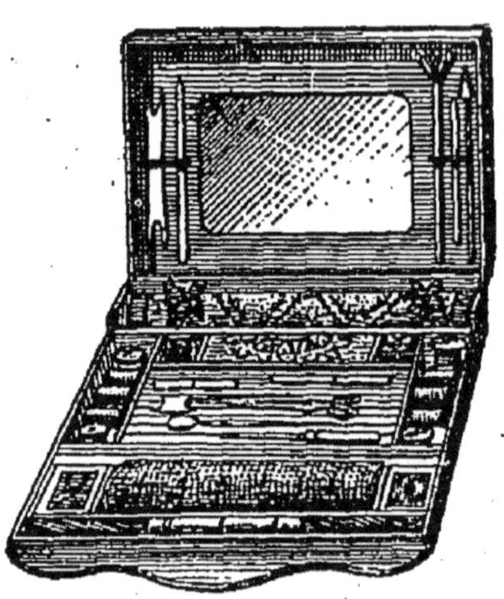

CARTONNAGES

Lotos comique, géographique, chronologique, des découvertes, des départements, enfantins.

TIRS A TRANSFORMATIONS, TIR-CIBLE DE SALON, PASSE-BOULES

Jeux de patience et cubes ordinaires et fins, sujets chromos ou géographiques.

LOTERIES, DÉCALCOMANIES POUR DÉCORER LA PORCELAINE, IMPRIMERIES, ÉPICERIES, PSYCHÉS

DÉCOUPEUSES, SERVICESS TOILETTE DE POUPÉE, SERVICE A THÉ, MÉNAGE, PORCELAINE DÉCORÉE

Physique amusante

Papeteries, boîtes de couleurs, peinture émail pour céramique, boîtes de moulages, pastel, trousses scolaires.

Séraphins des enfants   **Ombres chinoises**

BOITES A OUVRAGES

VALISES, BOITES ORDINAIRES ET RICHES,
contenant

Merceries, Tapisseries, Toilettes de bébé, Services à thé, Modistes.

Grand assortiment nouveau tous les ans.

BOITES DE PERLES AVEC BRODERIES ET MÉTIERS

Boîtes de fleurs en papier et fleurs laine, contenant accessoires, livre d'explications et modèles.

VALISES ET BOITES, CONTENANT MACHINES A COUDRE, TROUSSEAUX DE BÉBÉS.

Services toilette de poupée, porcelaine décorée, services à thé, services de table en joli cartonnage.

Envoi *franco* sur demande du Catalogue illustré.

TÉLÉPHONE. — Articles nouveaux tous les ans. — TÉLÉPHONE

FABRIQUE SPÉCIALE DE JEUX DE SOCIÉTÉ ET BOITES A OUVRAGES

Maison Vᵉ H. NARÇON

FONDÉE EN 1858

P. PERRET Successeur

PARIS. — 6, rue Vaucanson, (au coin de la rue du Vert-Bois). — PARIS

TABLETTERIE

Lotos, boîtes cartonnage, noyer, acajou palissandre etc.

Fiches et jetons, os, ivoire, nacre, gravés pour cercles
DAMIERS, DÉS, ÉCHIQUIERS
Jonchets, solitaires, boîtes à bostons, sphinx, Bogs, jeux de steeple-chase, d'assaut, d'oie, jeux de la pêche, Bullière, rébus, Marelle, de l'Halma

JEUX DE SOCIÉTÉ

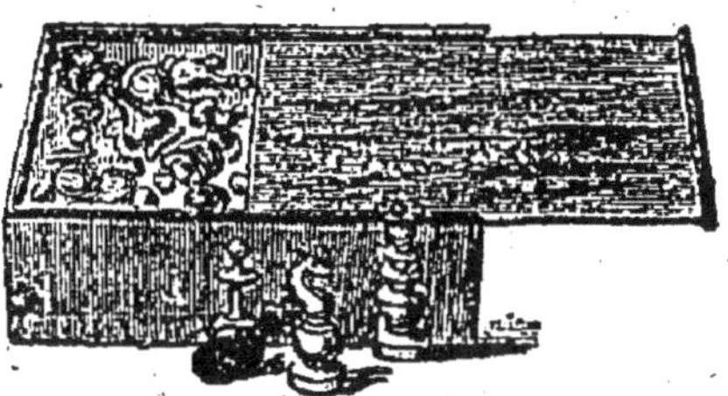

Echecs, buis, os et ivoire, formes ordinaires, régence, anglais stanton.

« Roulette parisienne » (déposée)

à plateau et divisions métal d'une seule pièce de 18 centimètres à 36 de diamètre.
Tapis molesquine et drap pour jeux de roulette.

ARTICLES FRANÇAIS.

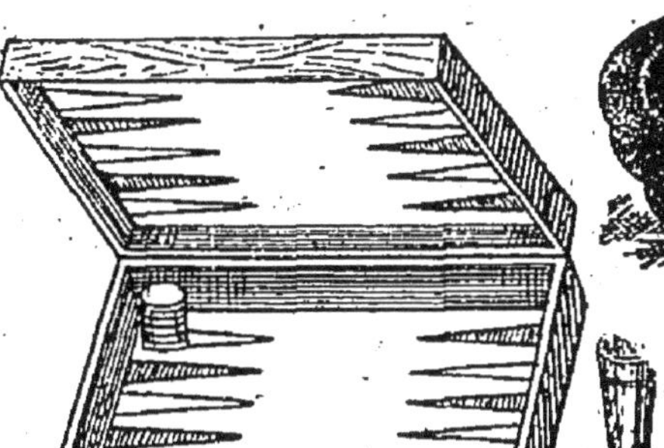

Trictracs et Jacquets, noyer, acajou palissandre et marquetterie.

Nain-Jaune en cartonnage en acajou et palissandre.

Marques de jeux en tous bois touches ivoire et nacre.

Damiers, Échiquiers acajou et palissandre.

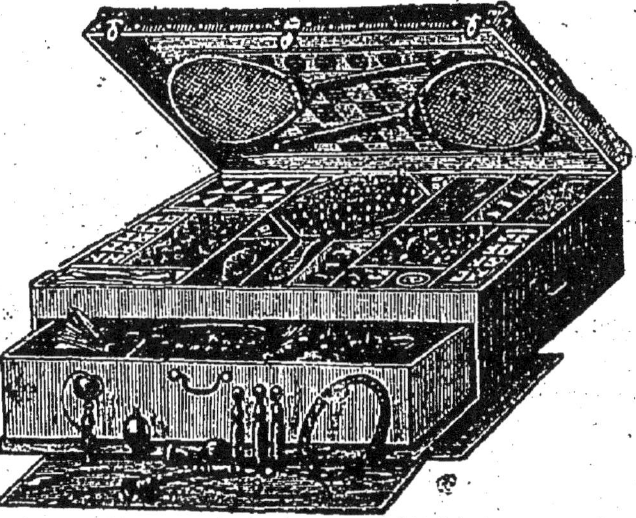

Boîtes et Valises, contenant jeux de Société et de Jardin.

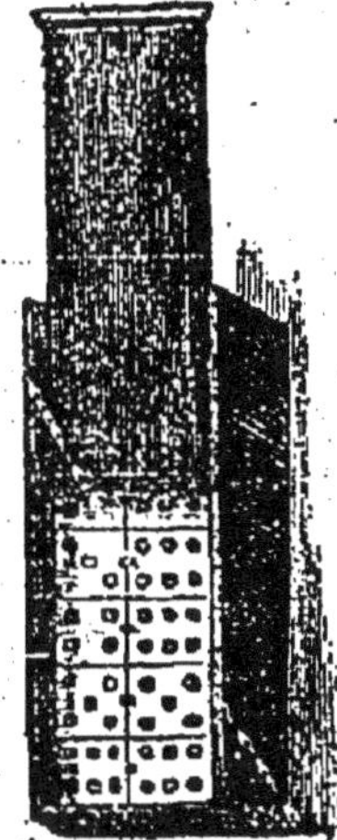

Dominos os, ivoire, nacre.

GRANDE MANUFACTURE DE CARROSSERIE ENFANTINE

QUARANTE-ET-UNE MÉDAILLES, OR, VERMEIL, ARGENT ET BRONZE

Ancienne Maison P. DUTHEIL, Henri PETITJEAN Successeur

BREVETÉ S. G. D. G.   INGÉNIEUR-CONSTRUCTEUR

PARIS, Rue Saint-Maur, 194 — 196, Rue Saint-Maur, PARIS

VOITURES D'ENFANTS — CARROSSERIE A ATTELER

CHARRETTES DE TOUS MODÈLES — VÉLOCIPÈDES POUR ENFANTS ET ADULTES

VOITURES DE POUPÉES — VOITURES, JOUETS

VOITURES DE COMMERCE — VOITURES DE MALADES

VOIR TEXTE   ENVOI DES

CI-CONTRE   CATALOGUES

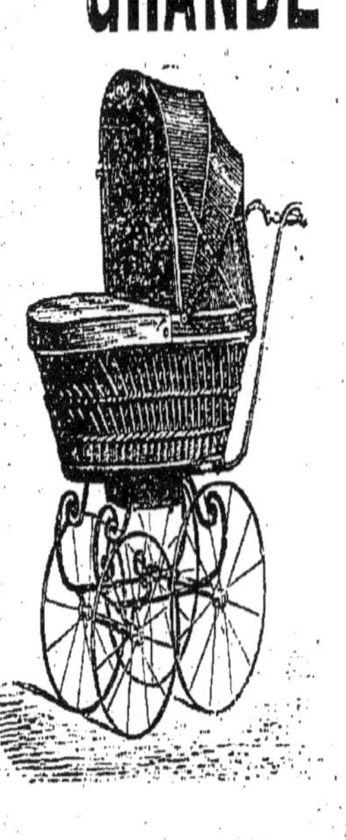

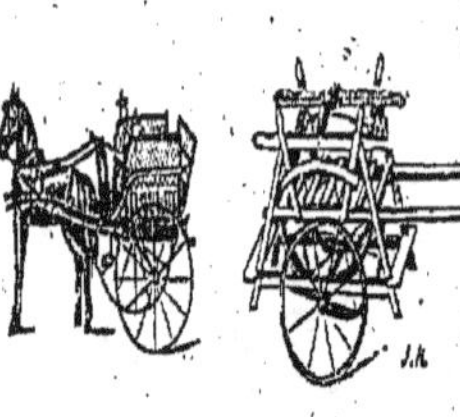

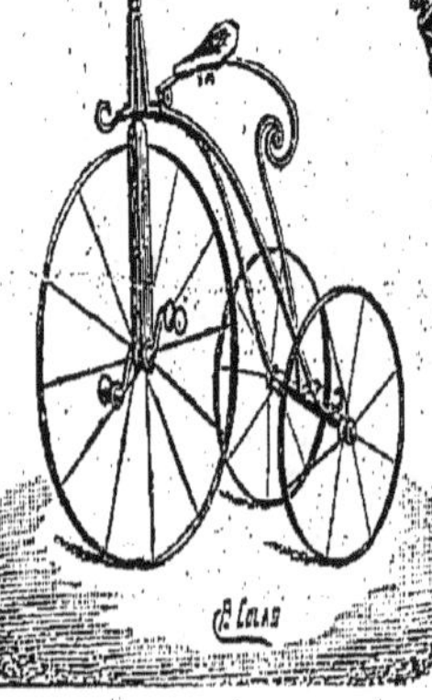

PESCH, fabricant de jouets d'enfants tels que chats, chiens, moutons, ânes, bœufs, moutons et chèvre bêlant, ânes brayant sur planches et sur galets, animaux bêlants sur socles, sur planches ordinaires et sur planches vernies, sur soufflets et sur galets, animaux bêlants en tous genres, au plus juste prix fait des envois en province, conservation de la peau contre la mite, rue Beaubourg, 40. *(Voir annonce ci-dessous.)*

Petit (Vve), jouets d'enfants, rue Amelot, 70.

PETITJEAN (HENRI), ingénieur constructeur, successeur de P. Dutheil. MANUFACTURE DE CARROSSERIE ENFANTINE, 41 médailles, or, vermeil, argent et bronze. grand assortiment de modèles de charrettes pour parcs et jardins, charrettes dites anglaises, charrettes à atteler, charrettes de commerce, jouets, voitures pour poupées de tous genres etc. Vélocipèdes pour enfants et adultes. Spécialité de voitures d'enfants de tous modèles. Français, anglais, américains. Voitures et fauteuils pour malades de tous modèles, créations nouvelles à la portée de tous, rue Saint-Maur, 194 et 196. *(Voir les pages d'annonces précédentes, 78, 79.)*

Peyrotte, billards, passage de l'Asile, 2.

Pezate, jouets, rue Bonaparte, 68.

Phalibois (J.), jouets mécaniques, pièces mécaniques, Fantaisies à musique, Automates, oiseaux chanteurs, rue Charlot, 22.

Picard (A), successeur de Simon, quilles et balles, boulevard Sébastopol, 47.

Pichancourt (V.), fabrique d'oiseaux mécaniques, rue de la Glacière, 34.

Picot (A.), bimbeloterie, rue Saint-Martin, 324.

Pierre (Jules), spécialité de bébés et poupées habillés, rue des Gravilliers, 24.

PIERRUGUES (.A), breveté s. g. d. g. fabrique de boîtes de couleurs et de dessins, boîtes de dessins d'ornement, bosse, dessin linéaire, imprimerie. Les couleurs sont garanties inoffensives, rue St-Maur, 160, (près le faubourg du Temple) (TÉLÉPHONE). *(Voir annonce.)*

Pignalosa, fab. de billards, rue Troyon, 24.

Pintel et Godchaux, fabrication française du bébé charmant, rue des Archives, 79.

PION (F.), successeur de Chardon et Pion, fabrique de jeux de salons et jouets, billards anglais et chinois, billards carambolages, toupies, diablotin et hollandaises, jeux de baraque, et jeux polonais, etc., passe-boules, jeux de jacquet, jeux divers pour forains. Nouveaux modèles tous les ans. Usine à vapeur rue des Gravilliers, 16 *(Voir annonce).*

Piquant (L), accessoires pour billards, rue Fontaine-au-Roi, 49.

PESCH

40, rue de Beaubourg. — PARIS. — rue de Beaubourg, 40

Fabricant de Jouets d'Enfants tels que : **CHATS, CHIENS, MOUTONS, etc.**

ANIMAUX BÉLANTS EN TOUS GENRES

AU PLUS JUSTE PRIX

Sur socles, sur planches ordinaires et vernies, sur soufflets et sur galets,
Moutons et chèvres bêlants. — Anes brayant sur planches et sur galets.
Fait des envois en province. — Conservation de la peau contre la mite.

FABRIQUE DE BOITES DE COULEURS ET DE DESSINS

(Les couleurs sont garanties inoffensives)

BOITES DE DESSINS LINÉAIRE, BOSSE, D'ORNEMENT, ETC.

Boîtes d'imprimerie, spécialité de papeterie

A. PIERRUGUES, BREVETÉ S. G. D. G.

PARIS, 160, rue Saint-Maur (faubourg du Temple) TÉLÉPHONE

Placet (J.) Voir maison Eisler (Ch.), bijouterie de deuil, boucles d'oreilles depuis 3 fr. 50 la grosse ; colliers, bracelets, broches bois durci garanti depuis 2 fr. 50 la douzaine. Articles pour bazars, faub. du Temple, 50.

Plantier, fabrique de jouets divers, rue Merlin, 8.

Plément-Vincent, fabrique de bébés et poupées, rue Grenier Saint-Lazare, 7.

Pluchet, fabrique de jouets et canons pour enfants, rue Chapon, 23.

Poidvin (H.), successeur de Poidvin aîné, canons fondus pour jouets, rue Bichat, 16.

Popelin (Mlle), poupées, rue Jouffroy, 39.

Popelin (L.), fabrique de bébés, rue du Rocher, 77.

Pottier (A.), successeur de Blanchard-Deguittard, spécialité de ballons-réclames, manufacture à Grenelle, dépôt rue de l'Echiquier, 48.

Poudra (Charles), Kaléidoscopes et jouets d'optique, rue Pastourelle, 36.

Poulain, billards, rue Amelot, 72.

Poupard, jouets d'enfants, bateaux mécaniques, rue des Partants, 72.

Poznienski (Henri), fabricant de ferblanterie, jouets d'enfants en métal, spécialité d'articles en zinc pour oiseaux et tous accessoires pour cages, rue du Chemin-Vert, 130.

Consulter, à la suite des fabricants

LA LISTE DES INDUSTRIES ANNEXES

MATIÈRES PREMIÈRES, ACCESSOIRES, FOURNITURES, ETC.

POUR LA FABRICATION DES JOUETS ET JEUX

CLASSÉS

PAR SPÉCIALITÉS ET CATÉGORIES D'ARTICLES

PRADEL manufacture spéciale de jeux de société. — Jacquets, trictracs, échecs, damiers, dominos, lotos, bostons, solitaire, nains jaune, jetons, fiches, sébilles à jetons, tapis de jeux, marques, tourniquets de tous modèles, rateaux, palettes, roulette, marques de billards et règles, paniers, bouteilles, quilles buis, boules buis, rondes, secrètes, miplate, marque méridionale pour le 31 secret, ardoise gravée pour la poule, brosses à billard, craie, blanc pour billard, procédés, queues billard, billes, billard, baraques pour billard, taffetas, etc., etc., rue du Temple, 83 (*Voir annonce*).

PRAVELT fabrique d'animaux laines et poils de toutes grandeurs, moutons bêlants, chiens, chats, chèvres et ânes criants, sur planches et sur galets, animaux criant couchés, debout et sur socle, animaux sur planche ordinaire et sur planche vernie, sur soufflets et sur ga-

lets. (Prix les plus justes. Conservation de la peau contre la mite), rue des Gravilliers, 16.

Prétot et Cie, jeux de jardins, rue de Lyon, 144.

Prieur (L.), fabrique de jouets en tous genres, bébés et fournitures pour poupées, rue Michel-le-Comte, 16.

Prinoth (Ch.) et Cie, jouets en tous genres, boulevard de Strasbourg, 46.

Priquet, jeux et accessoires pour billards, rue des Fontaines-du-Temple, 4.

Privé (Vve), bimbeloterie, rue du Grenier-Saint-Lazare, 16.

Prudhomme (A.) et Cie, accesoires de billards, rue des Bons-Enfants, 31.

Prudhomme (Julien), accessoires pour billards, rue Tronchet, 33.

Pussey (H.), cartes à jouer et autres jeux de salon, rue de la Banque, 20.

QUÉRAT ET CHAUVIN, Équipements militaires pour enfants, r. Charlot, 24 et 26. (*Voir Chauvin successeur et page d'Annonces*).

Quillier, fab. de poupées, r. Ménilmontant, 4.

Quinette, montres jouets, articles de Paris, imp. de l'Orillon, 15.

QUINEY (P.), vannerie artistique, cartonnage de fantaisie, articles pour confiseurs, sacs satin et papier, boites pour baptêmes, etc., rue des Gravilliers, 50. (*Voir annonce.*)

QUINQUETON (G.), fab. de jouets et jeux en bois, *brev. s. g. d. g. et modèles déposés*, canons à capsule et à amorce, pavage mosaïque à surprises, *jeux de patience*, nouvelles roulettes dites jeux de la Meunière, charrettes anglaises, fab. de pelles et de rateaux *modèles déposés*, comm., export. rue de la Verrerie, 10. (*Voir annonce.*)

Quinzelaire, pièces et jouets mécaniques boites à musique, tableaux à musique, faubourg Saint-Martin, 33. (*Voir annonce.*)

VANNERIE ARTISTIQUE
ARTICLES POUR POUPÉES — ARTICLES POUR CONFISEURS
BOITES BAPTÊMES — BOITES A GANTS ET MOUCHOIRS
Sacs Satin et Papier — Vide-Poches — Porte-Épingles

P. QUINEY
50, *Rue des Gravilliers — PARIS — Rue des Gravilliers*, 50

MANUFACTURE DE JOUETS ET JEUX EN BOIS
PAVAGE MOSAIQUE A SURPRISE

COMMISSION

G. QUINQUETON
Breveté s. g. d. g.

EXPORTATION

CHARRETTES ANGLAISES, PÊLES & RATEAUX, Modèles déposés
10, Rue de la Verrerie - PARIS - Rue de la Verrerie, 10

SPÉCIALITÉ D'ARTICLES DE FANTAISIE A MUSIQUE POUR CADEAUX
VUES MARINES EN TABLEAUX ET SOUS CYLINDRES

QUINZELAIRE
PARIS, 33, rue du Faubourg Saint-Martin, 33, PARIS

MAISON SPÉCIALE pour la vente à 5, 10, 20, 35, 50, 75 c., 1 fr. 45 et au-dessus	COMPTOIR PARISIEN DE LA BIMBELOTERIE D. MOUREMBLES ET CIE 7, 8, 10, rue Simon-le-Franc. PARIS	ARTICLES DE MÉNAGE La maison se charge de tous les articles à la commission

Rabéry (A.), fab. de bébés parlants et ordinaires, rue des Archives, 63.

RADIGUET, jouets scientifiques, — système breveté de piles usant les déchets de zinc et pouvant être entretenues sans jamais être démontées, — Allumeur extincteur, fonctionnement absolument pratique et garanti, boulevard des Filles du Calvaire, 15.

Radiguet (Eugène), bréveté s. g. d. g. spécialité de voitures pour enfants et poupées, brouettes, tombereaux, (modèles déposés), charrettes, rue Chapon, 18.

RAMBOUR (E.), anc. maison brev s.g.d.g. Jouets nouveaux, objets à **BRU** JEUNE surprises, le tonneau magique, le bouquet animé, la suspension vaporisatrice, la bonbonnière de la Bénédictine, clowns, chiens savants, singes pneumatiques pour étrennes, boul. Bonne-Nouvelle, 2. (*Voir annonce ci-dessous*.)

RAMILLON (Ph.), jouets d'enfants, spécialité de bateaux, tombereaux à bascule, tombereaux en hêtre et chemins de fer métropolitain, cerceaux à timbres et à bâtons, rue des Cendriers, 32.

Raynaly, sujets comiques et artistiques, rue Jacob, 16

Rebsam, bimbeloterie, rue Lallier, 8.

Refloch, jouets, rue Guillaume-Tell, 22.

Regge, oiseaux artificiels en plumes, rue Morand, 7.

Regnault (Mlle), poupées, passage Choiseul, 58.

Reigers, jouets, rue de la Roquette, 115.

REMIGNARD (F.), spécialité de trousseaux. Bébés incassables nus et habillés, dormeurs et mignonnettes en tous genres, rue Chapon, 21. (*Voir annonce*).

Rémond, maison de jouets et jeux de toutes sortes, rue des Petits-Champs, 4.

Rémond, assortiment de jouets divers, rue de Rivoli, 188.

RENARD (J.), trompettes cuivre, nickel et fer-blanc, articles très bon marché, passage Parmentier, 4.

Renaudet (Vve) et Cie, jouets, rue Bourg-Tibourg, 26.

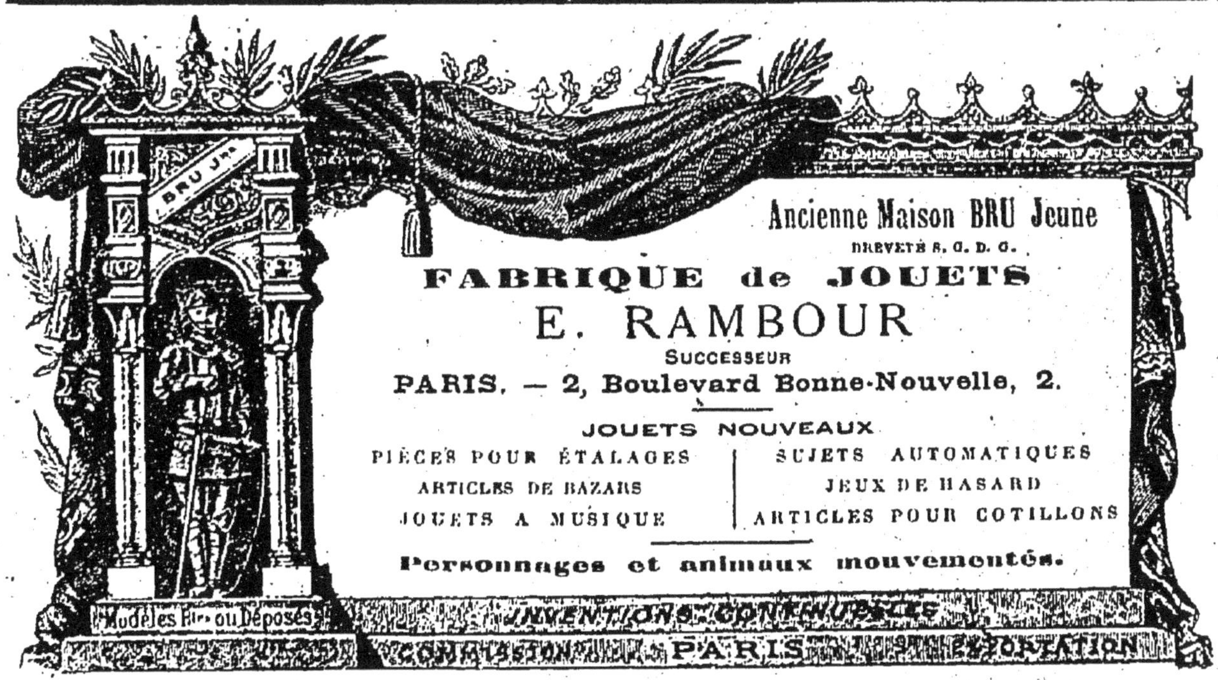

Renault (Eug.). Ancienne maison J. Hameau, *au Musée des Enfants*. Jeux de jardin et de société, bébés articulés, confection pour poupées, rue de Tournon, 11.

RENOU, fabr. de jouets habillés en tous genres, polichinelles, marottes, folies à grelots et à musique, rouleurs et poussahs, jeux de massacre, sujets mouvementés et roulants, jeux de quilles et jeux de pêche grotesques, articles riches et ordinaires ; comm., export., r. Montmorency, 19. (*Voir annonce*).

Rey (V.), fabriquant de raquettes, en tous genres et accessoires, rue des Gravilliers, 40.

REYNAUD (E.), inventeur breveté s. g. d. g. en France, et à l'étranger, M. H. Paris, 1878. (A.). Paris, 1879 (B). Paris, 1889.

Le Praxinoscope, jouet d'optique produisant l'illusion du mouvement.

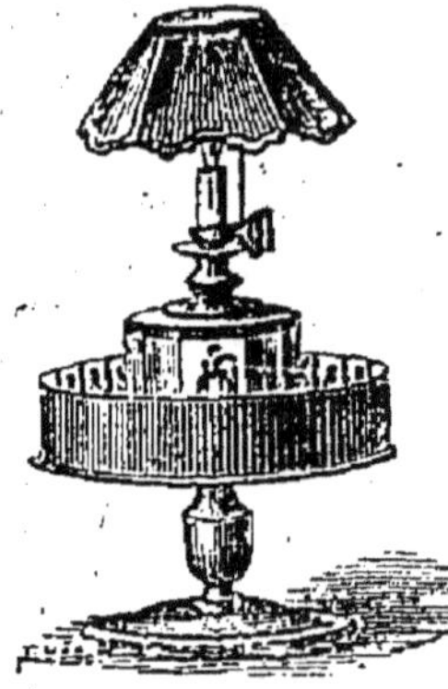

— Praxinoscope à projection, théâtre optique, appareil nouveau, rue Rodier, 38.

Richard frères (Vilain successeur), spécialité de ballons, cité Magenta, 3.

Riché, jouets en cartonnage, rue de Sévigné, 50.

Richet, poupées, rue Clauzel, 5.

Ricquebourg, bimbeloterie, rue Claude-Decaen, 98.

Rigal (Mme), vannerie pour jouets, quai Jemmapes, 104.

Rigaud (F.), fabrique spéciale de jouets en chenille soie et laine, modèles déposés, commission, exportation, rue N.-D. de Nazareth, 59.

Rigot (E.), fabricant d'articles en chenille, singes, chiens, lapins, tubes en étoffe pour lilas et myosotis, com. exp., impasse Milcent, 7.

Rimailho (Vve et fils), balles et ballons, rue Turbigo, 71.

Rimbault (maison). Instruments de musique pour enfants, voir Duperon, successeur, rue Claude-Vellefaux, 27.

Ringuet (E.), succ. de Pierre Ouvrier, jeux, billards et accessoires, pour marchands de vins, boul. Richard-Lenoir, 2 et 4.

RIVIERE (PH.), M. H. Expos. Univ. Paris, 1889, fabrique de balles physique et de tous systèmes, balles pour massacres et jeux de salons, balles en peau. en drap, en liège, balles pour tambourins (à élastiques), jeux de paume, spéc. de bouchons de pêche, plumes et coulants anglais et ordinaires, passage de la Mare, 39, cité de l'Union, 2.

Roberty et Cie, chevaux mécaniques, voitures d'enfants, faub. Saint-Martin, 261.

Robillard, jouets en tous genres, cité de Gênes, 9 bis.

Robillard (anc. maison Larroque), billards en tous genres, rue des Recollets, 11.

Robin, jouets en bois, cité des Bleuets, 6 bis.

Robin (L.), tambours et caisses en tous genres, tambours de basques, cymbales, etc., rue Michel-le-Comte, 25.

Robyn (Ph.), grande fabrique spéciale de voitures de poupées, voitures ordinaires, voitures-réclames, tendues et capitonnées, roues bois et roues fer, rue Servan, 67, et cité Bertrand, 18.

Roch-Dupland, jouets en coquillage, imp. Touzet, 21, et rue des Amandiers, 85.

Roche (Vve), jouets en fer-blanc, spécialité de trompettes, seaux et arrosoirs, rue Champlain, 17.

Roger, jouets, boul. Ménilmontant, 114.

Rogier (Ambroise), spécialité de théâtres et guignols, rue Julien-Lacroix, 20.

Roitel, jouets en métal, avenue de la République, 160.

Romain (Léon), jouets et articles de Paris, rue des Francs-Bourgeois, 29 *bis*.

Roquet, billards, rue Coquillère, 35 et 37.

ROSSIGNOL (V° CH.), et Cie, jouets métal bon marché, spéc. pour les prix-fixes depuis le 5 centimes, maison des grandes inventions fondée en 1868, médaille d'argent. Paris 1878, médaille d'or. Paris, 1889, sifflets, amorces papier, trompettes et cornes d'appel, polichinelles, seaux et arrosoirs, lorgnons, pantins, chevaux, hochets, surprises, avenue de la République, 110. (*Voir annonce*).

Roulleau et Loiseau, tambours et jeux. Voir Sevette, Roulleau et Loiseau, jouets divers, rue Charlot, 12.

Royon (A.), voitures pour enfants, vélocipèdes et chevaux mécaniques, rue Saint-Maur, 140.

ROULLET et **DECAMPS**, fabricants de jouets automates, brevetés s.g.d.g. Grande spécialité d'ours et animaux divers se baissant, grondant et marchant, grand assortiment de personnages automatiques, sujet riche, musique, oiseaux marchant avec chant naturel, chien, chat, chèvre, mouton, marchant avec cri naturel animaux sautant, pièces mécaniques à surprise, rue du Parc-Royal, 10.

Ruel jeune, jeux et jouets en tous genres, en gros, rue de la Verrerie, 15 et 18.

Rungaldier, Foucault et Duclos, fab. de jeux, et de poupées habillées, rue Chapon, 48. (*Voir* Duclos *et annonce*.)

Ruppen, jeux de tonneaux pour jardins, rue de Charonne, 77.

Russinger (M°° et Cie), poupées nues et habillées, *fournitures de poupées,* cité Milton, 3. (*Voir annonce aux annexes*).

JOUETS MÉTAL BON MARCHÉ

Spécialités pour les prix fixes depuis le 5 centimes

MAISON DES GRANDES INVENTIONS

FONDÉE EN 1868

CH. ROSSIGNOL

V^VE C^H ROSSIGNOL & CIE SUCCESSEURS

PARIS — 110, Avenue de la République, 110 — PARIS

PARIS 1878

Médaille Argent

TÉLÉPHONE

MARQUE DE FABRIQUE

C. R.

PARIS 1889

Médaille Or

SIFFLETS. — AMORCES PAPIERS TROMPETTES ET CORNES D'APPEL POLICHINELLES SEAUX ET ARROSOIRS. — LORGNONS PANTINS DIVERS CHEVAUX. — SURPRISES	CHEMINS DE FER MÉCANIQUES LOCOMOBILES. — COFFRES-FORTS VÉLOCIPÈDES MÉCANIQUES. — ARTILLERIE CANONS DE MARINE ET DE CAMPAGNE SOLDATS. — VOITURES AMBULANCES TRAINS DE BALLAST — BATEAUX TOURNANTS

English Spoken   —   Man Spricht Deutsch

Consulter à la suite de cette liste

CELLE DES MÊMES FABRICANTS CLASSÉS MÉTHODIQUEMENT

PAR SPÉCIALITÉS ET CATÉGORIES D'ARTICLES

SAINT-MIHIEL

aîné, maison fondée en 1880.; fabrique d'articles de Paris, confettis parisiens, serpentins, spécialité pour éclairage et illuminations, lanternes, verres de couleurs pour jouets, dessous de plats, bras extensibles, bougeoirs encriers, grand choix de modèles nouveaux commission, exportation. Envoi du tarif illustré sur demande, r. St-Maur, 128.

MARQUE DE FABRIQUE DÉPOSÉE

Salomon (A.), r. Vieille du Temple, 68.

Salmon, bébés incassables, mignonnettes, nageurs nus et habillés, spéc de têtes et perruques de bébés, têtes grimées, jouets, réparations en tous genres, r. des Haudriettes, 5.

Samuel (Th.), jouets et articles à surprises, r. d'Aboukir, 113.

Sannes, fabrique de navires à voiles, r. St-Nicolas, 18.

Sautreau (Vve) et fils, fabrique d'instruments de musique en cuivre pour enfants, r. Rébeval, 21.

Saurou (A.), jouets en étain, r. Ménilmontant, 125.

SAUSSINE (L.), fabrique de jeux instructifs et de société en cartonnage, patiences, cubes. Jeux réunis, merceries, tapisseries, guignols, atlas géographiques, découpures, loteries, tirs, valises, oracles des fleurs, etc. Fontaines lumineuses, ombres chinoises, jeux magnétiques. Articles nouveaux tous les ans, r. de Saintonge, 43.

Sautreau (Vve) et fils, instruments de musique en cuivre, r. Rébeval, 21.

SCHAEFFNER

(A.), appareils photographiques complets depuis 12 fr. jusqu'à 1,000 fr., fournitures générales pour la photographie, fabrique de papiers albuminés et sensibles, produits chimiques et accessoires de toutes sortes, r. de Châteaudun, 2. (*Voir Annonce et Annexes.*)

APPAREILS PHOTOGRAPHIQUES
AVEC LESQUELS SANS APPRENTISSAGE
CHACUN PEUT TOUT PHOTOGRAPHIER
CHEZ SOI EN SE PROMENANT

APPAREILS A MAIN
INSTANTANÉS

Photo-carnet	4 × 4	24 plaques		55	fr.
Hand-Camera	6 × 8	12	»	35	»
id.	9 × 12	12	»	50	»
Le Delta	9 × 12	12	»	75	»
id.	13 × 18	12	»	125	»
Chambre-mag.	6 × 8	24	»	185	»
id.	9 × 12	18	»	238	»
id.	13 × 18	12	»	335	»

Le Doctor 13×18 6 pl. 175 f. Le Doctor 13×18 12 pl. 200 f. Le St-Hubert 6 1/2×9 16 pl. 125 f.
Le Multiple 24 clichés 8 × 9
ou 12 clichés stéréoscopes 9 × 18 250 francs.

APPAREILS PHOTOGRAPHIQUES COMPLETS
Depuis 12 fr., à 30 fr., à 55 fr., à 75 fr., à 100 fr., etc., etc., jusqu'à 1,000 fr.

FOURNITURES GÉNÉRALES POUR LA PHOTOGRAPHIE
Fabrique de Papiers albuminés et sensibles
PRODUITS CHIMIQUES ET ACCESSOIRES DE TOUTES SORTES
A. SCHAEFFNER, 2, Rue de Châteaudun, Paris. (*A côté du Petit Journal.*)

Catalogue Général Illustré 725 fig. 1 franc. (franco 1 fr. 40).

SCHANNE (maison), animaux en poils, pièces habillées, montées sur animaux, r des Archives, 79.

Schirrmann (Ed.), boîtes à musique, boul. Malesherbes, 40.

Schneider, bébés et poupées, rue du Temple, 76 (*Voir annonce*).

Schneider (E.) fils, tables à jeu, faub. Saint-Antoine, 21.

Schorestene frères, articles nouveaux en jouets américains, r. du Temple, 178.

Schudze et Petit, fab. de jouets nouveaux habillés, tambour mécanique, articles pour l'exportation. Médaille de bronze Exp. univ. 1867, rue Amelot, 70.

Schupp. (A.), jouets scientifiques, r. St-Honoré, 89.

SENDER (E.) fabrique de jouets en fer blanc et zinc, spéc. de casques et cuirasses, jouets mécaniques, boîtes de ménage cuivre et fer battu, voitures, fourneaux, articles pour plages, travaux sur commande. Méd. bronze Exp. 1867. Méd. argent 1878. 2 Méd. bronze Exp. 1889. Méd. argent Havre 1868. Rue des Couronnes, 20. (*Voir Annonce.*)

Sénéchal (Albert), tous accessoires pour billards, r. de Bondy, 80.

SÉNIQUE (Vve). fabricante de petites bouteilles inversables en tous genres, r. Tlemcen, 16 (Ménilmontant).

Servant (A.), pelleteries spéc. pour fabricants de jouets, r. Braque, 6.

SERVEL, fabrique de jouets en bois en tous genres, usine à vapeur, r. de la Folie-Regnault, 60.

Sevette, Roulleau et Loiseau, jouets mécaniques, r. Barbette, 12.

Shepherd, jeux, r. Caumartin, 1.

Simon (Maison), Voir Picard successeur, boul. Sébastopol, 47.

SIMONEL (M), jouets en tous genres, fab. de pantographes, articles pour dessin, fournitures classiques pour maisons de détail, imageries, constructions, seul dépositaire du fusil dit Lebel. Pass. Vaucouleurs, 12.

Simonne, jeux divers, r. de Rivoli, 188.

Sirié, fab. de mirlitons, faub. du Temple, 25.

Snow (H. F.), jouets américains, chars, postillons, boul. Sébastopol, 8.

Société des Lunetiers, fabrique de jeux en tous genres, r. Pastourelle, 6.

Souchay (E.), petites machines à coudre, rue des Mignottes, 288 (Paris-Belleville).

Souchon (Mme). bimbeloterie, r. du Four, 58.

Soulard, jouets, boul. Sébastopol, 137.

Steinberg, ballons caoutchouc, r. Ste-Croix de la Bretonnerie, 39

Storck (Mlle), équipements pour enfants, r. du Pressoir, 31.

STRANSKY FRÈRES brevet. s.g.d.g. spéc. d'instruments de musique mécaniques, aristons, aristonnettes, etc., boîtes à musique, pianos mécaniques et électriques, harmoniums, hymnophones, symphonions, r. de Paradis, 20 et boul. des Italiens, 12 (*Voir Annonce.*)

Strauss frères, billes, perles, colliers d'enfants, boul. Sébastopol, 63.

Sulfourt, balles et cerfs-volants, r. des Boulets, 66.

Sylvestre (V.), jouets en étain, r. Fontaine-au-Roi. 60.

Simon (V.), fondeur pour fournitures de jouets. roues toutes grandeurs en tous genres, étriers pour fabricants de chevaux, bras et jambes pour jouets habillés, spécialité de sifflets en tous genres. Fonte à façon, boul. de Ménilmontant, 82.

SUPPER (A.), ébénisterie pour jeux. tapis à cartes, spécialité d'accessoires pour billards, marques, faisceaux porte-pipes, presse-cartes, baraques de tous modèles, r. Saint-Maur, 167.

STRANSKY FRÈRES

20, RUE DE PARADIS ET 12, BOULEVARD DES ITALIENS
PARIS

Spécialité d'Instruments de musique mécaniques

ARISTONS DE 19, 24, 36 ET 62 NOTES
ARISTONNETTES DE 16 NOTES
BOITES A MUSIQUE GENRE SUISSE

Jouant une infinité de morceaux à l'aide de plaques en métal changeables.

PIANOS MÉCANIQUES ET ÉLECTRIQUES

Se jouant aussi bien au doigté ordinaire que mécaniquement au moyen de cartons perforés avec manivelle, et par l'électricité.

LIVRE-RÉPERTOIRE DES BAZARS

DEUXIÈME ÉDITION

Ce répertoire contient environ **3,000** noms de Bazars de la France continentale (département de la Seine excepté).

Il est utile aux Négociants pour :

1° Etablir des LISTES DE CLIENTS à leurs voyageurs ;

2° Se renseigner immédiatement, sauf contrôle ultérieur, sur leurs clients ;

3° Et, enfin, envoyer des circulaires et des échantillons.

Le classement de ce Recueil est fait par départements et par villes.

Chacun des noms inscrits est suivi d'un numéro de crédit, restant d'ailleurs bien entendu que cette appréciation n'est faite qu'au point de vue de l'importance des affaires et du crédit, sans qu'elle puisse jamais, et en aucune manière, porter atteinte à l'honorabilité ou à la considération de qui que ce soit.

L'ancienneté approximative de chaque maison est indiquée avant le n° de crédit.

LA SURETÉ DU COMMERCE

RENSEIGNEMENTS SUR LE CRÉDIT DES COMMERÇANTS : SOCIÉTÉ ANONYME — CAPITAL 1,584,000 FRANCS *Fondée en 1887, a été patronnée et spécialement recommandée aux Banquiers, Négociants et Manufacturiers par le Ministre de l'Agriculture, du Commerce et des Travaux publics.*

3, RUE d'UZÈZ. (Ci-devant 17, rue Saint-Fiacre).

Tantet et Manon, jouets en métal, r. Dupetit-Thouars, 10. *(Voir annonce.)*

Teillac, petites presses à imprimer enfantines, boul. Magenta, 66.

Terrien (A.), cartonnages pour jouets, r. Pastourelle, 9.

Tétaud (V.), jouets, cotillons, r. de Rivoli, 190.

Teulière, jouets d'enfants, faub. du Temple, 99.

Thaël, spécialité de moutons bêlants, r. Beaubourg, 72.

Théroude père et fils, jouets mécaniques et automatiques, r. Charlot, 50.

Thibouville-Lamy (J.), boîtes à ressort et à manivelle, r. Réamur, 68 et 70.

Thomain, jeux de salon et jardin, r. N.-D. de Nazareth, 9.

Thomaron, jeux de salon, r. Chapon, 25.

Thomasson-Dabbergue, poupées, r. Pastourelle, 32 et 34.

Thuillier (A.), bébés et poupées, r. N.-D. de Nazareth, 79.

TIERSOT, outillage d'amateurs pour le découpage, breveté s. g. d. g. Nombreuses médailles, BICYCLETTES TIERSOT, machine de premier ordre, r. des Gravilliers, 47. *(Voir annonce aux industries annexes.)*

Tissier (Ch.), jouets et ballons en celluloïd, boul. Sébastopol, 105.

Tollier (Vve), fabr. de jouets, spécialité de marottes et d'outils de jardinage, r. Rébeval, 17.

Touillon (G.), ancienne maison Chazelles et Touillon, toupies, r. Charlot, 57.

TRANCHARD FILS (V.), librairie enfantine, imagerie, décalcomanie, r. d'Angoulême, 27. *(Voir annonce.)*

Tréon, fabricant d'établis et boîtes d'outils pour enfants, r. Popincourt, 21 bis, imp. Lisa, 8.

Tripier, boul. de Strasbourg, 51, et pass. Vendôme, 28 et 28.

Trocmé (E.), jouets en bois, quai de la Charente, 22.

Trogneux (E.), fabr. de voitures pour enfants, anglaises et françaises, voitures de poupées, charrettes, tombereaux, brouettes bois blanc et hêtre, tonneaux, fourragères, laitières, déménagements, tables, camions, etc., r. St-Maur, 159.

Trouillet, chevaux mécaniques, boul. Beaumarchais, 50.

Trousseau jeune (E.), spécialité de forts et de fermes, r. de Ménilmontant, 113.

Truchet (F.), billards, r. Réaumur, 35.

Trunde (F.), jouets, r. des Ecouffes, 5.

UNION DES FABRICANTS DE JOUETS, musée commercial fondé en 1883, comptoir d'échantillons, mêmes prix et mêmes conditions que chez le fabricant (*Voir annonce*) A. DELRIEU, directeur, rue Martel, 15 bis.

Uckermann et Cie, jouets en gros, faub. St-Martin, 74.

Utzschneider et Cie, bébés et jouets en porcelaine, rue de Paradis, 28.

UNION DES FABRICANTS
DE
JOUETS, ARTICLES DE PARIS ET OBJETS ARTISTIQUES
MUSÉE COMMERCIAL

EXPOSITION
5bis Rue Charles-Martel, 5bis
(Précédemment, 36, rue d'Hauteville, 36)
VENTE

PARIS

Hors concours

Anvers 1885

Méd. d'argent

Anvers 1885

COMPTOIR D'ÉCHANTILLONS

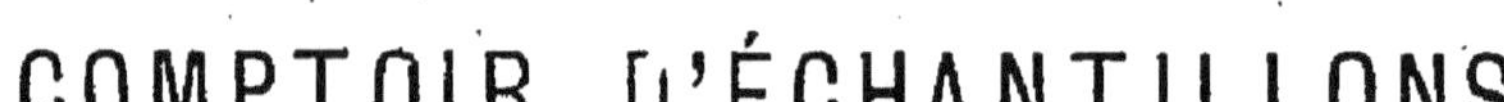

Jouets et jeux, maroquinerie, Bijouterie fausse, parfumerie, petits bronzes, cadres, bouton, articles pour fumeurs, de bureaux etc.

MÊMES PRIX et CONDITIONS que chez le FABRICANT

ANTONIN DELRIEU, DIRECTEUR

L'ANNUAIRE OFFICIEL DES JOUETS & JEUX
Très répandu dans toutes les industries

TOUCHANT A LA FABRICATION ET A LA VENTE DE CES ARTICLES
Remis à tous les principaux commissionnaires de Paris

DEMANDÉ PAR TOUS LES GRANDS BAZARS DE LA PROVINCE

EXPEDIÉ A TOUTES LES CHAMBRES DE COMMERCE FRANÇAISES
DE L'ÉTRANGER

Ainsi qu'aux principaux Consulats et chargés d'affaires de France

CONSTITUE UN EXCELLENT MODE DE PUBLICITÉ
Aussi important qu'efficace et économique

POUR TOUS CEUX QUI Y FIGURENT A UN TITRE QUELCONQUE

VALETTE, grande fabrique de voitures d'enfants et de poupées, voitures-chaises pliantes en fer, dog-carts, chevaux mécaniques à roues en fer, vélocipèdes d'enfants, voitures tournantes, voitures anglaises, etc. Commission, exportation, rue Merlin, 1. (*Voir annonce.*)

Valin, accessoires de billards, rue Popincourt, 11.

Vallebra, bimbelotterie, rue Lecourbe, 81.

Vallois (Ch.), jetons, damiers, jeux et billards, rue Meslay, 54.

Van Cappellen, fab. d'arcs et flèches, faub. Saint-Denis, 23.

Van der Taelen, services et jouets en porcelaine, pass. des Petites-Écuries, 14.

Vannier (F.), jouets en porcelaine et faïence montés en vannerie, fantaisie et bois, rue de Sambre-et-Meuse, 42.

Vanière (P. J.), rue Servan, 40.

Vaudechamp (Clémence), jouets en tricots, habillages de pantins et poupées, rue de Bretagne, 25.

Vaudey (E.), jeux et jouets en carton peint. Poissons d'avril, fantaisies pour Pâques et cotillon, rue du Château-d'Eau, 29.

Vekens et Cie, billards, rue Godefroy-Cavaignac, 11.

Verière (F. Jne), billards, jeux de tourniquets et autres pour marchands de vin, place de la Bastille, 12.

VÈRE DE Inventeur et fabricant d'instruments de physique amusante. Grande spécialité d'illusion pour théâtres et voyageurs forains. Inventeur de la malle des Indes et autres grands trucs. Appareils oxydriques anglais pour Fontaines Lumineuses, effets de théâtre, etc. Soirées en Ville et en Province. Grand catalogue illustré envoyé franco contre 30 centimes en timbres-poste. Rue de Trévise, 39. (*Voir page annonce ci-contre*).

Vian (H.), billards, rue de Thorigny, 5, rue de Turenne, 75.

VICHY (H.), successeur de G. Vichy, breveté s.g.d.g. Fabrique de jouets mécaniques, automates

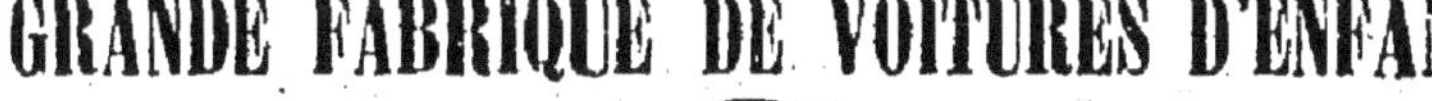

GRANDE FABRIQUE DE VOITURES D'ENFANTS

MANUFACTURE DE JOUETS
DE LUNÉVILLE
(Meurthe-et-Moselle)

Henri VILLARD & WEIL

JOUETS EN TOUS GENRES

NOUVEAUTÉS A CHAQUE SAISON

JEUX DE SOCIÉTÉ

Jeux de Cubes — Constructions

Écuries — Étables — Meubles — Valises — Coffrets

ARTICLES MOULÉS
(PROCÉDÉ BREVETÉ)

Forts — Tirs — Services divers — Théâtre Guignol, etc., etc.

ARTICLES POUR MAISONS DE GROS

JOUETS FINS — EMBALLAGE DE LUXE

Envoi du CATALOGUE sur demande

COLLECTIONS D'ÉCHANTILLONS

PARIS. — 20, Rue Notre-Dame de Nazareth, 20, — PARIS

à musique, sujets de toutes tailles, scènes à plusieurs personnages, reproductions de scènes. Grand choix de nouveaux modèles tous les ans (*Voir page annonce ci-contre*), rue Montmorency, 36.

Vielleville (A.), jeux, rue de Braque, 6.

Vigneau (Mme), jouets, rue Corbeau, 22.

Vigneau (M.), jouets en métal, rue des Gravilliers, 23. (*Voir annonce*)

Villiard, jouets, rue du Bourg-l'Abbé, 2.

VILLARD Henri & WEIL

manufacture de Lunéville, jouets en tous genres articles pour maisons de gros, cabinet d'échantillons, 20, r. N.-D. de Nazareth, à Paris. (*Voir annonce page ci-contre*).

Vincent, bimbelotier, rue Monsieur-le-Prince, 44.

Vincent (maison fondée en 1840), meubles pour poupées et pour enfants, rue des Gravilliers, 12.

Vincent (André), jouets fantaisie à musique, polichinelles et pantins mouvementés, r. Pastourelle, 4.

Vincent (Georges), ancienne maison L. Gins fondée en 1874, fabr. d'ombrelles et parapluies pour poupées, bébés et enfants, chapeaux pour poupées et bébés. Toutes les saisons nouveaux modèles, Commission. Exportation, faug. St-Martin, 83.

Vincent fils, meubles pour enfants et poupées, r. Michel-le-Comte, 25.

Vincent (Maxime), fabrique de jouets, cerfs-volants, parachutes en tous genres, acteurs pour guignols et théâtres, r. du Chemin-Vert, 139 (cité Pichon).

Vincent fils, chevaux mécaniques et voitures d'enfants, r. du Château-d'Eau, 29 bis.

Vincent-Trèves, spécialité de tourniquets pour marchands de vins, r. de Tourtille, 51.

Vinkel, jouets, r. Francois-Miron, 52.

Vinot, jouets, imp. du Progrès, 24.

Vion, jouets en bois, r. de Charonne, 97.

Voisin (E), jeux, r. Vieille-du-Temple, 83.

Voidey, jouets, r. de la Perle, 8.

PAPIERS ET TOILES A POLIR

PAPIER FRÉMY

Verré,

Silexé,

Émerisé,

TOILES ÉMERISÉES

ÉMERIS en grains et potées.

Papier " NOBSTON "

Le " Nobston " est un minerai américain qui remplace avec avantage le verre et le silex dans son travail du polissage mécanique des bois.

Nouveau papier verré et silexé

GLASS — FLINI

GALLIC PAPER

sur papier Japon spécial pour tous travaux de ponçage mécaniques.

PAPIER EXTRA EN FEUILLES
avec Rouleaux de 0 m 50 — 0 m 60 — 1 m 02

EN FEUILLES OU AVEC ROULEAUX
de 0 m 50 — 0 m 60 — 1 m 02

VERRES — SILEX = ÉMERI — EN GRAINS ET POUDRES

Toiles verrées — Toiles silexées — Toiles émeri.

L. LEMERRE, seul Succr de FRÉMY, 23 rue Beautreillis, PARIS

Consulter, à la suite, la Classification nouvelle

DES FABRICANTS DE JOUETS ET JEUX
PAR SPECIALITÉS ET CATÉGORIES D'ARTICLES

WATILLIAUX fabr. de jeux de société et d'énfants, dominos, fiches et jetons, jacquets, trictracs, bostons, whist, besigue, échecs, échiquiers de voyage, tapis et marques de jeux, poker, lotos, nain-jaune, bog, casse-tête, sphinx taquin, steeple-chase, loto dauphin roulettes, jeux de patience, jeux de cubes lawn-tennis, et autres jeux de parcs et jardins. Nouveautés chaque année, r. Vieille-du-Temple, 110. *(Voir annonce.)*

Wannez et Rayer, poupées, r. du Château-d'Eau, 72.

Wastrate, jouets d'enfants, r. de l'Annonciation, 28.

Weber (C.), mirlitons et trompettes, r. Michel-le-Comte, 14.

Weis (Louis), jouets, r. Alphonse, 52 (Paris-Grenelle).

Wermeister (Alphonse), jouets d'enfants pour bazars et surprises, r. Eupatoria, pass. N.-D. de la Croix, 13.

Wersbecher-Menet, jouets en fer-blanc, r. des Gravilliers, 7.

Wertheimer (Arthur), bébés habillés, r. du Temple, 148.

WESTHAUSSER (Louis), éditeur, nouvelle librairie de la jeunesse, beaux albums pour enfants depuis 60 cent, illustrations très soignées jusqu'à 10 fr., albums découpés à tirelle, etc., imagerie, catalogue spécial est envoyé franco sur demande, r. de Lille nᵒ 4. *(Voir annonce).*

Williams et Cie, raquettes, balles, etc., r. Caumartin, 1.

Wogue (Alphonse) et G. Lévy, fabrique de jeux en tabletterie et cartonnage, dominos, lotos, dés à jouer, fiches et jetons, damiers et jeux de patience, usine à Trémonzey (Vosges), r. Michel-le-Comte, 28.

Würth (Charles), articles pour cotillons, surprises, r. Chapon, 17.

WATILLIAUX
FABRIQUE SPÉCIALE DE JEUX
ET ACCESSOIRES DE JEUX

JEUX CLASSIQUES — JEUX NOUVEAUX

Marque de fabrique **W. X. PARIS**

PARIS — 110, Rue Vieille du Temple, 110 — PARIS

NOUVELLE LIBRAIRIE DE LA JEUNESSE
LOUIS WESTHAUSSER
ÉDITEUR
PARIS — 4, rue de Lille, 4 — PARIS

Beaux albums pour enfants depuis 60 centimes. Illustrations très soignées jusqu'à 10 francs. Albums découpés à tirelle, etc. Imagerie.

Catalogue spécial est envoyé franco sur demande

Albums pour collections de timbres-poste

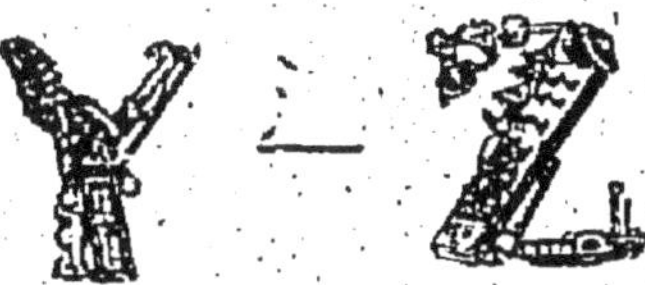

Y — Z

YVARD (Auguste), fabrique de jouets scientifiques à vapeur, locomotives à vapeur de toutes dimensions, petite mécanique de précision, spécialité de bateaux à vapeur et mécaniques, exécute en réduction et sur dessin, tous modèles pour les ingénieurs et inventeurs. Médailles aux Exp. Paris 1878, Amsterdam 1883, Nice 1884, Paris 1889. faub. du Temple, 123. *(Voir annonce.)*

Zullich (Th.) et Cie, poupées, faub. du Temple, 44.

FABRIQUE DE JOUETS SCIENTIFIQUES A VAPEUR
Auguste YVART

Médailles aux Expositions Paris 1878, Amsterdam 1883, Nice 1884, Paris 1889

SPÉCIALITÉ DE BATEAUX A VAPEUR ET MÉCANIQUES
LOCOMOTIVES A VAPEUR DE TOUTES DIMENSIONS
123, *Faubourg du Temple* — PARIS — *Faubourg du Temple*, 123

FABRICANTS DE JOUETS ET JEUX

DE PARIS

Classés par ordre alphabétique de rues et par numéros.

Aboukir (rue d')

18. Perrin.
61. Cerf (Oscar).
87. Nacivet et Peulvé.
104. Lunel (Vve).
113. Samuel (Th.).
125. Courtois (A.).

Adrienne (Cité)

3. Langlois.

Alma (Cité de l')

2. Leleu (Mlle).

Alphonse (rue)

52. Weis (Louis).

Amandiers (rue des)

14. Defrance (Vve).
29. Bourgogne.
36. Dubois.
58. Lequenne.
59. Bronchy.
63. Kreutz jeune.
64. Chaillou (A.).
80. Morelli.

Amelot (rue)

40. Lampre.
56. Bader (Hugo).
70. Schudze et Petit.
72. Poulain.
74. Dailly (E.).
120. Carré.

Angoulême (rue d')

27. Tranchant (V.).
66. Houy.
66. Lecomte (J.).
70. Coupelle (Vve).
70. Ferté.
98. Langlumé.

Antony (rue)

3. Kitzinger (Prosper).

Archives (rue des)

37. Laurent (A.).
47. Merle (F.).
55. Jullien (du Val et Logeat, succ.)
60. Martin (Elie).
63. Benoît fils et Romain.
63. Martin (L.).
63. Rabéry (A.).
64. Wogue (A.) et Lévy (G.).

67. Bouvier (M.)
67. Douillet (F.).
68. Cosman frères.
72. Doléac (L.).
78. Debrosse (A.).
79. Pintel et Godchaux.
79. Schanne (Mais.).
81. Guillory jeune.
81. Max Schudze.
90. Crauser jeune.

Ardennes (rue des)

4. Hivert et Arnal, Dujarrier.

Argonne (rue de l')

24. Bregman.

Arquebusiers (rue des)

3. Keim (N.).

Asile Popincourt (rue de l')

5. Boudard (E.).

Asile (passage de l')

2. Peyrotte.

Assas (rue d')

118. *bis* Mendel (Charles).

Auber (rue)

5. Kirby-Beard et Cie.

Aumaire (rue)

8. Collimont (N.).
15. Pélisson (F. L.).
31. Martin (Vve).
47. Giroud (H.).

Auteuil (rue d')

37. Lettere.

Avron (rue d')

60. Lafosse (A.).
119. Iung jeune.
123, 125. Paturel (A.).

Bac (rue du)

36. Lazard (Vve).
67. Boursier.
96. Marion (E.).

Bagnolet (rue de)

79. Jeanson.
84. Langlois.

Banque (rue de la)

20. Pussey (H.).

Barbette (rue)

12. Sevette (P.), Roulleau et Loiseau.

Bastille (place de la)

12. Verière jeune (F.).

Batignolles (boul.)

19. Armand (Mme).

Beaubourg (rue)

36. Dielh (Ch.).
40. Pesch.
40. Jullien jeune.
49. Bacus (Vve E.).
62. Manoury (E.), H. Valentin, successeur.
72. Thaël.
73. Marbais (Mme A.).
81. Lejeune.
89. Besnier (Ch.).

Beaumarchais (boul.)

50. Trouillet.
93. Dufresne et Cie.

Beautreillis (rue)

16. Dehaeck (Ch.).

Beaux-Arts (rue des)

2. Hirsch.

Belleville (rue de)

10. Sautel (A.).
19. Jouanne.
26. Didout (D.).
37. Fouché.
253. Bisson (A.).

Belleville (boul. de)

13. Cracchi.
52. Perrin (E.).

Béranger (rue)

5. Gesland (E.).

Bertrand (cité)
18. Robyn (Ph.).

Bichat (rue)
10. Jellin (Emile).
16. Poidvin (H.)

Biscornet (rue)
6. Le Roux (C.) et Cie.

Blainville (rue de)
11. Galy (Vve).

Blancs-Manteaux (rue des)
39. Rottembourg.

Bleue (rue)
19. Mambret.

Bleuets (cité des)
6. *bis* Robin.

Bonaparte (rue)
68. Laloue-Bouché.
68. Moitrier.

Bondy (rue de)
34. Jeansou (Vve).
68. Mallval et Cie.
80. Sénéchal (Albert).
92. Bassée et Michel.

Bonne-Nouvelle (boul.)
2. Bru jeune. (Rambour suc).
8. Bataille (P.).

Bons-Enfants (rue des)
31. Prudhomme (A.) et Cie.

Borda (rue)
8. Barbier.

Borde (rue de la)
44. Lemaire (G.).

Bosquet (avenue)
4. Leleu.

Bouchardon (rue)
11. Broit (Ach.).

Boulard (rue)
7. Hallé (Ch.).

Boulets (rue des)
66. Baillot-Bary.
66. Sulfourt.

Boulol (rue du)
21. Ludet (Mme).

Bourdon (boul.)
33 *bis*. Marendaz.

Bourg-l'Abbé (rue du)
2. Villiard.

Bourg-Tibourg (rue)
26. Renaudet (Vve) et Cie.

Brady (passage)
88, 96-97. Mallein.

Braque (rue de)
2. Maas.
6. Servant (A.).
6. Vielleville (A.).
10. Leblu.

Bretagne (rue de)
25. Vaudechamp (Clémence.)

Broca (rue)
29. Cigogne.

Buisson St Louis (rue du)
10. Lizoire.
23. Lecomte et Cⁱᵉ.

Caire (passage du)
41 et 43. Février (A.).

Caire (rue du)
31. Bourgeois aîné.

Canettes (rue des)
26. Bertrand.

Capucines (boulevard des)
27. Chauvière.

Cascades (rue des)
51. Notot.

Caumartin (rue)
1. Shepherd.
1. Williams et Cⁱᵉ.
75. Courtot.

Cendriers rue (des)
32. Ramillon (Ph.)

Châlon (impasse de)
2 et 4. Lorin aîné.

Champlain (rue).
17. Roche (Vve).

Chapelle (rue de la).
105. Delousteau.

Chapon (rue).
6. Labalme.
17. Würth (Charles).
17. Michel.
18. Radiguet (E).
21. De Saran.
21. Du Mourier.
21. Rémiguard.
23. Pluchet.
25. Hermand.
25. Lefebvre (André).
25. Rougier.
25. Thomaron.
48. Cordonnier.
48. Frédéric.
48. Ruugaldier, Foucault et Duclos.
58. Boucher (Vve).

Charente (quai de la).
22. Trocmé (E.).

Charenton (rue de)
141. Hartmann (J.).

Charles Dallery (passage).
20. Corairie (Emile).

Charlot (rue).
5. Daine (L.).
7. Foin et Dumont.
9. De Vrainville.
12. Loiseau.
13. Nepveu de Villemarceau.
15. Dutreih (Georges).
22. Phalibois (J.).
24. Chauvin (A.).
28. Bouvard.
29. Mauclair.Dacier.
32. Gerbeau (M.).
38. Dalisier (H.).
50. Théroude père et fils.
62. Guilmont.
62. Lefebvre (Ch.).
65. Delanne.
71. Lefèvre et Cie.
71. Petit et Dumoutier.
75. Alexandre (A.).
52. Monneret (H.).

Charonne (rue de).
5. Nave.
32. Gagniard.
56. Longuet.
77. Ruppin.
97. Vion.
99. Funck.
165. Jamain.

Charonne (boul. de)
135. Sauce (Jacques).

Château-d'Eau (rue du).
27. Le Montréer (Y.). et fils.
29. Vaudey (E.).
29. Colus (L.).
29 *bis*. Guérin et Vincent.

29 *bis*. Vincent (P.).
40. Lévy (A.) fils et Salmon.
44. Molteni.
55. Laffon et Cie.
72. Wannez et Rayer.

Châteaudun (rue de).

1. Schaeffner (A.)..

Chemin-Vert (rue du).

7. Courtois (E.).
130. Poznienski (Henri).
139. Vincent (Maxime).
146. Lardenois.
148. Descourtils frères.

Choiseul (passage)

58. Regnault (Mlle).
72, 74 et 76 Drevet.

Christiani (rue)

13. Bazin (G.).

Claude Decaen (rue)

98. Ricquebourg.

Claude-Vellefaux (rue)

27. Dupéron.

Clauzel (rue)

5. Richet.

Cléry (rue de)

72. Bontemps.

Clichy (rue de)

38. Armand (Mme).

Collineau (impasse)

11. Grosmann-Rigolet.

Cométe (rue de la)

14. Billy (Ch.).

Commmerce (rue du)

74. Grin (C. D.).

Contrescarpe (boul.)

44. Cordier et Cie.

Coquilllière (rue)

35 et 37. Roquet.

Corbeau (pass.)

11. Myey (Mme).

Corbeau (rue)

22. Vigneau (Mme).
33. Jacquemain (L.).

Corderie (rue de la)

14. Leclerc (H.).
16. Henriot.

Couronnes (rue des)

20. Sender (E.).
87. Barré (H.).

Croissant (rue du)

19. Société anonyme de lanternes magiques électriques-françaises.

Crozatier (rue)

10. Grandperrin.

Custine (rue)

26. Lavesvre.

Daguerre (rue)

33. Farcy (L.).

Daubenton (rue)

14. Hartmann (Ph.).

Daunay (imp.)

6. Herzog (Bernard).

Debelleyme (rue)

16. Madelenat (Ch.).
19. Maltête.
31. Ménétrié.

Delta (rue du)

12. Parrot, succ. de Appel.

Doudeauville (pass.)

20. Moreau (Vve).

Dupetit-Thouars (rue)

10. Tantet et Manon.
18. Brunat (Marcelin).
18. Cornillat.

Dupetit-Thouars (cité)

5. Grangé (A.).
7. Fleury.
8. Hénin.

Duris (rue)

9. Adline.
25. Danson (C.).

Echiquier (rue de l')

48. Blanchard-Deguittard. Pottier (A.), successeur.

Ecluses St-Martin (rue des)

12. Léger (G.).

Ecouffes (rue des)

5. Trunde (F.).

Entrepôt (rue de l')

23. Bortoli frères.
26. Achard (Justin).

Envierges (rue des)

9 et 11. Richard.

Epinettes (rue des)

19. Gaultier frères.

Etienne-Marcel (rue)

3. Louchart (Jules).
16. Féret et Cie.

Eupatoria (rue d')

13. Duché et Déjardin.

Falaises (sentier des)

Laire (J.).

Favorites (passage des)

24. Lachambre (H.)

Fessart (impasse)

4. Carré.
11. Guimier (H.)

Fêtes (rue des)

63. Leconte (H. et Cie)

Fidélité (rue de la)

5. Amenc.

Filles du Calvaire (boulevard des)

15. Radiguet.
23. Cronier.

Filles du Calvaire (rue des)

6. David.

Flandre (rue de)

86. Fischer frères.

Foin (rue du)

8. Gautier (J.)

Folie Méricourt (rue de la)

18. Hippolyte.
104. Mercier (H.)
104. Dumont.
110. Burtin et Cie.

Folie Régnault (rue de la)

60. Servel.

Fontaine au Roi (rue)

22. Grasse (Melle).
25 et 27. Kéranguevel (Vve).
26. Hoffmann.
49. Piquant (L.)
49. Jacques.
5C. Chénot (J.)
60. Sylvestre (V.)

Fontaines du Temple (rue des)

4. Priquet.
7. Arthaud.
7. Fleury.

Fontarabie (rue)

12. Bottelin.

Four-Saint-Germain (rue du)

44. Bray.
58. Souchon (Mme).

François-Miron (rue)

52. Vinkel.

Francs-Bourgeois (rue des)

17. Mougé (A.).
29 *bis.* Romain (Léon).

Froissard (rue)

5. Bouvier.

Gambey (rue)

15. Lefèvre (E. et F.).

Gaz (rue du)

85. Lorrain (A.).

Gênes (cité de)

9 *bis.* Grangoir (J.).
9 *bis.* Robillard.

Gênes (imp. de)

5. Paillon (Charles).

Glacière (rue de la)

34. Pichaucourt (V)

Gobelins (avenue des)

27. Maynard (H.)

Godefroy – Cavaignac (rue)

11. Vékens.
37. Pernet.

Grand-Prieuré (rue du)

6. Caron (A).

Grands-Augustins (quai des)

53. Bernardin-Béchet.

Grands-Augustins (rue)

5. Delarue (G.).

Granges - aux - Belles (rue)

21. Lefebvre (Vve).

Gravilliers (rue des)

7. Wessbecher-Menet.
7. Bazin (A)
12. Vincent.
16. Pravelt.
16. Chardon et Pion (E. Pion succ).
22. Brion.
23. Merlin.
23. Vigneau (M).
24. Grossin et Cie.
24. Pierre (Jules).
40. Rey (V).
47. Cros (J),
50. Quiney.
56. Jaubert.
60. Druyve et Francfort.
63. Chapon (A).
75. Bélin (V^e).

Grenelle (rue de)

126. Genin (Edmond).

Greneta (rue)

2. Cosnier.

Grenier St-Lazare (rue)

7. Plément et Vincent.
16. Marois, jeune.
16. Bolant.
16. Privé (Vve)
19. Bigot (J.).

Guillaume Tell (rue)

22. Refloch.

Halles (rue des)

19. Brun (Vve et fils).

Haudriettes (rue des)

2. Bernheim (M.)
3. Capendu.
3. Hesse (Auguste).
5. Salmon
8. Dehors et Deslandres.

Haussmann (boulevard)

34. Huret (Carrette succ^r).
58. Mac Kain.

Hauteville (rue d')

23. Boucley (P. E.).
47. Levasseur (E.)
49. Dereudinger (J.)
82. Erlich.
84. Cornileau (G.)
84. Falkenstein.

Immeubles (Industriels) (rue des)

6. Choël.

Industrie (passage de l')

3. Baudry (A.)

Jacob (rue)

16. Raynaly.

Javel (rue de)

91. Davillé.
147. Niquet (E.) et Bouchet (Ad.)

Jemmapes (quai)

16. Barbey.
38. Aubert. Lapierre (E.) succ.
104. Rigal (Mme).
176. Gueneau aîné.

Joquelet (rue)

2. Abat (Paul).

Jouffroy (rue)

39. Popelin (Mlle).

Julien Lacroix (rue)

20. Rogier (Ambroise).
22. Paysan (H.).

Justice (rue de la)

24. Lemaître (Léon).

Lafayette (rue)

139. Guiter.
213. Colin A.-C.).

Lallier (rue)

8. Rebsam.

Lancry (rue de)

6. Maubé frères.
53. Guéret (E.).

Lavandières Sainte-Opportune (rue des)

7. Goosteau.

Lecourbe (rue)

81. Vallobra.

Lemoult (rue)

25. Derondel (H.).

Léon (passage)

7. Bernard (Gustave).

Levert (rue)

14. Bénard.

Liancourt (rue de)

36. Parcy.

Lille (rue de)

4. Westhausser (Louis).

Louvre (rue du)
1. Ouachée.
44. Lotz (Arthur).

Lyon (rue de)
57-59. Auer-Fontaine (V.).
122. Bresson.
144. Prélot et Cie.

Magenta (boulevard)
3. Tirot (A.).
10. Mazo (E.).
66. Teillac.

Magenta (cité)
3. Richard frères (Vilain suc.).

Malesherbes (boulev.)
40. Schirrmann (Ed.).
43. Chaufour.

Malte (rue de)
8. Clément et Gilmer.

Maraîchers (rue des)
70. Hubert.

Mare (rue de la)
32. Lemaître (Léon).
71. Botteloup père.
89. Dufaux, Mathieu et André.

Mare (passage de la)
39. Rivière (Ph.)

Maronites (rue des)
47. Henry.

Martel (rue)
5 bis. Union des fabricants de jouets. A. Delrieu, directeur.

Martyrs (rue des)
23. D'Hostingue (F.)

Meaux (rue de)
67. Guichard (H.)

Ménilmontant (rue)
6. Merlier.
18. Blanchard.
24. Gaigneur.
81. Naval.
113. Trousseau (E.).

Ménilmontant (passage)
29. (Clergé (Vᵉ D.)

Ménilmontant (boul.)
13. Lavergne.
14. Beaulande.
36. Astrua (L.)
59. Batard (Emile).

82. Simon (V.)
90. Martin (F.).
114. Roger.
120. Duperré.

Mercœur (rue)
4. Letocart.
6. Couillard (H.).

Merlin (rue)
1. Valette.
12. Combet (H.)

Meslay (rue)
14. Meissonier (Vve).
18. Cornilleau jeune.
22. Flécheux.
47. Leclerc et Darnault.
54. Abadie (G.).
54. Valois (Ch.)
59. Lemaire et Dumont.

Michel le Comte (rue)
13. Raffaeli.
14. Weber.
16. Prieur.
20. Deschepper (E.)
21. Conselin (Mlle).
23. Minaux.
25. Buathier (L.)
25. Bertrand (L.)
25. Robin (L.)
25. Vincent fils.
26. Nicolas.
28. Wogue Alphonse et Lévy (G.)
31. Morand.

Mignottes (rue des)
28. Souchay.
32. Bussière-Messier.

Milcent (impasse)
7. Rigot (E.)

Milton (cité)
3. Russinger (Mᵐᵉˢ).

Minimes (rue des)
5. Plateau (E.).

Molière (passage)
12. Halopeau.

Monsieur le Prince (rue)
44. Vincent.

Montaigne (av.)
101. Lebon.

Montmorency (rue)
6. Lambert.
19. Renou.
20. Jandron.
36. Vichy (G.)
40. Gallerand (J.)
44. Crauser.

Montreuil (rue de)
37 bis. Guillet.

Montsouris (avenue de)
34. Charpentier (Ch.)

Morand (rue)
7. Regge.
11. Bouchard (R.)

Moret (rue)
32. Bertola (A.)

Moulin-Joly (impasse du)
11. Rigollet.

Mouton-Duvernet (rue)
6. Bréval (Paul).

Mûriers (rue des)
12. Féraflat (Vve).

Nation (place de la)
28. Desesquelles.

Nationale (rue)
174. Bourson (L.).

Neuve-Popincourt (rue)
14. Janin (J.)

Nicolo (rue)
3. Kicken (L.)

Notre-Dame de la Croix (passage)
13. Wermeister (Alphonse).

N.-D.-de-Nazareth (rue)
7. Derolland (B.)
9. Thomain.
12. Donadey (A.)
20. Bau (Max).
20. Villard (Henry) et Weill.
38. Lévy-Strauss.
39. Bapst et Hamet.
55. Delaporte (A. Duwez succ.)
59. Rigaud (F.)
66. Morize (G.)
66. 53. Besnard (C.)
68. Liottard (A.)
68. Mayoli (P.)
77. Delle.
79. Thuillier (A.)
82. Migault (A.)

N.-D.-des Victoires (rue)
28. Collet (Mᵐᵉ).

Oberkampf (rue)

10. Palisson fils.
15. Chauvin (H.)
26. Lemaire.
37. Cohen.
69. Erdmann (J.)
104. Bourguet (Germain).
104, 106. Girard-Kreis.
104, 106. Maugin (L.)
120. Jost (J. A.)
125. Boucher (Dé).
125. Dubos (E.)
125. Courtot.
125. Guesneau (V.)
130. Chamaux (Auguste).
136. Courtot (Perrot succr).
141. Lapipe.
147. Gasteau (Ch)
147. Gagnière.
148. Maujean.
154. Duchêne (Louis).
156. Kreutz (G.) père et fils.

Opéra (passage de l')

1 à 11. Marchal et Buffard.
3. Buffard (G.)

Orillon (rue de l')

24. Cussac (A.)
33. Chachereau.
33. Journeaux.

Orillon (impasse de l')

15. Quinette.

Ours (rue aux)

23. Beausillon (A.)

Panama (rue de)

6. Trousseau jeune.

Panoramas (passage des)

46. Coulon.
48. Mayermarix.

Panoyaux (rue des)

36. Duchesne.

Paradis (rue de)

10. Martinenq.
20. Stransky.
28. Utzschneider et Cie.
32. Dreyfus (Georges).
52. Noublanche.

Parc Royal (rue)

5. At (Henri).
5. Cornaille fils.
10. Roullet et Decamps.

Parmentier (avenue)

17 bis. Moeckel.
64 bis. Dehau.
180. Delhotal (L.).

Parmentier (passage)

4. Renard (J.).

Partants (rue des)

27. Poupard.
111. Hannetelle (Emile).

Pastourelle (rue)

4. Vincent (André).
6. Société des Lunetiers.
8. Jumeau.
9. Terrien (A.).
22. Chalory.
29. Duseaux.
32-34. Thomasson Dalbergue.
32-34. Ganzin (G.).
32-34. Raffet-Daniel.
36. Poudra (Charles).

Paul Lelong (rue)

7. Bonnet et Cie.

Pelleport (rue)

15. George aîné.

Perche (rue du)

3. Geoffroy.

Perle (rue de la)

1. Gerbaulet (H.).

Petites-Ecuries (p. des)

14. Van der Taelen.

Petites-Ecuries (rue des)

3. Danel.
9. Alliance de la fabrication française des jouets.
13. Bouchet (Ad.).
26. Mély (P.).
31. Max frères.

Petits-Champs (rue des)

4. Rémond.
44. Nowy (A.) fils.

Piat (rue)

41. Nicole.
50. Buchmuller (G.).

Pierre-Lescot (rue)

30. Cornu (Gustave).

Pierre-Levée (rue)

13. Julhes (A.).

Pixérécourt (rue)

25. Sauron (A.).
76. Breton.

Poissonnière (faubourg)

5. Martiny.

Poissonnière (boulev.)

23. Menoreau (Alexandre).

Poitou (rue de)

15. Boutteville (F.).

Ponceau (passage du)

38-40. Bensa et Souwien.

Popincourt (rue)

11. Rousselot.
11. Valin.
24 bis. Tréon.
25. Hess (J.).
32. Gervat (J.).
39. Legoux.

Portefoin (rue)

13. Lambert (L.).
15. Muiler.
28. Dauchy-Pinon.

Prairies (rue des)

44. Lallemand (E.).
63. Denamur.

Pressoir (rue du)

2. Gagnère (P.).

Progrès (impasse du)

24. Vinot.

Pruniers (rue des)

20. Goffard (Isidore).

Puget (rue)

10. Champion.

Pyrénées (rue des)

43. Beaufils.
78. Jaeck.

Quatre Fils (rue des)

4. Laurent (E. et A.).
7. Eliot (L.).
20. Monnier (A.)
24. Quinche frères et Cie.

Quatre-Septembre (r. du)

32. Laumonnerie-Nadaud.

Quincampoix (rue)

35. Chenel.
80. Depiesse-Grange.
92. Jousset (A.).

Rambuteau (rue)

65. Jeance, Vve et fils.
71. Pierrat (D.).
77. Foucault (Edmond).

Raoul (passage)

17. Guy (A.).

Ramponneau (rue)

31. Grémy (S.).
31. Robillard.

Ramus (rue)

60. Nicaud (J.).

Raspail (boulevard)

210. Joutier.

Réaumur (rue)

11. Hélouin.
28. Diettenbenger.
32. André.
35. Truchet (F.).
68. Thibouville-Lamy.
69. Lhuilier et Barbauchon.

Rébeval (rue)

17. Tollier (Vve).
21. Sautreau Vve et fils.
34. Lebeau.
53. Avoiron (H.).
59. Fruit (E.).
60. Dandrieux.
93. Debrenne (H.).

Récollets (rue des)

3. Barbier (A.).
11. Larroque (Robillard succ.).

Renault (rue)

3. Guichard (A.).

Rendez-Vous (rue du)

56. Lepelletier (Mme).

Rennes (rue de)

47. Doublier.
47. Bardin (E.).
74. Jeandé (A.).

République (aven. de la)

11. Quarré.
110. Rossignol (Vve Ch.) et Cie.
174. Bideau et Cie (J. G.).

République (place de la)

5. Guyot.

Reuilly (rue de)

31. Eenaerts.

Ribette (rue)

19. Delorme.

Richard-Lenoir (boul.)

2 et 4. Ringuet (E.).
89. Lajourdie (A.) et Fleury.
120. Carré.

Rivoli (rue de)

56. Nautré (E.).
154. Lorin (D.).

156. Au Paradis des Enfants (Ouachée).
188. Rémond.
188. Simonne.
190. Tétaud (V.).
210. Bail (Vve et fils).
248. Néal's.

Rocher (rue du)

77. Popelin (L.).

Rodier (rue)

58. Reynaud (E.).

Roi de Sicile (rue du)

18. Kileman (A.).

Roquette (rue de la)

22. Loubinoux.
53. Gautier (J.).
90. Bascaule.
115. Reigers.
159. Michelin et Cie.

Saint-Ambroise (rue)

7. Hué (E.).
9. Niquet (Ad.).

Saint-Antoine (faub.)

21. Schneider (E.) et fils.
127. Hodel (J.).
216. Beauchamp.

Saint-Benoit (rue)

7. May et Motteroz (anc. mais. Quantin).

Saint-Blaise (rue)

28. Mazaleyrat et Cie.

Sainte Croix de la Bretonnerie (rue)

40. Dumoulinneuf (E.).

Saint-Denis (faubourg)

12. Fournier.
13. Hurpy (A.).
16. Lafon.
23. Van Cappellen.
61. Lucotte.
129. Jarlat (A.).
187. Crosnier et Guérin.

Saint-Denis (boulevard)

8. Hebert et Chanforan.

Saint-Denis (rue)

76. Ballu (E.).
77. Fayaud (Vve A.).
89. Brunésseaux (H.).
119. Cassanet.
119. Chenu.
163. Guillou (J.).
183. Jacob.
183. Richert.
215. Bossu (J.).

257. Nussbaum.
269. Carne.
273. Lafosse (A.).

Saint-Germain (boulev.)

26. Bonnichon-Fontaine.
58. Chabiron.
131. Journeaux.

Saint Gilles (rue)

18. Forest (B.).
18. Julliard.

Saint-Honoré (rue)

89. Schupp (A.).

Saint-Jacques (boulev.)

65. Gonce (G.).

Saint-Jacques (rue)

212. Jannin.

Saint-Laurent (rue)

3. Kratz-Boussac.

Saint-Martin (faub.)

11. Bellevaux (A.).
33. Quinzelaire.
39. Lévy (Albert).
48. Arthaud.
59. Brulin et Cie.
74. Uckermann et Cie.
76. Gottchalk et Cie.
83. Vincent (Georges).
122 et 124. Arondel jeune (Jacquelin success.).
122. Foliot.
192 Degardin (Vve).
194. Figueras (E.).
261. Roberty et Cie.

Saint-Martin (boulev.)

45. Hiolle (Ch. Marillier succ.).

Saint-Martin (rue)

36. Boussuge.
122-124. Jacquelin (Vve).
168. Georges.
176. Decré (M.).
223. Chobert (E.).
251. Bonnesœur (Vve).
323. Husbrocq-Marchand.
323. Legeay (A.).
324. Picot (A.).
325. Denis.
345. Minier (A.).

Saint-Maur (rue)

81. Churque (P.).
115. Duholoy fils.
128. Saint-Mihiel.
140. Royon (A.).
144. Ferry.
159. Trogneux (C.).
160. Pierrugues (A.).
165. Paganuzzi.
165. Boquet.
165. Dossang (N.).

167. Supper (A.).
189. Jay fils.
190. Regge.
194. Petitjean (Henri).
196. Dutheil (Petitjean success.)
214. Chauvet (A.-G.).
220. Jacquemin..

Saint-Merri (rue)

22. Mérat (Vve).
23. David (J.).

Saint-Nicolas (rue)

18. Hubé.
18. Sannés.

Saintonge (rue de)

4. Blanchou.
17. Germain.
43. Bourcier.
43. Guttin.
43. Saussine.
64. May et Bertin.

Saints-Pères (rue des)

37. Lucotte.

Saint-Pétersbourg (rue)

30. Lombardini et Cie.

Saint-Roch (rue)

8. Couterier Alice.
9. Girard (G.).

Saint-Sabin (rue)

58. Denancy (P.).
66. Decrette.

Saint Sébastien (rue)

9. Champagne (F.).
30. Navé.
39. Caron-Nugues.
48. Muller.

Sambre et Meuse (r. de)

42. Vannier (F.).

Saussure (rue)

21. Bon.

Savies (rue de)

12. Pelletier (L.).

Sébastopol (boulevard)

8. Snow (H. F.)
12. Boucley,Thomas, Bardou et
    Clerc.
19. David-Cahen.
38. Oreste Martin.
47. Picard (A.), succ.de Simon.
58. Laurent (A.).
63. Strauss frères.
66. Mathieu (Ch.).
71. Delachal.
84. Dubaut.
85. Lavenère (Paul).
86. Brissonnet (H.).

91. Block (A.).
105. Tissier (Ch.).
108. Neumann et Marx.
110. Coquet.
127. Zeller (Abel).
137. Soulard.

Sedaine (rue)

42 bis. Bancilhou (L.).
59. Liorat (H.).

Serpente (rue)

25. Bertaux (E.).

Servan (rue)

65. Robyn (Ph.).

Sévigné (rue)

50. Riché.

Sèvres (rue de)

47. Flohr (Paul).
63. Lequesne.

Sicile (rue de)

18. Kileman.

Simon le Franc (rue)

7, 8, 10. Comptoir Parisien,
    Mouroumbles (D.) et Cie.)

Soufflot (rue)

15. Delagrave (Ch.)

Strasbourg (boulevard)

1 et 3. Bru (Paul Gérard succr).
5. Pattey, Lee et Cie.
26. Nautré (E.)
27. Hanau (E.).
46. Prinoth (Ch. et Cie).
73. Hirsch (J.)

Suger (rue)

13. Féry (A.) et Boisset.

Temple (faubourg du)

2. Bacon (V.)
22. Detré (E.)
23. Beauté (J. et A.)
25. Sirié.
33. Pennetier.
38. Dalet.
39. Maridet (Vve).
50. Eisler (Ch.) (Placet J. succ.).
52. Morin Baumester.
75. Lemaire.
83. Bazille (R.)
83. Chartier.
96. Guillet frères et Cuny-Ravet.
96. Clavel-Figeard (Verdenet
    (succr).
96. Péan.
99. Charon.
99. Teulière.
123. Yvard (Auguste).
133. Degouy (A.)

Temple (boulevard du)

40. Constant.

Temple (rue du).

18. Choumara.
76. Schneider.
78. Maillard (H.)
83. Balmau l et Pradel.
83. Bathias (P.)
83. Passerat (H.)
83. Pradel.
114. Montcharmont (H.)
117. Pascal (L.)
120. Gilson (Vve).
122. Charpentier.
140. Houdas.
145. Dreuse (Mlle).
145. Grombach (A.).
148. Wertheimer (Arthur).
150. Cormier.

Théâtre-Grenelle (rue du)

76. Givord (P.)

Théruin (passage)

1 bis. Huart.

Thévenot (rue)

8. Aubin.

Thorigny (place)

4. Bertrand (Mme).

Thorigny (rue)

10. Dreyfus (D. et M.).

Tiquetonne (rue)

31. Pali.

Titon (rue)

15. Bedouille.

Tlemcen (rue)

16. Sénique (Vve).

Tournon (rue)

11. Hameau (J.).

Tourtille (rue de)

20. Mellet (G.).
51. Vincent Trèves.

Touzet (impasse)

21. Rochdupland.

Trévise (rue de)

39. De Vère.

Trois-Bornes (rue des)

1. Avoiron (P.).
45. Lévy (Adrien).

Trois-Couronnes (r. des)

40. Guillem (F.).
42. Coiffier (F.).
42. Gruyer (A.).
46. Cracchi.

Tronchet (rue)

33. Prudhomme (Julien).

Troyon (rue)

24. Pignalosa.

Tunnel (rue du)

13. Coulon (H.).

Turbigo (rue)

45. Adt frères.
48. Lizé et Costil.
51. Fleischmann et Bloedel.
69. Lemaitre et Rouxel.
71. Rimailho (Vve) et fils.
72. Debroise (A.).

Turenne (rue de)

1. Loreau.
24. Collet (L.).
38. Carchon-Coyen (H.).
45. Jaume (J.).
74. Collet (L.).
75. Vian (H.).
114. Noiriel et Robert.
129. Lamagnère (Théophile).

Union (cité de l')

2. Rivière (Ph.).

Vaucanson (rue)

6. Perret (P.).

Vaucouleurs (pass.)

1 *bis*. Friquet.
12. Simonel (M.).

Vendôme (place)

4. Kodak.

Verrerie (rue de la)

10. Quinqueton (G.).
15 et 18. Ruel Jeune.

Versailles (av. de)

87. Mass et Cie.

Vertbois (rue du)

27. Kol.

Victor-Hugo (rue)

28. Mariani (S.).

Victor-Hugo (avenue)

106. Egrefeuille.

Victor-Letalle (rue)

5. Poubeau (G.).

Vieille-du-Temple (rue)

31. Grenier (A.)
36. Brocheton.
36. Jaume (J.).
58. Decré (M.).
64. Monin (P.).
74. Bigot.
83. Voisin (E.).

100. Henry et Cie.
106. Barrallon.
110. Coqueret (Watilliaux succ.).
115. Juliette (Hte).
137. Marcat (Vve).

Villette (boulevard de la)

47. Martin (Mme).
50. Comte.
114. Bauer.
117. Falk-Roussel.

Villette (rue de la)

98. Cabot.

Vinaigriers (rue des)

50. Gavot (Ch.).
60. Crozier fils.

Vivienne (rue)

39. Aivas (Albert).

Volta (rue)

37. Picot (A.).
39-41. Lecoq (H.).
45. André (L.-A.).

Voltaire (boul.)

26. Copeaux.
43. Borreau (G.).
54. Legros.
197. Desportes (Victor).

Voûte (rue de la)

55-57. Mothereau.

ANNUAIRE OFFICIEL

DES

JOUETS & JEUX

FRANÇAIS

TARIF DES ANNONCES
Insertions et Lettres spéciales

Page entière.. (haut. 20 centimètres).. **100** fr.	Quart — . (— 5 centimètres).. **30** fr.
Demi page.... (— 10 centimètres).. **60** —	Huitième — . (— 2 cent. 1/2...).. **20** —
Tiers de page. (— 6 cent. 1/2..).. **40** —	Seizième — . (— 1 cent. 1/4 ..).. **10** —

La ligne, grande ou petite, (sur 2 ou 3 colonnes) en caractères ordinaires..... **1** franc.

Lettres majuscules en caractères gras.
(ANTIQUES ALLONGÉES)
SUPPLÉMENT POUR CHAQUE LETTRE EMPLOYÉE

| N° 1. Hauteur d'une ligne........... 0 fr. **25** | N° 3. Hauteur de trois lignes........ 0 fr. **75** |
| N° 2.   — de deux lignes........ 0 fr. **50** | N° 4.   — de quatre lignes...... **1** fr. »» |

Types des lettres spéciales

| VOITURE | CHEVAL | BÉBÉ | JEU |
| Lettres n° 1. | Lettres n° 2. | Lettres n° 3. | Lettres n° 4. |

Avantages accordés aux Souscripteurs d'un exemplaire:

Fabricants.... { 3 lignes de 35 lettres à l'ordre alphabétique et 2 lignes ou 2 inscriptions d'une ligne aux spécialités. (En plus, pour Paris, inscription au classement par rues.)

Acheteurs .... { 4 lignes de 35 lettres à l'ordre alphabétique et impression des noms *en capitales* ordinaires. (En plus, pour Paris, inscription au classement par rues.)

Fournisseurs. — 4 lignes de 35 lettres réparties en une seule ou plusieurs spécialités.

Chaque ligne en plus, grande ou petite, dans une place ou catégorie quelconque, est de **1** *franc.*

PRIX DU VOLUME DE L'ANNUAIRE

| *Aux Bureaux :* | *Par la Poste :* |
| Broché........ **5** fr. : Relié....... **6** fr. **50** | Broché........ **6** fr. : Relié. .... **7** fr. **50** |

Les inscriptions à la liste alphabétique et au classement par rues sont **gratuites et de droit** pour les fabricants de jouets de Paris.

L'administration de **l'Annuaire** décline toute responsabilité pour les erreurs ou omissions qui auraient pu se produire, malgré ses soins attentifs, pendant l'impression du volume ; elle sera reconnaissante à tous ceux qui voudraient bien lui en signaler, s'il en existe. (Voir *avis* page 16).

FABRICANTS DE JOUETS ET JEUX

DE LA PLACE DE PARIS

CLASSÉS D'APRÈS

les Spécialités et Catégories d'articles

AIMANTS. CANARDS, POISSONS ET JOUETS AIMANTÉS.

Figueras (E.), faubourg Saint-Martin, 194.
Lefèvre (E.). rue Gambey. 15.

PAPIER FREMY VERRÉ TOILE ÉMERISÉE 23 Rue Beautreillis PARIS — Voir *annonce* aux INDUSTRIES ANNEXES.

ALBUMS DE COLLECTIONS POUR IMAGES CHROMOS, TIMBRES ET PHOTOGRAPHIES.

Capendu (A.), rue des Haudriettes, 3.
Hanau (E.), boulevard de Strasbourg, 27.
Mendel (Ch.), rue d'Assas, 118.

ALBUMS D'IMAGES ET DE DESSINS COLORIÉS.

Bernardin-Béchet et fils, quai des Augustins, 63.
Capendu (A.), rue des Haudriettes, 3.
May et Motteroz (anc. maison Quantin), rue Saint-Benoît, 7.
Westhausser (Louis), rue de Lille, 4.

ANIMAUX. CHATS, CHIENS, OISEAUX, MOUTONS, ETC., PARLANTS MÉCANIQUES, MOUVEMENTÉS.

Bauer, boulevard de la Villette, 114.
Berthola (A.), rue Moret, 32.
Bertrand (L.), rue Michel-le-Comte, 25.
Bouchard (R.), rue Morand, 11.
Collimont, rue Aumaire, 8.
Delachal, boulevard Sébastopol, 71.
Desportes (Victor), boulevard Voltaire, 197.
Herzog (Bernard), impasse Daunay, 6.
Hubé, rue Saint-Nicolas, 18.
Laire (J.) sentier des Falaises, 38.
Lambert (L.), rue Portefoin, 13.
Perrot, (ancienne maison Courtot), rue Oberkampf, 136.
Pesch, rue Beaubourg, 40.
Pravelt, rue des Gravilliers, 16.
Rambour (E.), successeur de Bru jeune, 2, boulevard Bonne-Nouvelle.
Schanne, rue des Archives, 79.

ANIMAUX EN CARTON, LAINE, DEMI-LAINE, ETC.

Bacus, (Veuve E.) rue Beaubourg, 49.
Buchmüller (G.), rue Piat, 50.
Collimont (N.), rue Aumaire, 8.
Laire (J.), villa des Falaises, sentier des Falaises, 38.

Pravelt, rue des Gravilliers, 16.
Rigot (E.), impasse Milcent, 7.

ARMES A AIR COMPRIMÉ.

Chauvin (A.), rue Charlot, 24 et 26.
Rossignol (Vve Ch.) et Cie, avenue de la République, 110.

ARMES JOUETS. FUSILS, PISTOLETS, CARABINES, ARBALÈTES, ÉPÉES, SABRES, ETC. (*Voir panoplies.*)

Brulin et Cie, faubourg Saint-Martin, 59.
Chauvin (A.), rue Charlot, 24 et 26.
Hippolyte, rue de la Folie-Méricourt, 18.
Jaume, rue des Arquebusiers, 3.
Kreutz jeune, rue des Amandiers, 63.
Lardenois, rue du Chemin-Vert, 146.
Rossignol (Vve Ch.) et Cie, avenue de la République, 110
Simonel (M.), passage Vaucouleurs, 12.

PAPIER FREMY VERRÉ TOILE ÉMERISÉE 23 Rue Beautreillis PARIS — Voir *annonce* aux INDUSTRIES ANNEXES.

ARTICLES DE CHASSE POUR ENFANTS; CARNIERS, GUIDES, FILETS, ETC.

Bregman, rue de l'Argonne, 24.
Hippolyte, rue de la Folie-Méricourt, 18.

ARTIFICES. PIÈCES ET FEUX POUR SALONS ET POUR JARDINS.

Ballu (E.), rue Saint-Denis, 76.
Levy (Albert), faubourg Saint-Martin, 31.
Ouachée, rue de Rivoli, 156, et rue du Louvre, 1.

ATTELAGES. GUIDES, FOUETS, CRAVACHES, GRELOTS, SIFFLETS, ETC.

Adline, rue Duris, 9.
Chauvin (A.), rue Charlot, 24 et 26.
Hubé, rue Saint-Nicolas, 18.

AUTOMATES. CLOWNS, PHYSICIENS, JOUEURS D'INSTRUMENTS, ETC.

Bouchard (R.), rue Morand, 11.
Boutteville (F.), rue de Poitou, 15.
Delachal, boulevard Sébastopol, 71.
Lambert (L.), rue Portefoin, 13.
Rambour (E.), successeur de Bru jeune, boulevard Bonne-Nouvelle, 2.
Rossignol (Vve Ch.) et Cie, avenue de la République, 110.

Roullet et Decamps, rue du Parc-Royal, 10.
Vichy (G. et H.), rue Montmorency, 36.

BALLES ÉLASTIQUES, EN PEAU, CAOUT-CHOUC, LAINE, LIÈGE, CELLULOÏD, ETC.

Bregman (H.), rue de l'Argonne, 24.
Capendu (A.), rue des Haudriettes, 3.
Delousteau. rue de la Chapelle, 105.
FOIN ET DUMONT, rue Charlot, 7.
Le Montreer (Y.) et fils, rue da Château-d'Eau, 27.
Rivière (Ph.), cité de l'Union, 2.

BALLONS EN PEAU, CAOUTCHOUC, BEAUDRUCHE, ETC.

Bregman (II.), rue de l'Argonne, 24.
Delle, rue Notre-Dame-de-Nazareth, 77.
Delousteau, rue de la Chapelle, 105.
FOIN ET DUMONT, rue Charlot, 7.
Giroud (H.), rue Aumaire, 47.
Laurent (A.), boulevard Sébastopol, 58.
Le Montreer (Y.) et fils, rue du Château-d'Eau, 27.
Oreste-Martin, boulevard Sébastopol, 38.

BATEAUX A VOILES MÉCANIQUES, A VAPEUR, ACCESSOIRES ET PIÈCES SÉPARÉES.

Botteloup père, rue de la Mare, 71.
Figueras (E.), faubourg Saint-Martin, 194.
Lambert (L.), rue Portefoin, 13.
Lefèvre (E. F.). rue Gambey, 15.
Lemaire (G.), rue de la Borde, 44.
Le Montreer (Y.) et fils, rue du Château-d'Eau, 27.
Ramillon (Ph.), rue des Cendriers, 32.
Yvard (Auguste), faubourg du Temple, 123.

 Voir *annonce* aux INDUSTRIES ANNEXES.

BAZARS. ARTICLES SPÉCIAUX POUR LA VENTE A BON MARCHÉ.

Block (A.), stéréoscopes, b. Sébastopol, 91.
Bregman (II.), rue de l'Argonne, 24.
COYEN (H. Carchon-Coyen succ.), 38, rue Turenne. (*Voir annonce*)
Comptoir Parisien de la bimbeloterie, rue Simon Le Franc, 7, 8 et 10.
Eisler (Ch.) Placet (J.) succr, faub. du Temple, 50.
Gerbeau (M.), r. Charlot, 32.
Henri. rue Vieille du Temple, 100.
Jullien Je, r. Beaubourg, 40.
Le Montreer (Y.) et fils, rue du Château-d'Eau, 27.
Maridet (Je), faub. du Temple, 39.
Rambour (E.), succr de Bru Jne boul. Bonne-Nouvelle, 2.
Rossignol (Vve Ch.) et Ce, av. de la République, 110.
Russinger (MMmes) et Ce. cité Milton, 3.

 Voir *Annonce* aux INDUSTRIES ANNEXES

BEBES NUS ET HABILLÉS PARLANT, MÉCANIQUES, ARTICULÉS, INCASSABLES, ETC.

Ballu (E.), rue S-Denis, 76.
Bouchard (R.), r. Morand. 11.
Caron (A.) r. du Grand Prieuré, 6.
Danel, r. des Petites-Ecuries, 3.
Delachal, boul. Sébastopol, 71.
Doléac (L.), r. des Archives, 72.
Girard Paul, Succr de Bru Jne, boul. de Strasbourg, 1 et 3.
Gagnère (P.), r. du Pressoir, 2.
Hesse (Auguste), r. des Haudriettes, 3.
Jullien Jne, r. Beaubourg, 40.
JUMEAU (E.), r. Pastourelle, 8.
Lafosse (A.), r. St-Denis, 273.
Lambert (L.), r. Portefoin, 13.
Le Montreer (Y.) et fils, r. du Château-d'Eau, 27.
Maynard (H.), av. des Gobelins, 27.
Morin-Beaumester, faub. du Temple, 2.
Rabéry (A), r. des Archives, 63.
Rémignard (F.), r. Chapon, 21.
Roullet et Decamps, r. du Parc-Royal, 10.
Salmon, r. des Haudriettes, 5.

BERGERIES, TROUPEAUX, MOUTONS ET ANIMAUX EN BOITES.

Bacus, (Vve F.) r. Beaubourg, 49.
Delachal, boul. Sébastopol, 71.

BIJOUTERIE, FANTAISIE POUR BAZARS.

Cormier (E.), r. du Temple, 150.
Eisler (E.)(PlacetJ., suc.), faub. du Temple, 50.

BILLARDS FRANÇAIS, ANGLAIS, CHI-NOIS, TOUPIES HOLLANDAISES, ETC.

Arthaud (H.) et Cie, faub, St-Martin, 48.
Bataille, boul. Bonne-Nouvelle, 8.
Dumesne et Cie, boul. Beaumarchais. 93.
FOIN ET DUMONT, r. Charlot, 7.
Gonce (G.), boul. St-Jacques, 65.
Jost, r. Oberkampf, 120.
Loreau, r. de Turenne, 1.
Pion (E.), Succr de Chardon et Pion, r. des Gravillers, 16.
Pradel, rue du Temple. 83.

 Voir *Annonce* aux INDUSTRIES ANNEXES

BILLES BLANCHES ET COLORIÉES PIERRE, VERRE, ETC.

Arthaud (maison), faub. St Martin, 48.
Benoît fils et Romain, r. des Archives, 63.
Capendu (A.), r. des Haudriettes, 3.
Le Montreer (Y.) et fils, r. du Château d'Eau, 27.
Loreau, r. de Turenne, 1.

BOITES (VOIR COULEURS, MERCERIE, MUSIQUE, OUTILS, PEINTURE, PHYSIQUE, TAPISSERIE, ETC.)

Bourgeois aîné, r. du Caire, 31.
De Saran, r. Chapon, 21.

Figueras (E.), faub. St–Martin, 194.
Perret (P.), succ. de Vve Narcon, r. Vau-
canson, 6.
Pierrugues (A.), r. St–Maur, 160.
Wogue (A.), r. Michel le Comte, 28.

PAPIER FREMY VERRÉ Voir aux *Annonces*
TOILE ÉMERISÉE INDUSTRIES ANNEXES
23 Rue Beautreillis PARIS

BROUETTES, VOITURES, CAMIONS, FOURRAGÈRES, ETC.

Chauvin (A.), r. Charlot, 24 et 26.
Hubé, r. St–Nicolas, 18.
Maltête (Ch.), rue Debelleyme, 19.
Passerat (H.), r. du Temple, 83.
Radiguet (Eugène) r. Chapon, 18.

CABARETS EN VERRE OU FAIENCE, EN BOITES OU PANIERS POUR POUPÉES ET ENFANTS.

Gavot (G.), r. des Vinaigriers, 50.
Mayoli (P.), r. N–D. de Nazareth, 68.

CAOUTCHOUC. JOUETS DE TOUTES SORTES.

Delachal, boul. Sébastopol, 71.
Laurent (A.), boul. Sébastopol, 58.
Oreste-Martin, boul. Sébastopol, 38.

CARTES A JOUER, NAIN–JAUNE, BOGS, JEUX DE SOCIÉTÉ.

Arthaud (H.) et Cie, faub. St–Martin, 48.
Delaruc (G), r. des Grands-Augustins, 5.
Henry, r. des Maronites, 47.
Watilliaux, r. Vieille–du–Temple, 110.

CARTONNAGES, LOTOS, NAIN–JAUNE, CUBES, JEUX DIVERS.

Arthaud, rue des Fontaines du Temple, 7.
Arthaud (H.), faub. Saint-Martin, 48.
Benoît fils et Romain, r. des Archives, 63.
Block (A.), stéréoscopes, boul. Sébastopol, 91.
COYEN (H. Carchon-Cohen succ.), 38, rue Turenne. (*Voir annonce*)
Conselin (Mlle), r. Michel le Comte, 12.
De Saran, r. Chapon, 21.
Halle (Ch.), r. Boulard, 7.
JULLIEN. Du Val et Logeat succ., r. des Ar-
chives, 55.
Minier (A.), r. St-Martin, 345.
Moncharmont (H.), r. du Temple, 114.
Pelletier (L.), r. de Savies, 12.
Perret (P.), r. Vaucanson, 6.
Pradel, r. du Temple, 83.
Salmon, r. des Haudriettes, 5.
Saussine (L.), r. de Saintonge, 43.
Watilliaux, r. Vieille du Temple, 110.
Wogue (A.), r. Michel le Comte, 28.

CARTON-PATE, TOUS JOUETS DE CETTE FABRICATION

Benoît fils et Romain, r. des Archives, 56.
Pelletier (L.), r. de Savies, 12.

CERCEAUX EN TOUS GENRES.

Buathier, r. Michel le Comte, 25.
Maltête (Ch.), rue Debelleyme, 19.
Passerat, r. du Temple, 83.

CHARRETTES ANGLAISES ET VOITURES D'ENFANTS DE TOUTES SORTES.

Chaillou, r. des Amandiers, 64.
Duhotoy fils, r. S.–Maur, 115.
Dutheil (P.), H. Petitjean, succ. r. S.–Maur, 194 et 196.
Hube, r. St.–Nicolas, 18.
Maltête (Ch.), rue Debelleyme, 19.
Passerat (H.), r. du Temple, 83.
Quinqueton (G.), r. de la Verrerie, 10.
Radiguet (E.), brev. s. g. d. g., r. Chapon, 18.
Valette, r. Merlin, 1.

CHEMINS DE FER MÉCANIQUES, A VAPEUR, CIRCULAIRES, SUR RAILS, ETC.

Leconte (H.), r. des Fêtes, 63.
Lefevre (E.), r. Gambey, 15.
Maltête (Ch.), rue Debelleyme, 19.
Ramillon (Ph.), r. des Cendriers, 32.
Rossignol (Vve Ch.) et Cie, av. de la Répu-
blique, 110.

PAPIER FREMY VERRÉ Voir *Annonce*
TOILE ÉMERISÉE aux
23 Rue Beautreillis PARIS INDUSTRIES ANNEXES

CHENILLE ET PELUCHE (JOUETS EN)

Nicole, r. Piat, 41.
Rigaud (F.), r. N.–D. de Nazareth, 59.
Rigot (F.), imp. Milcent, 7.

CHEVAUX DE BOIS MÉCANIQUES A BASCULE, POUR MANÈGES, ETC.

Buathier (L.), r. Michel le Comte, 25.
Chaillou (A.), r. des Amandiers, 64.
Chénot (J.), r. Fontaine au Roi, 49.
Clergé (Vve), pass. Ménilmontant, 29.
Denancy (P.), r. St.–Sabin, 58, allée Verte.
Hubé, r. St.–Nicolas, 18.
Jacques, r. Fontaine au Roi, 49.
Mallein, pass. Brady, 96 et 97.
Maltête (Ch.) rue Delleyme, 19.
Valette, r. Merlin, 1.

PAPIER FREMY VERRÉ Voir *Annonce*
TOILE ÉMERISÉE aux
23 Rue Beautreillis PARIS INDUSTRIES ANNEXES

CONFETTIS DÉCOUPÉS, BOMBES, SPIRALES, OPÉRAS, SERPENTINS.

Féret et Cie, r. Etienne Marcel, 16.
Guillem (F.), r. des 3 Couronnes, 40.
Lecomte (J.), r. d'Angoulême, 66.
Moncharmont (H.), r. du Temple, 114.
Parrot (succ. de Appel), r. du Delta, 12.
Saint-Mihiel, r. St.-Maur, 128.

CONSTRUCTIONS FRANÇAISES, MAISONS, ARCHITECTURE, ETC.

Capendu (A.), r. des Haudriettes, 3.
JULLIEN (Du Val (A.) et Logeat succ.), r. des Archives, 55.
Simonel (M.), pass. Vaucouleurs, 12.

COSTUMES ET PARURES DE POUPÉES ET D'ENFANTS.

Detré (E.), faubourg du Temple, 22.
Hélouin. r. Réaumur, 11.
Muller (maison), r. Portefoin, 15.

COTILLONS. PIÈCES ET ACCESSOIRES EN TOUS GENRES.

Dehan, avenue Parmentier, 64 bis.
Martineng, rue de Paradis, 10.
Rambour, (E), successeur de Bru jeune, boulevard Bonne-Nouvelle, 2.

COULEURS POUR ENFANTS GARANTIES SANS DANGER.

Bourgeois aîné, rue du Caire, 31.
COYEN (H. Carchon-Coyen succ.), 38, rue Turenne, grand choix de boîtes couleurs.
Perret (P.), successeur de veuve Narçon, rue Vaucanson, 6.
Pierrugues (A.), rue Saint-Maur, 160.
Sauce (Jacques), boulevard de Charonne, 133.
Simonel (M.), passage Vaucouleurs, 12.
Wogue (A.), rue Michel le Comte, 28.

COURSES. JEUX DE TOUS SYSTÈMES POUR ENFANTS. SALONS ET CERCLES.

Chauvin jeune, rue Oberkampf, 15.
Lardenois, rue du Chemin-Vert, 146.
Leconte (H.) et Cie, rue des Fêtes, 63.
Maltête (Ch.), rue Debelleyme, 19.
Rossignol (Vve Ch.) et Cie, avenue de la République, 110.
Wogue (A.), rue Michel le Comte, 28.

CUISINES ET FOURNEAUX, BATTERIES ET USTENSILES EN BOIS ET EN MÉTAL.

Denancy (P.), rue Saint-Sabin, 58, allée Verte, 8.
Fruit (E.) rue Rébeval, 59.
George aîné, rue Pelleport, 15.
Lefèvre (E.F.), rue Gambey, 15.

DÉCALCOMANIE. SUJETS POUR MEUBLES ET PORCELAINE.

Capendu (A.), rue des Haudriettes, 3.
COMPTOIR PARISIEN de la bimbeloterie, rue Simon-le-Franc, 7, 8, 10.
Perret (P.), successeur de Vve Narçon, rue Vaucanson, 6.

DÉCOUPURES SUR CARTONS ET SUR BOIS.

JULLIEN (du Val (A.) et Logeat successeur), rue des Archives, 55.
Saussine (L.), rue de Saintonge, 43.

DESSIN. BOITES COMPLÈTES ET ACCESSOIRES.

Bourgeois aîné, rue du Caire, 31.
COYEN (H. Carchon-Coyen succ.), 38, rue Turenne, grand choix de boîtes de dessin ; spectographe *(Voir aussi page 26).*
Perret (P.), successeur de Vve Narçon, rue Vaucanson, 6.
Wogue (A.), rue Michel le Comte, 28.

Voir Annonce aux INDUSTRIES ANNEXES

ÉLECTRICITÉ. MACHINES, APPAREILS, JOUETS, LUMIÈRE, SONNERIES.

Bassée et Michel, rue de Bondy, 92.
Delagrave (Ch.), rue Soufflot, 15.
Figueras (E.), faubourg Saint-Martin, 194.
Radiguet, boulevard des Filles-du-Calvaire, 15.

ÉQUIPEMENTS ET COSTUMES MILITAIRES POUR ENFANTS. *(Voir armes et panoplies.)*

Chauvin (A.), rue Charlot, 24 et 26.
Jaume (J), rue Vieille-du-Temple, 36.
Kreutz, jeune, rue des Amandiers, 63.
Sender (E), rue des Couronnes, 20.

FONTAINES LUMINEUSES DE SALONS ET DE JARDINS.

De Vère, r. de Trévise, 39.
Figueras (E), faubourg Saint-Martin, 194.
Saussine (L.), rue de Saintonge, 43.

FORTERESSES, CANONS, MITRAILLEUSES, ARTILLERIE, CAISSONS, ETC.

Chauvin (A.), rue Charlot, 24 et 26.
Churque (P.), rue Saint-Maur, 81.
Dufresne et Cie, boulevard Beaumarchais, 93.
Fruit (E.), rue Rébeval, 59.
Gerbeau (M.), rue Charlot, 32.
Lefèvre, rue Gambey, 15.
Quinqueton, (G.) rue de la Verrerie, 10.
Rossignol (Vve Ch.) et Cie, avenue de la République, 110.

GÉOGRAPHIE. JEUX GÉOGRAPHIQUES, GLOBES, SPHÈRES, LOTOS, PATIENCES, ETC.

DELAGRAVE (C.), rue Soufflot, 15.
Watilliaux, rue Vieille-du-Temple, 110.
Wogue (A.), rue Michel-le-Comte, 28.

GLACES ET MIROIRS EN TOUS GENRES.

Bregman (H.), rue de l'Argonne, 24.
Graugoïr (J.), cité de Gênes, 9 bis.

GYMNASTIQUE. BALANÇOIRES, TRAPÈZES, ANNEAUX, ÉCHELLES DE CORDE, ETC.

Bazille (R.), faub. du Temple, 83.
Carue, rue St-Denis, 269.
CORDERIE CENTRALE, (Boucley, Thomas, Bardou, Clerc et Cie), boul. Sébastopol, 12, Paris.
Lemaire et Dumont, rue Meslay, 59.

ILLUMINATIONS DE JARDINS, LANTERNES, BALLONS, ÉTOILES, FLEURS, ETC.

Ballu (E.), rue St-Denis, 76.
Delousteau, rue de la Chapelle, 103.
Ouachée, r. de Rivoli, 155, et r. du Louvre, 1.
Saint-Mihiel, rue St-Maur, 123.

IMAGERIE EN FEUILLES ET EN PETITS ALBUMS.

Bernardin-Béchet et fils, quai des Grands-Augustins, 53.
Capendu (A.), rue des Haudriettes, 3.
May et Motteroz, (ancienne maison Quantin, rue St-Benoît, 7.
Simonel (M), pass. Vaucouleurs, 12.
Westhausser (Louis), rue de Lille, 4.

INSTRUMENTS DE MUSIQUE DE TOUTES SORTES.

Bigot, rue Vieille du Temple, 74.
Chauvin (A.), rue Charlot, 24 et 26.
Mathieu (Ch.), boul. Sébastopol, 66.
Oreste-Martin, boul. Sébastopol, 38.
Renard (J.), passage Parmentier, 4.
Stransky frères, rue de Paradis, 20.

JARDINS, TONNEAUX, CROQUETS, QUILLES, BOULES, CERCEAUX, ETC.

Bonnesœur, rue St-Martin, 251.
Boucher (D.), r. Oberkampf, 125, (cité Griset, 10).
Buathier (L.), rue Michel le Comte, 25.
Carue, rue St-Denis, 269.
Chapon (A.), rue des Gravilliers, 63.
Dutheil (P.), Petitjean (H.), succ. r., St-Maur, 194 et 196.
FOIN ET DUMONT, rue Charlot, 7.
Gavot, (G.), rue des Vinaigriers, 50.
Jaume, rue Vieille du Temple, 36.
Passerat (H.), rue du Temple, 83.
Perret (P.) succ. de Vve Narçon, rue Vaucanson, 6.

Pion (F.), succ. de Chardon et Pion, rue des Gravilliers, 16.
Pradel, rue du Temple, 83.
Watilliaux, rue Vieille du Temple, 110.

JEUX D'EAU DE SALON A AIR COMPRIMÉ, FLEURS HYDRAULIQUES.

Lefèvre (E. F.), rue Gambey, 15.
Pion (F.), succ. de Chardon et Pion, r. des Gravilliers, 16.

JEUX DE HASARD. PETITS CHEVAUX, ROULETTES, TOURNIQUETS, MATS DE COCAGNE, ETC.

Arthaud, rue des Fontaines du Temple, 7.
Dufresne et Cie, boul. Beaumarchais, 93.
Jost, rue Oberkampf, 120.
Perret (P.), succ. de Vve Narçon, rue Vaucanson, 6.
Rambour (E.), succ. de Bru jeune, boul. Bonne Nouvelle, 2.

JEUX DE SOCIÉTÉ EN BOITES ET CARTONS DE TOUTES SORTES.

Arthaud, rue des Fontaines du Temple, 7.
Arthaud (H.) et Cie, faub. St-Martin, 48.
Chauvin jeune, rue Oberkampf, 15.
Chobert, rue St-Martin, 223, pass. de l'Ancre.
Conselin (Mlle), rue Michel le Comte, 21.
COYEN (H. Carchon-Coyen- succ.), 38, rue Turenne. (Voir annonce.)
DELAGRAVE (Ch.), rue Soufflot, 15.
Delarue (G), rue des Grands-Augustins, 5.
De Saran, rue Chapon, 21.
Guillet, rue de Montreuil, 37 bis.
Hallé, rue Boulart, 7.
Jost, rue Oberkampf, 120.
JULLIEN, (du Val A. et Logeat succ.), r. des Archives, 55.
Loreau, rue de Turenne, 1.
Minier, rue St-Martin 345,
Néal, rue de Rivoli, 248.
Pelletier (L.), r. de Savies, 12.
Perret (P.), succ. de Vve Narçon, rue Vaucanson, 6.
Pion (F.), rue des Gravilliers, 16.
Pradel, rue du Temple, 83.
Quinqueton (G.), rue de la Verrerie, 10.
Saussine (L.), rue de Saintonge, 43.
Watilliaux, r. Vieille du Temple, 110.
Wogue (A.), rue Michel le Comte, 28.

JOUETS EN BOIS.

Boucher (D.), rue Oberkampf, 125.
Caron-Nugues, rue St-Sébastien, 39.
Churque, rue St-Maur, 81.
COMPTOIR PARISIEN de la bimbeloterie, rue Simon-le-Grand, 7, 8, 10.
Gruyer (A.), rue des trois Couronnes, 42.
Letocart, rue Mercœur, 4.
Passerat, (H.), rue du Temple, 83.
Quinqueton, rue de la Verrerie, 10.
Servel, rue de la Folie Regnault, 60.

JOUETS MÉCANIQUES.

Astrua (L.), boul. Ménilmontant, 36.
Bertola Aîné (A.), r. Moret, 32.
Bouchard (R.), r. Morand, 11.
Boutteville (F.), r. de Poitou, 15.
COMPTOIR PARISIEN de la bimbeloterie, r. Simon le Franc, 7. 8, 10.
Conselin (Mlle), r. Michel le Comte, 21.
Denancy (P.), r. S.-Sabin, 58.
Hartmann aîné (Ph.), r. Daubenton, 14.
Leconte (H), r. des Fêtes, 63.
Lefèvre et Cie, r. Charlot, 71.
Liottard (A.), r. N.-D. de Nazareth, 68.
Maltête (Ch.), rue Debelleyme, 19.
Martin (Fernand). boul. Ménimontant, 90.
Perrot (Ancienne maison Courtot), r. Oberkampf, 136.
Ramillon, r. des Cendriers, 32.
Rossignol (Vve Ch.), avenue de la République, 110.
Roullet et Decamps, r. du Parc-Royal, 10.,
Sender (E.), r. des Couronnes, 20.
Simonel (M.), pass. Vaucouleurs, 12.
Vichy (G. et H.), r. Montmorency, 36.

JOUETS EN MÉTAL.

Adline, r. Duris, 9.
Avoiron (H.), r. Rébeval, 53.
Bourcier (J.), r. de Saintonge, 43.
Chauvin (A.), r. Charlot, 24 et 26.
Coiffier (F.), r. des Trois Couronnes, 42.
Combet (H.), r. Merlin, 13.
COMPTOIR PARISIEN de la bimbeloterie, r. Simon le Franc, 7, 8. 10.
Cracchi, boul. de Belleville, 13.
Dandrieux, r. Rébeval, 60.
Dossang (N.), r. S.-Maur, 165.
Gasteau (Ch.), r. Oberkampf, 147.
George aî é. r. Pelleport, 15.
Gerbeau (M.), r. Charlot, 32.
Gilson (Vve), r. du Temple, 120.
Grangoir (J.), cité de Gênes, 9 bis.
Hartmann (Ph.), r. Daubenton, 14.
Leconte (H.). r. des Fêtes, 63.
Lefèvre (E. F.), r. Gambey, 15.
Maridet, faub. du Temple, 39.
Martin (Fernand), boul. Ménilmontant, 90.
Mayoli (P.), r. N.-D. de Nazareth, 68.
Poznienski (Henri), r. du Chemin-Vert, 130.
Renard (J.), pass. Parmentier, 4.
Rossignol (Vve Ch.), avenue de la République, 110.
Sender (E)., r. des Couronnes, 20.

JOUETS EN CAOUTCHOUC.

Delachal, boul. Sébastopol, 71.
Laurent (A.), boul. Sébastopol, 58.
Oreste-Martin, boul. Sébastopol, 38.

JOUETS PNEUMATIQUES
DE TOUTES SORTES.

Bouchard (R.), rue Morand, 11.
Herzog (Bernard), imp. Daunay, 6.
Morand, rue Michel le Comte, 31.

JOUETS SCIENTIFIQUES
ET INSTRUCTIFS.
FANTAISIES ÉLECTRIQUES.

Bassée et Michel, rue de Bondy, 92.
Bouchard, rue Morand, 11.
Bregman (H.), rue de l'Argonne, 24.
Delachal, boul. Sébastopol. 71.
DELAGRAVE (Ch.), r. Soufflot, 15.
Martin (Fernand), boul. Ménilmontant, 90.
Perret (P.), succ. de Vve Narçon, rue Vaucanson, 6.
Pion (F.), succ. de Chardon et Pion, r. des Gravilliers, 16.
Radiguet, boul. des Filles-du-Calvaire, 15.
Reynaud (E.), rue Rodier, 58.
Rossignol Vve Ch.) et Cie, av. de la République, 110.
Yvard (Auguste), faub. du Temple, 123.

LANTERNES MAGIQUES A PROJECTIONS, ETC., ET APPAREILS DÉRIVÉS.

Aubert (Maison), Ed. Lapierre succ., quai Jemmapes, 38.
Bardin (E), r. de Rennes, 47.
Block (A.), vues spéciales, boul. Sébastopol. 91.
DELAGRAVE (Ch.), r. Soufflot, 15.
Figueras (E.), faub. S.-Martin, 194.

LAWN-TENNIS, PAUMES, RAQUETTES ET JEUX ANALOGUES.

Chobert, r. S.-Martin, 223.
FOIN ET DUMONT, r. Charlot, 7.
MASS & Cº, avenue de Versailles, 87. (*Voir annonce, page 2*).
Watilliaux, r. Vieille du Temple, 110.

LIBRAIRIE. ALPHABETS, ANIMAUX, CONTES, LIVRES COLORIÉS ET ENFANTINS.

Bernardin-Béchet et fils, quai des Grands-Augustins, 53.
Capendu (A.), r. des Haudriettes, 3.
May et Motteroz (ancienne Maison Quantin), r. S.-Benoît, 7.
Neal, r. de Rivoli, 248.
Westhausser (Louis), r. de Lille, 4.

LOTERIES AVEC TOURNIQUETS, PETITS-CHEVAUX, CHEMINS DE FER, ETC., BOITES AVEC LOTS.

Arthaud, rue des Fontaines du Temple, 19.
COYEN (H. Carchon-Coyen succ.), 38, rue Turenne. (*Voir annonce.*)
Jost, r. Oberkampf, 120.
Maltête (Ch.), rue Debelleyme, 19.
Perret (P.), suc. de Vve Narçon, r. Vaucanson, 6.

MACHINES A COUDRE
POUR ENFANTS ET FILLETTES.

Chauvin (A.), r. Charlot, 24 et 26.
Perret (P.), succ. de Vve Narçon, r. Vaucanson, 6.
Souchay, r des Mignottes, 28.

MACHINES ET APPAREILS A VAPEUR POUR JOUETS ET DÉMONSTRATIONS.

Figueras (E.), faub. Saint-Martin, 194.

MAROQUINERIE. SACS, BOURSES, CEINTURES, BAUDRIERS, AUMÔNIÈRES, ETC.

COMPTOIR PARISIEN de la bimbeloterie, r. Simon-le-Franc, 7, 8, 10.
Néal, r. de Rivoli, 248.

MASQUES ET TÊTES GROTESQUES EN TOUS GENRES.

Boudvillain (Gust.), r. Saint-Martin, 212
Bregman (H.) rue de l'Argonne, 24.
Guillochon (Ed.), rue Turbigo, 42.
Le Montreer (Y) et fils, rue du Château-d'Eau, 27.
Moncharmont (H.), r. du Temple, 114.
Pavy frères, rue Saint-Denis, 144.

MÉNAGES DE POUPÉES ET D'ENFANTS. BOIS, MÉTAL, PORCELAINE, ETC.

Adline, r. Duris, 9.
Avoiron (H.), r. Rébeval, 53.
Bourcier (J), r. de Saintonge, 43.
Caron-Nugues, rue Saint-Sébastien, 39.
Cracchi, r. des trois Couronnes, 46.
COYEN (H. Carchon-Coyen succ.), 38, rue Turenne. (Voir annonce.)
Fruit (E.), r. Rébeval, 59.
GAVOT (G.), r. des Vinaigriers, 50.
George ainé, r. Pelleport, 15.
Gerbeau (M.), r. Charlot, 32.
Grangoir (J.), cité de Gênes, 9 bis.
Lefèvre (E.F.), r. Gambey, 15.
Mayoli (P.), r. N.-D. de Nazareth, 68.
Muller (maison), r. Portefoin, 15.
Perret (P.), succ. de Vve Narçon, r. Vaucanson, 6.
Seuder (E.), r. des Couronnes, 20.
Wermeister (Alphonse), r. d'Eupatoria, pass. Notre-Dame de la Croix, 13.

MERCERIE ET BRODERIE BOITES COMPLÈTES, COFFRETS, VALISES ET ACCESSOIRES.

COYEN (H. Carchon-Coyen succ.), 38, rue Turenne. (Voir annonce.)
JULLIEN (Du Val et Logeat succ.), r. des Archives, 55.
Perret (P.), succ. de Vve Narçon, r. Vaucanson, 6.

MEUBLES. SIÈGES, LITS, TABLES, ETC. DE TOUTES SORTES POUR POUPÉES ET ENFANTS.

Bisson, r. de Belleville, 253.
Bolant, r. Grenier Saint-Lazare, 16.
Champagne (Félix), rue Saint-Sébastien, 9.
Defrance (Vve), r. des Amandiers, 14.
Hélouin, r. Réaumur, 11.

MIRLITONS ORDINAIRES ET DE FANTAISIE.

Rossignol (Vve Ch.) et Cie, aven. de la République, 110.

MONTGOLFIÈRES, SUJETS EN BAUDRUCHES, CERF-VOLANTS, PARACHUTES.

Delousteau, r. de la Chapelle, 105.
Vincent (Maxime), r. du Chemin Vert, 139.

MONTRES, JOUETS. IMITATION A CLEFS OU REMONTOIRS, AVEC OU SANS CHAINES.

Le Montreer (Y) et fils, r. du Château d'Eau, 27.
Migault (A.), rue N.-D. de Nazareth, 82.

MUSIQUE. BOITES, JOUETS ET AUTOMATES A MUSIQUE. (Voir instruments.)

Bertola ainé (A.), r. Moret, 32.
Bontemps, r. de Cléry, 72.
Churque (P.), r. Saint-Maur, 81.
Duchesne, r. des Panoyaux, 36.
LAMBERT (L.), r. Portefoin, 13.
Rambour (E.), succ. de Bru jeune, boul. Bonne-Nouvelle, 2.
Vichy (G. et H.), r. Montmorency, 36.

OPTIQUE. PANORAMAS, DIORAMAS, KALÉIDOSCOPES, STÉRÉOSCOPES, ETC.

Block (A.), panoramas et accessoires, boul. Sébastopol, 91.
Figueras (E.), faub. Saint-Martin, 194.
Reynaud (E.), r. Rodier, 58.

OUTILS DE JARDINIER, MENUISIER, ETC.

Chauvin (A.,) r. Charlot, 24 et 26.
Chauvin jeune. r. Oberkampf, 15.
FOIN ET DUMONT, r. Charlot, 7.
Gruyer (A.), r. des 3 Couronnes, 42.

PANOPLIES, ARMES, JARDIN, CHASSE, ETC.

Chauvin (A.), r. Charlot, 24 et 26.
Chauvin jeune, r. Oberkampf, 15.
Jaune (J.), r. de Turenne, 45.
Kreutz Jne, r. des Amandiers, 14.
Le Montreer (Y.) et fils, r. du Château d'Eau, 27.

PAPETERIE, BUVARDS ET PUPITRES. BOITES.

Bourcier (J.), r. de Saintonge, 43.
Bregman (H.), r. de l'Argonne, 24.

Capendu (A.), r. des Haudriettes, 3.
COMPTOIR PARISIEN de la bimbeloterie, r. Simon le Franc, 7, 8, 10.
Leclerc (H.), r. de la Corderie, 14.
Perret (P.), succ. de Vve Narçon, r. Vaucanson, 6.
Simonel (M.), pass. Vaucouleurs, 12.

PARFUMERIE POUR BAZARS ET POUPÉES.

COMPTOIR PARISIEN de la bimbeloterie, r. Simon le Franc, 7, 8, 10.
Detré (E.), faub. du Temple, 22.
Muller (Maison), r. Portefoin, 15.

PARURES ET TROUSSEAUX DE POUPÉES ET ACCESSOIRES DE TOILETTE.

Detré (E.), faub. du Temple, 22.
Hélouin, r. Réaumur, 11.
Hesse (Auguste), r. des Haudriettes, 3.
Mayoli (P.), r. N.-D. de Nazareth, 68.
Muller, r. Portefoin, 15.
Russinger (MMmes), cité Milton, 3.

PATIENCES ET DÉCOUPURES
JEUX D'ALPHABETS, ANIMAUX, GÉOGRAPHIE, CASSE-TÊTE CHINOIS, ETC.

COYEN (H. Carchon-Coyen succ.), 38, rue Turenne. (*Voir annonce.*)
De Saran, r. Chapon, 21.
JULLIEN (Du Val (A.) et Logeat succ., r. des Archives, 55.
Perret (P.), succ. de Vve Narçon, r. Vaucanson, 6.
Quinqueton (G.), r. de la Verrerie. 10.
Saussine (L.), r. de Saintonge, 43.
Wattilliaux, r. Vieille du Temple, 110.
Wogue (A.), r. Michel le Comte, 28.

PEINTURE. BOITES, COULEURS ET ACCESSOIRES POUR ENFANTS.

COYEN (H. Carchon-Coyen succ.), 38, rue Turenne, grand choix de boîtes peintures en tous genre. (*Voir aussi annonce.*)
JULLIEN (Du Val et Logeat succ.), r. des Archives, 55.
Perret (P.), succ. de Vve Narçon, r. Vaucanson, 6.

PHOTOGRAPHIE. TOUS GENRES D'APPAREILS POUR ENFANTS ET JEUNES GENS.

Aivas (Albert), r. Vivienne, 39.
Bardin (E.), r. de Rennes, 47.
Block (A.), boul. Sébastopol, 91.
Chauvet (G. A.), r. S.-Maur, 214.
Dehors et Deslandres, r. des Haudriettes, 8.
Hanau (E.), boul. de Strasbourg, 27.
Henry, rue Vieille du Temple, 100.
Mendel (Charles), r. d'Assas, 118 et 118 bis.
Morgan (Maison), Gabreau (V.), succ., boul. des Italiens, 29.
Schaeffner (A.), r. de Châteaudun, 2.

PHYSIQUE AMUSANTE. APPAREILS, INSTRUMENTS, BOITES DE TOURS.

Bassée et Michel, r. de Boudy, 92.
COYEN (H. Carchon-Coyen succ.), 38, rue Turenne, grand choix de boîtes physique pour enfants et jeunes gens (*Voir aussi annonce.*)
Figueras (E.), faub. S.-Martin, 194.
Perret (P.), succ. de Vve Narçon, r. Vaucanson, 6.
Wogue (A.), r. Michel le Comte, 28.

POUPÉES NUES ET HABILLÉES EN TOUS GENRES, COSTUMES ET ACCESSOIRES.

Bouchard (B.), r. Morand, 11.
Delachal, boul. Sébastopol, 71.
Doléac (L.), r. des Archives, 72.
Hesse (Auguste), r. des Haudriettes, 3.
Le Montreer (Y.) et fils, r. du Château d'Eau, 27.
Maynard (H.), av. des Gobelins, 27.
Rabéry (A.), r. des Archives, 63.
Rémignard (F.), r. Chapon, 21.
Russinger (MMmes) et Cie, cité Milton, 3
Salmon, r. des Haudriettes, 5.

Voir *Annonce* aux INDUSTRIES ANNEXES

SERVICES DE TABLE, A THÉ, A CAFÉ, POUR POUPÉES ET ENFANTS, EN MÉTAL, FAIENCE, PORCELAINE, ETC.

COYEN (H. Carchon-Coyen succ.), 38, rue Turenne. (*Voir annonce.*)
GAVOT (G.), r. des Vinaigriers, 50.
Gerbeau (M.), r. Charlot, 32.
Mayoli (P.), r. N.-D. de Nazareth, 68.
Perret (P.), succ. de Vve Narçon, r. Vaucanson, 6.

SIFFLETS.

Adline (A.), r. Duris, 9.
Bourcier (Y.), r. de Saintonge, 43.
Cracchi, r. des Trois-Couronnes, 46 et boul. Belleville, 13.
Gerbeau (M.), r. Charlot, 32.
Mayoli (P.), r. N.-D. de Nazareth, 68.

SOLDATS EN PLOMB, MÉTAL, BOIS, CAOUTCHOUC, CARTON, ETC.

Avoiron (H.), r. Rébeval, 53.
Bourcier (J.), r. de Saintonge, 43.
Cracchi, r. des Trois-Couronnes, 46, boul. de Belleville, 13.
Gerbeau (M.), r. Charlot, 32.
Grangoir (J.), cité de Gênes, 9 bis.
Lefèvre, r. Gambey, 15.
Le Montreer (Y.) et fils, r. du Château d'Eau, 27.
Mayoli (P.), r. N.-D. de Nazareth, 68.
Rossignol (Vve Ch.) et Cie, av. de la République, 110.

STÉRÉOSCOPES. (*Voir optique.*)
Bardin (E.), r. de Rennes, 47.
Block (A.) boulevard Sébastopol, 91.
Chauvet (G. A.), r. S.-Maur, 214,
Figueras (E.), faub. S.-Martin, 194.
Hanau (E.), boul. de Strasbourg, 27.

SURPRISES D'ENFANTS, DE SOIRÉES,
DE CARNAVAL.
Cracchi, r. des Trois-Couronnes, 46, boul. de
   Belleville, 13.
Degardin (Vve), faub. S.-Martin, 192.
Deban, av. Parmentier, 64,
Gilson (Vve), r. du Temple, 120.
Leconte (H.), r. des Fêtes, 63.
Levy (Albert), faub. S.-Martin, 31.
Martinenq, r. de Paradis, 10.
Mayoli (P.), r. N.-D. de Nazareth, 68.
Wermeister (Alphonse), rue d'Eupatoria,
   passage N.-D. de la Croix, 13.

TABLEAUX MÉCANIQUES ET A
MUSIQUE.
Bontemps, r. de Cléry, 72.
Fournier, faub.-St-Denis, 12.

TABLES A JEUX POUR SALONS
ET CERCLES.
Arthaud, rue des Fontaines du Temple, 7.
Arthaud (H.) et Cie, faub. S.-Martin, 48.
Jost, r. Oberkampf, 120.
Pradel, r. du Temple, 83.

TABLETTERIE. DOMINOS, DAMIERS,
TRICTRACS, ÉCHECS, DÉS, FICHES, JETONS,
MARQUES, ETC., BOITES DE JEUX.
Arthaud, rue des Fontaines du Temple, 7.
Arthaud (H.) et Cie, Faub.-St-Martin, 48.
Bregman (H.), r. de l'Argonne, 24.
FOIN ET DUMONT, rue Charlot, 7.
Lemerle (L.), rue Beautreillis, 23.
Le Montreer (Y.) et fils, r. du Château d'Eau, 27.
Loreau, rue de Turenne, 1.
Minier (A.), rue St-Martin, 345.
Perret (P.), succ. de Vve Narçon, rue Vau-
   canson, 6.
Pradel, rue du Temple, 83.
Watilliaux, rue Vieille du Temple, 110.
Wogue (A.), r. Michel le Comte, 28.

TAMBOURS ET GROSSES CAISSES
EN BOIS ET MÉTAL.
Bourgogne, rue des Amandiers, 29.
Jaubert, rue des Gravilliers, 56.
Le Montreer (Y.) et fils, r. du Château d'Eau.
   27.
Schudze et Petit, r. Amelot, 70.

TAPISSERIE. BOITES, VALISES
COMPLÈTES ET ACCESSOIRES
Arthaud, rue des Fontaines du Temple, 7.
De Saran, rue Chapon, 21.
JULLIEN, (Du Val A. et Logeat succ.), rue
   des Archives, 55.

Perret (P.), succ. de Vve Narçon, rue Vaucanson, 6.

TENTES, HAMACS ET OBJETS DE CAMPE-
MENT POUR ENFANTS
Carue, rue St-Denis, 269.
Chauvin (A.) rue Charlot, 24 et 26.
CORDERIE CENTRALE, Boucley, Thomas, Bar-
   dou, Clerc et Cie, boul. Sébastopol, 12,
   Paris.
Lemaire fils et Dumont, r. Meslay, 59.

TÊTES DE POUPÉES ET BÉBÉS EN CIRE,
BOIS, STUC, BISCUIT, ETC.
Bornoz (Léon), rue Chapon, 18.
Gagnère (P.), rue du Pressoir, 2.
Le Montreer (Y.) et fils, r. du Château d'Eau,
   27.
Salmon, rue des Haudriettes, 5.

TÊTES ET PERRUQUES
DE POUPÉES ET BÉBÉS.
(*Voir annexes*)
Bornoz (Léon), r. Montmorency. 9.

THÉATRES GUIGNOLS, OMBRES
CHINOISES, MASSACRES, ETC.
Bourgogne, rue des Amandiers, 29.
Conselin (Mlle), r. Michel le Comte, 21.
Fruit (E.), rue Rébeval, 59.
Henry, rue des Maronites, 47.
Hubert, r. des Maraîchers, 70.
Lefèvre et Cie, r. Charlot, 71.
Perret (P.), succ. de Vve Narçon, rue Vau-
   canson, 6.
Reynaud (E.), rue Rodier, 58.
Rogier (Ambroise), r. Julien-Lacroix, 20.
Saussine (L.), rue de Saintonge, 43.
Vincent (Maxime), r. du Chemin-Vert, 139.

TIRELIRES, COFFRES-FORTS, ETC.
Rossignol (Vve Ch.) et Cie, av. de la République, 110.

TIRS ET CIBLES AU FUSIL, PISTOLET,
A L'ARBALÈTE, ETC. (*Voyez armes.*)
Chauvin (A.), rue Charlot, 24 et 26.
Chauvin jeune, rue Oberkampf, 15.
JULLIEN, (Du Val et Logeat, succ.), rue des
   Archives, 55.
Kreutz jeune, rue des Amandiers, 63.
Perret (P.), succ. de Vve Narçon, rue Vau-
   canson, 6.

TOUPIES A RESSORT, A MUSIQUE, A
TRANSFORMATION, GYROSCOPES, ETC.
Bregman (H.), rue de l'Argonne, 21.
Capendu (A.), rue des Haudriettes, 3.
Chauvin (A.), rue Charlot, 24 et 26.
Jost (J.-A.), r. Oberkampf, 126.
Le Montreer (Y.) et fils, r. du Château d'Eau,
   27.

Liottard (A.), r. N.-D. de Nazareth, 68.
Néal, r. de Rivoli, 248.

TROMPETTES ET CLAIRONS.
(*Voir instruments de musique*).

Avoiron (H.), rue Rébeval, 53.
Chauvin (A.), rue Charlot, 24 et 26.
Cracchi, r. des trois Couronnes, 46, boul. de Belleville, 13.
Gasteau (Ch.), rue Oberkampf, 147.
George aîné, rue Pelleport, 15.

VANNERIE, PANIERS, HOTTES, BOITES,
VOITURES, HOCHETS, ETC.

Gavot (G.), r. des Vinaigriers, 80.
Messonnier (Vve), r. Meslay, 14.
Muller (maison), r. Portefoin, 15.
Russinger, (Mmes) et Cie, cité Milton, 3.

VÉLOCIPEDES. JOUETS ET MÉCA-
NIQUES POUR ENFANTS.

Clergé (Vve D.) pass. Ménilmontant, 29.
Duhotoy fils, r. Saint-Maur, 115.
Dutheil (P.), Petitjean (H.), succ.. r. Saint-Maur, 194 et 196.
Mallein, pass. Brady, 96 et 97.
Rossignol (Vve Ch. et Cie) aven. de la République, 110.

VERRERIE. ARTICLES EN VERRE,
SOUFFLÉS ET ÉMAILLÉS, PETITES BOUTEILLES POUR MÉNAGES ENFANTINS.

Carré (E.), imp. Fessart, 4.
COMPTOIR PARISIEN de la bimbeloterie, r. Simon-le-Franc, 7, 8 10.
Letocart, rue Mercœur, 4.
Senique (Vve), r. Tlemcen, 16.

VOITURES, TRAMWAYS, OMNIBUS, ETC.,
POUR POUPÉES ET ENFANTS.

Buathier (L.), r. Michel-le-Comte, 25.
Chaillou (A.), r. des Amandiers, 64.
Clerge (Vve), pass. Ménilmontant, 29.
Denancy (P.), rue Saint-Sabin, 58, allée Verte.
Dubos (E.), r. Oberkampf, 125.
Hubé, r. Saint-Nicolas, 18.
Leconte (H.), r. des Fêtes, 63.
Le Montreer (Y.) et fils, r. du Château-d'Eau, 27.
Mallein, pass. Brady, 88, 96 et 97.
Martin (Vve), r. Aumaire, 31.
Passerat (H.), r. du Temple, 83.
Petitjean (Henri), succ. de P. Dutheil, r. Saint-Maur, 194 et 196.
Radiguet (E.), brev. s. g. d. g. r. Chapon, 18.
Robyn (Ph.), cité Bertrand, 18.
Rossignol (Vve Ch.) et Cie., aven. de la République, 110.
Sender (E.), r. des Couronnes, 2
Trogneux (C.), r. Saint-Maur, 159.
Valette, r. Merlin, 1.

MARQUES DE FABRIQUES

ET ENSEIGNES

des principaux fabricants de jouets et jeux
FRANÇAIS

BOURGEOIS aîne

Rue du Caire, 31

Paris

BOTTELOUP
père

R. de la Mare, 71

Paris

BREGMAN (H. S.) marque Vici

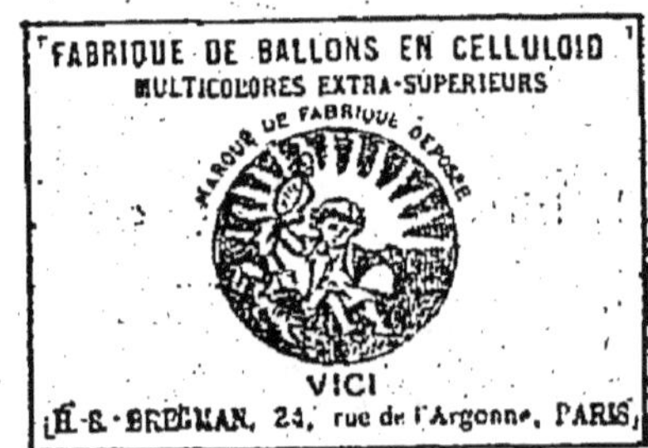

Rue de l'Argonne, 24, Paris

DOLÉAC (L.)
Rue des Archives, 72
Paris

FOIN et DUMONT

Rue Charlot, 7

Paris

GAVOT (G.)

Rue des Vinaigriers, 50

Paris

GIRARD (Paul), successeur de Bru jeune

Boul. de Strasbourg, 1 et 3, Paris

GERBEAU

Rue Charlot, 32

Paris

Jullien (anc. Maison)
A. DU VAL et LOGEAT
succ.
Rue des Archives, 55
Paris

JUMEAU
Rue Pastourelle, 8
Paris

LAFOSSE (A.)

Anc. Maison S. Steiner

Manuf., r. d'Avron, 60

Dépôt
273, rue St-Denis, à Paris

LAMAGNÉRE (Th.)

R. de Turenne, 129

Paris

LAMBERT (L.)

Rue Portefoin, 13

Paris

LEFÈVRE (E. F.)
Rue Gambey, 15
Paris

LAURENT (A.)

Fabrique : r. Croix-Nivert, 143

Maison de vente :
boul. Sébastopol, 38

Paris

MARTIN (Fernand)

Boulevard Ménilmontant, 90

Paris

MELCHISSÉDEC (Anc. Mon)
DROIT, succ.

Rue Bouchardon, Paris

MATHIEU (Ch.)

Boulevard Sébastopol, 66

Paris

MIGAULT (A.)

Rue

N.-D.-de-Nazareth, 82

Paris

PERRET (P.), success.
de

Vve H. Narçon

Rue

Vaucanson, 6

Paris

REYNAUD (E.)

Rue Rodier, 58

Paris

ROULLET et DECAMPS

rue du

Parc-Royal,

10,

Paris.

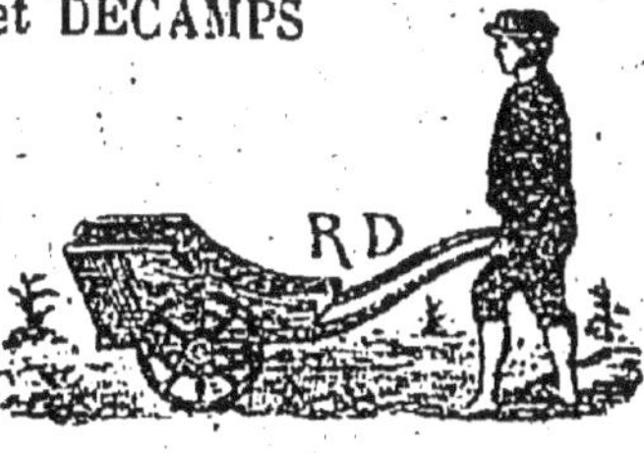

SAINT-MIHIEL

ainé

rue Saint-Maur, 128

Paris

VICHY (H.)

successeur

de G.

et

H. Vichy;

rue

Montmo-
rency, 39

Paris

FABRICANTS DE JOUETS & JEUX

DU

DEPARTEMENT DE LA SEINE

CLASSÉS

par Communes et par ordre alphabétique

Alfortville.

Boilard (Mme Vve) et Cie, jouets, rue de l'U-
nion, 6.
Durand (Félix), jouets, rue du Pont d'Ivry, 13.
Gain et Cie, jouets, rue des Rosiers, 9.

Asnières-sur-Seine.

- Périer (de), avenue de Courbevoie, 63.

Bagnolet.

Baranger, ballons en tous genres, grande rue
de Bagnolet, 151.
Gobin (A.), billes de billards, rue Noisy-le-
Sec, 4.
Malo, jeux divers, rue du Vieux Chemin de
Paris.

Bonneuil-sur-Marne.

Lestelot, fab. de jouets.

Boulogne-sur-Seine.

Douez (Mme), jouets et images, boul. de
Strasbourg, 30 *bis*.

Bry-sur-Marne.

Clergé (G.), voitures d'enfants, rue du Four.

Champigny-sur-Marne.

Naval fils, avenue de la Grande Allée, 26.
Villette (Jules), jeux divers, Grande Rue, 78.

Charenton.

- Bellin, billards, avenue de Reuilly, 8.
Truchot (G.), vélocipèdes d'enfants, rue de
Paris, 45.

Choisy-le-Roi.

Dubert, jouets, rue Thiers, 7.

Courbevoie.

Garriyé, billards, Rampe du Pont, 13.
Mercier Leclerc (Vve), rue Saint-Denis, 203.
Noyelle (voitures pour enfants et malades),
avenue de la Défense de Paris, 12.

Gentilly.

Milau, fab. de lotos, rue des Barons, 38.

Issy.

Hédou (A.), jouets en carton-pâte, Rives de la
Seine, 9.

Joinville-le-Pont.

Righetti, fab. de jouets.

Lilas (Les).

Charréron (G.), ballons en caoutchouc, rue du
Coq Français, 6.
Decoster, rue des Bruyères, 15.
Dieutegard, billes de billards, rue du Garde
Chasse, 37 et 39.
Novion (Vve E.), pianos, rue des Bruyères, 20.
Péan, ballons, av. du Tapis Vert, 13.

Levallois-Perret.

Chicot (S.), rue des Arts, 76.
Bauriat (C. B.), manèges vélocipédiques, rue
du Bois, 128.

Malakoff.

Satelet, fab. de bois durci, articles de bazars,
rue du Jardin, 7.
Bertagna, mouleur-figuriste, rue d'Anicourt, 7.

Montreuil-sous-Bois.

Filhol (Ed.), ménages, soldats, etc., rue Ras-
pail, 46.
Garnier, accessoires de billards, rue de Paris,
230.
Gaudon, rue du Gazomètre, 4.
Guépratte, fabricant de bébés, rue des Ecoles,
64.
Lefèvre, rue de Paris, 94.
Valette, voitures d'enfants et de poupées, rue
de l'Hermitage, 24 et 24 *bis*.

Montrouge.

Zinkernagel, jeux de marqueterie, rue de Ba-
gneux, 51.

Neuilly-sur-Seine.

Guiche (Ch.), jouets, avenue de Neuilly, 131.

Nogent-sur-Marne.

Joulin, Grande Rue, 110.

Pré Saint-Gervais.

Crozier fils, billards.
Roberty et Cie, voitures pour enfants et malades, Grande Rue, 29.

Puteaux.

Edeline (L.), jouets en caoutchouc, quai National, 33.

Romainville.

André (L. R.), ballons à musique, rue de Paris, 115.

Saint-Denis.

Bon (D.), accessoires de billards, r. du Port, 7.

Saint-Mandé.

Lacombe, vélocipèdes, rue de Paris, 178.

Saint-Maurice.

Gaultier frères, poupées, r. des Epinettes, 25.
Millet (Robert), poupées, r. des Valdômes, 23.

Thiais.

Parquet, poupées et bébés incassables, place de la Mairie.

Vanves.

Colsenet (René), ballons réclames, rue de Paris, 50 et 52.

Vincennes.

Fournier (A.), rue de l'Hôtel-de-Ville, 19.
Lesage (Léon), poupées, rue de Paris, 55.

Vitry-sur-Seine.

Joffroy (G.), jouets en bois.

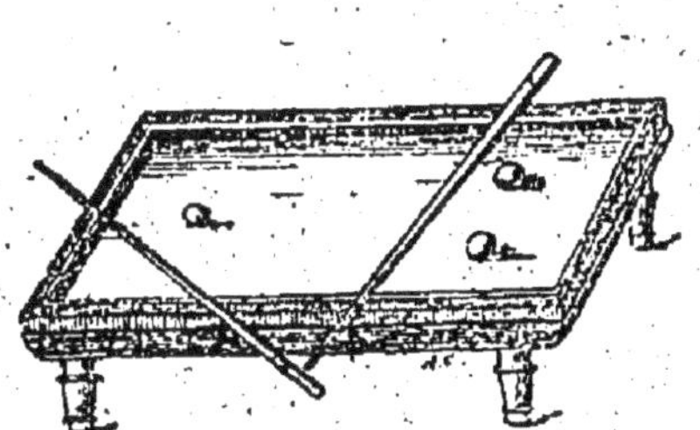

PRINCIPAUX BAZARS

MAGASINS ET

MARCHANDS DE JOUETS ET JEUX EN DÉTAIL
DE PARIS

Classés par ordre alphabétique de rues et par numéros

Aligre (rue d').
20. Foudriat.

Allemagne (rue d').
18. Demonchy (J.-B.).
107. Bouthors et Cie.

Amandiers (rue des).
59. Bronchy (Vve).
71 et 73. Hermann.

Amelot (rue).
146. Coblenz.

Amsterdam (rue d').
8. Berton, Chaléat et Cie. *Grand bazar de l'Ouest et d'Amsterdam.*
97. *A la place Clichy (Nouveautés).*

Angoulème (rue d').
46. Archambault.

Archives (rue des).
66. Canlorbe et Cie. *(Société des bazars réunis)*

Aumaire (rue).
36. Petit.

Avron (rue d').
84. Ricros.
92. Morionnet.
123. Paturel.

Bac (rue du).
13. Serin, *Bazar du Bon-Marché.*
23. Dupuis.
33. *Petit Saint-Thomas.*
67. Boursier.
83. Verneuil.
131. *Au Bon Marché.* (Nouveautés).

Bagnolet (rue de).
33. Gaudex.

Balagny (rue).
17. Rousseau.

Banque (rue de la).
23. Weil. *Galeries de la Bourse.*

Barbès (boul).
51. Cassin.

Bastille (place).
5. *Aux phares de la Bastille.* (Nouveautés).

Batignolles (boul. des).
18. Barberon. *Bazar des Batignolles.*
67. Pernin.

Beaumarchais (boul).
109. Montmessin.

Beaurepaire (rue).
2. Péron.

Bellay (rue de).
1. Koppenhague.

Belleville (boul. de).
1. Tichet.

Belleville (rue de)
134. Cerf et Cie, *Grand bazar.*

Béranger (rue).
12. Lévy.

Blancs-Manteaux (rue des).
19. Lucas.

Bonne-Nouvelle (boul).
13. Langlois.

Bouchardon (rue).
7. Boussuge.

Bouret (rue).
34. Pagès.

Bourg-Tibourg (rue).
18. Costel et Bonvout.

Buci (rue de).
11. Baudouin.
40. Bazar des galeries Buci.

Cadet (rue)
33. Hayès et Byckbusch.

Cambronne (rue).
119. Faivre.

Capucines (boul. des).
27. Chauvière.

Cardinet (rue).
145. Lévy.

Chalet (rue du).
8. Tessier et Delmas.

Châlon (rue de).
48. Cantel (Mlle).

Chapelle (rue de la).
45. Plateau (Vve).

Chapelle (boul. de la).
66. Lecoq.

Chapon (rue).
4. Hory-Garnier.
5. Lestivalet.
18. Lorin.

Charenton (rue de).
327. Lariot. *Bazar des Ménages.*
314. Bondin.

Charlot (rue).
7. Merle.
57. Touillon.

Château d'Eau (rue du).
27. Kopf et Reichlé.

Châteaudun (rue de).
4. Malaret.
13. Boudot.

Chaussée d'Antin.
58 *bis.* Bazar de la Chaussée d'Antin.

Chemin-Vert (rue du).
105. -Laurain.

Choiseul (passage)
72. Drevet.

Cler (rue).
42. Menard.

Clichy (aven. de).
71. Bernard.
103. Pecaux.
117. Ougier (Mme).
135. Monin.

Clichy (boul. de).
56. Véron (Vve).

Clignancourt (rue de).
12. Stein et Cie. (*Grand Bazar national.*)
39. Gros.

Commerce (rue du).
22. Labro.
32. Dautreix.
59. Mignard.
68. Magnien (Vve).
74. Coutant (H.)

Commines (rue).
12. Ruffier.

Coquillière (rue).
25. Brack et Cie. *Bazar des Halles et des Postes.*

Cotte (rue de)
24. Debeux.

Dames (rue des).
24. Lemay.

Daunay (imp.).
4. Herzog-Bernard.

Debelleyme (rue).
16. Madelenat.

Demours (rue).
13. Jacquemont.

Denain (boul.).
3. Renard.
5. Ducos.
7. Berlin frères.

Descartes (rue).
17. Chaise.

Doudeauville (rue).
2. Debrand.

Duban (rue).
20. Buée.

Duchesne (rue).
70. Mondé.

Dunkerque (rue de).
11. Berthet.

Dupetit-Thouars (cité).
5. Gaiffe.

Dupetit-Thouars (rue).
16. Dorgaud.

Envierges (rue des).
1 Ruiz.

Estrées (rue d').
4 *bis.* Jacquet.

Étienne-Marcel (rue).
3. Maire.

Flandre (rue de).
32. Prévot.
103. Chauvière.
131. Pierre (G.). *Bazar National.*
163. Dallatorre (Paul).

Fondary (rue.)
72. Lesprit (Mlle).

Fontaine-au-Roi (rue).
24. Bonnissent.

Fontaine-Saint-Georges (rue).
16. Chantrel. *Bazar de la Fontaine.*

Fossés-St-Marcel (rue des).
14 *bis.* Cerceau.

Four (rue du).
50. Digues.
58. Souchon (Mme).

Francs-Bourgeois (rue des).
29 bis. Romain (Léon).

Gaîté (rue de la).
27. Dieu (Vve.)

Gare (boul. de la).
149. Bernier (Mlle).
149. Raboudot.

Gay-Lussac (rue).
3. Lestant (C.) *Bazar Gay-Lussac.*

Gergovie (rue de).
35 Ferrand (Vve).

Glacière (rue de la).
77. Grandjean.
103. Brossier.

Gobelins (av. des).
13. Chabot (G.) *Grand Bazar Universel.*
18. Perdreau.
45. Jiguet.

Grenier Saint-Lazare (rue).
16. Privé (Vve).

Grenelle.
126. Génin.

Hâvre (passage du)
52. Godey et Delalande.

Haussmann (boul).
112. Fouchet, *Grands Magasins du Printemps.*
(Nouveautés).

Haudriettes (rue des).
84. Cornilleau.

Hôpital (boul. de l').
18. Tuffet.
119. Poutot.

Jean-Nicot (rue).
13. Testu.
14. Fosse.

Jeanne-d'Arc (rue).
54. Servanain.

Jemmapes (quai).
60. Moreau frères.

Jourdain (rue).
8. Dubacq.

Keller (rue)
38. Montifroy.

Kléber (av.)
104 bis. Bouge (Vve).

Lafayette (rue.)
52. Robert.
82. Fouque.
99. Husson (Mme).

Laffite (rue).
27. Goy.

Lagrange (rue).
7. Geoffroy.
12. Cartier.

Lallier (rue).
8. Rebsam.

Lebon (rue).
2. Guillouet.

Lecourbe (rue).
81. Valobra.

Lemercier (rue).
95. Ponté (Mme).

Lepic (rue).
23. David.

Letellier (rue).
35. Labro.

Lévis (rue).
8. Jalet (Mlle).
29. Lévy.

Lombards (rue des).
60. Luceaud-Desmoires.

Louvre (rue du).
1. Ouachée.

Lyon (rue de)
58. Louradour.

Mac-Mahon (aven.).
16. Guillemet

Madeleine (Marché de la).
16. Chevalier.

Madeleine (boul. de la)
21. *Aux Trois-Quartiers.* (Nouveautés).

Mademoiselle (rue).
5. Hanou.

Magenta (boul.).
1. Brillet, *Bazar du Globe.*
13. Trémerel.
23. Gérault. *Bazar artésien.*
86. Conquérant. *Bazar Magenta.*
111. Jouffriou (C.)
170. *Au Paris-Nouveau.* (Nouveautés).

Maine (av. du).
20. Pain (Vve).
64. Bender (Vve.)
92. Monin.
181. Perdreau.

Maronites (rue).
49, Durand-Redon.

Martyrs (rue des).
23. D'Hostingue.
42. Gary.
54. Thierry.

Maubeuge (rue.)
7. Lemarié.

Meaux (rue de).
62. Renaudot.
106. Bouthors (Vve) et Cie.

Ménilmontant (rue).
17. Jeanne.
101. Fontenoy.

Ménilmontant (boul.).
44. Grandjean.

Meslay (rue).
21. Hermann (Georges).

Moines (rue des).
23. Ponté (Mme). *Bazar général.*

Monge (rue).
43. Guée (Mlle).
99. Lozy.

Monsieur le Prince (rue).
44. Vincent.

Montmartre (faub.).
16. 18, *A la Ville de Londres* (Nouveautés).
49. *Au Cardinal Fesch.* (Nouveautés).
59. Baudot (Mme).

Montmartre (rue).
80. Lemaître (Veuve).

Montpensier Péristyle (rue)
220. Hesme.

Motte–Picquet (av. de la).
23. Boyer.

Mouffetard (rue).
35. Monin.

Mûriers (rue des).
11. Drouhault.

Nationale (rue).
154. Boutan.
174. Bourson.

Nicolo (rue).
3. Kicken.

N.-D de Lorette (rue)
4. Guigne.
34. Désarnod (E.)

N. D. de Nazareth (rue).
27. Quitte.
61. Maire.

Oberkampf (rue).
45. Toumelin.
95. Lesieur (Veuve).
115. Coppens.
145. Gotorbe (O.)

Odéon (Carrefour de l').
2. Legros.

Orléans (av. d').
41. Lamoureux.
52. Renaud.
106. Drauillard.

Ornano (boul.)
37. Maury.
45. *Bazar de l'insdustrie.*

Ouest (rue de l').
77. Corniquet.
93. Gratecloux.

Palais Royal, (pass. de la cour des Fontaines).
Bernier.
Champinot.

Paradis (rue de).
20. Biema.
32. Dreyfus.
54. Cierry.

Passy (rue de).
93. *Bazar de la Muette* (Nouveautés).

Pastourelle (rue).
7. Lavenan et Cie.

Pavée-Marais (rue).
24. Rainfray.

Petits-Carreaux (rue des).
13. Lévy.

Petits-Champs (rue des).
6. Stein et Cie. *Grand Bazar Vivienne.*
72. Lachaize.

Petites–Ecuries (rue des).
3. Dansse.

Philippe-Auguste (av.)
12. Brotel.

Picpus (boul.)
48. Dispot.

Pierre-Picard (rue).
19. *Bazar de Montmartre.* (Nouveautés).

Pierre-Lescot (rue).
30. Cornu.

Pixérecourt (rue).
14. Lavergne (Mme).
76. Breton.

Poissonnière (faub.)
8. Schamcham.
65. Nicolet.
153. Petit.

Pompe (rue de la).
64. Desseille (P.)

Pont-Neuf (rue du).
1, 3, 5, 7. *A la Samaritaine.* (Nouveautés).
2. *A la Belle Jardinière.* (Nouveautés).
19, Métais et Cie.

Popincourt (asile).
5. Boudard.

Portefoin (rue).
3. Boué (Veuve).
7. Du Serre.

Quatre Septembre (rue du).
32. Nadaud.

Rambuteau (rue).
124. *Aux fabriques de France*. (Nouveautés).

Ramey (rue).
64. Caron.

Réaumur (rue).
7. Jouve et Desbrosses. *Bazar Réaumur*.

Rennes (rue de).
137. Latouche (Jules).
159. Pène.

République (place).
10. Bacon (V.)
13. *Au Pauvre Jacques*. (Nouveautés).

Rivoli (rue de).
2 et 4. *Au Camélia*.
8. *Paradis des dames*. (Nouveautés).
16. *Au Grand St-Paul*.
54. Ruel (jeune). *Bazar de l'Hôtel de Ville*.
98. *A Pygmalion*. (Nouveautés).
154. Lorin (D.) *Au Jardin du Louvre*.
156. Ouachée. *Au Paradis des enfants*.
164. *Grands Magasins du Louvre*. (Nouveautés).
202. Joanny (J.)
210. Bail (Vve et fils).
214. Akchoté.

Rochechouart (boul.)
3. Dumont.
38. Grandjean.
68. Bajat.

Rocher (rue du).
93. Fabre.

Roquette (rue de la).
58. Bellet.

Royale (rue).
21. Carke.

Saint-Ambroise (rue).
9. Delfolie.

Saint-Antoine (rue).
207. Brumont et Dereau.

Saint-Antoine (faub.)
128. *Au marché Lenoir*. (Nouveautés).
135. Boisson.
216. Beauchamps.
246 *bis*. Jacquemier.

Saint-Bard (rue).
6. Durand.

Saint-Denis (faub.).
109. Brocheton.
89. *A la Ville de Saint-Denis*. (Nouveautés).
109. Brocheton.
192. Bloc-Hemerdinger.

Saint-Denis (rue).
30. *Au mètre balai*. (brosserie.)
76. Ballu.
77. Fayaud et fils.
163. Guillon.

Saint-Dominique (rue).
91. Maryou.
112. Audibert.

Saint-Germain (boul.)
166. Jaussen.

Saint-Gilles (rue).
18. Forest.

Saint-Honoré (faub.).
140. Le Montréer.
220. Buisson.
282. Firmin.

Saint-Jacques (rue).
283. Marchand. *Bazar du Val de Grâce*.

Saint-Martin (boulevard).
13. Goux et Cᵉ. (*Galerie Saint-Martin*).
23. Morel.

Saint-Martin (faub.).
74. Ukermann et Cᵉ. (Articles d'Allemagne).
65. *Au Tapis Rouge*. (Nouveautés).
230 *bis*. Disnet.
272. *Aux Buttes-Chaumont*. (Nouveautés).

Saint-Martin (rue).
249. Cormier et Vilain.

Saint-Maur (rue).
206. Durouchard.

Saint-Michel (boulevard).
5. Caux.
63. *Au Panthéon*. (Nouveautés).

Saint-Ouen (avenue).
21. Péricux.
107 *bis*. Vernange.
144. Fergut.

Saint-Roch (rue).
34. *Au Gagne Petit*. (Nouveautés).

Saint-Sébastien (passage).
2. Descamps et Cᵉ.
11 *bis*. Clémencet.

Saint-Sébastien (rue).
31. Wandenberg.

Saintonge (rue de).
62. Wahl.

Saumon (passage du).
65. Potier.

Saussure (rue).
21. Bon.

Sébastopol (boulevard).
7. Bouvy.
113. Barsanti jeune. *Bazar des Arts et Métiers.*

Secrétan (rue).
34. Debucher.

Sèvres (rue de).
30. Burnet.
63. Lequesne.
81. Deinert.
87. Taconet (Jules).
99. Michaud (A.)
103. *Grand Bazar de la rue de Sèvres.*
165. Rossi (Constant).

Strasbourg (boulevard de).
22. Kern.
46 et 48. *Aux classes laborieuses.* (Nouveautés).
46. Prinoth et Cⁱᵉ.
77. Painchaux. *Grand Bazar de l'Est.*

Temple (boulevard du)
10. Renaut.

Temple (faub. du).
2. Bacon (V.)
17. Porchérie.
33. Pennetier.
59. Topart.
79. Lefèvre.
102. Paquet.
137. *Aux quatre arrondissements.* (Nouveautés)

Temple (rue du).
71. Labouré.
114. Jachiet.
176. Meyer.
178. Arthur.
187. Yvonneau.

Ternes (avenue des).
7. Decaux jeune.
55. Warot.

Tiquetonne (rue).
31. Pali.

Trésor (rue du).
3. Fridhem.
13. Mulherleile et Cⁱᵉ.

Turbigo (rue).
69. *Comptoir du Prix Fixe* (Lemaitre et Rouxel).

Turenne (rue de).
53. Feuvrier.
114. Noiriel et Robert.

Tolbiac (rue de).
242. Coulon.

Vanves (rue de).
63. Bonnevey (Veuve). *Bazar de Vanves.*

Vaucouleurs (passage).
6. Lochet et Decouan.

Vaugirard (rue de).
219. Calmatran.
249. Bonnefond.
285. Gaulier.

Vendôme (passage).
26 et 28. Tripier.

Vercingétorix (rue).
20. Lécuyer.

Verrerie (rue de la).
54. Léclerc.

Vilin (rue)
19. Mugnier.

Vieille-du-Temple (rue).
64. Monin.

Vieux-Colombier (rue du).
14. Duflot.
15. Porte.

Villette (boulevard de la).
35. Delalle.
244. Lefèvre.

Vitruve (rue).
10 Millot.

Volta (rue).
37. Picot.

Voltaire (boulevard).
14. Prieu.
24. Copeaux.
45. *Aux Travailleurs.* (Nouveautés).
84. Brieu.
98. Baget.
122. Gerbaut (B.) *Bazar de la Mairie.*
123. Renault.
128. Jaussen.
161. Mathieu.
170. Denis (Mme).

Wagram (avenue).
42. Mariotte.

PRINCIPAUX BAZARS

ET MARCHANDS DE JOUETS EN DÉTAIL
DU DÉPARTEMENT DE LA SEINE

CLASSÉS
par Communes et par ordre alphabétique.

Alfortville.
Lacorne (A), rue Véron, 103.

Asnières-sur-Seine.
Charbonnier, rue de la Station, 6.
Garcon (Mme), rue de Paris, 21.
Pied, rue de la Station, 4.

Aubervilliers.
Pelletier (J.), route de Flandre, 45.

Boulogne.
Bourgeois, Grande Rue, 81.
Douailly, Grande Rue, 112.
Fontaine, Grande Rue, 38.
Guay (Vve), boulevard de Strasbourg, 10.
Gillet, rue Escudier, 43.
Jousset, rue d'Aguesseau, 47.
Leprince, Grande Rue, 56.

Bry-sur-Marne.
Diony père.
Freyss.

Charenton-le-Pont.
Lefrançois, rue de Paris, 22.
Pouillet, rue de Paris, 2.

Choisy-le-Roi.
Baron.
Leclerc (Alf.).
Minel.
Monate.
Renard (F.), Dubert suc. *bazar de Choisy*, rue Thiers, 7.
Renaud.

Clichy.
Durand, rue Villeneuve, 9.
Salmon, boulevard Victor-Hugo, 129.
Trieb, rue de Paris, 77.

Courbevoie.
Garreau, rue de Pars, 32.
Mathieu Renaud (P.), rue de Metz, 5.

Fontenay-aux-Roses.
Marin.

Ivry-sur-Seine.
Benoit, rue Nationale, 53.
Bezagu, rue Liégat, 48.
Monin, place de la République, 2.

Levallois-Perret.
Bourgeois (Vve), rue Lannois, 17.
Dauchy, rue Victor-Hugo, 88.
Devers, rue Carnot, 25.
Nhéault, rue Chaptal, 45.
Raymond, rue de Courcelles, 61.
Sailly, rue des Frères-Herbert, 34.

Malakoff.
Galan, *bazar Parisien*, rue de la Butte, 13.
Guillemin fils, *bazar Malakoff*, avenue Pierre-Larousse, 23.

Montreuil-sous-Bois.
Flamand (A.), rue de Paris, 217.

Montrouge.
Aubry, avenue de la République, 91.
Barthélemy, route d'Orléans, 52.
Demarcq, route d'Orléans, 89.
Javault, route d'Orléans, 73.
Malinque, avenue de la République, 47.

Neuilly-sur-Seine.
Coulot, avenue Sainte-Foy, 2.
Durand, avenue de Neuilly, 65.
Gaillard (Vve), rue de Chartres, 34.
Guéroult, place du Marché, 12.
Guiche, avenue de Neuilly, 134.

Pantin.
Desprat, rue de Paris, 132.
Duval, route de Flandre, 50.
Jullien, rue de Paris, 147.
Millot, rue Auger, 15.
Poisson, rue Hoche, 8.
Provoost, rue de Paris, 99.

Perreux (le).
Jeannin.
Rossignol.

Pré Saint-Gervais (le).

Boquillon.
Galichet.
Vermande, rue Danton, 8.

Puteaux.

Trésallet, rue Godefroy, 40.

Saint-Denis.

Buteux-Roux (Vve), Nouveautés, rue de
 Paris, 75.
Elsbach (Mme) et Cie, rue Compoise, 73.
Green, *bazar national*, rue Compoise, 49.
Mire, avenue de Paris, 117.
Nassé, rue de Paris, 54.

Saint-Mandé.

Duval, Grande Rue, 2.
Moutier, Grande Rue, 28.
Paty, Grande Rue, 17.

Saint-Maur-les-Fossés.

Roubillard, avenue Saint-Louis, 9.

Sceaux.

Coulaux (Nouveautés).
Dubut (E.).
Mouflle (J.-B.), rue Houdan, 45.

Suresnes.

Denomaison (Nouveautés), rue des Bourets,
 10 et 12.

Vanves.

Dalbiac (Nouveautés), rue de la République, 17.

Vincennes.

Bazar de la Gare, rue du Midi, 35.
Berthel, rue Fontenay, 50.
Baulado (Vve), rue Terrier. 76.
Gilbert, rue de l'Hôtel-de-Ville, 18.
Lavoisier, rue Levant, 38.
Oudin (G.), rue du Midi, 13.
Thomassin, avenue de la République, 71.
Vernas (Vve), rue de Paris, 170.

Vitry-sur-Seine.

Bobeuf (Nouveautés), place de l'Eglise, 6.

PRINCIPAUX

COMMISSIONNAIRES-EXPORTATEURS

DE LA PLACE DE PARIS

ACHETANT les JOUETS, JEUX & ARTICLES de PARIS (1,

CLASSÉS

par ordre alphabétique de noms

AVEC

leurs adresses, les pays pour lesquels ils achètent plus spécialement et l'indication
de leurs jours et heures de paiement.

(Voir page 143, classement par ordre alphabétique de rues)

A

ABASOLO (Mateo) et Cⁱᵉ, rue Cadet, 9. — La Havane. — Le samedi de 2 à 5 h.

ABBONA, rue Richer, 20.

ABENSOUR, rue Richer, 4. — Venezuela.

ADAM (E.), rue du Faub.-St-Denis, 101. — Colonies francaises, Espagne et Portugal, Orient. — Fin du mois de 1 h. à 4 h.

AGNÈS (Vᵉ) et Th. VILLERET, rue de Maubeuge 17-19. — La Martinique. — Fin du mois de 2 à 5 h.

AGUIAR (Pinto d'), rue de la Victoire, 67. — Chili. — Fin du mois de 2 à 5 h.

AHRENFELDT (Ch.), rue du Faub.-St-Denis, 130. — Etats-Unis d'Amérique. — Samedi de 2 à 4 h.

AIGOIN (H.), rue de Chabrol, 71. — Amérique du Sud. — 2ᵉ lundi du mois de 2 à 5 h.

ALESMONIE E (G.), rue St-Marc, 17. — France, Angleterre et Grèce. — 2ᵉ samedi de 2 à 4 h.

ALEXANDER et Cⁱᵉ, rue d'Hauteville, 28 — Angleterre, Amérique, Afrique, Asie. — Tous les jours de 10 à 12 et de 2 à 4 h.

ALMEIDA et Cⁱᵉ, rue d'Hauteville, 19. — Brésil. — Fin mois, de 2 à 5 h.

ALVARADO et Cⁱᵉ, rue d'Hauteville, 13. — Caracas. — Le samedi.

AMSOM (A. S.), rue d'Hauteville, 25. — Angleterre et Amérique. — Tous les jours de 2 à 4 h.

ANGUIZ, boulev. des Capucines, 39. — Espagne. — Fin mois.

ANISSAS (A.), rue d'Enghien, 30.

ARAGO (Julien) y Hermano, rue Lafayette, 105.

ARMY et NAVY, rue Rochambeau, 6. — Angleterre. — Le samedi de 2 à 4 h.

ARON (A.) et Cⁱᵉ, rue d'Enghien, 36. — Brésil,

ARON (D.) et fils et WALTZ, rue Martel, 7. — Maison à Caracas. — 3ᵉ samedi du mois, de 1 h. à 4 h.

ARON Frères, rue de Turenne, 132. — Maison à Londres. — A volonté.

ARTHAUD et Cⁱᵉ, rue du faub. St-Martin, 48.

ASCOLI (David) et Cⁱᵉ, rue Cadet, 18. — Amérique. — Le samedi.

ASTOUL hermanos, rue Rochechouart, 70. — Amérique Sud. — Fin mois de 2 à 5 h.

AUBINE, Despoux et Cⁱᵉ, rue des Archives, 60. — Maison à Buenos-Ayres. — 1ᵉʳ samedi du mois.

AUDOIN, cité Bergère, 5. — Brésil. — 1ᵉʳ samedi du mois.

AUFHOLZ (A), rue Meslay. — Angleterre (Maison à Londres). — 1ᵉʳ samedi du mois, de 1 h. à 3 h.

AVIRAGNET (Ch E), rue de Paradis, 46. — Tous pays. — Dernier samedi du mois, de 2 à 5 h.

AYULO (Enrique) et Cⁱᵉ, rue de la Pépinière, 7. — Pérou.

AZZI Frères, rue Meslay, 22. — Angleterre, Australie, Amérique et Orient. — Le 5 de chaque mois.

B

BACKES, rue Elzévir, 7. — Colonies françaises.

BADER (Guill.), rue du Faub.-Poissonnière, 32. — Mexique. — Samedi, de 2 à 5 h.

BADIÈRE, rue Rougemont, 6. — Italie, Espagne et Portugal.

BAIL, rue de Rivoli, 210. — France. — A volonté.

BAILLET (A.), rue du Faub.-Poissonnière, 157. — Italie. — Le Samedi, de 1 à 5 h.

BAILLY (E), rue des Archives, 66. — Amérique, Antilles. — Fin mois.

BAINDBRIGE (G.), rue de la Victoire, 56. — Tous Pays. — Dernier samedi.

BALLU (E.), ROSSIGNOL, success., rue Saint-Denis, 76. — France et Algérie.

BARSDORF et C°, rue Rochambeau, 8. — Pérou, Chili, La Plata, l'Indo-Chine, le Japon. — Vendredi, 2 à 4.

BASCH (E.), rue de Paradis, 40. — Autriche et Allemagne.

BASQUIN, rue des Petites-Écuries, 49. — La Guadeloupe et la Martinique.

BAUDOIN et C°, rue des Ardennes, 10 et 12.

BAZIN (C.), rue Baudin, 32. — Brésil.

BEAUCAINE et C°, rue de Crussol, 26. — France et Colonies. Grand bazar à Tunis. — 1er lundi du mois, de 3 à 6 h.

BEAUTÉ (J. et A). rue du Faubourg du Temple, 23.

BECOT ET DUPUIS, rue de la Chaussée d'Antin, 20. — Tous pays. — Fin mois, de 2 à 4 h.

BÉLIGARD ET FRÉGEAC, rue de Chabrol, 61. — Brésil et La Plata. — Dernier samedi du mois.

BELLINO ET HOELZ, rue Cadet, 14. — Russie et Suède, Brésil, Buénos-Aires, Canada et Indes Néerlandaises. — Le samedi, de 1 h. à 4 h.

BENDIT BROTHERS, rue Meslay, 14. — Angleterre, New-York.

BENOIT FILS ET ROMAIN, rue des Archives, 63. — Tous pays.

BENVENISTI, rue Martel, 8. — Mexique et Indes Néerlandaises.

BERGER (Jean), rue du Faubourg-Poissonnière, 65. — Allemagne, Russie, Scandinavie et Italie. — Le samedi, de 1 h. à 4 h.

BERNER, rue de l'Echiquier, 14. — Russie et autres pays. — Tous les samedis, de 2 à 4 h.

BERNHEIM (A. G.), rue de Cléry, 23.

BERNHEIM (Marcel), rue des Haudriettes, 2.

BERNHOLD ET BRONO, rue des Petites-Écuries, 9. — Angleterre et Italie. — Le samedi, de 2 à 5 h.

BERR ET FILS, rue de Bondy, 65. — Australie et New-York, Amérique et Antilles, maison à Rio-de-Janeiro. — Le samedi.

BERROGAIN (J.), rue du Faubourg-Poissonnière, 125.

BERTHAULD, boulevard Voltaire, 48. — Italie.

BERTHIER ET BOUYSSOU, rue Meslay, 22. — Angleterre.

BERTRAND (P.), rue d'Hauteville, 19. — Amérique du Nord. — 1er samedi du mois.

BESNARD (G.) et C°, rue Bergère, 7.

BIDAUT (G.), rue d'Enghien, 44. — Italie et Amérique Nord.

BING (Ferd.) et C°, rue d'Hauteville, 74.

BING (Léopold) fils et Gans, rue d'Hauteville, 74. — Maison à New-York. — Le samedi de 2 à 5 h.

BIRKNER, rue de la Folie-Méricourt, 108. — France et Suisse. — Dernier samedi jusqu'à midi.

BLAD (Arthur), rue Bergère, 5. — Amérique du Sud.

BLANCHON, rue Saint-Lazare, 7. — Tous pays.

BLANCK et C°, rue du Sentier, 5. — Europe. — Dernier lundi du mois, 2 à 5 h.

BLEUZE (A.) et C°, rue des Petites-Écuries, 47. — Angleterre.

BLOCH (J.), rue de Bondy, 48. — Angleterre et Australie, Amérique du Nord et Indes. — 2e samedi du mois.

BLUM (A.), cité d'Hauteville, 10. — Afrique et Amérique.

BLUM (Jacques), rue d'Hauteville, 28. — Allemagne, Belgique et Hollande. — Dernier samedi, de 2 à 4.

BOAS (S.) et C°, rue Martel, 8 bis. — L'Espagne et les deux Amériques. — Samedi, de 2 à 4 h.

BOLLING, rue Scribe, 5. — Sénégal et la côte africaine,

BOMPET et frères, rue d'Hauteville, 24. — La Plata, le Chili, l'Uruguay. — Fin mois, 9 à 12 h.

BONDOIS (H), rue d'Aboukir, 178. — Tous pays. — 10 du mois.

BONFILS, Monneret et C°, rue Barbette, 8. — Angleterre et Portugal.

BONHOMME (L.), rue Amelot, 48. — France et Belgique. — Fin mois.

BONNAUD et Goffe, pass Violet, 5. — Maison à Buenos-Aires. — A volonté.

BONNET et C°, rue des Petits-Hôtels, 25. — Colombie. — 1er samedi du mois, de 10 à 12 h.

BONO et Bruschi, rue Beranger, 11. — Maison à Buenos-Ayres. — Dernier samedi du mois.

BONOMI, Morelli et C°, rue de Chabrol, 13. — Maison à Montevideo. — Dernier samedi du mois, av. 12 h.

BONVALLET, boul. de Strasbourg, 24. — Lundi, 1 h. à 4 h.

BORGFERDT, Pfeiffer et C°, rue Sainte-Cécile, 10. — Maison à New-York, Amérique du Nord, Brésil, La Plata, Chine et Japon. — Dernier samedi du mois.

BORIS frères, rue de la Victoire, 65. — Brésil.

BORTOLI frères, rue de l'Entrepôt, 23. — France, Algérie, Italie, Orient et la Roumanie. — Au comptant.

BOSSUT père et fils, rue Richer, 19 bis. — Buénos-Ayres et La Plata. — Fin mois, de 2 h. à 4.

BOUDET (J.) et C°, rue du Château d'Eau, 18, Les Indes et le Pérou.

BOURBIER frères et C°, rue des Jeûneurs, 27.

BOURSIER (E), rue d'Enghien, 28.

BOUTTÉ (Henri), rue de Sévigné, 46. — France. — Fin mois, 2 h. à 5 h.

BRACH frères et J. Bloch, rue de la Michodière, 8. — Amérique Nord et Sud.

BRAILLARD fils et C°, rue de la Chaussée d'Antin, 60. — Pérou.

BRAMMA frères, rue de Paradis, 21 bis. — Amérique centrale, Antilles et La Havane.

BRAUT (G.), rue N.-D. de Lorette, 27. — Allemagne, Belgique et Hollande. — 15 et fin de mois.

BROCHETON, rue de Provence. — Mexique et La Plata. — Le dernier samedi du mois.

BROUSSET, rue de Paradis, 50.

BRUSSEL et Cᵉ, rue de l'Échiquier, 41.

BUHLER (C.) et Cᵉ, rue Meslay 43. — Colonies. — Lundi, de 2 à 4.

BURCK (N), Passage Saulnier, 7.

BURGAUD-SENET, rue d'Angoulême, 10. — Maison à Buenos-Ayres. — Fin mois.

C

CADIOT (E. H.) et Cᵉ, rue Taitbout, 44. — Chine, Japon, Tonkin, Indes. — Fin mois. 2 à 5 h.

CAHEN (A.), et F. Guillerme, rue d'Hauteville, 66.

CAILLET (E.), rue d'Hauteville, 25 — Amérique sud. — Samedi de 2 à 4. h.

CAILLOT frères et Dunkel, rue des Archives, 90. — Tous pays. — 1ᵉʳ samedi du mois.

CAIRE (Ad.), boulev. de Strasbourg, 62. — Amérique. — Dernier samedi de 1 à 3 h.

CAIRE (Cl.), rue de l'Entrepôt, 4. — Espagne, Amérique du Sud, Madagascar et La Réunion. — Fin mois.

CALVET, ROCHETTE et Cᵉ, rue des Francs-Bourgeois, 41. — Belgique, Hollande. — Le samedi.

CAMOIN jeune, rue de l'Entrepôt, 32. — Maurice et La Réunion. — Dernier samedi.

CAPELLI (H.), rue du Faub. Poissonnière, 74. — Angleterre. — Le 5 du mois de 2 à 4 h.

CARCHON-COYEN, rue de Turenne, 38. — Tous pays. — 3ᵉ samedi du mois de 2 à 5 h.

CARISSY (A. G.) et Cᵉ, rue d'Hauteville, 35. — Angleterre, Allemagne, Italie et Espagne,

CAIIIIAN et BEAUMETZ, rue Beaurepaire, 30,

CARP, LAPARRA et Cᵉ, rue du Faub. Poissonnière, 8. — Tous pays. — Dernier samedi de 2 à 5 h.

CARPENTIER (J.-B.) et Cᵉ, rue d'Hauteville, 42. — Amérique du Sud. — 1ᵉʳ samedi du mois.

CASTANON (G.), rue du Faub. Poissonnière, 68. — La Havane. — Tous les jours de 10 à 4 h.

CATHIARD (E.), rue de Trévise, 28. — Portugal et Brésil.

CAUSSADE (J.), rue N.-D. des Victoires, 32. — Angleterre et ses Colonies, Amérique. — Le samedi.

CAUVET et FOURNIER fils, rue de l'Échiquier, 39. — Colonies, Mexique et Amérique du Sud. — Fin mois de 2 à 4 h.

CERF (Léopold), rue N.-D. de Nazareth, 25. — France et Belgique. — Fin mois.

CHALHOUB, rue de Courcelles, 56.

CHALLE et BELLON, rue des Filles du Calvaire, 13. — Buenos-Ayres et La Bolivie. — 2ᵉ samedi du mois de 1 à 4 h.

CHAPIN (G.), rue Lafayette, 83. — Espagne, Portugal et Amérique du Sud. — Le samedi de 2 à 4 h.

CHAVIER (A.), rue du Faub. Saint-Denis, 142. — La Havane,

CHAYKOWITZ fils, rue Martel, 19.

CHENEL, rue Quincampoix, 35.

CHEVALIER (F.), rue Chapon, 48. — Espagne et Portugal. — Tous les samedis de 2 à 5 h.

CHRISTOPHE (L.), rue Poissonnière, 21. — France et Russie. — Le 3 du mois.

CLAVEL (A.), rue de Dunkerque, 36. — Tous pays — A volonté.

CLERC (A.) et Cᵉ, rue Richer, 42. — Tous pays. — Le samedi de 1 à 3 h.

CLOSMADEUC, DELIQUAIRE et Cᵉ, passage Saulnier, 3. — Antilles.

COBLENTZ, rue Meslay, 9. — Amérique. — Fin mois.

COEURÉ (C.), rue de Saintonge, 10. — Les colonies. — Samedi de 1 à 4 h.

COHEN (J.), rue Meslay, 10, — Angleterre. — Dernier samedi.

COHEN (Prosper), rue des Petites-Ecuries, 27. — Angleterre et Autriche. — Dernier mercredi de 2 à 4 h.

COHENET DREYFUS, rue Condorcet, 11. — Amérique Centrale. — Samedi de 2 à 5 h.

COLLETTE (C.), rue Condorcet, 53. — Maison à La Guadeloupe.

COLLETTE et MUSSO, rue de Chabrol, 24. — Italie. — Dernier samedi de 2 à 4.

Comptoir de Commission, place des Victoires, 8. — France, Espagne, Algérie et Amérique.

CONRADS (C.) et Cᵉ, rue Lancry, 10. — Allemagne, Danemarck, et la Hollande. — 1ᵉʳ samedi du mois.

COOPMAN (A.), rue Bleue, 12. — Portugal et Colonies, Russie et Allemagne. — Dernier samedi de 2 à 4 h.

CORBIN-GUILBERT, boulev. Beaumarchais, 95. — Tous pays. — 2ᵉ vendredi.

CORMIER, rue Béranger, 24. — France.

CORNILLEAU jeune, rue Meslay, 18. — France, Italie, Amérique — Tous les samedis de 3 à 5 h.

COSMAN frères, rue des Archives, 68. — France et Angleterre, maison à Londres. — Premier lundi du mois

CRAILSHEIMER (Angelo) et FELSENFELD, passage des Petites-Ecuries, 18.

CRAMER (A), rue de l'Échiquier, 26. — Allemagne, Angleterre et Amérique du Nord. — Dernier samedi de 3 à 5 h.

CURTI (A), rue du Faub. du Temple, 25. — Italie.

D

DAMMIEN (H.) et Cᵉ, rue d'Hauteville, 64. — Amérique et Antilles.

DANIELL, avenue de l'Opéra, 5.

DAUDIGNAC et TORRASSA, rue du Château-d'Eau, 44. — Buenos-Ayres. — Fin de mois de 1 à 3 h.

DARGENT (G.), rue de Sévigné, 27. — France. — Fin de mois.

DARGENTON, DOMINGO et Cᵉ, Rue Fontaine, 36. — Dernier samedi de 2 à 6 h.

DA SILVA NOGUEIRA (M. A.), rue Lafayette, 83 *bis*. — Portugal et Brésil.

DAUMAS et Cⁱ, rue de Maubeuge, 5.

DAVID (Gust.), rue Bleue, 3 — Allemagne. — Dernier samedi de 2 à 6 h.

DEBROSSE, rue des Archives, 78. — Suisse, Belgique, Algérie. — Tous les jours

DECAMPO (E.) Vᵉ et Cⁱ, rue Lafayette, 91. — Amérique centrale et Antilles, côte occidentale d'Afrique. — Dernier samedi.

DEGOSSE (A.), rue Amelot, 108. — Espagne et Portugal. — Fin de mois.

DEHORS (E.), rue Meslay, 22. — Pérou. — Le 10 du mois de 1 à 4 h.

DELACHE, rue Bleue, 9. — Tous pays. — Le samedi de 2 à 5 h.

DELACROIX et Cⁱ, rue Saint-Martin, 8. — Autriche et Italie.

DELAUNAY (E.), rue des Petits-Hôtels, 23. — Tous pays. — Samedi de 1 à 4 h.

DELEBOURSE, rue Saint-Anastase, 9. — France. — Dernier samedi, de 1 à 4 h.

DELEVINGNE (E. S.), rue des Petites-Ecuries, 29. — Angleterre et États-Unis. — 2ᵉ et dernier lundi du mois de 1 à 3 h.

DELINIÈRES (L.) FOURCADE et Cⁱ, rue Richer, 34. — Espagne, La Havane et le Mexique. — Le samedi de 2 à 4 h.

DELVAILLE et ATTIAS, rue de l'Entrepôt, 13. — France et tous pays. — le samedi.

D'ENFERT (A.), rue Paul-Lelong, 6. — Angleterre.

DERACHE (Ch.) et MEYDIEU, rue Amelot, 46. — Angleterre et Madagascar. — Dernier samedi de 2 à 6 h.

DERINDINGER, rue d'Hauteville, 49. — Europe et Orient. — Fin de mois de 1 à 4 h.

DESPAUX (J.), boulev. Sébastopol, 20. — Martinique et colonies espagnoles. — samedi de 12 à 4 h.

DESPORTES aîné, rue des Marais, 91. — Amérique.

DESPREZ (A.) et Cⁱ, rue de l'Echiquier, 17. — Mexique, Antilles et mers du sud. — Samedi de 1 à 4 h.

DESTERNES, rue Paul Lelong, 15.

DESLIENNE et VIOLET, rue de Saintonge, 64. — Italie, Grèce, Hollande, Belgique et Orient.

DESVIGNES, rue de Lisbonne, 45.

DIEHL, rue Baudin, 4. — Europe, Amérique du Sud et Centrale. — Dernier samedi de 1 à 5 h.

DILSHEIMER et ROTSCHILD, rue Grange-Batelière, 13. — Angleterre, Allemagne, Roumanie. — Dernier samedi de 1 à 4 h.

DIRAUER (F.), rue des Petites-Écuries, 59. — Madagascar, Maurice, le Mexique, la Réunion.

DOLÉAC, rue des Archives, 72.

DOMMARTIN (H.), rue de Marseille, 16. — Allemagne, Autriche. — Le 1ᵉʳ samedi de 2 à 4 h.

DONNAMETTE (A.), rue des Saints-Pères, 30. — La Plata, Brésil, Chili, Antilles. — Tous les samedis et à fin de mois.

DOS SANTOS (L. P.) et Cⁱ, rue du faub. Saint-

Denis, 132. — Brésil et la Plata. — Le samedi avant le 15 du mois.

DREYFUS (S.), rue des Petites-Écuries, 13. — France, Suisse, Algérie, Tunisie et Tonkin. — Dernier samedi.

DREYFUSS frères, rue Cadet, 10. — Allemagne et Espagne, Egypte et Amérique du Nord. — Fin de mois de 1 à 4 h.

DROUET (C.), rue Turbigo, 10.

DUCHEMIN (L.), rue Bleue, 27. — Haïti et les Antilles.

DUCLOS et MADELEINE, rue Chapon, 48. — France et tous pays. — Le samedi de 2 à 5 h.

DUFAU (L.) et Cⁱ, rue de Dunkerque, 39. — Antilles. — Samedi de 1 à 3 h.

DUGAUQUIER (Henri), rue d'Hauteville, 17. — Espagne

DUHART frères, rue de l'Echiquier, 12. — Chili et mers du Sud. — Fin de Mois.

DUJARDIN et SCHAEFFER, rue Condorcet, 9. — Portugal et Amérique. — 1ᵉʳ samedi de 12 à 4 h.

DUPILLE (A.) et Cⁱ, rue des Petits-Hôtels, 3. — Amérique du sud. — Tous les jours jusqu'à midi.

DUPONT (Paul), rue du faub.-Poissonnière, 96. — Indes, îles Philippines et Cochinchine. — Dernier samedi de 3 à 5 h.

DU SERRE (F.), rue des Haudriettes, 8.

DUSSIEUX (Tony), passage Violet, 4. — Brésil et la Plata. — Fin de mois.

DUVAL, rue du faub. — Poissonnière, 98. — Antilles françaises. — Dernier samedi.

E

ECKHARDT (C. F.), rue Turgot, 19. — Tous pays. — Samedi de 2 à 4 h.

EHRLICH frères, rue d'Hauteville, 82. — Angleterre, Belgique, Hollande, Allemagne, États-Unis. — 1ᵉʳ samedi de 2 à 4 h.

ELIAS (Henri), rue de Maubeuge, 49. — Chine et Japon. — Fin mois.

ELIS (Havemann), passage Saulnier, 5. — Tous pays. — Dernier samedi.

ELLIES (A.), Westofen et Cⁱ, rue des Petites-Ecuries, 30. — Chili et Amérique du Sud. — Samedi de 2 à 5 h.

ELSBACH, rue St-Quentin, 10. — Indes Néerlandaises. — Samedi de 2 à 5 h.

EMMEREZ (A. d'), rue Richer, 43.

ENGELER (H.), rue de la Victoire, 67. — Hollande. — Fin mois.

ENGELHARD et Cⁱ, rue Tiquetonne, 62.

ERATH, rue Vieille-du-Temple, 121 — France.

ERICHSEN, rue Tiquetonne, 64.

ERIC HERG KERNATH, rue St-Quentin, 24.

ERKMANN, rue du Fau. St-Denis, 57, Allemagne, Autriche, Belgique. — Samedi de 12 à 4 h.

ERLANGER (M.), rue de Chabrol, 67. — Orient. — Dernier lundi de 2 à 5 h.

ESSEN (Fernando) et Cⁱ, rue de Paradis, 14. — Colombie, Vénézuela, Brésil, Antilles, Mexique et Havane.

EUDEL et LARREY, rue des Petites-Ecuries, 28. — Cayenne et Le Vénézuela. — Dernier samedi.

EYERLÉ (J), rue des Petites-Ecuries, 42. — Tous pays. - Le samedi.

F

FABRE (L. E.), cité Trévise, 5. — Maison à Buenos-Ayres. — Samedi de 2 à 5 h

FALETTY (A.), passage St-Sébastien, 1. — France et Afrique.

FAUCONNIER fils et Cᵒ, passage Saulnier, 9. — — Brésil et La Plata. — Samedi de 12 à 4 h.

FAVROT, rue des Archives, 61. — Europe. — 2ᵉ vendredi de 2 à 4 h.

FECHNER (A. M.) et Cᵒ, rue de Chabrol, 50. — Allemagne.

FEGUEUX (G.), rue Martel, 5 bis. — Allemagne. — Fin mois 2 à 5 h.

FERNANDEZ (G.) Hermano, rue de Chabrol, 69. — Buenos-Ayres. — Fin mois.

FLACHFELD (Jacques), rue d'Hauteville, 55. — Amérique Nord et Sud. — Samedi de 2 à 4 h.

FLEUROT, PELECIER et MAGNIER, rue de Chabrol, 40. — Tous pays.

FOMBUENA, rue Guenegaud, 18.

FOREST (B.), rue St-Gilles, 18. — France, Espagne, Italie, Algérie, au comptant.

FORGEAIS, rue du Faub. St-Martin, 34. — Paie le 2ᵉ lundi de 2 à 6 h.

FOULD frères et Cᵒ, rue du Faub.-Poissonnière, 30. — Tous pays.

FOURQUEZ (L.) et DESMOUTIS, rue d'Hauteville, 53. — Amérique. — Samedi de 12 à 3 h.

FRANCHERCHI (J.), rue d'Hauteville, 34. — Italie. — Fin mois.

FRANCK (A. et M.) et Cᵒ, rue du Faub.-Poissonnière, 11. — Maison à Lima et à Mexico. — Dernier samedi de 2 à 5 h.

FRANKEN (F.), rue Notre-Dame-de-Nazareth, 35. — Tous pays. — Samedi de 2 à 4 h.

FREY et Cᵒ, rue de Trévise, 15. — Australie. — Fin mois de 1 à 5 h.

FROELICH, rue du Faub.-St-Martin, 77. — Allemagne. — 10 du mois.

FROMENT (Ch.), rue St-Joseph, 3. — France et Belgique.

FUCHEZ frères, rue Pastourelle, 30. — Maison à Constantinople.

G

GAFFRÉ (G.), rue de Turenne, 38. — Tous pays. — Fin mois de 2 à 4 h.

GALANIS (A.), rue d'Hauteville, 33. — Fin mois.

GALLO (Richard) et Cᵒ, rue Montmartre, 123. — Egypte.

GASCARD, rue du Faub. St-Martin, 74.

GAY, rue Tiquetonne, 62. — Afrique et Amérique.

GAZEL (V.), rue de Bondy, 44. — Tous pays.

GÉARA (Joseph), cité Dupetit-Thouars, 6 — Amérique. — Fin mois.

GEORGI et DURAND, rue Baudin, 30. — La Réunion, Maurice et Madagascar. — Samedi de 1 à 4 h.

GERBAULET (H.), rue de la Perle, 1.

GERSON frères, rue Gaillon, 8.

GERSON (G.) et Cᵒ, rue Richer, 34. — Brésil et La Plata.

GHIGLIA, rue de Chabrol, 49. — Italie. — Fin mois de 2 à 5 h.

GLAENZER et Cᵒ, boul. de Strasbourg, 35. — Londres et New-York. — Samedi de 1 h. 1/2 à 4 h. 1/2.

GODET (E.) et LITTAISSE (D.), rue Thorigny, 18. — Maison à La Martinique et à Cayenne.

GOETSCHEL, rue d'Angoulême, 8. — Pernambuco.

GOMPEL et Cᵒ, rue du Faub.-Poissonnière, 61. — Tous pays.

GOODAL (H.) et Cᵒ (DE CONNINCK représentant), rue d'Hauteville, 33. — Angleterre.

GOUGUENHEIM, rue Béranger, 19.

GRAAF (K. et B. de), rue des Petites-Ecuries, 13. — Allemagne, Hollande, Turquie.

GRAF, DE LAILHACART et Cᵒ, passage des Petites-Ecuries, 20. — Espagne et Amérique.

GRAPPE et GARNOT, rue Réaumur, 9. — France.

GRÉGOIRE, boul. de Strasbourg, 43. — Martinique, Maurice, Pérou. — A volonté.

GREILSAMMER frères, rue du Faub. St-Martin, 36. — Iles Philippines. Maison à Manille.

GRENU et DUFFEY, rue d'Aboukir, 54. — Tous pays.

GREYENBICHL (X.), rue des Petites Ecuries, 29. — Amérique. — Samedi de 1 à 4 h.

GRIET frères, rue du Foin, 3. — Maison à Buenos-Ayres. — Le samedi.

GROOS et WEMANS frères, rue de l'Entrepôt, 22. — Tous pays. — 15 et fin de mois de 2 à 5 h.

GROSSIN (Vve), rue des Gravilliers, 24. — France. — Dernier samedi.

GRUINGENS (P.), rue de Trévise, 28. — Russie. — 2ᵉ samedi du mois de 2 à 4 h.

GRUN, OPPENHEIMER et Cᵒ, passage des Petites-Ecuries, 3. — Asie, Extrême-Orient, Chine et Japon.

GRUSS (H.), cité Trévise, 7. — Angleterre, Suède et Norwège, Italie, Amérique du Nord. — Fin mois de 1 h. à 5 h.

GUÉDON (Alex.), rue Saint-Denis, 113. — Tous pays.

GUÉRIN et Cᵒ, rue Meslay, 41. — Mexique, Pérou et Amérique Centrale. — Fin mois.

GUERRE, rue d'Aboukir, 40. — Tous pays.

GUGENHEIM (J), rue N.-D. de Nazareth, 7. — Suisse, Italie, Allemagne.

GUIERE frères, rue de Chabrol, 67. — Chine, Réunion, Haïti, Manille. — 15 et fin mois de 9 à 12 h.

GUIMARAËS et Cᵒ, rue Louis-Le-Grand, 7. — Brésil.

GUNCKEL (Henry), rue Richer, 34. — Russie, Allemagne et Amérique du Nord. — Samedi.

GUNDOLFI, Moss et Cᵉ, rue de Châteaudun, 51.
— Maison à Rosario et Santafé.
GYSIN et SCHOENINGER, rue d'Abbeville, 6. —
Bombay, Chine, Japon, Iles Philippines. —
Samedi de 2 à 5 h.

H

HAAS (B.) et Cᵒ, rue de la Victoire, 65. —
San Salvador.
HAAS ET LÉVY, rue des Petites-Écuries, 31. —
Brésil. — Fin mois.
HALPHEN (G.-L.), rue Drouot, 18. — Amérique. — Le samedi.
HANNAUX, boulevard du Temple, 35. — Maison à Alexandrie.
HASLER ET MERCKLÉ, rue Thévenot, 12.
HAUET ET VIDAL, rue Froissard, 6. — Suisse et Algérie. — Tous les jours de 2 à 5 h.
HAZERA (J.), rue de la Chaussée-d'Antin, 51.
— Amérique du sud. —Fin mois de 2 à 4 h.
HELFT (A.), rue Hérold, 7. — France et Algérie.
HENNINGSEN (Carlos F.), rue de Cluny, 17. —
Chili.
HÉNON et Cᵒ, passage Saulnier, 19. — Angleterre, Amérique, Australie et les Indes. —
Tous les jours de 12 à 4 h.
HÉRISSON (L.), rue d'Enghien, 8. — Russie et Hollande. — 2ᵉ samedi.
HERMANN (A.) et Cᵒ, rue de l'Echiquier, 21. —
Amérique. — Samedi de 2 à 5 h.
HERMINJARD (G.), boulevard Voltaire, 70. —
Italie.
HERMANDEZ (R.), rue des Petites-Ecuries, 41.
Vénézuala et Caracas.
HERMANN, rue Meslay, 21. — Dernier samedi.
HERRMANN, OTTO ET Cᵒ, rue des Petites-Ecuries, 7. — Brésil et La Plata. — Le samedi.
HEURTEMATTE, rue de Trévise, 43. — Maison à Panama. — Fin de mois de 2 à 4 h.
HIRSCH (S.) et Cᵒ, rue d'Hauteville, 25. —
Angleterre et Amérique du nord. — Le samedi.
HIRSCH et Cᵒ, rue des Marais, 50. — Maison à Londres. — Samedi de 2 à 4 h.
HINTZ (F.), rue d'Enghien, 8. — Amérique Centrale.
HOLZBACHER (H.), rue des Petites-Ecuries, 55.
— Pérou, Havane, Uruguay et mers du sud.
— Samedi de 9 à 3 h.

I

IBERT (A.) WALLGREN ET OBERTÉ, rue des Petites-Ecuries, 47. — Espagne.
IBOS (A.) ET HOLL (E.), cité d'Hauteville, 4. —
Amérique du sud. — A volonté.
IMBERTON (A.) et Cᵒ, rue du Faubourg-Poissonnière, 96. — Petites Antilles et la Guyane. — Fin mois.
ISRAEL (A.), rue de Chabrol, 28. — France et Brésil.

J

JABLONSKI, VOGT et Cᵒ, rue d'Hauteville, 15. —
Brésil, La Plata. — Dernier samedi de 1 à 5 h.

JACHIET (L.), rue du Temple, 114. — Tous pays. — 10 du mois de 1 à 4 h.
JACOB (O.) et Cᵒ, boulevard de Strasbourg, 24.
— Brésil et Amérique centrale. — Samedi de 10 à 4 h.
JACOBI-BELMONT, rue de l'Entrepôt, 26. —
Tous pays. — 15 du mois.
JACOBSEN (Fred.), rue Montmartre, 159. — Espagne et Suède.
JACOD (J.), rue Ménars, 8. — Buénos-Aires. —
1ᵉʳ samedi du mois.
JAFFRAY (J. R.) et Cie, rue Martel, 5 bis. —
Maison à Londres.—Tous les samedis et à fin de mois de 2 à 4 h.
JAILLY (A.), boulevard Voltaire, 38.
JANNING ET PHILIPPE, rue du Faubourg-Poissonnière, 11. — Maison au Tonkin.
JARRIN frères, rue Martel, 11. — Antilles et La Plata. — Fin mois 12 à 4 h.
JEANTY (V.), Rue Turgot, 19. — Tous pays.
JIMENÈS (J. Y.) et Cie, rue des Petites-Ecuries, 54. — Allemagne, Angleterre, Espagne, Italie et Suisse. — Maison aux Antilles.
JOBIT, rue d'Hauteville, 23.
JOUIN (Vve A.), boulevard Voltaire, 7. — Antilles et Buenos-Ayres. — Samedi de 9 à 3 h.
JOUVE (A.), rue de Turenne, 129. — Maisons à Sydney et à Nouméa. — 2ᵉ samedi du mois.
JOUVE (J.), boulevard Saint-Denis, 19. —
Maisons à Buenos-Ayres, au Chili et à Montévidéo. — 1ᵉʳ samedi de 2 à 4 h.
JOUVE ET GORLIER, rue des Archives, 63. —
Chili. — 1ᵉʳ samedi de 2 à 4 h.
JULIEN (P.), rue Albouy, 19. — Espagne et Italie.
JULLIANY (J.), boulevard de Strasbourg, 19. —
Italie, Turquie, Egypte, la Réunion et la Cochinchine. — Samedi de 2 à 4 h.

K

KAHN, rue Drouot, 7. — Tous pays. — Dernier samedi.
KAHN (REISS, représent.), rue de Lancry, 39.
— Allemagne, Autriche, Russie — Dernier samedi de 3 à 6 h.
KAHN (Félix) y HERMANOS, rue Baudin, 34. —
Mexique et Amérique centrale. — Fin mois, 1 à 5 h.
KAHN ET POLACK, rue de Chabrol, 67. — Brésil et Pérou.
KAISER (E.), rue d'Enghien, 38. — Amérique centrale et Amérique du sud. — Samedi.
KAMPMANN et Cie, rue Richer 13. — Buenos-Ayres. — Le 15 et fin de mois de 10 à 4 h.
KARMONA (J.), rue Blondel, 5. — Brésil, République Argentine et Orient. — Fin mois.
KAYSER (Henry) et fils, rue Bergère, 3. — Angleterre et Amérique. — Samedi de 2 à 4 h.
KELLER (C. F.) et Cie, rue Favart, 8.
KESSLER frères et Cᵒ, cité Rougemont, 5. —
Colonies françaises, Amérique, Indes Anglaises, Antilles, Australie, Chine.
KIEFE frères, rue du Faubourg-Poissonnière, 51. — Samedi de 1 à 6 h.

KIEFER, AUBERT et Cᵉ, rue du Temple, 178.—
Tous les samedis excepté le premier samedi
du mois.

KILEMAN (A.), rue du Roi-de-Sicile, 18.

KINGSBOURG-FULD et Cᵉ, rue de Cléry, 5.—
France et Italie. — A volonté.

KISCH, rue de Turenne, 125. — Tous pays.

KISSING ET MOLMANN, rue Martel, 12. — Amérique.

KLUYSKENS, (J. H.), boulevard Voltaire, 24.
— La Hollande et les Indes-Néerlandaises.
— 1ᵉʳ samedi du mois de 2 à 5 h.

KNECHT, impasse Mazagran, 6. — Tous pays.
— 2ᵉ samedi.

KOCH frères, rue Martel, 6 — Allemagne. —
Samedi de 2 à 4 h.

KOHN (L. et S.), rue d'Enghien, 24. — Maisons à Lisbonne, Pérou et Chili. — Samedi
de 2 à 4 h.

KOLP (Auguste), rue de Paradis, 48. — Allemagne et Amérique du sud. — 1ᵉʳ samedi
de 1 à 4 h.

KORYTKO, rue de Trévise, 45.

KOTIN, BERKOWITZ ET FAVAUD, rue Baudin, 28.
Angleterre. — 2ᵉ samedi.

KRATZ-BOUSSAC, rue Saint-Laurent, 3

L

LABOURIAU (F.), rue Taitbout, 11. — Tous
pays.

LABROUSSE (L), rue Martel, 5 bis. — Allemagne, Brésil et Portugal. — Fin mois, de
1 h. et demie à 4 h.

LACARRIÈRE (Ch. et Cᵉ), rue Martel, 15. —
Tous pays. — Le samedi, de 2 à 5 h.

LAENDLER et Cᵉ, rue du Conservatoire, 11.—
Autriche, Russie, Roumanie et Turquie. —
Le samedi, de 2 à 5 h.

LAFFITTE et Cᵉ, boulevard de Strasbourg, 16.

LAFILOLIE (Ch. et Cie), rue Turbigo, 68. —
France et Côte d'Afrique.

LAGRANCHE (G.), rue des Tournelles, 52 —
Tous pays. — Le 10 du mois, de 1 à 4 h.

LAGRÉSILLE (A.), rue du Faubourg-Poissonnière, 6. — Côte occidentale d'Afrique.

LALANNE (L.) et Cᵉ, rue de Grammont, 28. —
La Réunion. — Le samedi, 2 à 4 h.; fin du
mois.

LAMBERT ET LEVY, rue de Chabrol, 69. —
Brésil et La Plata.

LANCELIN ET Cᵉ, rue de Châteaudun, 50. —
Amérique du Centre et Etats-Unis. — Fin
de mois, de 10 à 12 h.

LANCERON (A.) et Cᵉ, rue des Fontaines, 9. —
France, Suisse et Belgique.

LANDRU, TIESSE et PILLET, rue Thévenot, 9.
— Angleterre. — Tous les jours.

LARCADE (G.), rue Grange-Batelière, 11.

LARROUY, rue de Dunkerque, 24. — Espagne
et Portugal. — Le samedi de 12 à 4 h.

LARTIGUE (L.) et Cᵉ, boul. de Strasbourg, 16.
Amérique et Antilles. — Le dernier samedi,
de 1 à 5 h.

LASSALLE et Cᵉ, rue Caumartin, 7. — Tous
pays. — Le samedi de 12 à 4 h.

LASSÈRE frères, rue d'Hauteville, 34. — Caracas. — Tous les jours.

LAURENS (M.), rue d'Hauteville, 23. —
France et tous pays. — Fin du mois; de 2 à
5 h.

Laurent (L.), rue Quincampoix, 80. — Angleterre. — Le 5 de chaque mois.

LAUREYS et Cᵉ, rue du Faubg-Poissonnière,
115. — Maison à Rio-de-Janeiro.

LAVENTURE (P.), rue de Turbigo, 70. — Fin
de mois.

LAVOIPIERRE (H.) et Cᵉ, rue d'Aboukir, 21.
Afrique. — Fin de mois.

LECLERC-DERNAULT, rue Meslay, 47. — Tous
pays. — Fin de mois de 2 à 5 h.

LECOMTE (L.), rue d'Hauteville, 51. — Russie
et Roumanie. — Le samedi, de 3 à 5 h.

LECOQ (Th.) et Cᵉ, boulevard de Sébastopol,
46. — Angleterre. — Le dernier samedi.

LEFÈVRE, rue de la Grange-Batelière, 11. —
Angleterre et Brésil. — Fin de mois.

LEFORT (E.), rue de Trévise, 42. — Danemarck et Portugal.

LEGRAND (A.), rue de Paradis, 40. — Maison
à Cuba.— Colonies espagnoles.—Fin mois.

LE GRAND (E.), rue d'Hauteville, 4 et 6.

LEHMANN (L.), rue de Paradis, 8. — Espagne.

LEHMANN (Léon), rue du Faub. Saint-Denis,
74. — Espagne, Maroc, Algérie, Tunis et
Tripoli. — Fin de mois, de 2 à 5 h.

LELOUP et Cᵉ, rue de Chabrol, 14.

LEMAITRE (G.), rue Saint-Martin, 243. — Colonies espagnoles — Le 3ᵉ samedi du mois.

LEMOINE (P.) et Cᵉ, rue d'Enghien, 16. —
Tous pays. — Le samedi, de 2 à 5 h.

LEMONIER (A.), rue Meslay, 28. — Europe.
Le dernier samedi.

LE MONTRÉER (Y.) et fils, rue du Château-
d'eau, 27. — France et colonies. — Le premier samedi du mois.

LEOBOLDTI frères, rue Sainte-Appolline, 9. —
Angleterre, Allemagne, Amérique du Nord.
— Le dernier samedi, de 2 à 4 h.

LEROY (J.), rue de Maubeuge, 36. — Maison
à Haïti.

LEVAVASSEUR (H.), rue de Rambuteau, 56. —
Tous pays.

LÉVEILLE (G.), rue Beaurepaire, 26. — Tous
pays. — Au comptant.

LEVI BROTHERS, passage Saulnier, 5. — Maison à New-York.

LEVY (Albert), rue du Faub. Saint-Martin, 31.

LEVY (B.), rue de Lancry, 27. — Tous pays,
dernier samedi.

LEVY (Henri) et BLUM, rue du Faubourg-Poissonnière, 156. — Espagne et ses colonies.
— Fin de mois, de 2 à 4 h

LEVY et COHEN, rue de Paradis, 32. — Egypte
et Turquie.

LEVY (Edgar), rue d'Hauteville, 52. — Amérique.

LEVY (Eug.) et frère, rue Béranger, 12. —
France et Suisse.

LEVY frères et Cᵉ, boul. Magenta, 105. —
Maison au Brésil.

LEVY (A.) fils et SALOM, rue du Château-
d'Eau, 40. — Maisons à Londres, à Amsterdam et à Bruxelles. — Le samedi de 2 à
5 h.

Lévy (Gabriel) et Cᵉ, rue de Rocroy, 23. — Maisons en Bolivie et au Pérou. — Le samedi de 9 à 12 h.

Levy (J.), rue Turbigo, 89.

Levy (J.-M.) et Friedmann, rue d'Hauteville, 38. — Tous pays. — Le samedi de 2 à 4 h.

Levy (Léon), rue du Faubourg-Poissonnière, 65. — Buenos-Ayres, Chili, Amérique du Nord.

Levy (Léopold), rue Saint-Joseph, 10. — Maison à Lyon. — Le 6 du mois de 2 à 4 h.

Levy (Lucien) et frère, rue de Lancry, 59.

Levy (Martin) et Levy (Louis), rue des Petites-Ecuries, 13. — Maison à Mexico.

Lévy (Raphaël) et frères, rue de l'Echiquier, 4. — Manille et iles voisines. — Fin de mois, de 2 à 5 h.

Lhomer (Léon), rue d'Aboukir, 69.

Libert (L.), rue du Faubourg-Saint-Denis, 24. — Amérique du Sud. — Le 10 du mois de 9 à 12 h.

Lilienthal (G.), rue Meslay, 45.

Lilienthal (M.), rue d'Hauteville, 22. — Amérique du Nord. Maison à New-York. — Le samedi de 2 à 4 h.

Linck (S.), rue de Bondy, 42. — Espagne et Portugal. — Fin de mois.

Littmann, boul. de Strasbourg, 53. — Le samedi, de 2 à 5 h.

Loiseau-Bourgier, rue de Lancry, 47. — Maisons à Buenos-Ayres, Montevideo, Constantinople. — Fin de mois, de 2 à 5 h.

Longhais et Bardy, rue de Paradis, 50. — Le samedi.

Lopatto (A.) et Cᵒ, rue du Temple, 112. — Russie et Hongrie. — Fin de mois.

Lorin (D.), rue Chapon, 18.

Lucas et Cᵒ, rue d'Hauteville, 94. — Buenos-Ayres et Brésil. — Au comptant.

Lustrat, rue Richelieu, 55.

M

Maalouf et Bejani, rue des Filles-du-Calvaire, 23. — Amérique du Nord et Amérique du Sud, Australie et Orient.

Malut, avenue de l'Opéra, 34. — Turquie, Egypte, Roumanie. — Dernier samedi de 4 à 6 h.

Mack (W.) et fils, rue d'Hauteville, 25.

Madelenat (Ch.), rue Debelleyme, 16. — 2ᵉ lundi du mois de 2 à 4 h.

Maguin (A.), rue des Petites-Ecuries, 9. — Le Brésil. — Fin mois de 1 à 4 h.

Mahut (Paul et Emile), rue Condorcet, 5. — Les Indes.

Maigret (H.), rue du Foin, 7. — Belgique et Suisse. — Fin mois de 2 à 5 h.

Maillac et Cᵒ, rue de l'Echiquier, 46. — Maison à Bordeaux.

Maillard, rue Richer, 24. — Vénézuela et Colombie.

Maire (G.), boulevard de Sébastopol, 26. — France.

Majo (Enrico de) et frère, rue d'Hauteville, 36. — Autriche, Roumanie et Orient. — Le 8 de chaque mois.

Malherbe (L.), rue de Trévise, 32. — Portugal et Siam. — Dernier samedi.

Mammelsdorf, Brothers, rue Bergère, 25. — Maisons à Londres et à New-York. — Dernier samedi de 2 à 4 h.

Manigot (A.), rue de Dunkerque, 48. — Fin mois de 2 à 4 h.

Maple et Cᵒ, rue Montmartre, 129. — Maison à Londres. — Fin mois.

Marchandise (L.), boulevard de Sébastopol, 53.

Marco-del-Pont (Ventura), rue de Milan, 11. Lima et Valparaiso.

Marcon (Ch.) et Cᵒ, rue de Chabrol, 67. — Angleterre.

Marion, boulevard Arago, 10. — Espagne, Italie, Grèce, Levant, Amérique du Sud.

Martin, rue Charlot, 57. — Levant. — Samedi de 2 à 5 h.

Martin (E.) et Cᵒ, rue des Petites-Ecuries, 50.

Martinet (L.), rue de Saintonge, 51. — Maison à Montévidéo. — La Plata et le Brésil. — Samedi de 1 à 4 h.

Massion (F.), rue Lafayette, 137. — Russie et Amérique du Nord. — Le samedi.

Matrat (L.), rue du Grenier-Saint-Lazare, 7. — France, Italie, Allemagne.

Maubé aîné, rue de Lancry, 6. — France. — A volonté.

Maulme (Ch.), rue de Chateaudun, 53. — Antilles anglaises.

Maus (R.), rue d'Hauteville, 47. — Allemagne et Angleterre.

May fils aîné, rue de Saintonge, 64. — Amérique du Nord. — 2ᵉ samedi du mois de 2 à 4 h.

May (Léon), rue de Chateaudun, 11. — Italie et Amérique du sud.

Mayer (J. A.), rue Paul-Lelong, 10. — Allemagne, Angleterre, Amérique. — Le 6 de chaque mois.

Meiffée (A.), rue Saint-Lazare, 27. — Indes anglaises.

Meiffre et Cᵒ, Cité d'Hauteville, 8. — Tous pays. — 1ᵉʳ samedi du mois.

Meiffre (E.), rue Martel, 6. — Les Indes. — Le samedi.

Mendelson (Th.), rue du Faubourg Saint-Denis, 43. — Amérique. — Samedi de 1 à 4 h

Meyer (Ch.), rue Amelot, 130.

Meyer (J.), rue de Paradis, 19. — Vénézuela, Colombie, Antilles et Amérique du centre. — 1ᵉʳ samedi du mois de 2 à 5 h.

Miccio (G.) et Cᵒ, rue Bleue, 29. — Italie. — Dernier samedi de 10 à 4 h.

Michael (J. Albert) et Cᵒ, rue du Faubourg-Poissonnière, 14 — 1ᵉʳ samedi du mois de 3 à 5 h.

Michau (Th.) et Cᵒ, rue du Faubourg-Poissonnière, 9. — Maisons à Londres et à New-York. — Tous les jours.

Michel, rue aux Ours, 13.

Middenich et Cᵒ, rue des Petites-Ecuries, 50. — Angleterre. — Paie dernier samedi de 1 à 4 h.

Mingels (J.) et Cᵒ, rue de Belzunce, 18 — Allemagne, Autriche et Russie.

Mirey (Eug.), rue de Chabrol, 67. — La

Réunion, Manille, Haïti, Chine. — 15 et fin de chaque mois de 9 à 12 h.

MITJANS, MOVELLAN ET ANGULO, rue de Chateaudun, 39-bis. — Mexique et La Havane. — Fin mois de 2 à 4 h.

MITTON (Paul), rue Saint-Honoré, 269. — Maison à Londres.

MOGIS ET BOCLET, rue Thévenot, 14. — Tous pays — Samedi de 2 à 4 h.

MOLINARD fils et Cⁱᵉ, passage Saulnier, 5. — Maison à SaintPerre, Martinique. — Fin mois.

MOMMER (E.) et Cⁱᵉ, rue du Caire, 6. — Maisons à New-York et Boston. — Fin mois de 12 à 4 h.

MONASSA (Elias), rue de Dunkerque, 31 ter. — Amérique, Australie et Syrie. — Fin mois après-midi.

MONCHICOURT (A.), Rue Barbette, 3. — Italie.

MONGLOND, Cour des Petites-Écuries, 22.

MONIN (J.) et Cⁱᵉ, rue d'Hanteville, 23. — République Argentine et Chili.

MONTANDON LEUBA et Cⁱᵉ, rue Bergère, 9. — Fin mois de 2 à 5 h.

MORAND, rue du Temple, 56.

MORIN (L.), rue des Petites-Écuries, 13. — Belgique et Espagne. — 2ᵉ lundi du mois.

MOUREMBLES (D), Comptoir Parisien de la Bimbeloterie, rue Simon-Lefranc, 8.

MUYSER (de), rue Beaurepaire, 20. — Tous pays.

N

NALTY et Cⁱᵉ, rue Papillon, 5. — Maison à Londres. — Dernier samedi du mois, de 3 à 5 h.

NAUVA (M.) fils aîné, rue Baudin, 34. — Portugal et Brésil.

NEMOURS (Aug.), rue Richer, 20. — Maison à Haïti. — Dernier samedi.

NICOLLE (R.), rue de Crussol, 14. — Tous pays.

NIER (J.) et Cⁱᵉ, rue Richer, 23. — France.

NOAILLES et ROYER frères, passage Saulnier, 6. — Espagne, Cuba, Mexique et Amérique Centrale.

NOIRIET et ROBERT, rue de Turenne, 114. — France, Algérie et Belgique. — Le 10 de chaque mois.

O

OBRECHT, rue de Béarn 5. — Autriche, Russie, Roumanie, Bulgarie, Allemagne, Hollande.

OLIVERA (Eug.), rue Rocroy, 1. — Maison à Santos. — Dernier samedi de 2 à 4 h.

OPPÉ et Cⁱᵉ, rue de Paradis, 14. — Espagne. — 2ᵉ samedi du mois, de 2 à 4 h.

OPPENHEIMER (G.), rue Bergère, 28. — La Hollande et ses colonies, Amérique du Nord, Russie. — Fin mois.

ORBÉLOFF et Cⁱᵉ, rue de la Victoire, 43. — Maison à New-York. — Fin mois, 3ᵉ samedi de 2 à 5 h.

ORORDI, BACK et Cⁱᵉ, cité d'Hauteville, 9. — Turquie, Roumanie et Egypte.

ORTIZ et CALLABEST, rue des Petits-Hôtels, 6. — Espagne, Algérie, Tunisie.

OSA et DIAZ, rue de l'Echiquier, 28. — Maison à Guyaquil (Equateur). — Samedi de 1 à 4 h.

OSSAYE (E.), rue d'Aboukir, 8. — France.

OSTHEIMER BROTHERS, rue de l'Echiquier, 40. — Maison à Philadelphie. — Tous pays.

OTTENHEIM frères, rue du Faub.-Poissonnière, 129. — Colonies françaises et étrangères.

P

PAPINEAU, rue Meslay, 37. — Tous pays.

PAPPASSIMOS (A.) et Cⁱᵉ, rue Grétry, 2. — Orient. — Fin mois de 1 à 5 h.

PASCHAL (J.), rue des Petites-Écuries, 47. — Egypte. — A volonté.

PECTOR (E.) et DUCOUT jeune, rue Rossini, 3. — Tous pays.

PERRET (J.), rue de la Victoire, 67. — Lima. Dernier samedi.

PERRISSIN (Ed. et Ch.), boul. Poissonnière, 17. — Mexique. — Fin mois.

PETER-ROBINSON, rue du Faub.-Poissonnière, 32. — Maison à Londres. — Samedi de 2 à 4 h.

PETILLOT (L), rue de l'Echiquier. 19. — Buenos-Ayres et colonies françaises. — A volonté.

PETITNICOLAS (Ch.) et Cⁱᵉ, rue Martel, 19. — Tous pays.

PETRITZI (Nicolas-E.), rue de la Banque, 18. — Turquie, Grèce, Egypte.

PIALET et LEBLANC, rue de Bondy, 66. — France et Egypte. — 1ᵉʳ samedi du mois, de 2 à 3 h.

PICOT, rue Volta, 37.

PIDERIT (C.-E.), rue Bleue, 17. — Amérique du Sud et République Argentine. — A volonté.

PIERSON (J. et O.-G.), rue du Faub.-Montmartre, 54. — Angleterre et Hollande.

PINTO et Cⁱᵉ, rue Martel, 8. — Brésil et la Plata. — 1ᵉʳ samedi du mois de 2 à 5 h.

PIROLA et FILIPETTI, rue de la Folie-Méricourt, 86. — Italie et Suisse. — 2ᵉ lundi du mois de 2 à 5 h.

PIZA, MADURO et LINDO, rue Lafayette, 94. — Amérique du Sud et Centrale, Antilles. — Le 1ᵉʳ lundi de chaque mois.

PLICHON, BUMILLER et BADER, rue Oberkampf, 5. — Amérique et Australie.

PODRO (H.), quai Jemmapes, 22. — Dernier samedi du mois.

POHL frères et Cⁱᵉ, rue d'Enghien, 25. — Japon.

POIRSON (P.), rue du Faub.-Poissonnière, 8. — Espagne, Portugal et Brésil. — Fin mois de 1 à 4 h.

POLLOCK (John), rue Ste-Cécile, 5. — New-York, Canada, Angleterre, Afrique du Sud. Maisons à Lyon, Bruxelles, Londres, Glascow, Montréal et New-York. — A volonté.

PONZIO (C.), rue de Crussol, 17. — Italie. — Samedi de 2 à 4 h.

POTLIER (Ad.) et fils, passage Saulnier, 11.— Angleterre, Allemagne et colonies. — Samedi de 2 à 5 h.

PRÉVOST, DESPALANGUES et TARDIF, rue des Petits-Hôtels, 28. — Amérique Centrale. Chili, Pérou. — Fin mois.

PRIMI frères, rue de l'Echiquier, 19. — Maison à Alexandrie. — Samedi de 2 à 4 h.

PUY (P.-G.), boul. du Temple, 11. — Buenos-Ayres. — 1er samedi du mois.

R

RAGA (F.), rue de Bondy, 66. — Espagne, Italie, Mexique et Colombie. — Tous les samedis sur relevés.

RAGEAUD et FROMAGE, rue des Francs-Bourgeois, 25. — France. — Tous les jours.

RAHAIM (David), quai Jemmapes, 74. — Les deux Amériques et l'Australie.

RAMIREZ et Cº, rue de Maubeuge, 47. — Iles Philippines.

RAU Frères, cité Rougemont, 4 bis. — Tous pays. — 15 et 30 du mois de 2 à 5 h.

REICHENBACH (Ed.), rue du Faub.-Poissonnière, 25. — Espagne, Portugal et Tunisie. — Dernier samedi de 1 à 4 h.

REIN et Cº, rue Taitbout, 18. — Maison à Buenos-Ayres et à Montévidéo. — Samedi de 1 à 4 h,

RENNER, WITTE et Cº, rue des Petites-Ecuries, 15. — Allemagne, Autriche, Belgique, Hollande.

REQUILLARD (G.), rue des Petites Ecuries. 52. — Espagne, Portugal et Etats-Unis, maison à Londres. — 2e jeudi du mois, le matin.

REVEL Frères, rue Richer, 24. — Angleterre, Chine et Japon.—Dernier samedi de 1 à 5 h.

REVEST (A.), rue Baudin, 34. — Haïti et Colonies françaises. — Samedi.

REYNAUD, avenue d'Antin, 14. —Amérique du Nord.

REYSE Frères et Cº, rue Tiquetonne, 34. — Equateur.

RIBON (J. M.), rue d'Hauteville, 52. — Antilles, Colombie, Vénézuéla, Amérique centrale, Etats-Unis. — Dernier samedi de 1 à 4 h.

RIBOT et LANASTRE, rue de Saintonge, 64.

RIBOULLARD et Cº, rue Bellefond, 35. — Tous pays. — Fin mois de 2 à 5 h.

RICHARD, boulev. Montparnasse, 9.

RICHARD et Cº, quai Jemmapes, 10. — Allemagne, Angleterre, Russie, Suède. Maison à Londres. — Le samedi.

RICHARDEAU et LAURENT, rue Ste-Croix-de-la-Bretonnerie, 18.—La Réunion.—Comptant.

RICHTER, boulev. Voltaire, 74. — Russie. — 15 et fin du mois, de 2 à 5 h.

RICHY (L. H.), rue Lafayette, 66. — Les Indes, la Chine et le Japon. — Le samedi de 1 à 5 h.

RIECKE et Fils, rue Meslay, 41. — Tous pays. — Fin mois de 2 à 5 h.

RIEUNIER (Em.), rue de Belzunce, 11. — Ile Maurice. — Fin mois, 2 à 5 h.

RIGOLLET, KOLLER et HEDDING, rue du Faub.-Montmartre, 17. — Brésil.

RIVARA (Luis) et Cº, Passage Violet, 1. — Fin mois, de 10 à 4 h.

RIVERA, GUERERO et Cº, rue Richer, 20. — Buenos-Ayres. — 1er samedi du mois de 2 à 5 h.

ROBERT (S.) et Cº, rue Richer, 15. — Tous pays. — Samedi de 2 à 4 h.

ROBERT (Vº D.), rue Michel Le Comte, 19. — La Martinique.

ROBERT (H), rue des Jeûneurs, 46.

ROCHAT, rue Compans, 12.

ROCHEZ (L.), Passage Violet, 3. — Russie, Suède, Norwège et Danemarck. — 15 et fin de mois.

ROGER et CHERNOVITZ, rue des Grands-Augustins, 7. — Canada et Amérique du Sud.

ROLANDO (E.), rue d'Hauteville, 36. — Maison à Montevidéo.

ROMAIN, rue des Francs-Bourgeois, 29 bis.

RONDANELLI et Cº, rue Baudin, 6. — Valparais. — Samedi, 2 à 5 h.

ROQUET (Jules), rue de Chabrol, 42 bis. — Maison à Port-au-Prince (Haïti).

ROSSOLIN Frères, rue du Château-d'Eau, 19. — Tous les jours, 8 à 11 h.

ROUSSEAU, OLIVIER et Cº, rue Richer, 26. — Mexique et Colombie. — Samedi, de 1 à 4 h.

ROUSSELON Frères et Cº, rue Meslay, 38. — Tous pays. — Le vendredi de 12 à 4 h.

ROUSSET Frères, rue St-Martin, 243. — Colonies Espagnoles. — 2e et 4e samedi du mois de 10 à 2 h.

ROYEWSKI (R.) rue de Provence, 3. — Russie.

RUAS et CHATRIER, rue du Paradis, 21. — Portugal et Brésil. — Dernier samedi, de 2 à 4 h.

RUEL Jeune, rue de la Verrerie, 15. — Tous les jours.

RUFFIER (J), rue de Commines, 12. — Espagne, Portugal, Italie. — Dernier vendredi du mois.

RUMPF et LUDERT, rue de l'Echiquier, 26. — Amérique centrale et du sud, Antilles, Indes. — Samedi, de 1 à 4 h.

RUSSMANN et GALLAND, rue du Faub.-Poissonnière, 18. — Etats-Unis. — Tous les jours.

S

SAAVEDRA frères, rue Taitbout, 55. —Espagne et Portugal. — Dernier samedi, de 1 à 4 h.

SABOURDIN et fils, cour des Petites-Ecuries, 7. —Toutes les colonies françaises.—15 et fin de mois, de 2 h. à 4.

SAINT-AMANT (G.), avenue de l'Opéra, 36. — Amérique du Nord.

SALEN et SCHRODER, rue Bergère, 21. — Tous pays.

SAMPER (Antonio) et Cº, rue d'Hauteville, 23. —Maisons à Bogota et à Buénos-Ayres. — Samedi, de 2 h. à 5.

SAMPER (Rodulfo) et Cº, rue d'Hauteville, 26. —Amérique centrale et Amérique du Sud.

SAMUEL (Th.), rue d'Aboukir, 113. — Le samedi.

SANCHEZ (Pedro) et C°, cité Trévise, 5. — Espagne, Portugal, Chili, Perse et Iles Philippines.

SANGOUARD (Paul), boul. Poissonnière, 14. — France et Europe. — Fin du mois, de 2 h. à 5.

SANTOJA et C°, rue des Messageries, 5. — Espagne et Chili. — Samedi, de 2 h. à 5.

SANTOZ (E.) et C°, rue de Provence, 46. — Mexique.

SAUVEZON, rue de Bondy. — France et tous pays.

SAVIGNON et C°, avenue de l'Opéra, 19.

SAVOYE (A.), rue de Grammont, 10. — Italie. — Fin mois.

SCHAAS (Ch.), rue Bleue, 7. — Tous pays. — 2° samedi, de 2 h. à 4.

SCHIBENER (Ed.), rue d'Enghien, 45. — Angleterre, Suisse, Turquie. — Samedi, de 2 h. à 5.

SCHILL, rue de Chabrol, 12. — Brésil.

SCHILLING (Th.) et C°, cour des Petites Ecuries, 9. — Espagne, Portugal, Amérique Sud et Orient. — Tous les jours.

SCHLOSS (Adolphe), boulevard de Strasbourg, 53. — Suisse, Angleterre, Suède, Russie, Autriche, Allemagne, Amérique. — Samedi, 2 h. à 5.

SCHLOSS (Philippe) et fils, rue de Paradis, 21 bis. — Tous pays.

SCHMIDT (J.-H.), cité d'Hauteville, 2. — Tous pays.

SCHULLER (A.), rue Bergère, 5. — Angleterre et Amérique.

SCHUPP et C°, rue Richer, 23. — Tous pays. — Samedi, 12 h. à 4.

SCHWEICH (H. et L.), rue de Chabrol, 29 et 31. — France, Belgique, Espagne et Portugal. — 15 et 30 du mois.

SCHWEIZER (J.-E.) et C°, rue Menars, 8. — Etats-Unis.

SCLIVANIOTTI (P.), boulevard Bonne-Nouvelle, 31. — Turquie et Grèce.

SELLIER, rue d'Hauteville, 35. — Angleterre, Egypte, Australie et les Indes. — 15 et 30 du mois.

SERVIAN père et fils, cité d'Hauteville, 10.

SIGHINOLFI et C°, rue de Rocroy, 23. — Italie et Amérique du Nord. — A volonté.

SIGL, rue de Bondy, 66. — Tous pays. — Dernier samedi du mois.

SIMON (J.-L.), rue de Châteaudun, 53. — L'Indochine et les Seychelles.

SIMON (Maurice) et ALLAIN, boulevard Poissonnière. — Angleterre, Brésil, Chine et Japon.

SIMON (Th.), rue Meissonier, 6.

SIMONDS, rue d'Hauteville, 48.

Société anonyme des Grands Bazars; CANLORBE, DÉMOGÉ et C°, rue des Archives, 66 — Belgique et France. — Tous les jours de 9 h. à 5.

SOTTO (Jos.), rue d'Hauteville, 58. — La Plata.

STALH, rue du Faubourg-Saint-Denis, 65.

STAMIR (A. de) et C°, rue Caumartin, 21. — Tous pays.

STEINMETZ (M.), boulevard Magenta, 145. — Autriche et Russie. — 4° vendredi du mois, de 1 h. à 4.

STERN Brothers, rue d'Hauteville, 54. — Maison à New-York. — 2° samedi, de 2 h. à 5.

STETTEN, BÉGUIN et C°, rue des Petites-Ecuries, 28. — Espagne et Portugal. — Fin mois, de 1 h. à 4.

STORA, rue Rougemont, 10. — Algérie, Tunisie, Maroc.

STREITBERG (Th.), rue Baudin, 24. — Haïti, Jamaïque, Mexique. Equateur. — Fin mois; 9 h. à 12.

STUMPFMEYER (Bernard), rue du Faubourg-Saint-Denis, 23. — Allemagne, Autriche, Amérique du Sud. — Dernier samedi du mois.

SUJET, avenue Philippe-Auguste, 202.

SUSSFELD, LORCHS et C°, rue d'Enghien, 16. — Maison à New-York. — Samedi, 2 h. à 4.

T

TAMVOURAKIO (N.), rue des Marais, 64. — Grèce, Egypte, Algérie, Orient. — Fin mois.

TEMPÈRE (L.), rue des Archives, 29. — Fin mois de 2 à 5 h.

THARY et CASTANO, rue Bergère, 21. — Espagne, Havane, Etats-Unis, Brésil, République Argentine.

THÉODOR-RAVELO, rue de Trévise, 15. — Vénézuéla. — Tous les samedis de 2 à 4 h. sur relevé.

THOMAS et CRABOS, rue Tiquetonne, 13. — Tous pays. — Tous les jours.

THORP (W.), cité Trévise, 22. — Antilles, Haïti, Havane. — Samedi de 2 à 4 h.

THURNAUER et C°, rue de Bondy, 66. — Tous pays. — Dernier samedi.

TILLEMANS (J.) et C°, rue de Malte, 34. — Australie et Amérique Centrale.

TRAPET (C.) et HEILIGENTHAL, rue de l'Echiquier, 5. — Allemagne. — 1er samedi de 1 à 4 h.

TRIBOULET (E.), rue des Marais, 93. — Maison au Guatémala, fait tous pays. — 4° samedi de 1 à 5 h.

U

ULMANN (J.), rue de Paradis, 47. — Tous pays.

URRURLA (F.) et C°, rue des Petites-Ecuries, 28. — Amérique Centrale, Costa-Rica. — Dernier samedi de 1 à 4 h.

UZAL et RODRIGUEZ, boulevard Bonne-Nouvelle, 28.

V

VAILLANT (L.) et NAST, rue d'Hauteville, 20. — Brésil. — Samedi de 1 à 4 h.

VALENTIN et BAILLON, rue du Faub.-du-Temple, 16. — Italie. — Le samedi.

VAN BERGEN (A.) et C°, rue d'Uzès, 4. — Amérique.

VANEDER HAGEN (F.), rue Meslay, 29. — Tous pays. — Samedi de 2 à 4 h.

VARIN (A.), rue de la Folie-Méricourt, 90. — France. — 1er samedi du mois.

VAZ (Aug.) et Cᵉ, rue de Chabrol, 67. — Brésil (Maison à Rio de Janeiro). — Le 10 de chaque mois de 2 à 4 h.

VAZ (Louis) et Cᵉ, rue d'Enghien, 54. — Tous pays. — 1er samedi de 2 à 5 h.

VAZILLE (G.) fils, rue Martel, 6. — Espagne et Italie. — Samedi de 1 à 4 h.

VEDER, PIERRON et PROFIT, rue de Bondy, 30. — Italie, Suisse, Hollande et Amérique du Sud. — Samedi de 2 à 5 h.

VEIT et Cᵉ, rue Sainte-Apolline, 9.

VENGOHECHEA et Cᵉ, rue d'Hauteville, 3. — Amérique. — Samedi de 1 à 4 h.

VERAN (L.) et BACHELOT, rue de Dunkerque, 24. — 5 de chaque mois.

VERNAUX, rue Martel, 5 bis.

VERNIN (Y.) et Cᵉ, rue Sainte-Cécile, 10. — Maison à Bombay. — Fin mois.

VERSEPUY (V.) et Cᵉ, rue des Petits-Hôtels, 24. — Angleterre et ses colonies, Amérique du Nord, Chine. — Fin de mois 1 à 5 h.

VIAU (Mlle) (A.), rue du Bouloi, 10. — Amérique et île Maurice. — Fin mois de 2 à 4 h.

VIGAN (J. de) et Cᵉ, rue de la Victoire, 49. — Tous pays. — Fin mois de 1 h. 1/2 à 5 h.

VIGNOLO (B.), rue de Paradis, 56. — Maison à Guayaquil (Equateur).

VILAIN, cité Magenta, 3.

VILLAN et fils, rue de l'Entrepôt, 30. — Montévidéo, Buenos-Ayres, Vénézuéla, Guatémala, Colombie. — Fin mois.

VILLERS (A.), rue du Conservatoire, 13. — Chili et Pérou. — Comptant.

VINCENT-GANCE, rue des Filles du Calvaire, 14. — Samedi de 1 à 4 h.

VIRION (Aimé), rue Lafayette, 199. — Buenos-Ayres, Chili, Brésil.

VITERBO, rue Richer, 24.

VITRY (Alph.), rue d'Aboukir, 3. — France, Algérie et Amérique du Sud. — Dernier samedi du mois de 2 à 5 h. et pour les achats au comptant de 5 à 6 h.

VOGEL, rue du Faub.-Poissonnière, 62. — Italie, Angleterre, Scandinavie, Amérique. 1er samedi du mois.

VON TANGHEN et FOUGNER, rue du Château-d'Eau, 34. — Scandinavie, Brésil. — Dernier samedi de 2 à 5 h.

VORMS (D.), rue Meslay, 67. — Amérique du Sud, Brésil, Angleterre, Espagne et Hollande. — 1er samedi de 2 à 5 h.

VOTTIS et SCLIVANIOTTIS, rue d'Hauteville, 38. Orient. — Fin mois.

W

WAGENER et Cᵉ, boulevard de Strasbourg, 65. — Tous pays. — Samedi.

WALKER ET JAQUET, rue Paul-Lelong, 8. — Grande Bretagne et Australie. — Le samedi.

WANAMAKER (Joseph), rue Rougemont, 5. — Maison à Philadelphie.

WARBURG et Cᵒ, rue d'Hauteville, 49. — Maisons à Hambourg, Berlin, Crefeld, Zurich, Leeds, Bâle, Nottingham, Manchester, Londres, Saint-Etienne, Lyon, Roubaix.

WEIL (Ad.), passage Saulnier, 18. — Angleterre et Amérique (Maison à New-York). — Lundi de 2 à 4 h.

WEILL BROTHERS, rue Sainte-Cécile, 10. — Amérique. — Dernier samedi de 2 à 4 h.

WEINSCHENK, rue des Archives, 61. — Tous pays.

WERTHEIMER (Arthur), rue du Temple, 148. — Tous pays.

WEYL (J.), rue de Trévise, 15.

WICH (J.), rue Charlot, 83. — Allemagne, Autriche, Italie, Espagne et Portugal. — 15 et fin de mois de 9 à 12 h.

WIENER SCHWAB et Cᵉ, rue des Petites-Ecuries, 13. — Tous pays. — Fin mois de 1 h. à 5 h.

WILLY-WALLACH, rue Lafayette, 91. — Maison à New-York.

WOLFF (Alf.), passage Saulnier, 5. — Angleterre, Amérique du Nord et La Plata. — Fin mois de 2 à 5 h.

Y

YERLES (Julien), passage du Désir, 23. — Amérique du Sud. — Fin mois.

Z

ZAPATA ET FAUX, rue de l'Echiquier, 41. — Italie. — Fin mois de 2 à 5 h.

ZÉBAUME (J.), rue de Chateaudun, 39.

ZEILER (Ed.), rue du Faubourg Poissonnière, 104. — Tous pays. — 2e samedi du mois.

ZORRAQUIN (Carlos), rue de Paradis, 50. — Buenos-Ayres. — 1er samedi du mois.

COMMISSIONNAIRES-EXPORTATEURS

DE LA PLACE DE PARIS

ACHETANT les JOUETS, JEUX & ARTICLES DE PARIS

CLASSÉS

par ordre alphabétique de rues & par numéros

(Voir page 131, *classement par ordre alphabétique de noms*)

Abbeville (rue d')
6. Gysin et Schœninger.

Aboukir (rue d')
3. Vitry (A.)
8. Ossage (E.)
21. Lavoipierre et Cie.
40. Guerre.
51. Grenu et Duffey.
69. Lhomer (Léon.).
108. Bondois (H.).
113. Samuel (Th.).

Albouy (rue d')
19. Julien (P.).

Amelot (rue)
46. Derache et Meydieu.
48. Bonhomme.
108. De Gosse.
130. Meyer (Ch.).

Angoulême (rue d')
8. Goëtschel.
10. Burgaut-Senet.

Antin (rue d')
14. Reynaud.

Arago (boulevard)
10. Marion.

Archives (rue des)
27-29. Temper.
60. Aubine, Despaux et Cie.
61. Weinschenck.
61. Favrot.
63. Benoit fils et Romain.
63. Jouve et Gorlier.
66. Bailly.
66. Société anonyme des Grands bazars.
68. Cosman frères.
72. Doléac.
78. Debrosse.
90. Caillot frères et Dunkel.

Ardennes (rue des)
12. Baudoin et Cie.

Barbette (rue)
8. Boulls, Monnerot et Cie.
8. Mouchicourt (A.).

Baudin (rue)
4. Diehl.
6. Rondanelli.
24. Streitberg (Th.).
28. Kotin, Berkowitz et Faraud.
30. Georgi et Durand.
32. Bazin.
34. Kahn Felix y hermanos.
34. Nauva fils aîné.
34. Revest.

Béarn (rue de)
5. Obrecht (E.).

Beaumarchais (boul.)
95. Corbin-Guilbert.

Beaurepaire (rue)
20. De Muyser.
26. Léveillé (G.).
30. Carlhian et Beaumetz.

Bellefond (rue)
35. Riboullard (C.) et Cie.

Belzunce (rue de)
11. Ricmnier (Em.).
18. Mingeli et Cie.

Béranger (rue)
11. Bono et Bruschi.
12. Lévy (Eug.) et frère.
19. Gouguenheim.
24. Cormier.

Bergère (rue)
3. Kayser (Henry) et fils.
5. Blad (Arthur).
9. Montandon, Leuba et Cie.
21. Salen et Schroder.
21. Thary et Castavio.
25. Mammelsdorff brothers.
28. Oppenheimer (G.).

Bergère (cité)
5. Audoin (J.).

Bleue (rue)
3. David (Gust.).
9. Delair (L.).
9. Schaaff (Ch.).
12. Coopman.

17. Piderit.
27. Duchemin.
29. Miccio et Cie.

Blondel (rue)
5. Karmona (J.).

Bondy (rue de)
24. Sauvezon.
30. Pierron et Profit.
42. Linck (S.).
44. Gazel (V.).
48. Bloch (James).
66. Berr (D.) et fils.
66. Raga.
66. Pialot et Leblanc.
66. Thamaur et Cie.
68. Sigl.

Bonne nouvelle (boul.)
28. Uzal et Rodriguez.
31. Sclivaniotti.

Bouloi (rue du)
10. Vian (Melle A.).

Cadet (rue)
9. Abasolo (Mateo) et Cie.
10. Dreyfuss frères.
14. Bellinock Hoelz.
18. Ascoli et Cie.

Caire (rue du)
6. Mommer et Cie.

Capucines (boul. des)
39. Anguiz.

Caumartin (rue)
7. Lassalle et Cie.
21. Stamir (A. de) et Cie.

Chabrol (rue de)
12. Schil.
13. Bonomi.
14. Leloup.
24. Collette et Musso.
28. Israël.
29, 31. Schweich (H. et L.)
40. Fleurot, Pelecier et Magnier.
42 *bis*. Roquet.
49. Ghiglia.
50. Fechner.

61. Beligard.
67. Erlanger.
67. Guien, frères.
67. Kahn et Polack.
67. Mirey (Eug.)
67. Vaz (Aug.) et Cie.
67. Marcou et Cie.
69. Lambert et Lévy.
69. Fernandez (Vve).
71. Aigoin.

Chapon (rue)
18. Lorin (D.)
48. Chevalier (F.)
48. Duclos et Madeleine.

Charlot (rue)
57. Martin.

Château-d'eau (rue du)
18. Boudet et Cie.
19. Rossolin, frères.
27. Le Montreer et fils.
34. Von Tangen et Fougner.
40. Lévy (A.) fils et Salom.
44. Dardignac et Torrassa

Châteaudun (rue de)
11. May (Léon).
39. Zébaume.
39 bis. Mtjan', Movellon et Angulo.
50. Lancelin et Cie.
51. Gundolfi, Moss et Cie.
53. Maulme (Ch.).
53. Simon (J. L.)

Chaussée-d'Antin (rue de la)
20. Bécot et Dupuis.
51. Hazera (J.)
60. Braillard fils et Cie.

Cléry (rue de)
5. Kingsbourg-Fuld (Paul) et Cie.
23. Bernheim (AG.)

Cluny (rue de)
17. Henningson Carlos F.)

Compans (rue)
12. Rochat.

Commines (rue)
12. Ruffier (J.)

Condorcet (rue)
5. Mahut (Paul et Émile).
9. Dujardin et Schaeffer).
11. Cohen et Dreyfus.
53. Collette.

Conservatoire (rue du)
11. Laendler et Cie.
13. Villers (A.)
15. Storni, Rosa et Cie.

Courcelles (rue de)
56. Chalhonb.

Crussol (rue de)
14. Nicolle (R.)
17. Ponzio (C.)
26. Beaucaine et Cie.

Debelleyme (rue)
16. Madelenat (Ch.)

Désir (passage du)
23. Yerles (Julien).

Drouot (rue).
7. Kahn.
18. Halphen (G. L.)

Dunkerque (rue de)
24. Larroug.
24. Véran (L.) et Bachelot.
34 bis. Monassa (Elie).
36. Clavel (A.)
39. Dufau,
48. Manigot (A.)

Dupetit-Thouars (cité)
6. Géara.

Échiquier (rue de l')
4. Lévy (Raphaël).
5. Trapet (C.) et Heiligenthal.
12. Duhart, frères.
14. Berner (J.)
17. Desprez (A.) et Cie.
19. Pétillot (L.)
19. Primi (P. et A.) frères.
21. Hermann (Albert) et Cie.
26. Cramer (A.)
26. Rümpf et Lüdert.
28. Osa et Diaz.
39. Cauvet et Fournier frères.
40. Osteimer, Brothers.
41. Zapata et Faux.
46. Maillac et Cie.

Elzévir (rue)
7. Backès.

Enghien (rue d')
8. Hérisson.
8. Hirtz.
16. Sussfeld, Lorsch et Cie.
16. Lemoine (P.) et Cie.
24. Kohn (Louis et Sigismond).
25. Pobl frères et Cie.
28. Boursier (E.)
30. Anissas.
36. Aron (A.) et Cie.
38. Kaiser (E.)
44. Ridaux (G.)
46. Schibener (E. D.)
55. Vaz (Louis) et Cie.

Entrepôt (rue de l')
4. Caire (C.).
13. Delvaille et Attias.
22. Groos et Wemans frères.
23. Bostoli frères.
26. Jacobi-Belmono.
30. Villan et fils.
32. Cainoin jeune.

Favart (rue)
8. Keller.

Filles du Calvaire (r. des)
13. Challe et Bellon.
14. Vincent-Garce (G.).
23 Maalouf et Béjaui.

Foin (rue du)
3. Griel frères.
7. Maignet (H.).

Folie-Méricourt (r. de la)
86. Pivota et Filipetti.
90. Varin (A.).
108. Birkner.

Fontaine (rue)
36. Dargenton, Domingo et Cie

Fontaines (rue des)
9. Lanceron et Cie.

Francs-Bourgeois (rue des)
25. Rageau (Ch.) et Fromage.
29 bis. Romain.
41. Calvet (A.) Rochelle et Cie.

Froissard (rue)
6. Hanet et Vidal.

Gaillon (rue)
8. Gerson frères.

Grammont (rue de)
10 Savoye (A.).
28. Lalanne (Léopold) et Cie.

Grands Augustins (rue des)
7. Roger et Chernoviz.

Grange-Batelière (rue de la)
11. Larcade.
13. Dilsheimer.
14. Lefèvre.

Gravilliers (rue des)
24. Grossin (Vve) et Cie

Grenier St-Lazare (r. du)
7. Matrat.

Gretry (rue)
2. Pappassimos et Cie.

Guenégaud (rue)
18. Fombuena.

Haudriettes (rue des)
2. Bernheim (Marcel).
8. Du Serre.

Hauteville (cité d')
2. Schmitt (J. H).
4. Hos (A.) et Stoll (E).
8. Meiffre et Cie.
9. Orosdi, Back et Cie.
18. Servian père et fils.
40. Blum (Alf.).

Hauteville (rue d')

3. Vengohechea et Cⁱᵒ.
4. Le Grand (E.) et Cⁱᵒ.
13. Alvarado et Cⁱᵉ.
15. Jablonski, Vogt et Cⁱᵒ.
17. Dugauquier (H.).
19. Almeida (de) et Cⁱᵒ.
20. Bertrand (P.).
25. Vaillant et Nast.
26. Lilienthal (Maurice).
23. Laurens (M.).
23. Monin (J.) et Cⁱᵉ.
23 .Samper (Antonio) et Cⁱᵒ.
24. Rompet et frères.
24. Amson (A. S.).
25. Caillet (E.).
25. Carissy (A. C.) et Cⁱᵒ.
25. Hirsch et Cⁱᵉ.
25. Mack (W.) et fils.
26. Samper (R.) et Cⁱᵒ.
28. Alexander et Cⁱᵉ.
28. Blum (Jacques).
33. Goodal (H.) et Cⁱᵉ.
33. Galanis (A.).
34. Lassere frères.
34. Lucas (H.) et Cie.
35. Sellier.
36. Majo (Enrico de) et frère.
38. Levy et Friedmann.
38. Rolando (E.).
38. Vottis et Sclivaniottis.
42. Carpentier (J.-B.) et Cⁱᵒ.
47. Maus (R.).
49. Derendinger (J.).
49. Warburg et Cⁱᵉ.
51. Lecomte (L.).
52. Levy (Edgar).
52. Ribon (J.-M.).
53. Fourquez et Des Moustis.
54. Stern Brothers.
55. Flachfeld (J.).
58. Sotto (Jos.).
58. Simonds.
64. Damien (H.) et Cⁱᵒ.
74. Bing (Ferdinand et Cⁱᵉ.
74. Bing (Léop.) fils et Gans.
82. Ehrlich frères.
84. Franceschi.

Hérold (rue)

7. Helft (A.)

Jemmapes (quai)

10. Richard et Cie.
22. Podio (H.).
74. Rahaim (David).

Jeuneurs (rue des)

27. Bourbier frères et Cⁱᵒ.
46. Robert (H.).

Lafayette (rue)

66. Richy (L. H.).
83. Chapin (G.).
83 bis. Da Silva Nogueira.
91. Willy-Wallach.
94. Vve Decamps et Cⁱᵉ.
105. Arozon (Julien).
137. Massion (Frédéric).
199. Virion (Aimé).

Lancry (rue de)

6. Maubé ainé.
10. Conrads (C.).
27. Levy (B.).
39. Kahn (M. S. Reiss, repr.).
47. Loiseau-Bourcier (A.).
59. Levy (Lucien) et père.

Lisbonne (rue de).

45. Desvignes.

Louis-Legrand (rue)

7. Guimaraes et Cⁱᵒ.

Magenta (cité de)

3. Vilain.

Magenta (boul. de)

105. Levy frères et Cⁱᵉ.
145. Steinmetz.

Malte (rue de)

34. Tillmann et Cⁱᵒ.

Marais (rue des)

50. Hirsch et Cⁱᵉ.
64. Tamvourakis.
91. Desportes ainé
93. Triboulet (E.).

Marseille (rue de)

16. Dommartin (H.).

Martel (rue)

5 bis. Fégureix (Georges).
5 bis. Jeffray (J. R.) et Cⁱᵉ.
5 bis. Labrousse (L.).
5 bis. Verneau.
6. Meiffre (E.).
6. Vazille (G.), fils.
6. Koch frères.
7. Aron et fils et Waltz.
8. Benvenisti.
8. Van den Abeele frères et Cⁱᵉ.
8. Pinto et Cⁱᵒ.
8 bis. Boas (S.) et Cⁱᵉ.
11. Jarrin frères.
12. Kissing et Molmann.
15. Lacarrière (Ch) et Cⁱᵒ.
19. Chaykowitz fils.
19. Petit nicolas et Cⁱᵒ.

Maubeuge (rue de)

5. Daumas et Cⁱᵒ.
17 et 19. Agnès (Vve) et Ville-ret.
36. Leroy (J.).
47. Ramirez (J. F.) et Cⁱᵒ.
49. Elias (Henry).

Mazagran (impasse)

6. Knecht et Cⁱᵒ.

Meissonier (rue).

6. Simon (Th.).

Menars (rue)

8. Schweizer (J.-E) et Cⁱᵉ.
8. Jacod (J.).

Meslay (rue)

9. Coblentz (G.)
10. Cohen (J.).
14. Bendit brothers.
18. Cornilleau jeune.
20. Aufholz (Aug.).
21. Herrmann.
22. Azzi frères.
22. Berthier et Bouyssou.
22. Dehors (E.).
28. Lemonier (A.).
29. Van der Haeghen.
37. Papineau.
38. Rousselou frère et Cⁱᵉ.
40. Weilt (Félix).
41. Riecke et fils.
41. Guérin et Cⁱᵉ.
43. Buhler et Cⁱᵒ.
45. Lilienthal (G.).
47. Leclerc et Darnault.
67. Worms (D.).

Messageries (rue des)

5. Santonja.

Michel-Lecomte (rue)

19. Robert (D.) Vve.

Michodière (rue de la)

Brach frères et Bloch (J.).

Milan (rue de)

11. Marco del Pont.

Montmartre (rue)

123. Gallo (R.) et Cⁱᵒ.
129. Maple et Cⁱᵒ.
159. Jacobsen (Fred.) et Cⁱᵒ.

Montmartre (r. du Fbg.)

17. Rigollet, Koller et Hedding.
54. Pierson (J. et O. G.).

Montparnasse (rue du)

9. Richard.

N.-D. de Nazareth (rue)

7. Gugenheim (J.).
25. Cerf (L.).
27. Braut (G.).
35. Franken (P.).

N.-D. des Victoires (r.)

32. Caussade (J.)

Oberkampf (rue)

5. Plichon, Bumiller et Bader.

Opéra (av. de l')

5. Danielt.
19. Savignon et Cⁱᵉ.
34. Mahut.
36. Saint-Amand (G.).

Ours (rue aux)

13. Michel.

Papillon (rue)

5. Nalty et Cie.

Paradis (rue de)

8. Lehmann (Léopold).
14. Oppé (H.) et Cie.
14. Esser (Fernando) et Cie.
19. Meyer (J.).
21. Ruas et Chatrier.
21 *bis*. Bramma frères.
21 *bis*. Schlos (Philippe) et Cie.
32. Levy et Cohen.
40. Basch (E.).
40. Legrand (A.).
46. Aviragnet (Ch.).
47. Ulmann (J.).
48. Kolp (Auguste).
50. Zorraquin (Carlos).
56. Vignolo (B.).

Pastourelle (rue)

30. Fuchez frères.

Paul-Lelong (rue)

6. Denfert.
8. Walker et Jaquet.
10. Mayer (J.-A.).
15. Desternes (A.).

Pépinière (rue de la)

7. Ayulo (Enrique) et Cie.

Perle (rue de la)

1. Gerbaulet.

Petites-Ecuries (cour et passage)

3. Grun, Oppeinheimer et Cie.
7. Sabourdin et fils.
9. Schilling (Th.) et Cie.
18. Crailsheimer et Felsenheld.
20. Graf, de Laichacar et Cie.
22. Monglond (L.).

Petites-Ecuries (rue des)

7. Herrmann, Otto et Cie.
9. Bernhold et Brono.
9. Maguin.
9. Meyer (Oscar).
13. Levy (Martin) et [Levy (Louis).
13. Dreyfus (S.).
13. Morin (L.).
13. Wiener, Schwab et Cie.
13. Graaff (H. et B. de).
13. Renner, Wille et Cie.
27. Cohen (P.).
28. Eudel et Larrey.
28. Stetten, Béguin et Cie.
28. Urruela (F.) et Cie.
29. Delevigne (E.-S.).
29. Gregenbichl.
30. Ellies, Westofen et Cie.
31. Haas et Levy.
31. Max Frères.

Petits-Hôtels (rue des)

3. Dupille (A.) et Cie.
6. Ortiz et Callabets.
23. Delaunay (E.).
24. Versepuy (V.) et Cie.
25. Bonnet et Cie.
28. Prévost, Despalangues et Tardif.

Philippe-Auguste (av.)

102 et 104. Sujet.

Poissonnière (rue)

21. Christophe (Léopold).

Poissonnière (boul.)

14. Sangouard (Paul).
17. Perssin (Ed.).
25. Simon (Maurice et Allain).

Poissonnière (r. du Fb.)

6. Lagrésille (A.).
8. Carp, Laparra et Cie.
8. Poirson (P.).
9. Michau (Th.) et Cie.
11. Janning et Philippe.
11. Franck (A.-M.) et Cie.
14. Michael, J. Albert et Cie.
18. Russmann et Galland.
25. Reichenbach (L.).
30. Fould frères et Cie.
32. Bader (Guillaume).
32. Peter Robinson.
51. Kiefe frères.
61. Gompel et Cie.
62. Vogel.
65. Berger (J.).
65. Levy (Léon).
68. Castanon (G.).
74. Capelli (H.).
96. Dupont (Paul).
96. Imberton et Cie.
98. Duval.
104. Zeiler (Ed.).
115. Laureys et Cie.
125. Berrogain (G.).
129. Ottenheim frères.
156. Levy (H.) et Blum.
159. Baillet (Aug.).

Provence (rue de)

3. Royewski (R.).
46. Santos (E.) et Cie.
60. Brocheton.

Quincampoix (rue)

35. Chenel.
80. Laurent (J.).

Rambuteau (rue de)

56. Levavasseur (H.).

Réaumur

9. Grappe et Garnot.

Richelieu (rue)

53. Lustrat.

Richer (rue)

4. Abensour (Ruben).
13. Kampmann (E.) et Cie.
15. Robert (S.) et Cie.
19 *bis* Bossut père et fils.
20. Abbona.
20. Nemours (Aug.).
20. Rivera, Guerero et Cie.
23. Nier (J.) et Cie.
23. Schulp (J.) et Cie.
24. Viterbo.
24. Revel frères.
24. Maillard.
26. Rousseau, Olivier et Cie.
34. Delinières, Fourcaud et Cie.
34. Gerson (G.) et Cie.
34. Gunckel (H.).
42. Clerc (A.) et Cie.
53. Emmerez (d') et Cie.

Rivoli (rue de)

210. Bail.

Rochambeau (rue)

6. Army et Navy.
8. Barsdorf et Cie.

Rochechouart (rue)

70. Astoul (Hermanos).

Rocroy (rue de)

1. Oliveira (Eug.).
23. Levy (G.) et Cie.
23. Sighinolfi et Cie.

Roi-de-Sicile (rue du)

18. Kileman (A.).

Rossini (rue)

3. Pector et Ducout Jne.

Rougemont (cité)

4 *bis*. Rau frères.
5. Kessler frères et Cie.

Rougemont (rue)

5. Wanamaker (John).
6. Badière.
10. Stova (S.).

Sainte-Anastase (rue)

9 Delibourse.

Sainte-Apolline (rue)

9. Léoboldti frères.
9. Veit et Cie.

Sainte-Cécile (rue)

5. Pollock (John L.).
10. Borgfeldt, Pfeiffer et Ci°.
10. Vernin (G.) et Cie.
10. Weil brothers.

Sainte Croix de la Bretonnerie (rue)

18. Richardeau et Laurent.

Saint-Denis (boulevard)

19. Jouve.

Saint-Denis (rue)

76. Rossignol.
113. Guedon (Alex.).

Saint-Denis (rue du Fbg)

23. Stumpfmeyer (Bernard).
24. Libert.
43. Mendelson (Th.).
57. Erckmann (Ch.).
65. Stahl.
74. Lehmann (Léon).
78. Lambert.
101. Adam (E.).
130. Arenfeldt (Ch.).
132. Dos Santos.
142. Chavier (A.).

Saint-Gilles (rue)

18. Forest (B.).

Saint-Honoré (rue)

269. Mitton (Paul).

Saint-Joseph (rue)

3. Froment (Ch.).
10. Levy (Léopold).

Saint-Laurent (rue)

3. Kratz-Boussac.

Saint-Lazare (rue)

7. Blanchon.
27. Meiffre (Ach.).

Saint-Marc (rue)

17. Alesmonières (G.).

Saint-Martin (rue)

208. Delacroix et Cie.
243. Lemaître (G.).
243. Rousset frères.

Saint-Martin (rue du Faubourg)

31. Levy (Albert).
31. Forgeais.
36. Greilsammer frères.
48. Arthaud.
74. Gascard.
77. Froelich.

Saints-Pères (rue des)

30. Donnamette.

Saint-Quentin (rue)

6. Elsbach.
24. Eric Herc Keurath.

Saint-Sébastien (pass.)

1. Faletty.

Saintonge (rue de)

10. Cœuré.
51. Martinet.

Saintonge (rue de)

64. Destienne et Viollet.
64. May fils aîné.
64. Ribot et Lancestre.

Saulnier (passage)

3. Closmadeuc et Deliquaire.
5. Helis (Havemann).
5. Wolf (Alfred).
5. Levi brothers.
5. Molinard fils et Cie.
6. Noailles et Royer frères.
9. Fauconnier fils et Cie.
11. Porlier (Ad.) et fils.
18. Weill (Adolphe).
19. Hénou et Cie.

Sébastopol (boul. de)

20. Despeaux (J.).
26. Maire (G.).
46. Lecocq (Th.) et Cie.
53. Marchandise (L.).

Scribe (rue)

5. Bolling.

Sentier (rue du)

5. Blanck et Cie.

Sévigné (rue de).

27. Dargent (G.)
46. Boutté (Henri).

Simon-Lefranc (rue).

8. Mouremblés (D.).

Strasbourg (boul. de)

16. Lartigue (L.) et Cie.
19. Julliany.
24. Jacob (O.) et Cie.
24. Bonvallet.
35. Glaeuzer et Cie.
43. Grégoire.
53. Littmann.
53. Schloss (Ad.)
62. Caire (Adrien).
65. Wagener et Cie.

Taitbout (rue).

11. Labouriau.
18. Reiss et Cie.

Temple (rue du)

112. Lopatto (A.) et Cie.
114. Jachiet (L.)

148. Wertheimer (Arthur).
178. Kiefer (G.) Aubert (J.) et Cie.

Temple (boulevard du).

11. Puy (P. et G.)
35. Hannaux.

Temple (faubourg du).

16. Valentin et Baillon.
25. Curti (A.).
23. Beauté (J. et A.).
56. Morand.

Thévenot (rue).

5. Landru, Tiesse et Pillet.
12. Hasler et Mereklé.
14. Mogis (C.) et Boclet.

Thorigny (rue de)

18. Godet et Littaisse.

Tiquetonne (rue).

13. Thomas et Crabos.
34. Reyre frères et Cie.
62. Gay.
62. Engelhard et Cie.
64. Trichon.

Tournelles (rue des)

52. Lagranche (G.).

Trévise (cité)

5. Fabre (L. et E.).
5. Sanchez (Pedro).
7. Gruss (H.).
22. Thorp (W.).

Trevise (rue de)

15. Frey et Cie.
15. Théodor-Ravelo.
28. Cathiard (E.).
28. Gruingens.
32. Malherbe (L.).
42. Lefort (E.).
43. Heurtematte.
45. Korytko (E.).

Turbigo (rue de)

10. Drouet.
68. Laflolée.
70. Lavanture (P.).
80. Levy (J.).

Turenne (rue de)

38. Carchou-Coyen.
38. Gaffié (G.).
114. Noiriel et Robert.

125. Kisch (Isidoro).
129. Jouve et Cⁱᵉ.
132. Aron frères.

Turgot (rue)

19. Eckhardt (C. F.).
19. Jeauty (V.).

Uzès (rue d')

4. Van Bergen (A.) et Cⁱᵉ.

Verrerie (rue de la)

15. Ruel Jue.

Victoires (place des)

5. Comptoir de Commission.

Victoire (rue de la)

28. Weill (Elie) et Cⁱᵉ.
43. Oberloff.
49. Vigan.
56. Baindbridge.
65. Boris frères.
65. Haas (Bernard).
67. Aguiar (Gᵐᵉ Pinto d').
67. Engeler (H.)
67. Perret (J.).

Vieille du Temple (rue)

121. Erath.

Violet (passage)

1. Rivara (Luis).

3. Rochez.
4. Dussieux (Tony).
5. Bonnaud et Goffre.

Vivienne (rue)

31. Origet.

Volta rue)

37. Picot.

Voltaire (boulevard)

7. Jouin (Vve A.).
24. Kluyskens (J. H.)
38. Jailly (A.).
44. Richter.
48. Berthauld.
70. Herminjard.

FABRICANTS
DE JOUETS ET JEUX FRANÇAIS
(Hors Paris et la Seine)
CLASSÉS
PAR DÉPARTEMENTS ET PAR VILLES

AIN
Dortan.
Barbier-Moyat, jeux de croquet.
Boisson—Berrod, jeux d'échecs et en bois tournés.
Colombet.
Fabre (Louis) fils, échecs, croquets, raquettes.
Fleury, jetons et dominos.
Goiffon (N.), jouets en bois tourné.
Guillon (J.), jouets en bois.
Piquet (Émile), jeux, tabletterie.
Saint Oyan et fils (Alex.), jeux, tabletterie.
Tissot-Gallety, jeux d'échecs et de turbines.
Vincent (Alex.), jeux d'échecs.
Vincent (Auguste), jeux d'échecs.

- Oyonnax.
Bosset Nicod, ballons en celluloïd.
Hugon (Hector), jouets en celluloïd.
Monnard (F.), ballons en celluloïd.
Thomas (Camille), jouets, ballons, etc., celluloïd.

Nantua.
Bachoud-Caillat.

AISNE
Largny.
Milcent Lardot, fab. de poupées en carton.

Saint-Quentin.
Tallon, rue Calixte-Soupplet, 18.

ALLIER
Vichy-les-Bains.
Doutre, vannerie fine et artistique, nouveautés pour étrennes, articles pour bazars, rue Montaret, 33, 35, 37 et 39.

ARDENNES
Vrigne-aux-Bois.
Mouton (Ch.), jouets en fonte.

ARIÈGE
Dun.
Astro, fab. de billards.

AUDE
Béziers.
Raynaud.

CARCASSONNE
Cambolive, billards.
Cassignol Jne (Pierre), billards.

Cernon.
Paget frères, jouets en bois.

Clairvaux.
André frères, jouets en bois.
Jaillot frères, jouets en bois.

Couturier (Vve), jouets en bois tourné.
Crétin frères, jouets en bois.
Dronier, jouets en bois.
Juhan-Vital, jouets en bois.

BOUCHES-DU-RHONE
La Ciotat.
Sutto (J.-B.), ballons, et soufflets, rue Gantaume, 20.

MARSEILLE
Camoin et Cie, cartes à jouer, rue d'Aubagne, 8.
Conterne (J.), billards et accessoires. Traverse du Chapitre 17.
Granoux et Cie, boulevard du Nord, 17.
Mongin (Jules), articles d'illuminations, rue Grignan, 23 et 25.
Morlot (E. et C.), rue Saint-Ferréol, 30.
Paul fils, billards, rue de Rome, 13.
Pelletier (E.), poupées et bébés, rue Thiers, 62.

CALVADOS
CAEN
Duchemin, articles d'illuminations, rue du Cours-la-Reine, 5.
Stodel, articles d'illuminations, rue de l'Oratoire, 17 et 19.

CHARENTE
ANGOULÊME
Ebrard, cartes à jouer.

CHARENTE-INFÉRIEURE
LA ROCHELLE
Vast, fab. de billards.

Saintes.
Arnaud-Bret, fab. de billards.

CHER
BOURGES
Bucher, fab. de billards.

Dun-sur-Auron.
Bouquet, fab. de billards.

Mehun-sur-Yèvre.
Méchin.

DORDOGNE
Ribérac.
Condon, cartes à jouer.
Ladorie, cartes à jouer.

DOUBS
BESANÇON
Jaccasse (Louis), manufacture de drapea

français et étrangers. Cordes à sauter, bour-relets.

Rivet, billard.

Valentigny.

Peugeot frères, brouettes pour enfants.

DROME
Crest.

Barral, billes en pierres, marbres et onyx.

VALENCE

Combrer (A.), fusils scolaires.

Saint-Jean-en-Royans.

Gros-Burdet.

Saint-Laurent-en-Royans.

Lefebvre (Ch.), spécialité de jeux de quilles, toupies, bilboquets, etc.

Magnan (Eugène).

EURE
Dangu.

BARBE (Achille), fabricant de dominos. Exposition 1889, mention honorable, seule récompense accordée pour le fini des pans ronds. Dominos pour cercles et cafés, garantis sans aucune marque. Spécialité dominos, celluloïd, ivoire et nacre.

Barre.

Etrépagny.

Fengueur Blanche, fabricant de dominos.

Guerny.

Bourgeois, fabricant de dominos.

Neaufles-Saint-Martin.

Foin et Dumont. (*Maison à Paris. Voir pages 40 et 41.*)

EURE-ET-LOIR
Chapelle Réanville (La)

Viornay, jouets d'enfants.

Cloyes.

Doublier (H) et Cie, fabricants du nouveau jouet français, *le Cyclessonne.*

Dreux.

Lapierre (Léon), jouets en gros.

GARD
NIMES

Bourdie (J.), billards.

Lacan (L.), billards.

GARONNE (HAUTE-)
TOULOUSE

Délail (A.), billards, rue Denfert-Rochereau, 8.

Peraudeau (G. Arripe, successeur), cartes à jouer, rue du Poids de l'Huile.

GERS
Mirande.

Arnaudie, fab. de jouets.

GIRONDE
BORDEAUX

Baraton, billards, rue d'Arès, 9.

Cazeaux, rue des Facultés, 41.

ISÈRE
Pont-en-Royans.

Guillot.

Mayet-Mary.

JURA
Les Bouchoux.

Duparchy.

Perrier-Cornet frères.

Robin.

Cinquétral.

Verguet (Joseph).

Verguet (Honoré).

Foncine-le-Haut.

Bruillard.

Jeunet.

Jeurre.

Lançon.

Letiévent.

Lavaucia.

Bérod-Thiébaud.

Lavans-les-Saint-Claude.

Lahu.

Marignat.

Dunod.

Noirans.

Cirbez-Chevanus.

Verpillat et Grandmottet.

Saint-Claude.

Bouillet.

Brochet et Filloz.

Chavet, frères, rue de la Poyat.

Chrétin et Neveu.

Commoy et David-Millet, faub. Marcel.

Dalloz fils.

David (Hippolyte), fils.

David (Joseph).

David, Millet et Cᵉ.

Delacour, route de Lyon.

Delavenna-Daloz, rue du Pré.

Delavenna-Hugon.

Delavennat (Léon).

Diochot (Gustave), rue du Collège.

Grandclément et Gauteron.

Grappe et Garnot.

Grappin-Dalloz.

Gros (Henri), rue du Pré.

Grosgurin (Charles).

Grosgurin (Xavier).

Gruet.

Guichard.

Jacquemin-Verguet.

Jeantet fils.

Jeantet (David), rue du Pré.

Joly-Favier.

Joly (Simon).

Joly-Saint-Oyant.

Lacroix (Emile), rue de la Poyat.

Lançon-Perrier.

LIGIER-COLIN, 18, rue du Pré *(Voir annonce ci-dessous).*
Lorge (Ch.) père et fils, à La Coupe.
Lorge-Guignard, rue du Pré.
Mandrillon (Mme). — Mandrillon et Cornoy.
Mercier (Vve), rue du Pré.
Mercier, père et fils.
Mermet (François), rue du Pré.
Mermet (Zéphirin). — Millet et Benoît. — Monnier. — Notton. — Panet aîné. — Panisset fils. — Petit (Constant). — Pinguet-Dalloz. — Prost-Boucle.
Ravier-Chappuis, rue de la Poyat.
Reffay (Eugène.) — Reffay (Toussaint). — Régad (Lucien). — Reymondet (Gruel). — Ruel jeune. — Secrétant fils. — Vacelet-Pernier. — Vincent-Fournier. — Vincent-Hermann. — Vincent (Jules). — Vuillard (Hyppolite). — Vuillermoz-Panisset. — Vuillermoz-Vuez.

Saint-Lupicin.
Mayet (Félix).

Saint-Pré.
Maire.

Ravilloles.
Delacour.

Villards-d'Hériat.
Bessonnat. — Job, Renaud et Cie. — Perrin.

LOIRE
Roanne.
Chassignolle (Ludovic), marque à jouer.
Granchet, billards.
Reheiser (veuve), accessoires de billards.

LOIRE-INFÉRIEURE.
NANTES
Renouff, billards, rue St-Léonard, 17.
Tirlet, rue Brancas, 17.
Viaud, billards et accessoires, rue Suffren, 3.
Delforge (Ed.), rue Gombert, 8.
Forge (P.), rue des Augustins, 20.
Queverne, billards, rue du Nouveau-Siècle, 14.
Toulet (Ch.) Grande-Place, 10.

Boissière (La).
Loyer-Amonier, fabricant de jetons os, ivoire, nacre.
Beauchet (Denis), dominos.
Goberville, dominos.

Lamy (Léon), jeux.
Orist-Richard, dominos.
Varangot (Mouillard successeur).

Saint-Sauveur.
Boudin-Lessent. — Dessains (Antoine).

LOT-ET-GARONNE
Villeneuve-sur-Lot.
Molet.

MAINE-ET-LOIRE
ANGERS
Bertrand, accessoirs de billards.
Bessonneau, gymnastique, balançoires, trapèzes, cordes à sauter, etc.
Dieudonné, cartes à jouer.
Rouault, billards et accessoires.

MANCHE
Saint-James.
Lemoine (Eugène), lanternes et ballons.

MEURTHE-ET-MOSELLE
Charency-Vézin.
Colin (A.), articles en fonte pour bazars.
Lunéville.
Bony, cartes à jouer.
Villard et Weill *(Voir page 95.)*
NANCY
Ferry (E.), imagerie.
Pont-à-Mousson.
Vagné, imagerie.
Saint-Nicolas de Port.
Bary-Lenoir et Cie, voitures pour enfants.

NORD
Ascq.
Pouneau frères, fabricants de jouets en bois.
Estaires.
Carniaux. — Degroote. — Delahay. — Denze.
LILLE
Marchez aîné.
Roubaix.
Petin.
Solre-le-Château.
Villers, fab. de jouets en fer blanc.

Wattignies.

Avez.

OISE
BEAUVAIS

Dupont et Cie.
Pipereau et Loin.

Andeville.

Chrétien-Famin. — Davarenne-Lefort. — Dourain. — Renault fils — Tiret (Emile), fils.

Béthisy-Saint-Pierre.

Legros.

Corbeil-Cerf.

Tavaux-Lefebvre.

Courcelles-les-Gisors.

Canard.

Creil.

Péan (Alphonse).

Le Déluge.

Brioudet.

Frémeaux-Montchevreuil.

Droussant.

Hermes.

Portebois.

Méru.

Caplin fils. — Dangu. — Dangu (David). — Davarenne. — Demarquet. — Demarquet-Verry. — Dourain-Chandeson. — Gornot (Paul). — Guy. — Labrasse. — Lair-Famin. — Mahieu-Violette. — Maillard-Petit. — Masselin. — Mazille (David). — Oriot-Demay. — Petit-Maubert. — Queyras. — Richer frères. — Saint-Denis-Labrosse. — Thibaud-Dodigny. — Tollier.

Neuilly-en-Thelle.

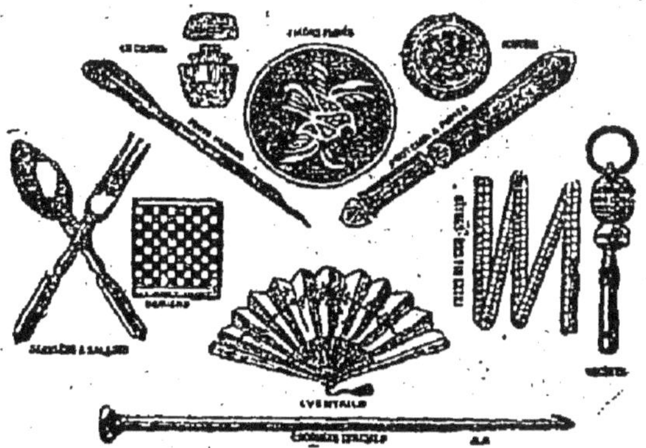

Manufacture de tabletterie fine, os, ivoire, nacre et bois des îles. — Dominos, jetons damiers, mètres, couverts à salade, etc.

Noailles.

Thomas frères.

ORNE
La Ferté-Macé.

Dugrais.

Laigle.

Bigot (Constant).
Bohin (Benjamin) fils, jouets bois et fer blanc,

PAS-DE-CALAIS
Beaumetz-les-Loges.

G. Chamboredon, jouets métalliques.

RHONE
LYON

Benon (F.), cartes à jouer, rue Mercière, 68.
Bruel frères, jouets divers, rue Jarente, 24.
Hyacinthe (Etienne), billards, cours de la Liberté, 11.
Jacquemont (Joseph), billards et accessoires, rue Sainte-Hélène, 16.
Nicolas (Charles), rue St-Dominique, 14.
Prautheaux, rue Vierge, 7.
Rouchon, tambours perfectionnés, rue Sala, 54 bis.

SAONE-ET-LOIRE
Digoin.

Utzschneider et Cie, jouets en porcelaine.

SEINE-ET-MARNE
Esbly.

Lefebvre (Alexandre) bébés et jouets en carton moulé.

Nanteuil-sur-Marne.

Ronflet, fab. de jouets.

SEINE-ET-OISE
Andresy.

Blanchon, armes pour enfants.

Triel.

Dalet, fabrique de jouets en cuir tressé, rue des Crémaux, 27.

SEINE-INFÉRIEURE
Le Havre.

Lecoffe (J.), articles d'illuminations, rue de Fécamp, 8.

SOMME
AMIENS

Douville (J.) et Roy (A.), fabricants de cartes à jouer, rue Flatters, 11.
Dufour, cartes à jouer.

VAUCLUSE
Avignon.

Latrille (Jeune) fabrique de tambours d'enfants, place des Carmes, 11.

VOSGES
ÉPINAL

Pellerin et Cie, imagerie.

Outrancourt.

Gérard.

Plombières.

Lepaul (Vve).

YONNE
AUXERRE

Cambuzat, billards.

Druy-les-Belles-Fontaines.

Lorin.

PRINCIPAUX BAZARS

Magasins et Marchands de Jouets

DE LA FRANCE DÉPARTEMENTALE

CLASSÉS

PAR DÉPARTEMENTS ET PAR VILLES (1)

AIN

Belley.

Pennequin.
Sansue.

BOURG.

Ethevenaux.
Sottil, rue du Gouvernement.
Vauthey, *Bazar Parisien*. Rue Notre-Dame.
Vuillet.

Divonne.

Collet (Vve).

Dortan.

Fabre fils (Louis).
Fleury.

Nantua.

Baud-Prost, successeur de Auguste Baud.
Bonnaud.

Sathonay.

Gourdain.

AISNE

Buironfosse.

Droma-Numa.
Hélin (Clarice).

Charly.

Cottray.

Chassemy.

Sacliez (A.).

Château-Thierry.

Debarle (Vve).
Godart, *bazar Parisien*, rue du Pont.
Souplet, successeur de Godard Baton.

Chauny.

Bertrand.
Dubayle.
Jaïs.

Crécy-sur-Serre.

Lobjois.

Fère (La).

Bourdin (Vve).
Navarre.
Roger, successeur de veuve Detavernier.

Guise.

Garbe-Baué, successeur de Terrail.

Hirson.

Griboux (Vve).
Losset-Verte.

Joncourt.

Langlet.

LAON.

Babled-Gauthier, successeur de veuve Fossir.
   avenue de la Gare.
Block, à la *Ville de Reims*, rue Chatelaine, 16.
Marx.
Ruin-Bruler.
Simon-Nathan, av. de la Gare.

Largny.

Milcent-Lardot.

Liesse.

Dubois-Ancelot (Vve) et fils.

Marle.

Greiff-Drapier.

Montcornet.

Muteau-Paquot.

Montreuil-aux-Lions.

Renout Fay (*bimbeloterie*).

---

(1) Si, malgré un recensement méticuleux et onéreux, quelques erreurs ou omissions s'étaient glissées dans l'établissement de ces listes **entièrement nouvelles** nous serons très obligés à tous ceux qui, dans un intérêt général, voudront bien nous les signaler et, particulièrement, nous envoyer les bandes de circulaires qui reviendraient pour adresse erronée.

Remies.

Viard.

Saint-Marcel.

Testu.

Saint-Quentin.

Bloch, *Grand bazar du Progrès*, rue d'Isle.
Bracq-Droy fils jeune (Vve). *Bazar parisien.*
Casier.
Faucheux-Caron.
Jamart.
Lebaigue-Cherier.
Marx (dame).
Mignot.
Petit-Bataille.
Poette-Duchêne (Vve).

Serain.

Crinon.
Leclercq.

Soissons.

Belfort fils, rue du Collège, 19.
Beutz, rue de la Buerie, 39.
Caillot.

Tergnier.

Brancourt.
Devaux, successeur de Martin Béranger.

Vaux-sous-Laon.

Simon-Nathan.
Brancourt.

Vic-sur-Aisne.

Letrillart.

ALLIER

Broût-Vernet.

Juniet.

Commentry.

Ajame aîné.
Durif.
Martin.

Escurolles.

Figeat-Beaugheon.

Gannat.

Arnaud.
Augustin (Dlle).

Montluçon.

Claverie.
Dufraigne.
Péron, successeur de Dussour.
Thorinaud et Giraud, successeur de Monin.

MOULINS.

Aubertin jeune (Vve).
Desnoyer (Dlle), successeur de Berton.
Fontberteau (Dame).
cher.
defroy-Aubertin.

Leterre (F.).
Mathiot.
Morlat.

Néris-les-Bains.

Menanteau, *bazar artistique.*

Palisse (La).

Chatelard.
Lepage (Vve).

Saint-Pourçain.

Meunier-Melun.
Pané, successeur de Menanteau.

Trézelle.

Marchal-Machuret, *bazar de la Besbre.*

Vichy.

Beuchot, successeur de Huvier, *aux magasin réunis.*
Bonnetain, successeur de Monin.
Bova.
Brun.
Charbonneau.
Forge fils.
Girard-Chargueraud, *bazar du voyage.*
Fout.
Huvier.
Martin-Bongiraud.
Monin.
Quadalti.
Storck.
Talabart.
Tardif.

ALPES (BASSES-)

Barcelonnette.

Albrand.
Colomb (Vve).
Guillaumier.
Jullien.
Serre.
TRON (Augustin), *Bazar alpin*, articles de Paris, jouets, mercerie etc.

DIGNE.

Gassend.
Rebattu.
Romieu fils, *bazar Européen.*
Roux (Etienne), *Grand bazar universel* et vente en gros.
Silvestre fils, successeur de son père.

Manosque.

Aillaud.
Aubert.
Jourdan.
Maurel.
Pellolio.
Robert.

Noyers-sur-Gabron.

Imbert.

Riez.

Michel.

Sisteron.

Beaume.
Michel.

Valensolle.

Guibaud (L.), *bimbeloterie.*

ALPES (HAUTES-)

Briançon.

Couthon.
Garcin.
Hellion.
Simondetti.

Embrun.

Aurouze.
Bresson.
Rispaud.

GAP.

Bezaudun.
PAYAN (Jules). *Grand bazar Marseillais,* articles de maroquinerie, parfumerie, voyage, jouets d'enfants, papeterie, articles de Paris, etc., rue Neuve, 11.
Sarlin (A.) fils.

ALPES-MARITIMES

Antibes.

Therielle (Mme).

Breil.

David.
Toesca (Vve).

Cannes.

Belondrade (A.), rue d'Antibes, 40.
Billard, rue d'Antibes, 31 bis.
Bonnet, successeur de Viarra.
Caraco et Cie, successeur de Caraco.
Dorer.
Féraud.
Geisendorf-Urech.
Hopp.
Lajoie.
Lamba (Dlle) successeur de Exibard et Lamba.
Launier.
Maillard, b. du Cannet.
Maison Maire-Mengin. (A la ville de Cannes).
Martin.
Montanari.
Olivotti.
Panzera (J.-A.), successeur de Champendal, Lawn Tennis, rue Bossu, 3.
Robert Fassion (Dame), rue Centrale, 39.
Roizon (Vve).
Saint-Gès.
Saunié.
Van Santem.
Viara, rue des Marchés, 4.

Grasse.

Bastiand, successeur de Billard.
Bousquet (J.), pl. aux Herbes.

Chanut et fils.
Crouzat.
Ganteaume, rue Droite.
Laugier.
Siaud, successeur de Bousquet.

Menton.

Amarante (Pascal) et Cie.
Amblar (J.)
Bazar de Paris.
Bourdariat (Dame).
Chabalier père.
Le Comte.
Norry (Dame).
Palméro.
Panetier.
Scarpari.

NICE.

Blanc, successeur de Orsachino, 5, rue Collet.
Boetti, sucr. de Just Coquard, 11, rue Collet.
Boudet (J.).
Caccio.
Chalavan, 1, boulevard du Pont-Vieux.
Cochois, sucr. de Pin, 15, rue du Pont-Neuf.
Devallois, 21, avenue de la Gare.
Devaulx (Alfred), 12, rue du Pont-Neuf.
Durand.
Fassy, 34, boulevard du Pont-Neuf.
Jaume, 46, avenue de la Gare.
Goldstadt, 6, avenue de la Gare.
Grand Bazar à la Ménagère, avenue de la Gare, 40.
Lapart, 3, rue Préfecture.
Lévy, 12, rue du Pont-Neuf.
Lozano, 14, quai Saint-Jean-Baptiste.
Martin, 21, avenue de la Gare.
Mazaudier, 35, rue Gioffrédo.
Métro et Cie, successeur de Victor Métro, 39, rue d'Angleterre.
Molino, 3, place Saint-François.
Peytier (Hyacinthe).
Praly (Vve), 2, place Masséna. *(Au bon Marché).*
Praly, 2, rue Masséna. *Bazar européen.*
Riva.
Roset, 16, avenue de la Gare.
Thimon.
Thivielle (Vve), 35, avenue de la Gare.
Zloterinski aîné, 40, avenue de la Gare.

Roquesteron.

Bazar d'utilité.

ARDÈCHE

Annonay.

Bazar annonéen.
Bazar parisien.
Briançon et fils.
Déaux et Goncn.
Dupayrat.
Gueydon.

Margerier.
Peyssonnel-Decroze.
Tracol-Chaillot.

Aubenas.

Boiron (Paul), successeur de Boiron frères.
Dorme fils.
Génin.
Lacroix.

PRIVAS.

Dorme.
Maubé aîné.

Teil d'Ardèche (le).

Chazel.
Perche-Liquid.

Tournon.

Jurquet.

Vals.

Dorme fils.
Duplan-Lanty.
Ribeyre.
Rue (Vve).

Vans (Les).

Hébrard, successeur de Sarrazin.

Villeneuve-de-Berg.

Chastel (E.)
Croze (Vve Ferdinand).
Giry (F.)

ARDENNES

Attigny.

Barthélemy-Caillet.

Charleville.

Boudreaux-Magnier (Vve). *Bazar St-Nicolas*,
r. Thiers, 18.
Colette-Vangilwen.
Fiacre-Samson. *Bazar Parisien.* c. d'Orléans, 105
Guénard (dame), successeur de Culot.
Magasins réunis, pl. de la Gare.
Marlin fils.
Souperbiet.

Fumay.

Bousrez.
Dubuc-Maquenne.
Petit (Dme).

Givet.

Bénard.

MÉZIÈRES

Boudreaux et Magnien, rue Thiers, 18.
Fiacre, cours d'Orléans, 105.
Gobert, Grande Rue, 47.
Massou, place de la Gare.

Mogues.

Choinet (J.).

Poix-Terron.

Leroy.

Rethel.

Bernard-Leroy.
Leblanc-Sohier.
Legaud.

Sedan.

Henry fils. *Grand Bazar des Ardennes.*
Martin-Magut.
Reis (Vve).
Viard.

Termes.

Camus, *bimbeloterie.*

Vouziers.

Alsac-Papon, place de Ville, 61.
Gobert, rue de Condé, 18.

ARIÈGE

FOIX.

Louge, successeur de Pierre Louge.

Pamiers.

Ibry fils aîné.
Marvielle.

Saint-Girons.

DENIS-FARGE. — Maison de gros et demi-gros,
articles de Paris, jouets, jeux et bimbeloterie.

AUBE

Arcis-sur-Aube.

Marchand.

Bar-sur-Aube.

Lauroy-Dugué.
Pascal-Oublette.

Bar-sur-Seine.

Descaves.
Noël-Arnaudy.
Plaisy, successeur de Gibrat.

Chavanges.

Gommelieu-Godret.

Méry-sur-Seine.

Vallois.

Nogent-sur-Seine.

Cassel-Rafond. *Bazar National*, grande rue
Saint-Laurent.

Romilly-sur-Seine.

Dupont-Rouard.
Roche-Pinson.

TROYES.

Emonet, rue Doublet, 1.
Fribourg, rue de la République, 20.
Laloy.
Legrand.
Lemblin-Armant, pl. des Anciennes-Boucheries.
Maillet, rue de la République, 6.
Pajot, rue Thiers, 43.
Rosenwald, *au Petit Paris.*
Thiéblin (Vve), rue Notre-Dame, 22.
Wahl.
Weil.

AUDE

CARCASSONNE.

Barbe.
Beillard.
Bouchieu.
Bourges jeune.
Cazaux.
Combeléran frères, rue de la Gare, 15.
Laporte.
Montagné.
Privat (Dame).
Rey.
Salze-Pichot.
Valat.

Castelnaudary.

Boch et Cie, pl. Centrale, 13.

Laure.

Mabric.

Limoux.

Chulat père, pl. de la République.
Roucoule.

Narbonne.

Audoir.
Augé-Munsch, rue de la République, 44.
Bourdeau (Vve).
Canutis-Miquel.
Courtessolle (Dame).
Faurié (J. M.), pl. de l'Hôtel de Ville.
Guirard, successeur de Robert-Fassion.
Michel fils, c. de la République, 5.
Passini et Rivolta.
Raymond, b. de la Liberté.

Sigean.

Pont.

AVEYRON

Decazeville.

Andrieu.
De Neyrac.
Sausset.

Entraygues.

Cabanettes.
Liris (Julie).
Raynal (Vve).

Espalion.

Conchon.

Millau.

Bergounhous, successeur de Mlle Pommarede.
Chemui (Mme).
Mas (Vve).
Peyre.
Teissier.

RODEZ.

Chignard, rue Casernes, 3.
Cribier fils.
Garabuau (Dlles).
Malacrida.
Maurani.

Miquel (Jean), b. Gambetta.
Miquel-Régis, rue Neuve.
Mouly-Michel, pl. de la Cité.

Saint-Geniez.

Laporte.

Tesq.

Lunel.

Villefranche.

Fabry.
Marre.
Miquel.
Noury.
Rigal.

BOUCHES-DU-RHONE

Aix.

Arnaud sœurs, cours Mirabeau.
Brunache.
Carrot.
Chabailler.
Chapus.
Chiousse (Vve), 20, rue Thiers.
Ferrand (Maurice), cours Mirabeau, 27.
Grès (Romuald) fils. —
Richaud, frère et sœurs, rue Grande Horloge, 2.
Robillon-Pagès.
Siorat sœurs (Dlles), place des Carmélites, 7.
Tournel (Joseph) fils, cours Mirabeau, 17 bis.
Viard.

Arles.

Douzon (Charles), pl. de la République, 20.
Guichard, *bazar Parisien*, successeur de Dupuy-Villefranque.
Maureau fils jeune, successeur de Maureau Honoré.
Poncini-Marius, r. des Suisses, 25.
Puypuy.

Aubagne.

Etienne.

Ciotat (La).

Jancel.
Martin.

Jouques.

Moirenc.

Lançon.

Gay.

MARSEILLE.

Allegretty, rue Vincent.
Andrillon, 18, rue de la République.
Anfossi-Froissard, rue du Grand-Puits, 24.
Anjoulat, successeur de Buffet, 1, place Centrale.
Anselme, 15, rue de Noailles. —
Aubin, successeur de Vve Miault, 50, rue Saint-Féréol.
Aubin, 60, boul. du Musée.
Ballande, 105, rue de Rome.
Ballangue, 23, rue Saint-Vincent.

Baze, 25, rue Port-Saïd.
Bernard, 65, rue d'Aubagne.
Bernardy, imp. Guigou.
Billard, 3, rue Clevence.
Birck (Vve), 2, rue de Noailles.
Blanc, 26, rue de Noailles.
Blanchi, 71, rue de la République.
Blanot (dame), 90, boul. de la Major.
Bortoli frères, *bazar Européen*, successeur de Bortoli et Ravel, 23, rue Saint-Ferréol.
Bry (Vve), 115, rue Magdeleine.
Cadiou, 57, rue Sainte-Eulalie.
Carette, rue de Rome, 62.
Carrie, 11, rue des Incurables.
Cassan, 49, rue Vincent.
Chapelle (Vve), 69, rue de la République.
Chaubrier (Vve), 171, rue de Rome.
Collonge (Paul), 30, rue Neuve.
Croux (Mme), 45, rue Belle-de-Mai.
Der Kemann, 1, rue Fontaine-Jourdan.
Decombe (E.), successeur de Dalbepierre, maison de gros pour articles de bijouterie, bimbeloterie, de bazars, *merciers*, *marchands forains*. Commission, exportation, 18, rue du Pavé d'amour.
Domergue, 82, boul. Magdeleine.
Fabre, 48, boul. du Musée.
Faucon, boul. de la Madeleine, 115.
Ferrary, 9, rue Vincent.
Fourjac, 27, rue du Dragon.
Frasse, 116, rue de Rome.
Girard, 23, rue de l'Arbre.
Giraud, 96, boul. de la Magdeleine.
Goudon (Mlle), 24, rue de la République.
Graudidier, 43, rue Saint-Ferréol.
Grimaud, Succr de Gazan, 190, rue de Rome.
Grinberg, 86, rue de Rome.
Guérimon (Mlle), successeur de Gilly, 3, rue de Noailles.
Hersfeld (Léon), 31, rue Paradis.
Heyriès (Mme), successeur de Joseph Dumaine, 51, rue des Minimes.
Imbert (Vve), 2, boul. de Paris.
Izouard, 12, rue de Noailles.
Juger et Joseph, 98, rue de la République.
Koch et Cie, 27, rue du Pavé-d'Amour.
Labie, rue Pavé-d'Amour, 15.
Lalas, 1, rue Sibié.
Lamy, 26, rue de Rome.
Lebrat, successeur de Vve Décés, 64, rue Belle-de-Mai.
Mariaud, successeur de Mariaud et Perrier, 25, rue d'Aix.
Martin, 13, rue de la Loge.
Mathieu, 2, rue des Feuillants.
Maurel, rue des Petites-Maries, 18.
Mazel, 14, rue de la République.
Michelin, 78, quai du Port.
Milhe-Potingeon, 5, rue Nationale.
Morelli, 56, 58, grand chemin d'Aix.
Moulin (Mlle), 63, rue Belle-de-Mai.
Nathalie (Mme), 10, rue de la Bonneterie.
Pascal (Louis), 1, rue Colbert.
Pelletier, *bébés nus et habillés*, 64, rue Thiers.
Perretti, 63, rue de la République.
Perrin et Jouve, successeurs de Delorme-Julien, 25, rue de Noailles.

Plichon, Bumiller et Bader, 23, rue Pavé-d'Amour.
Pollack aîné (Henri), 11, rue de la République.
Poujol, 44, rue de Lodi.
Pouza, 121, rue de Lodi.
Quinquin, 1, rue de Rouvière.
Rappaport, 1, rue d'Aix.
Reynaud, successeur de Billard, 33, boul. Vauban.
Rippert, 4, rue du Nil.
Riobbio (Vve), successeur de Paul-Joseph, 3, boul. National.
Rodeville (Mlle), 15, boul. Vauban.
Rolland, 2, rue Laffon.
Rougon, 4, quai du Port.
Rousteau, 62, chemin Saint-Barnabé.
Roux, 7, rue de Rouvière.
Roux (Vve), 33, rue de l'Evêché.
Sauze, successeur de Mlle Bounaud, 2, quai du Port.
Savin, 88, rue de Rome.
Scheible (Mme), 43, rue Saint-Ferréol.
Tastavy, 19, rue de la Bonneterie.
Tontain-Muller (Mme), successeur de Gaspard Muller, 20, rue de l'Académie.
Trigari aîné, 18, quai du Port.
Vial, 134, rue de l'Abbé-de-l'Epée.
Zacconi (Louis), 151, chemin du Rouet.
Zedda et Clément, successeurs de Girard, 23, rue de l'Arbre.

Peipin.

Talon.

Port Saint-Louis.

Michel (Mme).

Saint-Marcel.

Tacchioni.

Saint-Rémy.

Bernard.

Salon.

Allemand (Benoit).
Borel.
Gay.
Roustan.

Tarascon.

Valières.

CALVADOS

Arromanches.

Doucet.
Lefèvre.

Bayeux.

Bénard.
Hervé-Lavalade.
Hervé.
Laporte (Mme).
Noché fils.
Maire.

Beuzeval.

Ecker.
Lefrançois (Mme).
Madelaine.

Cabourg.

Baudry.
Exibard et Lamba.

CAEN.

Blanchetière (Mlle).
Bordelanne (Mme).
Broutchoux.
Dréard.
Dutrone (Vve), pass. Bellivet, 24.
Dutrone (Legorgeu dit).
Duvivier (Mlle).
Esseline (E.).
Gencé.
Gervaise (Alfred), boul. St.-Pierre, 22.
Hébert.
Lecarpentier, rue Saint-Jean, 242.
Lecourant et Lacroix fils.
Lefèvre (Mme), pass. Bellivet.
Legorgeu.
Margueritte frères.
Saoul.
Scordel. *Grand Bazar.*
Seigneurie mère et fils jeune, r. St-Jean, 95.

Condé-sur-Noireau.

Marteau.
Pique fils aîné.

Deauville.

Cauchard-Morier.

Dives.

Ecker.

Délivrande (La).

Marteau.

Falaise.

Bazar du bon Marché.
Bordelanne (Mlle).
Choisnard et Buhot, *Bazar de l'Union.*
Dorvé.

Honfleur.

A la ménagère.
Baudry.
Mesnil (Mlle).

Houlgate.

Lefrançois (Vve).

Lion-sur-Mer.

Pépin.

Lisieux.

Buzot.
Chevalier.
Cordier.
Grente fils.

Luc-sur-Mer.

Chaillou.
Schmitt (Vve).
Torcapel.

Orbec-en-Auge.

Legrand.

Saint-Aubin-sur-Mer.

Mériel.

Touques.

Fleury-Hébert.

Trouville-sur-Mer.

Bouvy.

Villers-sur-Mer.

Duprez.
Exibard.
Lamba.

Vire.

Laroze (Vve).

CANTAL
AURILLAC.

Bazar du Globe.
Delaire.
Dupuy (Vve).
Gazard.
Roques et Germain.
Truc (Vve).

Mauriac.

Aubert.
Constant.
Lissat-Lafarge.

Murat.

Bonnet.
Larive.

CHARENTE
Aigre.

Joubert.
Marché.

ANGOULÊME.

Beaussant, rue Beaulieu, 10.
Fruchet.
Lehmann, rue Périgueux, 10.
Petit, rue Marengo, 25.
Pouliart.

Barbezieux.

Dutrieux.
Maquet.
Pasquet.
Sauvêtre.
Vandais (J.).

Chabanais.

Blondel.

Chasseneuil.

Sécher.

Cognac.

Bouillaud.
Darnat.
Dommer, rue Saint-Martin, 23.

Lehmann, place François Ier.

Maresté (Édouard) fils.

Mouveau (Vve), place d'Armes, 6.

Confolens.

Bonnin.

Duchiron.

Pressat.

Jarnat.

Arnière, successeur de Marche-Guilbert.

Chenel.

Quantin.

Mareuil.

Goudeau.

Rouillac.

Chaise fils.

Ruffec.

Lefort.

Panelier.

Quantin.

Saget et Fayet (Ed.).

CHARENTE-INFÉRIEURE

Flotte (la).

Dupeux.

Le Guen.

Montray-Morgau.

Marans.

Galvado (Vve), successeur de Delavault.

Gendron-Moreau.

Naudon.

Marennes.

Giraud.

Tournebœuf.

Vicente de Oger.

Montguyon.

Seguin.

Jonzac.

Berthon.

Bouya.

Marans.

Gendron.

Rochefort.

Achapt.

Barbe.

Boigrossiant, successeur de Giraud et Boigrossiant.

Delmas.

Dufourd (L.).

Giraud fils.

Goron (Aug.).

Martin (S.).

Perdreau (E.), *Maison Universelle*.

ROCHELLE (LA).

Barbe.

Bazar du Palais.

Berjon.

Bougeais.

Brunet (Vve), rue du Palais, 29.

Gouée (A.), *Bazar populaire*, rue de l'Hôtel de Ville, 436.

Lafont.

Lehmann.

Marichay (Vve).

Martin, successeur de Simon.

Mongisrue du Palais, 19.

Pairault fils, rue St-Yvon, 48.

Sagot.

Yeux, rue des Merciers.

Royan.

Fontain.

Périssé.

Poirier.

Souchard jeune, *Galerie Souchard*.

Saint-Fort.

Enard.

Saint-Jean-d'Angely.

Chapeau frères.

Junqua.

Giraud fils.

Rochette.

Saint-Martin-de-Ré.

Berton.

Saintes.

Bon.

Duverger.

Gilbert.

Larocho aîné.

Lauron (Vve).

Lemet.

Pennetier.

Piret.

Prestol.

Saujon.

Gouineaud.

Tremblade.

Gaudin.

CHER

Aubigny.

Girard-Girard.

BOURGES.

Aubertin fils, avenue de la Gare, 4.

Crochet.

Fradet, successeur de Mme Darnault.

Fretille-Loiseau (Vve), rue Moyenne, 3.

Léger.

Lionnet.

Michaud (Michel), place Planchat, 13.

Culan.

Lamaudière.

Henrichemont.

Bourreux-Léger.

Mehun-sur-Yèvre.

Augier (E.)

Saint-Amand.

Baile.
Sauvage-Defaix.

Sancerre.

Gibrat.

Sancoins.

Leterre.

Vierzon.

Dehaillon Guillard fils.
Forteau-Balichon.

CORRÈZE

Brive.

Astor, frère et sœur.
Boisredon.
Delpuy.
Michot (J.)

Neuvic.

Quenille, fils aîné.

TULLE.

Aumard.
Caillaux.
Grand bazar de la Ville de Paris.
Salles, successeur de Leymarie.

COTE-D'OR

Arnay-le-Duc.

Perreau-Chauffard.

Auxonne.

Lombardo.
Robin. *Grand Bazar Auxonnais.*

Beaune.

Amiot, successeur de Joly-Sirot.
Bonnard.
Changarnier.
Crettin-Pellion.
Goby. (Vve).
Guillemard.
Landre-Bon.
Pasquenelly-Crapot.
Piot-Martinet, successeur de Chemardin fils.
Taupin.
Voilant.

Chatillon-sur-Seine.

Joly, rue des Ponts.
Michaut-Leclerc.

DIJON.

Bachery.
Bloc (Léon), rue Piron, 11 et 18.
Boyer.
Chatinet.
Cholet (Pierre), rue Jeannin, 47.
Cortic, rue Rameau, 20.
Deschamps.
Dubois-Chevaidel jeune, place Darcy, 21.
Duriaud.

Escaille-Brocard (Mme).
Godefrin.
Gugenheim frères, rue Piron, 18.
Hayem, successeur de Mourembles aîné.
Lazard.
Lecomte (Mme), rue des Forges, 31.
Maugey (Georges). *A la Ménagère.*
Petit.
Ragonneau, rue des Godrans, 7.

uits.

Dubois-Chevaidel.
Himbert-Fermouche.

Pouilly-en-Auxois.

Garnier frères, successeur de Vve Clerc-Gabet.

Selongey.

Frochot.

Semur.

Fedey.
Renard-Jasey, rue de la Liberté.

Seurre.

Boulard-Maltête.
Gallot (Vve) et fils.
Giroux.
Guillien.

COTES-DU-NORD

Dinan.

Baraloux.
Le Goaziou, successeur de Legars-Labbé.
Melin, rue Thiers, 16.
Pagis frères, successeurs de leur père.

Erquy.

Bazar parisien.

Guingamp.

Guérin (Vve).
Launay aîné (François).
Launay (Frédéric).
Lequesne fils (Mme).
Neumager (Emile).

Lannion.

Anger.
Duchemin (Mlle), successeur de Vve Le Goffié.
Le Bihan.

Loudéac.

Chatel.

Penhoat-en-Plourivo.

Pierrot (Jean-Marie).

SAINT-BRIEUC.

Audouy (Vve).
Baratoux.
Bazar bordelais.
Bazar national.
Bazar parisien.
Bouton.
Coudet.
Ferrandelly.
Josse-Chambry.

Moquart.
Saléon.
Toudet.

CREUSE

Aubusson.

Baron.
Brégère-Dumazeau.
Mourlon–Macé.
Malperre et Cie.
Ravel-Martinet.

Auzances.

Thomas-Peyrol (Mme).

Bénévent.

Marot.

Boussac.

Baudron–Morin (Vve).
Guillot (A.).

Dun-le-Palleteau.

Bazenery (Michel).
Chenet (Romain).
Dejoie.
Fourneau.
Genevoix.
Petit (Eugène).
Soudy.

GUÉRET.

Jaffier.
Labrune.
Lemoine.
Pertuzé.
Rouchette.
Rozaire-Dumon.

La Souterraine.

Binet.
Boussaton (Noémie).
Massicot.

DORDOGNE

Bergerac.

Bernard.
Brunel-Layolle.
Charbonnel fils.
Giraudel-Poujet.
Lusignan.
Mareille jeune.
Picard-Tamarelle.
Vaissette–Bommartin.

Cautillac.

Chapeau fils.

Excideuil.

Arnould.
Rudeuil.

Montpont.

Capseuroux.

Moreuil.

Vincent.

Nontron.

Chaize.
Dubreuil.
Dupuy.
Goubault.

PÉRIGUEUX.

Bouchard jeune, rue de la République.
Bréant.
Brousse (Vve), pl. Bugeaud, 20
Français.
Eyssartier.
Héritier et Cie.
Labarte.
Landu (Louis).
Ribot et Lacombe.
Richard (Vve), pl. Bugeaud, 2.
Valmier.

Plégut-Pluvier.

Auriac (Mme).

Ribérac.

Dubut.
Villaumé (Vve).

Roche-Chalais.

Martinaud.

Sarlat.

Sirey. *Bazar universel*.

Terrasson.

Foussat.
Lanoix (E.).

DOUBS

Beaume-les-Dames.

Héritier (Mlles).

BESANÇON.

Bersot (Emile).
Bory (Ch.).
Burdin.
Cartier, aîné.
Demoge, successeur de son père.
Dubois-Chevaidel.
Duthu et Macdonal.
Franck.
Girardey.
Gisiger.
Jacasse (Louis).
Lévy et Simon, successeurs de Lévy.
Menu.
Métayer.
Metzger.
Nouailles, fils.
Sender.
Vormes.

Gondenans-Moulins.

Doutey (Ed.).

Isle-sur-le-Doubs.

Loth.
Magu.

Montbéliard.

Barbier.
Clerc.
Soudré frères, successeurs de Magu frères.

Morteau.

Domange.
Lange.
Pétolat (F.).
Pierre (Charles).

Ornans.

Renard et Marin.

Pontarlier.

Ancion.
Jodon (Mlle).
Meunier, père.
Vuillemin-Ruaux.

Pont-de-Roide.

Jeandel.
Ravey.

Vercel.

Merle.

Rigney.

Remoissenet.

DROME

Bourg-les-Valence.

Martin.

Crest.

Aubert.
Bodin.
Desbrières.
Lavialle (Ant.).
Marsannoux.
Sallier, aîné.

Die.

Chovet (J.).
Mouton.
Tatin.

Montélimart.

Barbarin (Vve).
Barbarin fils.
Bleton.
Girard, successeur de Mme Niel.
Lanéry.
Mauric Vve et Jouvent gendre.
Pozzi
Veschambre (Vve).

Nyons.

Girard et Costadau.

Romans.

Corbier.
Despierre.
Menu.

Saint-Laurent-en-Royans.

Lefebvre (Ch.).

Saint-Paul-trois-Châteaux.

Plagniol.

Saint-Vallier.

Brenier (L.).

VALENCE.

Jourquet-Vaschalde, pl. de la République, 1.
Lanet.
Lenick (Vve).
Maubé aîné, boul. Bancel, 25.
Rochette, rue Emile Augier, 10.
Sereleyrat.

EURE

Andelys (les).

Chapelet fils.
Haupart.
Hébert.
Lemonnier.
Leroux.
Leroy.

Bernay.

Bisset, successeur de Cordier.
Charron.
Delaunay.
Fortin.
Hébert.
Levarey.
Levreau-Girard.
Provost fils.
Quesnel fils.

Bézu-Saint-Eloi.

Mauger, *bimbeloterie.*

Chenay-de-Condé.

Tavernier-Goutal.

Cormeilles.

Marchand.

ÉVREUX.

Gachau-Guignard.
Guérin.
Le Berre-Leroux, successeur de Vanloup-Langlois.
Pate.
Percheval.
Postel-Brunot.
Provost fils.
Renault.

Gisors.

Lamaury.
Ledent-Dolique.
Tailleur.

Lieurey.

Gibrat-Simon.
Pottier-Simon (Vve).

Louviers.

Aubin.
Botté.
Gontier.
Thorel (Ernest)..

Neubourg (le).

Lecarpentier.

Pont-Audemer.

Diguet.

Rugles.

Vallet.

Thiberville.

Castule.
Vauquelin (Jules).

Verneuil.

Goupil (Vve).

Vernon.

Bennezon.
Havard (J.)
Pretot.

EURE-ET-LOIR

Brou.

Cherrier.

CHARTRES.

Barthélemy, rue St-Barthélemy, 20.
Camus.
Darde-Chevalier, rue Mainvilliers.
Daubasse.
Durand-Pié, rue du Cloître N.-D., 2.
Duroux.
Gougis-Brouard, rue du Soleil-d'Or, 22.
Lanié (Vve). *Bazar du Petit Paris.*
Leboucq (Vve), rue du Soleil d'Or, 51.
Leduc-Richard.
Lefrais, rue Bois-Merrain, 18.
Léger-Glandas (Vve). « *Aux quatre coins.* »
Palanque fils.
Rondeau, rue Ste-Mème.
Théau, rue de la Clouterie, 23.
Vigreux frères.

Châteaudun.

Aubert.
Bonnamy (Mlle).
Bruman.
Mas.
Poulard-Fourbert (Vve).
Trétarret (L.).

Dreux.

Lapierre (Léon). *Bazar de l'Industrie,* rue d'O-
  risson, 8.
Lefèbvre-Marnay.
Vincent.

Epernon.

Larcher-Boucher.

Janville.

Buisson.

Laons.

Morel.

Nogent-le-Rotrou.

Fournier.
Gouhier-Delouche.
Rey.

Vitray-en-Beauce.

Domeau.
Saucier (Fr.)

FINISTÈRE

Brasparts.

Rolland.

Brest.

Alléguen-Hiart, rue de la Rampe, 32.
Belon, rue de Siam, 105.
Bougron, successeur de Barbero.
Cerf-Mayer.
Cloarec.
Depagne (Vve).
Gaubert (Vve), rue de Siam, 19.
Groult.
Hutin, Grande Rue, 32.
Laouenan jeune.
Lebère. *Bazar de l'Industrie.*
Lelièvre.
Lognon.
Minguenaud, successeur de Vve Béranger.
Nogues.
Rumeau.
Vigroux fils.

Châteaulin.

Caron père.
Caron fils.
Lefloch.
Mouto (Mlle).

Douarnenez.

Le Moan.

Landerneau.

Barazer.
Le Caradec-Coguen.
Kerrien (Vve).

Lannilis.

Bergeron (dame) successeur de Mme Allain.

Morlaix.

Bonneau (Mlle).
Guyon.
Kerdoré.
Le Roy fils.
Mosset (Mlle).
Vivès (Vve).

QUIMPER.

Clément (E.) — Articles de Paris et mercerie
  en gros, acheteur de soldes.
Lavigne (Vve).
Montfort (Mlle).
Moret.

Navet–Lebros.
Salade dit Lavigne (Vve).
Seignette jeune.

GARD
Aigues-Mortes.

Andrieux.
Méry, successeur de Rouquier–Michel.

Alais.

Champeyrache–Blanc.
Dufour, rue St-Vincent.
Eissautier et Boudon.
Morel, successeur de Mme Titus Carmel.
Nodet et Guilhaumon.
Nougaret.
Papon-Latura (Vve).
Peytier jeune.

Bagnols-sur-Cèze.

Rippert.

Beaucaire.

Guillaume.
Lautier (Mlle).
Puvilland.

Bessèges.

Boussagne, successeur de Dugas.
Malagnoux-Delenne.
Ortel.

Grau-du-Roi (le).

Gardelle.
Romaze (Mlle).

NIMES.

Alméras.
Auzeby.
Avenal, rue Grand-Couvent.
Bastide–Jouanin.
Baude-Bernassau, rue des Halles.
Baze.
Béchard,
Biétry.
Bondy (Mme), rue de la Banque, 3.
Castagnier, pl. du Temple, 2.
Chabrier.
Drivet, pl. Bouquerie, 3.
Eyroux.
Ferrère frères et Cie, pass. Guérin.
Granier, pl. de la Cathédrale.
Hugues-Capet.
Imbert.
Maubé jeune, boul. Victor-Hugo, 10.
Milhaud.

Pont-Saint-Esprit.

Blein (Jules).
Tourniaire-Deville.
Vernet.

Remoulins.

Manvel-Pradier.

Sauve.

Malzac. *Bazar Parisien*.
Vélay (A.).

Uzès.

Borrelly.
Péladan (Gustave). *Bazar Parisien*.
Péladan-Fay.

Vauvert.

Prat, successeur de Mlle Arnaud.

Vigan (le).

Lèques-Philip.

GARONNE (HAUTE-)
Ardiégi.

Destagnès.

Avignonet.

Carrère.

Bagnères-de-Luchon.

Estradères et Guillamotal (Mlles).
Lamozelle.
Quéhan père.

Caraman.

Merle (Aimable).

Fos.

Castex (André).

Grenade.

Trilles.

Izaut-de-l'Hôtel.

Saint-Martin.

Labarthe-Rivière.

Bajon.

Latoue.

Martin (A.).

Lez.

Garceau.

Montrejeau.

Dupuy (Vve).
Vielajus (Gratien).

Revel.

Vignaux.

Saint-Gaudens.

Barthe.
Dufour.
Dumy (J.).
Espagne.

TOULOUSE.

Bedel.
Campardon.
Cantarel père, 9, rue Alsace-Lorraine.
Cany (Mme), 35, rue Changes.
Chabanne, 21, rue Lafayette.
Chaîne (Vve), 12, place Rouaix.
Chalannes, rue Lafayette.
Conte (J.).
Dejean (F.).
Goursky, 9, rue Bouillon.
Jouvin (Eugène), 36, rue Alsace-Lorraine.

Labit, 28, rue Alsace-Lorraine.
Laclau, 22 *bis*, rue Alsace-Lorraine.
Laclau-Galtier, 25, rue Lafayette.
Lannes (Roy.).
Laurens, 26, rue des Italiens.
Lavergne.
Mailhes-Salles, 26 rue Alsace-Lorraine.
Mayer frères, 23, rue Alsace-Lorraine.
Pagès.
Raynal.
Revel, successeur de Revel et Mlle Jomin, rue
   de la Trinité, 8.
Sentenac (Pierre), 10, rue Vignerie.
Sentenac (Vve).
Trille, 13, rue Alsace-Lorraine.
Varaillon-Cohen, 35, boul. de Strasbourg.
Viguier.

Villefranche

Germa.
Sabatier fils.

Villeneuve-de-Rivière.

Julio.
Soupène.

GERS
AUCH.

Crespin, rue Gambetta.
Gavin.
Noguès, successeur de Redonnet.
Quéhan, rue Gambetta.
Vidal.

Condom.

Auzary.
Estourgis.
Razet.
Saubiac.

Isle-en-Jourdain.

Cassé.
Mathioly.

Gimont.

Bignebat.

Saint-Clar.

Caubet fils.

GIRONDE
Arcachon.

Brianne.
Demailly, successeur de Lavergne.
Forasté fils aîné.
Malleville et Champon.
Moreau.
Rigot (Henri), *Bazar de la ville de Paris.*
A la Ménagère. — Grand Bazar. — Trémouil-
   lières, rue du Casino.
Vire.

Blaye.

Béraud, successeur de Dumas.
Rigot (H.) *Grand Bazar de la Ville de Paris.*

BORDEAUX.

Alem, 41, Saint-Sernin.
Ané, 2 *bis*, Sainte-Catherine.
Attard frères, 68, rue Fondaudège.
Barbier (Mme) 19, rue Dauphine.
Barbezieux.
Bayle, 16, rue de la Chartreuse.
Beer père.
Blanc cadet, 21, rue des Argentiers.
Boudet et Barreau, successeurs de Ripert et
   Cie, 21, 23, rue Sainte-Catherine.
Boutin, 19, rue Dauphine.
Cadiou, 57, rue Sainte-Eulalie.
Cahuet (Vve), rue d'Arès, 165.
Castanet et Séneval, 21, place du Palais.
Cazenave (Vve), 21, cours Victor-Hugo.
Chauvin, successeur de H. et C. Chauvin
   frères, 20, place du Palais.
Chologe.
Conte et Ducasse.
Daury, cité Pointo.
Deloume.
Delteil, 11, place Gambetta.
Dufon (Vve).
Ferreyra, 48 *bis*, Birly.
Français.
Garbay et Lamothe, successeurs de (Ern.)
   Garbay, 17, Faussets.
Gey, 21, rue Saint-Remy.
Gouazé.
Griveli-Neveu.
Gros, rue Saint-James, 19.
Grosso (Mme).
Héreau, 41, rue Chevalier.
Lacroix, successeur de Boutin, 5, rue Dau-
   phine.
Langlois, 261, rue d'Arès.
Larroque.
Lebrun.
Lévy (Georges), successeur de Henri Lévy,
   73, 81, rue Sainte-Catherine.
Lort, 140, rue Sainte-Catherine.
Mageau, 7, rue Ayres.
Mayer.
Marcou, 55, rue Mouneyra.
Meyer, 93, cours d'Alsace-Lorraine.
Michel (Clément), 35, rue Monaday.
Noë et Pereyre.
Pallacin, 43, rue Frère.
Pellereau.
Perès, 194, rue Sainte-Catherine.
Rees Yorke et Cie.
Ripert et Cie, 21, rue Sainte-Catherine.
Roganeau fils, 12, cours Saint-Jean.
Rouzeau (A.), 53 *bis*, rue Saint-Rémi.
Valette, 49, rue Bouquière.
Véne et Cie, 8, rue Sainte-Catherine.
Vigier, 179, rue Fondaudège.
Villette.
Viton et Cie, successeur de Viton, 24, 26, 34,
   rue Sainte-Catherine.
Vitrac.
Zappa, 90, 92, 94, cours Alsace-Lorraine.

Libourne.

Fontaine et Bonneval.
Mangin (Vve), successeur de Albin.
Pujade (Mme).

Pauillac.

Réservat.

Réole (la).

Durieu.
Lecourt.

Sainte-Foy-la-Grande.

Chambaudry.
Lacombe.

Soulac-les-Bains.

Agrafel (J.), *Grand bazar Parisien.*
Ogier-Delauny (Vve), successeur de Réservat.
Verrier (Mlle).

HÉRAULT

Agde.

Audoye.
Clerc.

Bédarieux.

Beaupertuis.
Cambon.
Lapene aîné.
Lauze.
Mouret.

Béziers.

Arnoult, successeur de Germain-Clerc.
Basséras, rue Casimir-Péret, 5.
Bayard.
Bertrand, rue Flourens, 1.
Blanc et ses fils (Vve), successeur de Lutier et Blanc.
Bourdeau (Vve), rue de la République, 11.
Carbonnel frères.
Carbourhiège (Vve).
Cavalié, rue Française, 18.
Cavalier et Cie.
Clerc (Pierre).
Cornuty, rue Française, 30.
Crouzals (L.).
Delpech fils.
Duclos (Vve).
Dumeigne (Vve).
Guitard.
Lagarde frères.
Laurens frères.
Malafosse, rue du 4 Septembre, 5.
Maury, place Citadelle.
Maux (Ph.)
Pech (Médéric).
Pélissier-Villeval.
Raspaud (Vve).
Rorat.
Sague.
Sivrat.
Taboureich (Vve), place Citadelle.

Cette.

Caumes, rue des Casernes, 13.
Caumil aîné.

Come-Vilar.
Desbarax jeune, rue de l'Esplanade, 8.
Dubosc.
Dufey, quai inf. de l'Esplanade.
Molinier.
Roumieu (A.) fils jeune, rue Nationale, 9.
Roumieu (Jacques), *Grand bazar Parisien,* rue Gambetta, 10.
Runel.
Saboureau, route Nationale.
Tillar.

Clermont-l'Hérault.

Estorc-Suquet.

Ganges.

Deshons (Mlle), successeur de Gayraud.

Graissessac.

Maillé (E.).

Lamalou-les-Bains.

Jougla.
Julien.
Mouret.

Lézignan-la-Cèbe.

Lombard.

Lodève

Cavaillé.
Corbière.
Pièyre.

Lunel.

Boucaru.
Etienne.
Raynal.
Vignal.

Mèze.

Bassas.

MONTPELLIER.

Artus.
Azémar.
Bernard fils.
Castagné.
Cazave.
Combes.
David.
Dissard, boul. Observatoire, 9.
Farrouch fils aîné.
Garcia (L.) *Grand Bazar de La Loge,* rue Jacques-Cœur, 1 et rue de La Loge, 23.
Gazave fils, boul. du Jeu de Paume, 43.
Jourdan (Mlle), Grande Rue. 11.
Laporte.
Laurent fils.
Marcillac (Mme).
Moireau.
Pérette.
Péru.
Rénis.
Saint (L.), Grande Rue, 11.
Saint-fils (Mme), Grande Rue, 19.
Sappas (Mlle).
Siorat.
Tufféry frères, Grande Rue, 12.

Palavas.

Saint (Vve).

Pézenas.

Delfieu.
Maury.

Saint-Pons.

Peyrefitte.

ILLE-ET-VILAINE

Dinard.

Castille (Mlle).
Duvernoy.
Oriou-Briand.

Fougères.

Anglaret.
Commère.
Gontier-Gaumeais (Vve).

Guerche (la).

Lecuyer, successeur de Vve Baslé-Neveu.

RENNES.

Anger-Cornu.
Balzan, successeur de Vve Guilloux et fils.
Barbier (J.) *Dock du Voyage.*
Demogé (Vve) et Guillemot.
Derouard Mme.
Dervin et Fontaine (Mlles).
Espinasse. *Bazar de la Poissonnerie.*
Guilloux (Vve).
Hamon.
Jéby-Villeneuve.
Lambert.
Lecointre (Vve).
Lemonnier, successeur de Vve Rideau.
Lebrun.
Maury.
Paillard.
Richer.
Sorel.

Saint-Malo.

Arrault.
Chatel.
Eonas (Vve).
Galou (Vve).
Germain.
Giot (Mme).
Giraudeau.
Harrault (Vve).
Hervé (Vve).
Herrera (Mlle).
Island.
Lefrançois (Vve).
Levasseur.
Lironé fils.
Vromet (Vve).

Saint-Servan.

Duret.
Renaut aîné.

Vitré.

Bazar Parise.
Bobin.
Drapier.
Levavasseur.
Martin-Rétif.
Touchet.

INDRE

Argenton.

Bouquin-Magot.
Dedieu.
Duchâteau.
Mallesset.

Blanc (le).

Berthon (L.).
Chichereau.
Gasnier.
Menut-Couturaud, successeur de Couturaud-Labrosse, pl. du Marché.

CHATEAUROUX.

Couturaud.
Harcelin (Vve), place du Marché.
Lecubin.
Maire-Toussaint.
Vaillant-Elion et Brijeau, r. Victor-Hugo, 27.

Châtillon-sur-Indre.

Masson-Malbrun.

Châtre (la).

Chabenat-Barroult, rue Nationale.
Gaurin-Vincent.
Lambert-Trotignon fils.

Issoudun.

Barbarin (Vve), rue Barbousse.
Coutaudoux (Vve).
Malliavin, rue de la Poterie.
Mouchebœuf.
Nicolle.
Pennetier, rue de la République.
Tréfault-Naudet.

Levroux.

Darnault.
Morisson (E.).

Saint-Benoît-du-Sault.

Ithier.

Valencay.

Denis-Mouchebœuf.

INDRE-ET-LOIRE

Amboise.

Achard (Vve).
Breau.
Gagneux.
PIERRE (A.). gendre et succ. de la maison Frappy-Chapu. Jouets, jeux, bimbeloterie, cartonnages, etc.

Chinon.

Bastard-Boutin.
Boucher jeune.
Gallet (Frédéric) fils.

Cléré.

Marquis.

Croix-de-Bléré (la).

Béry (Mme).

Loches.

Bardoux.
Blain-Podevin, successeur de Deletang.
Echard.
Héran.
Lecubin père.
Ledet-Bourdonnais.

Sainte-Maure.

Saisson.

Sonzay.

Sallé (Vve).

TOURS

Badaire-Rousseau.
Balendet (Vve).
Bazar du Commerce.
Bazar des Halles Centrales.
Bazar de l'Industrie.
Bazar de Paris.
Bazar de la Tour-Saint-Martin.
Besnier.
Besrois (Vve).
Broca-Robin.
Chaillou.
Chuché.
Delahaye et Vaillant.
Duthoo, rue Natonale, 78.
Langlois, rue des Halles, 92.
Le Bourdais (Vve), rue du Commerce, 20.
Lusseau.
Libert.
Martin, successeur de veuve Lelarge.
Malbec.
Mauget.
Piétrin veuve et fils.
Plénot (Vve).
Porcher (Victor).
Ricaud jeune, rue Nationale, 26.
Ronceau.
Rouillier.
Thuret-Joulin.

ISÈRE

Champier.

Garnier-Petitet.

Chanas.

Noël (F.).

Grand-Lemps.

Terry.
Turbat (Vve).

GRENOBLE

Catala.
Chaigne, rue Lafayette, 2 *bis.*
Couturier, rue des Clercs, 13.
Deliard, b. de Bonne, 13.
Drillat, successeur de Royer et Drillat.
Hyvert et Cie.
Levèque, avenue de la Gare.
Paradis et Cie.
Payroux-Memorin.
Trorillon.
Viallet (Alfred). *Magasin général.* Articles pour touristes, voyages, chasse, pêche, articles de Paris, jouets en tous genres, rue Lafayette, 9.

Pont-de-Beauvoisin.

Martin aîné.

Uriage.

Thierry (Mlles).

Saint-Marcellin.

Descharmes.
Menu.

Tour-du-Pin (la).

Andrillat.
Hernadtz.

Vienne.

Carrel-Madras, pl. St-Martin, 7.
Corbier, pl. de Miremont.
Delas, successeur de Barbier.
Dessendier (Mme).
Dufresne (J.). *Grand bazar parisien,* articles de Paris, jouets et jeux de toutes sortes, 3, rue Ponsardet, 1, rue de l'Hôpital.
Hennequin.
Richard.
Tupinon-Mongourd.

Voiron.

Bazar Voironnais.
Gueydon (Vve) et fils, successeur de veuve Gueydon-Pilot.

JURA

Arbois.

Crut.
Faivre-Dupaigre.
Moniot.

Champagnole.

Ardiet-Meny.
Avrellas.
Baldié-Laporte.
Dautel.
Renard-Marin.

Dôle.

Berthet (Vve).
Job, successeur de Foucaud-Gaillard.
Léglise.
Ropiot-Lanaud.

LONS-LE-SAULNIER

Moniot-Vauthey. *Galerie du Théâtre. Bazar Jurassien.*
Pierron.

Morez.

Dumont (Vve).
Lissac.
Morel.

Poligny.

Maillard fils.

Saint-Amour.

Gayet (Vve).
Pey (J.-F.).

Saint-Claude.

Baldié-Laporte.
Baud (Vve.)
Monneru.

LANDES

Aire-sur-l'Adour.

Dubos, *Maison universelle*, pl. de la Cathédrale.

Dax.

Barbe (Jules) aîné.
Dupuy.
Forsans.
Mayence.
Peyroux (M.)
Saint-Jean (M.).

Hagtmeau.

Carrère.

Mont-de-Marsan.

Forasté fils aîné. *Bazar du Globe.*
Trillou.

Saint-Sever.

Lousteau. *Bazar Universel.*

LOIR-ET-CHER

BLOIS

Brisset-Cornet.
Bruère-Boy, rue Porte Chartraine, 12.
Esser (Mme).
Fourrier-Robert.
Hautières. *Bazar du Progrès.*
Millet.
Ricordeau-Levayer, rue du Commerce, 31.
Sangur, rue du Commerce, 4.

Montoire.

Domette-Lechesne.

Montrichard.

Benoit-Bodard.
Fournel.

Rochambeau.

Leroy-Renaume.

Romorantin.

Carroué. *Bazar Parisien.*

Thenay.

Nabon-Loyau fils.

Vendôme.

Bihoreau.
Lecubin fils.
Poupin.

LOIRE

Andrézieux.

Merlat.

Bourg-Argental.

Robert.

Charlieu.

Berthier.

Firminy.

Béal (Paul).
Lafond-Crétin.
Large.
Suc. *Bazar de la Loire.*

Montbrison.

Agnasetta (Vve).
Dupayrat-Grange.
Grange.
Miolane.
Pétot (Vve).
Villeneuve jeune (Vve).

Pélussin.

Corompt.

Rive de Gier.

Defustel.
Menin aîné.
Menin (Clément).

Roanne.

Andrieu.
Bigay.
Chassignole (L.).
Drouillot, successeur de Chastres.
Jonas (Vve).
Mouraux.
Patissier.
Signerin-Chastres, successeur de Mlle Chastres.
Weis.

Saint-Chamond.

Bonnabry. *Bazar Populaire.*
Comte (Vve).
Longchamp.
Martin (Mlle). *Maison universelle.*
Pain. *Au bon marché.*
Raynaud.

SAINT-ÉTIENNE

Bach (Mlles), 25, rue Gambetta.
Barrier-Dalin (E.), pl. de l'Hôtel-de-Ville, 4.
Bizard.
Buisson.
Carot.

Chirat.
Coste, place de l'Hôtel de Ville, 2.
Creuzot-Garnier.
David-Margerit, rue Gambetta, 16.
Delasalle, fils, 1, rue de la Loire.
Demogé (Vve), rue Gambetta, 18.
Dumas.
Dupayrat-Grange, rue de la République, 1.
Gravier.
Jarlant.
Lepringard, rue Gérentet, 10.
Mandrin.
Mondon-Catelan.
Muscat (Mlle), 9, rue Gambetta.
Nouaille.
Peyrot.
Renodier (Mme), rue de Roannne, 2.
Renaudin (Vve).
Roussille et Cie, rue Gambetta, 22.
Teyssier (J.), 14, rue Gambetta.
Tholot-Mignot.
Venessy, rue du Général Foy, 19.
Verdier.
Weill frères.

Saint-Galmier.

Catelan.

Saint-Rambert.

Jouffray.

LOIRE (HAUTE-)

Brioude.

Berlin.
Escudier (Mlle).

Langeac.

Mamet.

PUY (LE)

Delorme.
Dupuy (Vve). *Bazar de Velay.*
Dupuy-Mazandier. *Bazar du Globe.*
Rocher-Almery.

Saint-Didier-la-Seauve.

Besson et Sœurs.

Yssingeaux.

Ampilhac (Mme).
Charel.
Machabert.
Rocher (Mlle).

LOIRE-INFÉRIEURE

Ancenis.

Thibault aîné (Vve).

Baule (la).

Aubinais.

Châteaubriant.

Chevrel.
Choblet.

Coulbaud et Milon.
Pigréc.
Pradat fils.

Machecoul.

Etienvre.

NANTES

Au bonheur des enfants, 34, rue de la Fosse.
Au Gaspillage, 9, rue Crébillon.
Bazar Alsacien, rue Rubens.
Bazar du bon Marché, 3, rue du Calvaire.
Bazar de l'Industrie, 14, rue Boileau.
Bazar des Postes et Télégraphes, 10, quai
 Brancas.
Bazar Sainte-Croix, 21, rue de la Poissonne-
 rie.
Bazar Saint-Louis, 8, quai de la Fosse.
Colin frère et sœur.
Decré (Jules), Basse-Grande-Rue, 6.
Delarue (Vve), successeur de Janniot fils.
Derouet, successeur de veuve Rabin, passage
 Pommeraye.
Fauvel, quai Brancas.
Gaston.
Gauthier.
Gobert.
Grand bazar, 7, rue du Calvaire.
Haarscher.
Janniot (Vve).
Larue (Vve), rue Boileau, 5.
Leiteux-Caillaud, rue de la Fosse, 50.
Lemaire.
Lesage (Vve).
Lévy, rue Crébillou.
Martin, successeur de Mlle Gobert.
Prou.
Richard.
Rogier (Mlle), rue Saint-Clément, 94.
Roux et fils, rue du Calvaire, 20.
Sabatier père.
Zloterinski.

Noéveillard (la).

Duys.

Paimbœuf.

Blanlœil.
Maillot.

Pornic.

Malibeau.
Rabaud (A.)
Wolff.

Pornichet

Paquereau (Vve).
Pineaud-Gérard.

Saint-Nazaire.

Chauchet, rue de Nantes, 17.
Darbou.
Delzieux, Ville-ès-Martin, 22.
Deniau.
Lelièvre.
Rogues-Berlet, rue du Palais, 30.

LOIRET

Beaugency.

Mauvisson-Gibon.

Châteauneuf-sur-Loire.

Masson.

Gien.

Fougeron.
Gérard.
Lefort (Mlle), *bazar du Loiret*.
Renat.

Lorris.

Thierry-Guillemeau.

Montargis.

Harry-Petit.
Meunier.
Panthu, successeur de Bucquet.
Pérolat (Mlle), successeur de Boyer.
Raspi.
Villaret.

ORLÉANS

Barthère-Patureau.
Baud frères, rue Thiers, 1.
Boullier (Ch.) *A la ville d'Orléans*, rue Baunier, 27.
Choux.
Clair.
Cornier-Bézé.
Cornilleau, successeur de Dessendier.
Desfossés.
Decendier neveu jeune.
Despierres-Piot.
Gibault-Leblanc, rue des Carmes, 11.
Gorski.
Lévy-Heiser.
Marqué.

Pithiviers.

Conac, successeur de Mlle Durand.
Lefèvre-Bonnet, successeur de Renard-Boutet.
Seveur.
Sévin fils aîné.

LOT

CAHORS

Bagué.
Bertin.
Dreuilles.
Ladevèze.
Salgues.

Figeac.

Couderc.
Terrasson.

Gourdon.

Grézide.

Martel.

Teillard.

Saint-Céré.

Cancé fils.
Laribe.
Pelerin.

Souillac.

Fumat.

LOT-ET-GARONNE

AGEN

Billières, rue François Arago.
Boucher (Vve).
Mourgues.
Naissant.
Rémy, boul. Scaliger.
Robin-Debesse.
Sert (J.), rue Floriac.

Hautefage.

De Masquard.

Marmande.

Doumax.
Laouat.
Lecussan.

Miramont.

Grézide.

Nérac.

Beaumont.
Loré-Sabla.
Ricardie.

Saint-Sylvestre.

Aurière et fils (Vve).

Tonneins.

Daspas.
Favriau.
Tarride (Louis).

Tournon d'Agenais.

Daraignez.
Darquié.
Davezac frères.

Villeneuve-sur-Lot.

Delsol (Marc).
Malespine.
Martin.
Mollet.
Saclé.
Sarrazin.

LOZÈRE

Canourgue (la).

Portal-Odillon.

Ispagnac.

Amat (Louis).
Vincent (L.).

Marvéjols.

Crouzet.

MENDE.

Bancel, successeur de Benoît fils.
Coulet.
Doladille.
Joly.
Mercier.
Nogaret (Vve).

Saint-Chély-d'Apcher.

Vrédine.

MAINE-ET-LOIRE

ANGERS.

Aubert (Vve), rue Lenepveu, 151.
Bazin-Jubeaux, rue de la Butte du Pélican.
Bellanger (Aug.), passage Marin.
Bidault.
Briolon-Besnard, rue St-Aubin, 18.
Daniel.
Daubiau.
David (Mlle), successeur de David aîné.
Demogé (Vve), rue Lenepveu.
Faucon.
Flux-Gautier, rue Plantagenet, 48.
Gaultier (Vve).
Girardière, rue Beaurepaire, 2.
Larue, rue Lenepveu, 15.
Lizambard.
Le Boul.
Menu, boul. de Saumur, 26.
Pagnac, rue Saint-Jacques, 115.
Rousseau, rue Saint-Laud, 65.
Ruau, rue Plantagenet, 30.
Verchaly-Sarret, rue des Poëliers, 10.
Vieille, successeur de Henry, pl. Pilori, 1.

Beaupréau.

Lelièvre-Chevardet.

Brissac.

Lamy (Vve).

Candé.

Brizart.

Chateauneuf-sur-Sarthe.

Lefrère.

Chemillé.

Giboin.
Puiberneau.

Cholet.

Conin (Alp.) fils.
Morin-Duhamel.

Longué.

Bosseau.

Saumur.

Bazar Parisien.
Bazar du Progrès.
Bazar Universel.
Daviau-Reynal, successeur de Rouchon.
Enef et Poignant.
Jagot-Richard (J.), Marché Noir.
Perdreau, rue d'Orléans, 32.
Vinsonneau.

Segré.

Esnault-Dénons.

Vihiers.

Gruget (Mlle).

MANCHE

Avranches.

Allain (Mlle).
Aubry.
Chasle.
Gallier.
Gray.
Grey-Lemains.
Hardy-Gosselin (Vve).
Michel-Poittevin, rue de la Constitution, 16.

Bréhal.

Chevalier.

Carentan.

Baudot.

Cherbourg.

Bouilland neveu.
Divetain (Alp.) *Maison universelle,* rue de la Fontaine, 25.
Durel.
Eguay (Vve).
Fagnen.
Gascon.
Gros-Bertrand.
Mahaut.
Masson (Vve).
Sajous aîné.

Coutances.

L'Huillier-Bisson.
Thuillier.

Granville.

Bernard
Demeautis.
Labouro.

Mortain.

Coubray.
Dauphin.
Hamon.

Périers.

Collignon.

Saint-Hilaire-du-Harcouet.

Lebrun (J.-M.)

Saint-James.

Defrenne-Dubois.

SAINT-LO.

Lavalley, successeur de veuve Lavalley.

Tessy-sur-Vire.

Macé.

Valognes.

Mouchel-Gamas (Vve).

Victoire (la).

Basourdy (Vve).

MARNE

Ablancourt.

Auger.

CHALONS-SUR-MARNE.

Boulanger-Petitot.
Brunet.
Cellier-Bourdon.
Lang.
Marlin-Delaloge, place de l'Hôtel de Ville.
Simon-Mathis.

Dizy-Magenta.

Vignes-Moret.

Epernay.

Bocquet fils.
Bonnard-Boucher fils, r. St-Thibaut, 49.
Boussert, rue St-Laurent.
Buffet (Ch.), *bazar de la construction*
Collard-Daoust, rue de Châlons, 9.
Deprêter.
Paillet.
Tribu (Mme).

Huiron.

Debierre.

Maurup.

Barbier.

Mourmelon-le-Grand.

Baillet-Chabrand, successeur de Chabrand.
Bezelin (Jules) fils. *Bazar du Camp-de-Châlons*, rue de Châlons, 78.
Onfroy fils, successeur de veuve Onfroy-Simon.

Orbais-l'Abbaye.

Richard (E.).

Reims.

Bromer-Maillet, 98, rue Barbâtre.
Chamouillé, successeur de Olsvald, 71, place d'Erlon.
Chauré.
Ciret-Menard.
Cognette, successeur de Trentelivres, 81, 83, rue de Vesles.
Daoust.
Delauze, 23, rue des Tapissiers.
De Schamphelaère, 227, rue des Capucins.
Féron fils.
Garnier, successeur de Garnier frères, 5 et 7, rue des Tapissiers.
Garnier, successeur de Limichin, 21, rue de l'Arbalète.
Hervé, 60, rue de Metz.
Jacquemart, 25, avenue de Laon.
Joly fils, 28, rue d'Etape.
Lambert, 56, avenue de Laon.
Lazard jeune, 3, rue des Tapissiers.
Legrand-Marion, 5, rue du Cadran-Saint-Pierre.
Lévy et frères, 11, 13, 15, rue de Mars.
Pichot et Lévy veuve, suite de veuve Pichot, 38, place Drouet-d'Erlon.
Soulet-Nizet, successeur de Mlle Nizet, 87, rue Chanzy.
Soulet, 42, rue de Vesle.

Taupmann, successeur de Goldaberg, 31, avenue de Laon.
Verdelet-Lacombe, 4, rue d'Etape.
Witt (Mme), 23, faubourg de Laon.

Sainte-Menehould.

Dumergue-Diou, *Bazar d'Austerlitz*.

Sézanne.

Chevallet-Diou.
Grangié.

Vitry-le-François.

Chauré. *Grand bazar de la Marne.*
Lamant (J).
Merle, Grande Rue de Frignicourt.

MARNE (HAUTE-)

Bienville.

Vert.

Bourbonne-les-Bains.

Drouot.
Dufey.
Faron-Marlin.
Humbert.

Bourmont.

Triébault-Charvie.

CHAUMONT.

Blum, successeur de Blum (E. et A.)
Josselin.
Lebrun (Mlles).
Scordel.

Entrémécourt.

Thiébault-Charvie.

Harréville.

Sellier (H.), *bazar de la Haute-Marne.*

Joinville.

Delaunay.
Lepoix.
Magu fils, successeur de veuve Magu.
Millet-Barrois.
Renaut-Desgrez.

Langres.

Derosier.
Henry (Mlles).
Loiseau-Mény.
Mercier.
Mille.
Oubert.
Popelard (Mlle).
Piat (Vve).
Viard-Marlin, successeur du Marlin.
Voulot (Mlle).

Nogent-le-Roi.

Parizot (Mlles).

Saint-Dizier.

Balland.
Courtois.
Loyeur.

Magu.
Marlin.,
Piètre-Persin.
Plaisance.

Vassy.

Magut.

MAYENNE

Ambrières.

Barbé, successeur de son père.
Colin.

Château-Gontier.

Béziers.
Bordillon.
David.
Juillard.
Malhère-Lemercier, successeur le Lemercier
   jeune.

Craon.

Robin (Dlles).

Ernée.

Rose (E.).

Evron.

Coulon-Harrouard.
Yvain-Verchère.

Grez-en-Bouère.

Dubois.

LAVAL.

Besson-Duhamel (Dame), rue de la Paix, 21.
Bobin (Dlle).
Chardonneau-Roujon, rue de Janville, 42.
Desalleux sœurs (Dlles), pont de Mayenne, 18.
Duhamel.

Mayenne.

Mousset et Feuillet.
Raspi.
Toutan fils.
Toutan-Pignar.

MEURTHE-ET-MOSELLE

Baccarat.

Christophe-Bajard.
Maire, successeur de Rousseville.
Nicolas (P.)
Poirson.

Blamont.

Charton (Vve).

Briey.

Adam, successeur de Emile Adam.
Adam fils, rue des Foires, 1.
Joseph.

Ciray-sur-Vezouze.

Pierson fils.

Conflans.

Saint-Paul-Egloff.

Frouard.

Faipeur.

Gerbevillier.

Hen.

Longuyon.

Adam (J) fils.

Longny.

Colette-Vangilwen (Dame)
Mayer-Lejeune.
Prais-Arquin.
Rosembeck et fils (Vve).

Lunéville.

Bony.
Desvignes.
Fennery-Calba.
Haingray et Cie.
Lebœuf.
Noël.
Ployel.
Voinot fils.

NANCY.

Aaronson, 46, rue Ponts.
Ardiller fils, 46, rue Saint-Jean.
Chardin.
Corbin-Guilbert et gendres, *Magasins réunis*,
   4, 6, 10, faubourg Saint-Jean.
François (A), 47, rue des Dominicains.
Godard-Haener, 8, rue Rangraff.
Guttermann, 23, rue Salle.
Houard, 15, rue Saint-Nicolas.
Klein-Moagenot (Vve), 25, rue Stanislas.
Larcher.
Pierre (Mme), 53, Grande Rue.
Poyel.
Saucerotte, 24, rue de Toul.
Thierry-Leclerc (Vve), 8, rue Saint-Jean.
Thouvenel (E.).

Pont-à-Mousson.

Corbin-Guilbert.
Devinois-Guerquin.
Georges (E.), rue Victor-Hugo.

Pont-Saint-Vincent.

Corbin-Guilbert.

Saint-Clément.

Maire.
Niner et Movenot, successeur de Niner.

Saint-Nicolas-de-Port

Bary-Lenoir et Cᵉ.

Toul.

Brésillon-Deschamps, *bazar Parisien*.
Corbin-Guilbert.
Dauphin, *bazar Saint-Nicolas*.
Humbert.

Vézélise.

Gégout.
Laurent.
Laviron.
Trompette.

MEUSE

BAR-LE-DUC.

Bloch et Cahen, successeur de Cahen.
Fosseler (Vve).
Babry.
Gonnelieu père.
Goullet.
Gratreaux (Vve).*Bazar Central.*
Liémann (Mme).
Mathiot fils.
Miner, successeur de -Verbois et Colin. *Aux fabriques réunies.*
Parisse.
Thiriet, successeur de Mlle Felner.
Vertbois et Collin, *bazar de la Meuse.*

Commercy.

Huault-Leclerc.
Levron.
Magny (Dame).
Vertbois et Collin.

Contrisson.

Erard-Pérard.

Debouze.

Bailly.

Dun-sur-Meuse.

Willaume-Comtesse (Vve).

Etain.

Thomassin (Dme).

Gondrecourt.

Rameau.

Ligny.

Geanty-Lejeune.
André (Jules).
Collot.
Durand.
Laforge.
Viard (Vve).

Rouvers.

Adam.

Saint-Mihiel.

Corbin-Guilbert.
Maigrat.
Rameau.

Stenay.

Gabriel (E.).
Guelin, *Bazar des Ardennes.*
Henry.
Vermeren.

Vaucouleurs.

Martin.

Verdun.

Gillet-Vedrennes.
Gonnelieu.
Linsalle, *bazar de l'Hôtel-de-Ville.*
Munier.
Nocton-Laidbœur. *Bazar Verdunois.*
Raulin-Chaumont (Mme).
Vertbois et Colin.

MORBIHAN

Auray.

Le Bayon (Mlle).

Belle-Isle-en-Mer.

Petitjean.

Lorient.

Corouge (Aug.). *Grand bazar de la Plaine,* jouets d'enfants, jeux de société, place Alsace-Lorraine et rue des Fontaines, 2 et 14.
Dassises.
Dulon. *Bazar Bordelais,* r. de la Petite-Vitesse.
Le Goff (Mme).
Le Mercier.
Levasseur.
Marquis fils, rue des Fontaines, 21.
Pimor.
Pradier (Mme), 56, rue du Port.
Seureau.

Palais (le).

Petit-Jean.

Pontivy.

Anger.
Cosson (Mme).
Simon, sœurs.

VANNES.

Henry.
Lefranc-Rozo.
Louet-Allanic.
Robert (L.)
Traigne.

NIÈVRE

Châtillon-en-Bazois.

Meguin.
Roube.

Charité (la).

Lantenois.
Saget (J.).
Vatan-Blot.

Clamecy.

Belmant aîné.
Hagemann.
Noël.

Corbigny.

Chambaut.
Gaudinot.
Lecomte (Ernest).

Cosne.

Dou.naux.
Lemaurst dit Bibi.
Mouroux.

Decize.

Bellement.
Camusat.
Fragny fils.

Fourchambault.

Peignot.

NEVERS.

Audin fils.
Barusseau, rue du Commerce, 7.
Blanchandin, rue de la Nièvre, 63.
Guilleraut frères.
Létourneau.
Martin jeune.
Ménanteau. *Grand bazar de la Nièvre.*
Pereda-Ribbeck.

Pougues-les-Eaux.

Ménanteau.

NORD

Armentières.

Billau aîné et Gruson, rue des douze Apôtres.
Fontaine-Cuvelier (Vve), rue de Lille, 24.
Sagaer, rue de l'Humanité, 25.
Spy-Lecouffe, rue du Curé, 1.

Ascq.

Rouneau frères, jouets en bois.

Avesnes.

Alberti.
Chauvet.
Dainot.
Eliet-Lacroix.
Riez
Ringuet-Prouveur.

Bailleul.

Thorez.

Bassée (la).

Buriez.
Martin-Prache fils aîné.
Triplet-Pollet.

Bergues.

Collewet (Mlle), successeur de Collewet frère et
  sœur.
Schalebrood.

Bourbourg.

Houyoux.
Rins de Croix.

Cambrai.

Dupont (G.), successeur de son père, rue des
  Trois-Pigeons, 8.

Cassel.

Contereau-Dubois.

Cateau (le).

Belin (E.).
Hédot-Leveau.
Grenier-Carbonay.
Lasselle-Richez, *Bazar du Nord*, faub. de
  Cambrai, 27.
Radouin (Mlle).

Caudry.

Colpart-Delannoy.

Denain.

Fichter-Odin.
Parmentier-Dumont.
Ruffin.
Thervais-Guyot.

Douai.

Bachelet-Bodelat, successeur de Mlle Bodelat.
Deudon (Auguste). *Bazar central*, rue de Bel-
  lain, 10.
Maze'ez-Paillez.
Souperbier, rue des Cloris, 8.

Dunkerque.

Belin-Nicard.
Defrance-Camus.
Delahaye, rue des Bassins, 21.
Fontaine.
Gardinville (Mlle), rue de Chaudronniers, 12.
Maison Universelle.
Néron.
Somiliana, rue de l'Église, 18.
Souty Dupont, pl. Jean-Bart.
Tournade.
Weil.

Escaudain.

Lepercq-Saint-Léger.

Estaires.

Degrason neveu.

Fives-Lille.

Renaut.

Fourmies.

Gérard (J.) *bazar des Ménages.*
Saunois, successeur de Munier. *Aux magasins
  Réunis.*

Hautmont.

Goffin-Georges.

Hazebrouck.

Floor (Mme).
Gillot-Floor.
Macrez-Desoutter.
Vandenbon.

Lannoy.

Dujardin-Wargny.

LILLE.

Assman (Vve), 11, rue Snaires.
Castelain-Gatari, 8, rue du Palais.
Colard fils, 199, rue Gambetta.
Corbeau, 189, rue Colbert.
Coupey, 35, rue Sec-Arambault.

Degand-Fichelle, successeur de Dargencourt, 102, faubourg Tournay.
Delbar-Allard, 1, rue Saint-Sauveur.
Delepierre, 21, place du Théâtre.
Descamps-Sepercq (Vve), 51, rue Nationale.
Desfossez (H.), 12, rue Royale.
Dumont fils, 34, rue Faidherbe.
Duretz-Costenobel, 211, rue Léon-Gambetta.
Ego, 128, rue Guinguette.
Fauvarque, 30 et 32, rue Faidherbe.
Ficvet, 60, rue Nationale.
Laumonier-Dumont, 18, rue Faidherbe.
Lefèvre.
Leroy-Delaunay, 5 et 7, Allée de la Jouissance.
Lesay-Delespaul, 29 et 31, rue de Paris.
Lindebrist-Janssens (Dame), 81, rue Julien.
Mordacq-Plamont, 28, rue Thiers.
Picard (E.), 3 et 5, rue des Prêtres.
Raoult (Mlle), 26, rue Faidherbe.
Raoult, 17, rue de Paris.
Robert (P.), 13 et 15, rue des Manneliers.
Soulperbillet-Borigille, 18, rue Léon-Gambetta.
Tierce-Blerg, 221, rue Gambetta.
Vignal-Raoult, 49, rue de Paris.

Maubeuge.

Cardinet-Matho, rue de France, 4.
Haguenauer (Mme), rue de Mons, 2.
Jean-Huart.

Marchiennes.

Derosne (Mlle).

Orchies.

Leclercq et fils.

Quesnoy (le).

Carlier-Frison
Renart-Lambert.

Roubaix.

Clotaire-Vilfart.
Dépieter, successur de Lecoq, 64, Grande-Rue.
Duceux.
Fribourg.
Hache fils, 36, Grande-Rue.
Hébert-Wargny.
Laplace de Tayrac (Mme).
Lévy.
Nutte-Drouffe, rue Lannoy, 134.
Thomas-Lesay, 1, Grande-Rue.
Walthar et Cie.
Wilfart, 5, rue de la Banque.

Sains.

Gillon.

Saint-Amand-les-Eaux.

Debrahant.

Solre-le-Château.

Crignon-Barlet.
DEROME-LEGRAND, jouets en gros, articles de Paris, vannerie, ferblanterie, papeterie, bijouterie, librairie, etc. Grande Place.
Féret-Dubray.
Portemont (Mlle).
Villers (J.), jouets en fer-blanc.

Tourcoing.

Delebois-Oger, rue Saint-Jacques, 41.
Desmette, rue de la Mairie, 9.
Grau-Nabal (E.).
Klein-Goldmann.
Wilkin-Tiriq.
Lebrun-Wicart, rue de Lille, 27.

Trélon.

Knidler-Thibaut fils.

Valenciennes.

Belin-Lemaire, place d'Armes, 11.
Billoir, rue Saint-Géry, 49.
Castel-Gras.
Fischter.
Geisler.
Kaen, place d'Armes, 59.
Leroy-Delaunay.
Michel-Kahn.

Wambrechies.

Delrue.

Wormhoudt.

Vermoote-Ryckewaert.

OISE

Apremont.

Guiller.

BEAUVAIS.

Caron-Rausquin.
Gaffé-Dumcige.
Hersent, successeur de Goudet-Dubois.
Lefebvre-Carlin.
Leroy et Hardy, successeur de Leroy fils.
Marminia fils.
Métayer jeune.
Riotto. *Grand bazar de l'Oise.*

Chantilly.

Guillaume.

Compiègne.

Buchillot (Vve).
Camus (Dame).
Dalmand (Dame),
Dumoulin.
Guède-Villette.
Muzarelly, successeur de Bollé-Leroy.
Page (Vve) et Caillot sœurs, successeurs de veuve Page et Caillot.

Cormeilles.

Duparc.
Thonet.

Creil.

Bazar de la Gare.
Bazar du Gaspillage.
He. bommez, successeur de veuve Fleury et Herbommez.
Péan frères.
Petit (Mlle), successeur de Mlle Moisy.

Crépy-en Valois.

Pechon.

Formerie.

Lecuir-Poiret.

Liancourt.

Bray-Vilon (Dame).
Denis.
Haumont.
Lesertisseur.

Méru.

Dossier.

Neuilly-en-Thelle.

Bazin (Eug.).
Degraine.
Desjardins.
Gourlan-Gérin.
Langlois.
Martin-Lefort.

Noyon.

Mary-Dufeu.

Roquencourt.

Delaporte.

Senlis.

Gaud.
Hardy.
Lorin.
Rodier.

Trosly-Breuil.

Migette.

Trye-la-Ville.

Lelong-Rouland.

ORNE
ALENÇON.

Briois-Lebannire.
Lefrère.
Scordel fils, *bazar de l'Orne.*
Tabouret, successeur de Letourneau.

Argentan.

Bertrand.
Derville.
Libert.

Ferté-Macé (la).

Besnard-Péan.
Brichard.
Nugues (E.)

Flers.

Brard-Collin.
Bureau.
Caillot.
Chatot.
Coesnon (Mme).
Docagne.
Festu.
Fortier.
Fournerie.
Lechevrel.

Lesecq (Mme).
Meuret-Festu.
Potier.
Vayssières.

Laigle.

Bigot (Constant).
Bohin (Benjamin) fils.
Déage.
Gratadour.
Lutaud fils.

Mortagne.

Maillaut.

Sées.

Donet.
Graffin.
Lainé (Alfred).

Tinchebray.

Laroze (Mme).
Postel veuve et fils, successeur de veuve Postel.

Trun.

Redonnet.

PAS-DE-CALAIS
Aire-sur-la-Lys.

Bernard-Chrétien.
Borde-Dette.
Chapuis.
Horel-Niobey.

ARRAS.

Belin-Sevrez.
Cosson.
Colas-Lasal.
Dhinin.
Michonneau (Vve).
Miseron.
Trousson.

Audruicq.

Zuttre (Mme).

Auxy-le-Château.

Chauviet.
Deschamps.
Petit-Bellegueule.

Bapaume.

Camier-Coupet.
Dengreville-Cabot.

Berck-sur-Mer.

Bouigne veuve et fils.

Bertincourt.

Pennetier.

Béthune.

Blancquart.
Daquin-Lecouffe.
Dufrenoy.
Duval.
Marsil-Gamblin, successeur de Georgin.
Marx.
Merché-Crus.
Pignon-Derache.

Boulogne-sur-Mer.

Baille-Dutertre, 54, 56, rue Faidherbe.
Bouchard père.
Bourgois (Mlle), successeur de sa mère, 2, rue Thiers.
Brevel.
Daudruy.
Duhamel.
Dupont (F.), 9, rue Thiers.
Fourrier-Huret, 50, rue Victor-Hugo.
Fresnais, 83, rue Victor-Hugo.
Giouanna (Mlle).
Groseillier, 17, Grande Rue.
Gruard-Leclercq, 4, Grande Rue.
Huret fils, 77, rue Thiers.
Leporcq-Flahaut, 11, rue Damrémont.
Levasseur.
Lévy, 11, rue Faidherbe.
Meyer-Weyl.
Miersmann.
Monlaur (Dame), 44, rue Lampe.
Prevel, 22, place des Victoires.
Teyssier, 36, rue Thiers.
Wallon-Chartron, 211, rue Nationale.

Bresmes.

Desurmont-Joyez.

Calais.

Chereux (Vve).
Deligny-Chevalier.
Despretz.
Gressier-Toron fils aîné.
Lehodey-Le-Do.
Lehodey-Caron.
Liénard-Weens.
Mourembles-Lormier.
Pecqueux-Lefebvre.
Peletier.
Popelin (Mlle), successeur de Mlle Leprince.
Wartel (Mlle).
Withmarch.

Desvres.

Nérinck-Macret, successeur de Dupré-Brachet.

Fruges.

Bracquart.
Capy.
Desmonchaux-Bernard (Vve).
Willart, frères et sœurs.

Guînes.

Boornck-Betfort.
Lecucq-Pecquart.

Hénin-Liétard.

Couteau (dame)
Willefert-Crépin.

Hesdin.

Bresly-Williard (Vve).
Dupuy.
Henry-Henry.
Penet (Vve).
Valmier.

Lens.

Frémicourt.
Routy.
Tranchant.
Vermeulen, successeur de Prévost.

Liévin.

Quatannens-Decraene.

Marquise.

Gourdin-Ducrocq.

Portel (le).

Desoteux-Morel.

Montreuil-sur-Mer.

Loisel (Mme).
Suée-Vérité.

Riencourt-lez-Gagnicourt.

Dhorne.

Rocquigny.

Brand'huys-Espuicer.

Saint-Omer.

Dufour-Melnies.
Malbrancq Jude.
Matrat-Hanon, rue des Clouteries, 27, 27 *bis* et 29. Porcelaines, cristaux, couronnes, jeux, jouets, fontaines en tous genres, articles de bazars. — Demander tarifs et catalogues.
Poulain-Belbezet, *Grand bazar*, r, de Dunkerque, 36.
Souplet (dame) jeune.
Villani-Malbranque.

PUY-DE-DOME

Bechon.

Boulay-Touly.

Bourboule-les-Bains.

Ardizonne (Vve).
Brezat.
Clavel.
Conchon (Mlle).

Chabagnal.

Pintrand-Fouilhoux.

Chavaroche.

Pironon.

CLERMONT-FERRAND.

Alzais.
Caille.
Clavel, place Jaude.
Collomb, 20, rue Saint-Esprit.
Constant et Germain.
Dalemas (J.).
Davayat-Viallard, 21, rue Saint-Louis.
Doumaux.
Duvert, 36, av. Charras.
Epinasse.
Favier, 12, rue du Terrail.
Favier, fils aîné.
Fuliquet, 27, rue Saint-Genès.

Germain-Constant, 31, rue Charras.
Lafarge-Gorce.
Perrel.
Pomel.
Ribeyre aîné (Vve), 5, place Jaude.

Fénérole.

Pintrand-Vaure.

Issoire.

Dary.
Chalembel.
Gladière-Duranton, boul. de la Manlière, 29.
Guidy (M.)
Malpy
Minjard.
Vaure.

Mont-d'Ore.

Montel.

Riom.

Bourgoin-Raymond.
Clermont, successeur de Berthon.

Royat.

Puel (dame).

Saint-Flour.

Lambardier.
Patrice (Vve).

Thiers.

Martin-Bongiraud.
Patrice (Vve).
Penel.

PYRÉNÉES (BASSES-)

Bayonne.

Barneix (Dame).
Begue (Mme).
Bongiraud.
Burguburu, successeur de Bazin.
Brissac fils.
Castelbon.
Gabriel.
Guesnu (Maison Passement).
Haas.
Laffurgue.
Leplat (Vve).
Rocher-Lorrière (Dlle).
Santa-Maria (Mme).
Suarez.
Tajan et fils.

Biarritz.

Bazar, place de la Halle.
Fouterme, successeur de Rouiller-Veillet.
Lafforgue.
Lair-Dalbarade (Vve).
Martin-Bongiraud.
Roullier (Vve).

Eaux-Bonnes.

Wolff, père.

Guéthary.

Nunes.

Hendaye.

Arizmendy.
Curutchet (Pierre.)
Roidot (Vve).

Oloron.

Barrère.
Lacaze.
Lassalle et Carteron.
Manes.
Tilloy-Lasalle.

Orthez.

Goude-Dumesnil.
Lasalle-Calès.

PAU.

Barès.
Bérot et Grimal, successeur de Bérot.
Castets, jeune.
Courtois.
Dubreuil.
Ferré.
Lalaste (Vve).
Lescudé (Vve).
Malan (Jules).
Malan (Guillaume).
Maucap-Belloc.
Mongrand.
Pacault.
Sabatier, successeur de Creplet.
Stowozelski.
Terré.
Trey.
Wolff, père.

Saint-Jean-de-Luz.

Medan.
Mougin (Mlle Marie).
Mougin (Mlle Thérèse).
Sabaut fils.

Salies-de-Béarn.

Bonnet, frères.
Lansalot.

PYRÉNÉES (HAUTES-)

Bagnères-de-Bigorre.

Cazenaue, fils.
Colson.
Gardy.
Journès.
Lafaille.
Michel.

Lourdes.

Latapie.
Méo.
Poupin et Picard, successeurs de Defol, dit Caucal.

TARBES.

Barthe.
Crespin (Martial), rue des Grands-Fossés, 26.
Daubous.

Ducru, rue des Grands-Fossés, 26.
Dupont.
Forasté (S.) et Rumeau (L.) *Bazar du Marché Brauhauban*, place et avenue du Marché Brauhauban.
Lamon.
Poucy.
Ribes (H.).

Trie.

Castet (Vve).

PYRÉNÉES-ORIENTALES

Amélie-les-Bains.

Charles.
Larnaudie (Mlle).
Saloat.

Bourg-Madame.

Estradère et Guillamotal (Dlles).

PERPIGNAN.

Clermont fils.
Latour.
Laurent.
Marty (J.), rue Fusterrie, 1.
Romangas, rue de la Loge, 14.
Sougnac et Delbourg.
Soyeur.
Zappa, rue Mailly, 3.

Prades.

Gontiès.
Oliver.
Prohom.
Pujol.

Prats-de-Mollo.

Coste.

Rivesaltes.

Alexis (Mme).
Delclos (A.).

St-Laurent-de-la-Salanque.

Négrier-Calvet.

Vernet-les-Bains.

Malart fils.

RHIN (HAUT)

BELFORT.

Barbier.
Burgermeister.
Deler.
Hauser-Bloch.
Incelin, successeur de Incelin et Drouillot.
Legrand (Emile). *Grand Bazar Central*, faub. de France, 1.
Marlin.
Martin et Varroy.
Paillard (Vve).
Pierron.
Viard-Marlin.

Danjoutin.

Voilant.

Delle.

Grandjean.

Giromagny.

La Fraternelle de Giromagny.

RHONE

Amplepuis.

Lagresle-Rey.
Sève.

Anse.

Gradot-Chalyé.

Bourg-de-Thizy.

Poutille-Penaullet.

Cours.

Imbert (Mlle Stephanie). Bimbeloterie, jeux, jouets, bijouterie, vannerie, librairie, maroquinerie, objets de piété, parfumerie.

Givors.

Carrichon.
Puvillaud.

Lyon.

Alibert, 5, place Léviste.
Arnaud, 4, place des Jacobins.
Auderseth, 96, avenue de Saxe.
Bailly, 7, rue Moncey.
Balme-Ladize (dame), 70, rue Hôpital.
Bataille (Vve), 18, cours Morand.
Bazar Lafayette, cours Lafayette, 21.
Béranger, 22, rue Grande Vaise.
Berthet (dame), succ. de Vve Julien, 8, rue Sergent-Blandan.
Bertrand, 2, rue Petit-Change.
Bertrand, 12, rue St-Sébastien.
Bidon (Vve), 12, rue Gambetta.
Bisset, 9, rue Moncey.
Blanchon frères, 44, rue Hôtel-de-Ville.
Bœuf, 61, rue République.
Bornarel, 13, rue Carmélites.
Boucher, succ. de Seynat, 4, rue Hôtel-de-Ville.
Briquet, 158, boul. de la Croix-Rousse.
Brizolin-Redon, 45, rue République.
Brunet, 10, place Terreaux.
Brunet (Mlle), 24 *bis*, rue Guillotière.
Buis-on, 167 *bis*, rue Lafayette.
Burty, 166, rue Cuvier.
Caminet, 11, cours Lafayette prol.
Casset (Vve), 32, rue République.
Castin, 84, rue Lafayette.
Chanal fils, 20, rue St-Pierre.
Chanal-Say, 69, rue St-Clair.
Charmillon, 89, rue Guillotière.
Chatanay, succ. de Badin, 34, rue Sergent-Blandan.
Chevalier, succ. de Vve Pefrod, 9, rue Belfort.
Chollet, 7, Grande rue Croix-Rousse.
Clardin-Deschamps (dame), 37, rue Grenette.
Cottay (dame), 5, place du Marché.
Cusset (Vve), 90, rue Guillotière.
Damé fils, 64, rue de la République.
Daniel et Cie, 6, place St-Nizier.

Defontaine (Dlle), 63, Grande Croix-Rousse.
Delpeuch, gare St-Paul.
Deugler (Vve), 9, rue Grand-Saint-Clair.
Desbos (Vve), succ. de Pierre-Piéron, 43, rue Grenette.
Desgranges, 14 quai des Célestins.
Dieudet (dame), 61, cours Vitton.
Dizier (Vve), 27, cours d'Herbouville.
Dubouchet, 13, rue Bodin.
Dumond, 2, rue St-Dominique.
Dumond (Dlle), 6, rue des Pyramides.
Dupré, 15, rue Victor-Hugo.
Dupuis, 14, rue Centrale.
Dulet, 24, marché St-Sébastien,
Faure, 37, grande rue de Vaise.
Favre, 22, rue Martinière
Felelta (Vve), 62, rue Trion.
Fesq, 58, rue Victor-Hugo.
Fluchère, 18, rue Polycarpe.
Fouiller, 24, rue Gabrillot.
Fradot, succ. de Naun,12, rue Gambetta.
Froget, succ. de Gros, 24, rue St-Pierre.
Gaillard (Vve), 3, rue Camille-Jordan.
Gauthier, 4, cours Vitton.
Girardon (Emile), 8, rue Fromagerie.
Glahn, 26, quai de la Guillotière.
Goddé, 31, rue Centrale.
Godet (Vve), 2, rue Victor-Hugo.
Gouyet aîné, succ. de Perrin, 11, place Guillotière.
Grand Bazar de Lyon, 31 rue République.
Gros, 24, rue St-Pierre.
Guillermond, succ. de Vve Pilaud, 9, rue Moncey.
Jeunet (Vve), 3, rue Octavio-Mey.
Jerry, 19, rue Paul-Bert.
Jhund, 13, rue Pyramide.
Louchard, 158, boulevard Croix-Rousse.
Meissonnier (Dlle), succ. de Molfournl, 22, rue Marseille.
Michallet, succ. de Gaillard, 3, cours Jourdan.
Moronnoz, 128, cours Lafayette.
Mouret, rue Moncey, 49.
Nicolas fils, 26, rue Mercière.
Nugues, 7, rue Octavie-Ney.
Parry, 6, place Jacobins.
Pechoultre, succ. de Armand, 4, place Jacobins.
Pelle (Vve), 30, rue République.
Péringo (dame), 23, rue Childebert.
Perrot (Vve), 131, rue Garibaldi.
Phily, 11, rue Ponteau.
Pierron, 84, rue Liberté.
Picard, 10, rue Guillotière.
Picot, 20, rue Champ-Fleuri.
Piolat, 30, rue Capucins.
Placy aîné, 4, rue Gasparin.
Prienet, succ. de Louchard, 2, rue Grande-Côte.
Rivoire (Vve M.), rue Ste-Jeanne, 26.
Roche, 7, rue Flandrin.
Rouchon, 54 bis, rue Sala.
Saint-Bonnet-Petot, 37, rue République.
Schmidt-Bel, succ. de Placy, 4, rue Gasparin.
Séguin, 21, cours Lafayette.
Servajean jeune, 26, rue Victor-Hugo.
Sigonnay (Vve), 91, rue Montesquieu.

Sourd (dame), 36, quai Charité
Stalle et Cie, 51, rue Victor-Hugo.
Thollet, 7, rue Grande-Croix-Rousse.
Tognon, 25 rue Bourbon.
Tonuin (Vve), 7, rue Charpennes.
Tournadour-Grandy, 6, place Croix-Rousse.
Tullon, 13, rue Hospice des Vieillards.
Tupinier, succ. de Alibert, 2, place Levistre.
Vagnon, 26, rue Victor-Hugo
Villars, angle des rues Moncey et Turenne.
Vincent, 59, rue Grande Cote.
Viannay, 51, rue Victor-Hugo.
Vire, 35, rue Centrale.

Montplaisir.

Alix.

Tarare.

Bertrand-Chatelard, succ. de Mlles Chatelard.
Bourbon-Truche.
Dumas.
Fournier.
Gagnaire.

Thizy.

Loiron.

Villefranche.

Chapelet.
Gauthier.
Kock et Meyer, av. de la Gare.
Pain.

Villié-Morgon.

Goy (Joachim).

SAONE (HAUTE-)

Delain.

Aubry (J.)

Esprels.

Sermet.

Fougerolles.

Bertrand neveu.
Triponoy.

Gray.

Bergeret fils.
Caussade fils
Chateau, bazar Graylois.
Lévy, bazar du Louvre.
Magnin, succ. de Vve Baulard.

Héricourt.

Barbier.

Jussey.

Abadie jeune.
Colin fils.

Lure.

Magu.
Soudré frères.

Luxeuil.

Gaillard.
Joramd-Caré.

Raincourt.

Lamotte.

Saint-Loup.

Razel (E.)
Razel (F.)

Vauvillers.

Detrie-Mongin.

VESOUL

Carré.
Colin.
Durand.
Fournier-Barbier, succ. de Barbier-Cuinet.
Perrot-Borne.

Villersexel.

Brun.

SAONE-ET-LORE

Autun.

Brajeux et Terrier.
Jonon.
Mariotte fils.
Monin.
Moriceau-Prince.
Richard (veuve).

Chagny.

Arpajon.

Châlon-sur-Saône.

Bernard.
Blanc.
Cheminaud, succ. de Blum-Marix.
Finot (veuve).
Manuel.
Mollard.
Morel, *grand bazar de l'Obélisque.*
Prost aîné, bimbeloterie et jouets, rue Denon, 18.

Charolles.

Ballot.
Cleaud.
Deschaintre.
Gentilhomme.

Cluny.

Guérin.

Creuzot (Le).

Bazar du Centre.
Bull.
Descombes.
Descourt (veuve).
Huvier (Eugène).
Lebois-Meiries.

Digoin.

Cazaux frères.
Utzchneider.

Louhans.

Franchebois.

MACON

Bernard (C.)
Bernard (Ph.)
Bonnin.
Cherest (dame).
Edmond.
Fouillet (Vve).
Guimbe-ky.
Lanier Triboulet, succ. de Mlle Triboulet.
Raverat jeune, *bazar Mâconnais,* jouets, horlogerie, parfumerie, maroquinerie, porcelaines et cristaux, articles de ménage, etc., rue Philibert Laguiche, 11.
Vanel.
Weis-Gavilot.

Marcigny.

Lavenat-Brun.

Montceau-les-mines.

Guillemin.
Rozat, *bazar de l'Hôtel de Ville.*

Paray-le-Monial.

Pouzet.

Tournus.

Gabriel, succ. de Bacharel-Mounot.

SARTHE

Château-du-Loir.

Chevalier-Fertray.
Doucet et Baron.
Moriceau-Dugué.
Morisset.
Roupnel.
Thoroy-Moriceau.

Connerré.

Bouvier.

Flèche (La).

Lanceleur-Choquet.
Roujou.

Fresnay-sur-Sarthe.

Brunet-Moire.
Derain.
Tasdhomme.

Mamers.

David.
Scordel fils, *bazar de l'Orne.*

MANS (LE).

Audard.
Barrier, 1, avenue Thiers.
Belin.
Bernheim, 18, rue Minimes.
Bodard fils, 11, rue d'Alger.
Bouttier (G), successeur de Bouttier frères, et Métivier, 5, rue Juiverie.
Boyu.
Cany (Vve), 11, 13, rue Saint-Jacques.

Davy
Gesland, 9, sous les Halles.
Jacquet (Mme).
Jourdain, rue St-Jacques, 11.
Lafont, 14, rue Fuic.
Lebrun-Belin, successeur de Belin, 2, rue
   Barillerie.
Loyer, 11, rue Cornet.
Masson, 28, rue Constantine.
Mézières, 72, avenue Thiers.
Moyeu
Noël, 44, rue Gonin.
Perron.
Pignard-Perchappe, 36, avenue Thiers.
Poulain-Couesnon 13, rue Dominique.
Ribot-Lécresnais (Vve), rue Marchande.
Roberty.
Roger.
Royer, 75, rue Thiers.
Touchard.
Vallet, rue du Cornet.

Montmirail.

Bourlier.
Chaillou.

Ponthieu.

Dautrin.

Sablé.

Chevallier.
Dolbeau.
Lefresne (Mlle).
Lemercier jeune.

Saint-Calais.

Chatillon.
Fouqueray.
Pavy.
Tabareau.

Sillé-le-Guillaume.

Mallet.

SAVOIE

Aix-les-Bains.

Bosseau (Vve).
Broglio (dame).
Cerf fils et L. Siegel.
Gueydon (Vve) et fils.
Pannetier.

Albertville.

Brunier.
Gunet.
Lagarde.
Piaget fils.

Brides-les-Bains.

Ducloz.

CHAMBÉRY.

Beroud, successeur de Yvroud.
Broglio (dame), boul. Hôtel-Dieu.
Druel.

Durand.
Faivre Carron, rue Croix d'Or, 1.
Gabert (Vve).
Trellu père, *grand bazar de Savoie*. rue Som-
   meiller.

Modane.

Moutiers.

Collombet.

Facemaz.

Rochette (la).

Chappellet jeune.

SAVOIE (HAUTE-)

ANNECY.

Godard, *grand bazar de la Savoie*.

Evian-les-Bains.

Noir-Claret.
Pellissier frères.

Lullin.

Ghedal (C.)

Saint-Gervais-les-Bains.

Delacquis (J.)

Thonon.

Gaudrin frère et sœur, *bazar Parisien*.

SEINE-ET-MARNE

Champs.

Nué.

Château-Landon.

Mignon.
Robert.

Claye.

Duponcet (dame).

Coulommiers.

Astoul, rue de Melun.
Carrez.
Chanon (C.).
Delattre.
Goulu.

Esbly.

Lefebvre (A.).

Ferté-s-Jouarre

Bahin.
Gueuvin-Moussu.
Schérer-Tschupp.

Fontainebleau.

Bouchet, rue de France, 17.
Lehmann.
Normand (dame), successeur de Lagoutte.
Péchevie-Béchard (dame).
Picart (Vve).

Jouy-sur-Morin.

Barre.

Lagny-sur-Marne.

Goupy.

Lagny-Thorigny.

Lecanu, successeur de Caagon.
Nué.
Paquier.
Rollin.

Meaux.

Lévy.

MELUN.

Cochin.
Courson (Vve).
Gagnery.
Lagrue.
Lecuyer (Vve).
Legros.
Lopart père.
Scheffer.

Misy-sur-Yonne.

Vignal.

Montereau.

Ernis-Lesaye.
Godard.
Lennerez.
Marchand-Cordier.
Picot.

Nangis.

Pourtier.

Nemours.

Bailly.
Desserav.
Imbert.
Loué, successeur de Demoiselle Vauvray.

Panfoux.

Gallé.

Provins.

Audebert, rue de la Cordonnerie, 28.
Kirilop, rue du Val, 17.
Loiseau (Demoiselle).
Mayeur, successeur de Demoiselle Kirilop.
Versaux-Presson, rue Hugues le Grand.

SEINE-ET-OISE

Andrésy.

Blanchon.

Angervilliers.

Renard.

Beaumont-sur-Oise.

Boutin (Vve).

Bougival.

Aubry.

Clayes (aux).

Maurey.

Corbeil.

Bracq-Batiche fils.
Guérin.

Enghien-les-Bains

Trouselard-Rouy (dame).

Etampes.

Labbé-Guibet.

Gagny.

Dauchy.
Trouble (Vve).

Houdan.

Réant (Victor).

Mantes.

Cotty.
Fournier.
Marquet.
Reignier.
Soubis-Bertrand.

Marines.

Thierry.

Mennecy.

Rideau.

Meulan.

Bony.

Montfermeil

Roussel.

Neauphle-le-Château.

Noël fils.

Pontoise.

Bollé-Leroy.
Picot (Vve).

Presles.

Notto, au Moulin de Montbré.

Rueil.

Renard, successeur de Dif.

Saint-Arnould.

Thiriet.

Saint-Cloud.

Croix.

Saint-Germain-en-Laye.

Durand (Vve).
Lesperrier.
Merlier.

VERSAILLES.

Azais, 16, rue Royale.
Bretignière, 81, rue Royale.
Boucher, 20, rue des Chantiers.
Danger.
Félizaz, 56, rue de l'Orangerie.
Garnetel, 12, rue Royale.
Gaubert.
Goldmann, 2, rue Saint-Pierre.
Hurel fils, 2, rue Duplessis.

Husson, 15, rue Sainte-Adélaïde.
James, 3, place Saint-Louis.
Mouton (Vve), 3, rue Duplessis.
Pichot, 26, rue Duplessis.
Quenord, 19, rue Saint-Honoré.
Renault, 12, rue Saint-Pierre.

Vésinet.

Hemschot.

Ville d'Avray.

Magrin.

Villeneuve-Saint-Georges.

Louplaa (Dlle).

SEINE-INFÉRIEURE

Bolbec.

Jeanne (Ch.), bazar *A la Ménagère*, jouets d'enfants, bimbeloterie, rue Guillet, 4.
Martinais.
Sénécal.
Thibout, succ. de Griffard.
Toutain (Dlle).

Cany-Barville.

Leclerc, *bazar de la Poste.*

Caudebec-les-Elbeuf.

Huet.
Leroux.

Dieppe.

Delabarre (A.)
De Moutès.
Devaux, succ. de Limichin.
Garcin—Hébert.
Landa.
Lecourt fils.
Vangel.

Elbeuf.

Berrier (Vve).
Cornu.
Garonne.
Jacob.
Lamartin (Dame), 34, rue Saint-Louis.
Lamartin (Dame), 3, rue Hospice.
Landais-Berrier.
Langlois.
Lemaître.
Leroux.
Picard.
Pirotte.
Servin.

Etretat.

Hanchecorne.

Eu.

Devismes.

Fécamp.

Fournier.
Gillard.
Pannevel (Vve), succ. de Quitard (Vve).

Grandcourt.

Lemarié.

Le Havre.

Andrieu, 222, rue Normandie.
Aubert (Vve), 70, rue Eglise.
Barthélemy, succ. de Broca, 4, rue Molière.
Baulin (Vve), 2, rue Drapiers.
Blum, succ. de G. Blum père, 12, rue Abbé-Herval.
Burgot, rue Reine-Berthe.
Cerf, 21, rue Thiers.
Corvée (Dame), 119, rue Normandie.
Dantant, 170, rue Normandie.
D'Henhaure, 215, rue Normandie.
Delmont, succ. de Pennerat (Dlle), 1, rue Mexico.
Févat, 77, rue d'Etretat.
Gain, succ. de Jomard et Gain, 98, rue Victor-Hugo.
Grand bazar, rue de Paris, 121.
Guedé, 78, 80, rue de Paris.
Gueroult, 52, rue Hil-Colombel.
Hauguel (Vve), 76, rue Thiers.
Landrieu (Ch.), rue de Paris, 100.
Laville (Dame), rue La Fontaine.
Lebègue (Mlle), 131, rue d'Etretat.
Lebrun, J.-B. rue Tyriées.
Lucas, succ. de Parot, 44, rue Thiers.
Maillard, 105, cours République.
Martin, 13, rue Thiers.
Massieu, 135, rue d'Etretat.
Mouthier, 67, rue Dauphine.
Pellerin, 13, rue Séry.
Pinchbeck fils, succ. de Pinchbeck père, 19, rue Royale.
Pisant, 99, rue Guillemart.
Regnier, 228, rue Normandie.
Richard (Mme), 30, rue Ste—Adresse.
Roger (Mlle), 4, rue Saint-Vincent-de-Paul.
Rossolin fréres.
Salomon, 257, rue Normandie.
Salvador Cerf, rue Thiers, 21.
Sannier, 29, rue Séry.
Saunier, 14, rue Bordeaux.
Schmidt, 44, rue d'Etretat.
Soullard fils, 73, cours République.
Tennière sœurs, 64, rue Mailleray.
Togni (Dame), 292, rue Normandie.
Vessière fils, succ. de Pineau, 4, place Hôtel-de-Ville.

Lillebonne.

Després, *bazar Parisien.*
Sehet, *bazar de la Ménagère.*

Montivilliers.

Gilin.
Metterie.

Neufchatel-en-Braye.

Bellecontre (Dlle).
Labbey, succ. de Crosnier fils.

Pavilly.

Vigor.

ROUEN

Arson, 29, rue Jeanne-d'Arc.
Auvray, 3, rue Lafayette.

Beaunay et Goblin, succ. de Beaunay, 86, rue République.

Bouchon (Vve), 60, rue Thiers.

Boutroux, succ de Parizet et Boutroux, 33 et 35, rue des Carmes.

Cordonin, rue de la Grosse Horloge, 12.

Decorde, succ. de Saluit (Vve) et Decorde, 20 *bis*, rue Saint-Eloi.

Delafontaine, rue Jeanne-d'Arc.

Doudiet. 69, rue République.

Dupré (Dame), succ. de Allard, 145, rue St-Hilaire.

Duval et Laguitre, succ. de Roche (Vve), 17, rue des Carmes.

Duval, 60, rue Jeanne-d'Arc.

Eckhoudt, 5, rue du Pré.

Grière, 75, rue d'Amiens.

Grout, 62, rue Saint-Sever.

Hormez, 61, rue Lafayette.

Laignes, 114, rue Saint-Marc.

Laplanche frères, 48, imp. Chapelière.

Leblond. 78, rue des Carmes.

Lechevallier, 10, rue du Grand-Pont.

Leconte (Hector), 145, rue Grosse-Horloge.

Lecoq, 51, rue Lafayette.

Léger, 13, quai de Paris.

Lepelletier (Dame). 47, 48, quai de Paris.

May, passage Saint-Herblaud.

Mazure, 63, rue du Grand-Pont.

Ménétrier-Aubriot, 21, 23, pl. de la Cathédrale.

Mézière, 99, rue Saint-Vivien.

Molon aîné, 47, rue Saint-Sever.

Montéréol, 37, quai de Paris.

Moos, 11, rue des Carmes.

Parnaudeau, succ. de Renard, 36, rue Jeanne d'Arc.

Pelletier, quai de Paris.

Petit (Vve), 158, rue Grosse Horloge.

Postel aîné, 175, rue Grosse-Horloge.

Postel, 10, 12, rue du Grand-Pont.

Quesnot-Pellerin, 50, rue Jeanne d'Arc.

Ramon, succ. de Heuzé, 92, rue Jeanne d'Arc.

Roche, rue des Carmes, 11.

Théry, 26, place St-Marc.

Touchard jeune, rue St-Sever.

Trestournel (Dlle), 16, rue Hôpital.

Turgis (dame), 63, rue Lafayette.

Vella fils, 37, quai de Paris.

Saint-Valéry-en-Caux.

Cherfils.

Sanvic.

Devaux.

Tréport (le):

Laurent.

Neules.

Sénateur-Boulies.

Yvetot.

Bennezon.

Bourdin.

Delaunay.

Frémont.

Houdonin.

SÉVRES (DEUX-)

Bressuire.

Bressolette.

Dorléans, succ. de Maussion-Guesdon.

Cerisay.

Cier.

Gez.

Châtillon-sur Sèvres.

Chauveau.

Martel.

Coulonges-sur-l'Autize.

Robin

Melle.

Foucher (A.)

Mélin

NIORT

Baudon.

Bonneau.

Chapaud frères.

Deschamps (Vve).

Fauper.

Loudun-Tranchand (Vve).

Poquelin-Brun, succ. de Dlle Brun.

Parthenav.

Chauvineau, succ. de Pasquet.

Michonneau fils.

Pallardy.

Saint-Maixent.

Barnabé.

Lagarigue.

Sureau.

Thouars.

Delavault.

Langrée.

Touchart (Mme).

SOMME

Abbeville.

Alexandre (G.).

Alexandre (A.).

Gaffé (Vve).

Greux.

Jérôme.

Petitpas-Guiot (Vve).

Albert.

Noiret-Devergie articles de Paris et jouets d'enfants, rue du Chemin de Fer, 19.

AMIENS

Belle.

Brébion-Woilot.

Cauchy, 6, rue des Trois-Cailloux.

Chaumet, succ. de Muller, 8, rue des Trois-Cailloux.

Damagnez. 80, rue des Trois-Cailloux.

Dreslard Caron, 19, pass. de la Renaissance.
Dufay-Bernaux, 27, rue Duménil.
Faroacque.
Fleury, rue de l'Aventure, 49
Gaudry-Villette, 6, place au Feurre.
Guérard (Vve).
Guyot-Gadou.
Henry-Quatrelivres.
Lapeyre.
Lecat (Léon et Gaston), 23 et 30, rue St Leu.
Lelièvre, 6, place du Don.
Madare-Vergne.
Monard, 81, rue des Trois-Cailloux.
Morel—Fleury.
Morel Ridoux (Vve), 11, rue Chaudronniers.
Muller.
Orset (Vve), 41, rue Cordeliers.
Pourchez, 83, rue Hotoie.
Raoul.
Sauval (Vve).

Belloy-sur-Somme.

Deruelle-Herbet.

Domart-en-Ponthieu.

Warin.

Doullens.

Boulogne-Cresson.
Cresson-Bocquet.

Gamaches.

Altier.

Ham

Chevreux—Moutardier.
Dorigny.
Leblanc-Bouchy.
Naudin.

Mers-les-Bains.

Duclerc.

Montdidier.

Autereau, succ. de Druelle.
Pouillel-Pillot.

Namps-au-Mont.

Lheureux.

Péronne.

Wanègne.

Poix.

Mille-Vasseur fils.

Rottencourt-les-Blangy.

Bourguignon.

Roisel.

Maréchal.

Rue.

Capet-Delcuze.
Deherre.
Devauchelle.
Morand.
Neuveglise.

Saint-Valery-sur-Somme.

Bellanger-Beauvisage.
Chatelain.
Coiret.
Cozette.
Duglos—Degroseille (Vve).
Ruby.

Villiers-Bretonneux.

Dewailly-Demaigneux, succ. de veuve Demai-
  gneux-Dewailly.
Moriez-Bouffette.

TARN
ALBI.

Chavenon (J.), *maison Universelle*.
Fournier.
Lacombe.
Marieu (dame).
Metge.

Carmaux.

Beck.

Castres.

Castet (Michel).
Fulgent.
Granier (Jean). *Au magasin Universel*, articles
  de Bazar, librairie, glaces, papiers peints,
  articles de Paris et d'illuminations, etc.,
  etc.
Mourgues.
Peyrefitte, succ. de Cast et Cie.
Pierrefitte fils.
Ramond.
Roybon.
Viot fils.

Gaillac.

Artus, succ. de Loubet.
Miquel (Dlle).

Lavaur.

Bressolles.
Cougoureux.
Montels (M.).

TARN-ET-GARONNE
Castelsarrasin.

Raynal.
Taillieu.

MONTAUBAN.

Daiché (Dlle).
Déjean, rue des Carmes.
Ferrié fils, rue de la République.
Lafuste aîné.
Laroche fils, rue du Greffe, 32.
Montant jeune, *Grand Bazar de la Ville de
  Paris*, promenade des Acacias.
Raynal.

VAR

Brignolles.

Lieutard.
Maisonneuve.

DRAGUIGNAN.

Allegreni.
Bernard.
Brunet. rue Nationale, 3.
Chabatier.
Collet.
Florens.
Gourdeau-Billard, boul. de la Liberté, 12.
Martin.
Quarelli (Vve), Porte d'Orange.
Rossi.
Turc, succ. de Mlle Bernard.

Hyères.

Besson, *bazar Universelle.*
Cochois.
Gautier, *bazar Européen.*
Petit, *bazar Anglais.*
Raval, *bazar du Petit Paris.*

Lorgues.

Florens.

Morillon (le).

Michel.

Muy (le).

Giraud (Jean).

Salins-d'Hyères (les).

Peyron.

Toulon.

Alabe (Anatole), 37, cours Lafayette.
Ardillier, cours Lafayette.
Aubert, 71, 73, quai du Port.
Barelli.
Bazardi, 49, Port.
Bœuf, boul. de l'Egoutier.
Bourgue, 24, rue Trabuc.
Cauvière, 63, sur le Port.
Chapus, 75, quai du Port.
Chauvin, 2, rue de la Consigne.
Chemin (Vve), 5, place Gambetta.
Clavel (Alexand.), *Grand Bazar Clavel*, 7 bis, quai de la Consigne.
Clavel (Victor) fils, 65, quai du Port.
Cotte, successeur de veuve Dufour, 21, boulevard de Strasbourg.
Ftienne fils cadet, rue de l'Arsenal, 17.
Finale, 16, rue des Boucheries.
Gal, 93, rue de la République.
Goetz (Charles) père, sur le Port.
Goetz fils, sur le port.
Hervier, 75, rue Lafayette.
Julien (Dame), faubourg du Mourillon.
Lacharme fils (E.), *grand bazar Vauclusien.*
Larguillier, place Gambetta.
Maltédo, 117, sur le port.
Martina, 1, quai de la Consigne.
Masse (Vve Pierre), boulevard de Strasbourg.
Massebœuf, boulevard de Strasbourg.
Mathé (Dame), place de la Liberté.
Miédan, 19, place d'Armes.
Muraire, rue de l'Intendance.

Poirel, 93, quai du Port.
Reboul (Vve).
Renard et Cie.
Rey (Vve), 14, rue Hoche.
Soulvic, 37, cours Lafayette.
Veraillon-Cohen, 35, boulevard de Strasbourg.
Walarnic, 9, rue Lafayette.
Yverne, successeur de Eutiche.

VAUCLUSE

Apt.

Chaix (Eugène).
Mathieu fils.
Mauric (Vve).
Paret.
Pellegrin.
Teissier.

AVIGNON.

Applanat.
Bonin aîné, rue Philonarde.
Bonin (C.).
Chabrier (F.) rue de la République, 46.
Durand.
Jouffret.
Lamy (Dame).
Lespinasse (Louis) r. des Marchands, 19.
Marrot-Tardieu (Dame).
Maube aîné.
Perrot (Louis).
Saurel, rue Vieux Sextier, 40.

Bollène.

Rippert.

Carpentras.

Bertrand fils.
Bruneau (Vve).
Maillery (Vve).

Cavaillon.

Angelier, successeur de Angelier et Charasse.
Maillery (Vve).
Tondu (Vve).

Isle-sur-Sorgue.

Bernadas.
Boudin et Cie.

Orange.

Arnoux.
Jassin.
Méritan.

Perthius.

Guérin.
Michel frères, successeur de J. Michel, *bazar Universelle*.
Rippert.

Vaison.

Clément fils aîné.
Leydier.
Roustan.
Vachon jeune (A.)

VENDÉE

Challans.

Roux.
Thibaud (V.).

Fontenay-le-Comte.

Bazar Parisien.
Garnier.
Grignon.
Nouveau bazar.

Luçon.

Cheminaud.

Pouzauges.

Suaud.

ROCHE-SUR-YON (LA)

Didiot-Ehrardht.
Etienne.

Sables-d'Olonne.

Alteau.
Baudouin.
Bellanger.
Dixneuf.
Gautier.
Lairet.

VIENNE

Châtellerault.

Bodin (Vve), rue Bourbon, 25.
Chuche.
Manget (Dlle).
Marcoux.
Menanteau.
Simon-Contencin, boul. Blossac, 69 *bis*.

Chauvigny.

Martineau frères, successeurs de Martineau
  père.
Martineau jeune.

Civray.

Moureault-Ramat (L.)

Latillé.

Riotteau.

Loudun.

Lugeard.

Lusignan.

Baudet.

POITIERS

Berland, 6, marché Notre-Dame.
Cornet-Parant, 14, place d'Armes, *bazar des
  Augustins.*
Cornet-Blanchon, *bazar des Halles.*
Mouet fils, successeur de Mouet-Bideau, 5, place
  d'Armes.
Poupin, porte de Paris.
Poupin-Soto, 9, rue Corne-de-Bouc.
Robin-Debeste, place du Lycée.
Spiegel, 8, rue de la Mairie.
Tampeau, rue des Halles.

Trimouille (la).

Violet-Touret.

VIENNE (HAUTE-)

Bellac.

Guénant.
Lafaurie.
Vinson.

Dorat (Le).

Surenaud.

LIMOGES

Adam fils.
Ardillier, 16, place des Bancs, *grand bazar
  universel.*
Daubisse.
Demerliac, successeur de H. et A. Demerliac,
  9, rue du Clocher.
Diriong, 4, rue Gaignolle.
Gorju.
Hauser, 39, rue du Clocher.
Lehmann, Canlorbe et Denacé, *grand bazar de
  la Ville de Paris*, place de la République.
Lévy, *grand bazar de l'Industrie Parisienne.*
Pichon, 13, rue Saint-Valérie.
Pinlière-Bérard, 25, rue du Clocher.
Raffiant (Dame), place Saint-Michel.
Renaudie et Joseph-Granger, 17, rue Saint-
  Martial.
Serré-Gorju, successeur de veuve Gorju, 10,
  place de la République.
Tiscornia, 14, rue du Clocher.
Vacquand, 19, rue Hérisson.

Saint-Yrieix.

Chaumeil fils.
Gaillard.
Lacombe.

VOSGES

Bains.

Monne.

Bresse (la).

Lazard (Dlle).

Bruyères.

Faivre et Joly.
Laurent-Viard.
Vautrin.
Weil-Nette.

Bulgnéville.

Blin-Moutessier.
Gaillard.

Bussang.

Valter.

Charmes.

Blum frères.
Dandelot.
Gorge (Mlle).
Mangin fils.

Châtenois.

Boyé (Mme).

Contrexeville.

Devoux.

Cornimont.

Combeau.
Moos-Choffel.

Darney.

Dupupey.
Meunier.

EPINAL

Marlin et Tarroy.
Roth, *à la Ménagère*.
Viard-Marlin, *bazar des Vosges*.
Weil-Mahler.

Etival.

Aubertin-Chevelot.

Gérardmer.

Lecomte.
Razel (Vve).

Granges.

Gentil (Mme).

Gruez.

Marchal frères.

Hollande (la).

Vilmin.

Martigny-les-Bains.

Legras.

Mirecourt.

Griselin (Vve), *bazar Lorrain*.
Legras.

Moyenmoutier.

Litaize fils.

Monthureux-sur-Saône.

Antoine (Mathieu).

Neufchâteau.

Corbin-Guilbert.
Delpistoya.
Henry.
Seyller.

Plombières.

Depredurand, succ. de Vincent-Vautrin.
Duroch, dit *Larilette*.

Rambervillers.

Bédel.
Gaillard frères.
Manet-Gaillard, rue des Marchands.

Raon-l'Etape.

Magu, *bazar Raonnais*.

Remiremont.

Marlin-Delaloge, succ. de Viard.
Rog-Parmentelot, succ. de Dlle Parmentelot.

Remoncourt.

Gury-Lervat.

Rouillé (la).

Papart.

Saint-Dié.

Burghardt.
Christophe-Bajard.
Comond.
Henry.
Humbert.
Rousseau.

Saulxures-sur-Moselotte.

Joly (Mme).

Senones.

Collé.
Henriquel.

Thaon-les-Vosges.

Montavon (A.)

Thillot (le).

Aizier-Arnoud, succ. de Arnoud-Vançon.
Laurent.
Raymond.

Val-d'Ajol (Le).

Raymond.

Vittel.

Despréaux-Esmez, succ. de dame Esmez.

YONNE

AUXERRE

Borde.
Cherest.
Clavelou.
Fèvre-Durieux.
Manifacier, succ. de la Société Manifacier et Glenisson.
Piquant.
Saffroy.

Avallon.

Canilrot.
Peslier (E.).

Bordes (Les).

Bonnet.

Chichée.

Quitot.

Isle-sur-Serein.

Muller (J.-B.)

Joigny.

Faivre.
Michel, Jacob.
Tadieu.

Saint-Bris.

Camus-Guilleminot.

Saint-Florentin.

Gagon.
Havoue-Delètre.
Lonet.
Piquant (Ernest).

Saint-Valérien.

Martinet-Boulle.

Sens.

Chanson frère et sœurs, succ. de Chanson sœurs, Grande Rue.

Goupillon.
Guénin (Vve).
Mulard, succ. de Mulard et Venot.
Piron.
Vandoux, *bazar Parisien*.

Tonnerre.

Fontant fils.
Moulin.

Toucy.

Charrier-Devoise.
Signol-Barat.

Villeneuve-sur-Yonne.

Bijard.
Crescent.

PRINCIPAUX BAZARS

DE

la France d'outre-mer

ALGÉRIE, CORSE, TUNISIE

CLASSÉS

Par ordre alphabétique de villes et de noms

ALGÉRIE

ALGER.

Babou (A.), 12 et 14, rue Bab-Azoun.
Bazar du Palais, rue de Constantine.
Baze, frères.
Benhamon.
Bortoli, frères, 10, rue Bab-Azoun.
Chouquet, rue Juba, 2.
Couty (Mme).
Couzet (Vve).
De Beaufort.
Eliaou Morali, rue de Chartres, 16.
D'Eliavu-Oualid.
Dufour, sœurs (Mlles).
Fassina, rue Clauzel, 2.
Giraud (Vve), rue Traversière, 1.
Goiffon.
Kaoua.
Martin, rue Jonina, 1.
Médioni.
Moïse-Moha, rue Kataroudjil, 6.
Morel, 7, rue Bab-el-Oued.
Mouriès (Vve).
Murat, rue Juba, 2.
Rozet et Gueyger, 26, rue Bab-Azoun.
Salomon Akiber, rue de Chartres, 2.
Sasportes, frères.

Seror, rue de la Lyre, 20.
Trainard, 4, rue de la Liberté.

Bélizane.

Guénoum.

Blida.

Cazelles, *au Palais de l'Insdustrie*.
Still.

Bône.

Borel (L.), *Bazar Universel*, Jouets et jeux divers, rue Neuve-Saint-Augustin, 2.
Colomer.
Huot.
Jacoz et Nestlez.
Kraus.
Muller et Krauss.
Pierrot.

Bougie

Berthalo (Mlle).

Constantine.

Bazar Européen.
Bazar du Globe.
Touzet.

Calle (La).

Pacifico.

Guelma.

Bazar Guelmois.

Médéah.

Lavedan (Mlle).

Mostaganem.

Jeanniet.

Oran.

Amar et Saferti.
Corriat, rue d'Arzew.
Desclaux.
Espinasse, aîné.
Espinasse, jeune.
Gaillard et Cie.
Lévy (Jacob), marché Karguentah.
Llobet, rue de Turin.
Touzet, boul. Séguin.

Philippeville.

Bazar Européen.
Tony-Deviegne.
Tunsit.

Saïda.

Lascry.

Sétif.

Pascal.
Peraldo.
Prieur.
Varez.

Souk-Arras.

Alhal.
Duranté.
Jaeggly.

CORSE

AJACCIO.

Alesandri.
Armani.
Bodoy (F.) aîné.
Lanzi frères.
Petit bazar.
Pettaglidacci.
Pô.

Bastia.

Nicolin.

TUNISIE

Sfax.

Bouhnik, frères, *bazar Tunisien.*
Dreyfus.
Guarino.

Sousse.

Dreyfus.
Monocrousso.
Signoretty.
Toméo frères, rue du Général-Logerot.

TUNIS.

Bazar du Marché, 15, rue d'Italie.
Beaucaine et Cie (*Grand bazar Tunisien*).
Bortoli frères, 22, avenue de France.
Grand bazar Arabe, 15, rue des Etoffes.
Lévy et Cohen.
Orosdi, rue de Rome, 4.
Petit bazar Parisien, 17, rue des Maltais.
Piperno père et fils, *grand bazar Kassard-Saïd*, 15, av. de France.
Souk de la Laine (*Grand bazar Africain*).

COMMISSIONNAIRES ET ACHETEURS EN GROS

DE JOUETS ET JEUX

DE LA FRANCE DÉPARTEMENTALE

CLASSÉS

Par Départements et par Villes

AISNE
Saint-Quentin.

Anthonias.
Bérenger.
Cardon.
Daudville.
Debaive.
Jonval.
Lefranc.
Mignot.
Rambaud frères.
Rigot.
Lourmais.
Vilard.

ALLIER
Moulins.

Billaud et Desingue.
Chabion.
Combaret (G.).
Dubost.
Grenier (Vve).
Pépin (P.).
Tissier Julien.

ALPES-MARITIMES
Nice.

Accomito (P.).
Bertin (G.).
Chagot (Paul), quai Saint-Jean-Baptiste, 18.
Fairchild-Réquier et Cie.
Fossat (A.).
Gauteron.
Giordan frères.
Loupias.
Massiera.
Martin (Maurice).
Roux (Ed.).
Sambin (Z.).

ARDENNES
Charleville.

Bernard.
Bourguignou (Maurice).

Bumont Paris.
Debray (L.).
Derupont (V.).
Maury (E.).
Péret (Louis).
Rahier.
Renwez.
Roussel (Aug.).
Sallé.
Vieillart (H.).

BASSES-ALPES
Gap.

Barde (E. et A.) et Cie.
Garnier.
Jeanselme.
Reymond.
Roux.
Trillat.

BOUCHES-DU-RHONE
Marseille.

Abadie, boulevard du Musée, 27.
Amado (S.), rue Montgrand, 40.
Antoli, rue République, 21.
Augier, rue Papère, 5.
Barbier, place de la Bourse, 10.
Birtenbach, rue d'Arcole, 6.
Bessède fils.
Belger (A.), rue Venture, 10.
Blanchi (S.), rue de la République, 71.
Bonnabel, rue Saint-Bazile, 25.
Boubée, rue Estelle, 2.
Carr, rue Vacon, 53.
Cauvin, rue Devilliers, 1.
Cayol, rue Thiers, 43.
Coint (J.), boulevard Baille, 4
Décugis, rue Montaux, 32.
Dherbes, rue Terrusse, 120.
Eschmann, rue Arcole, 3.
Fougue, boulevard du Nord, 33.
Fraise, rue Saint-Jacques, 46.
Garcin, rue Sénac, 51.
Getaz, rue Haxo, 15.

Jourdan, boulevard du Musée, 43.
Lapeyre, rue Papère, 7.
Matheron (G. A.), cour Lieutaud, 81.
Mazade et Cie, rue Joseph Autran, 6.
Ménard et Cie, boulevard Notre-Dame, 64.
Michel (L.), rue Saint-Bazile, 10.
Montanaro, rue Paradis, 169.
Otto (de Giraud), rue de Belloi, 5.
Parrand, place Saint-Michel.
Plichon (P.), Bumiller et Bader, rue Pavé
   d'Amour, 25.
Reboul, rue Saint-Ferréol, 50.
Ricoux, rue Duguesclin, 8.
Sage, rue Thubanneau, 44.
Teissère, rue Thiers, 12.
Vuccina, rue Dragon, 25.

CALVADOS
Honfleur.

Duchemin (H.).
Enault (E.) et Cusson (U.).
Lintz et Blin.

CHARENTE
Angoulême.

Biais.
Caillaud.
Davaud.
David.
Deloge.
Forestier.
Guyonnet.
Lacour.
Lachaise.
Laporte.
Magniet.
Mathias.
Maurin.
Millet.
Migeon.
Moreau.
Nadaud.
Planty.
Roullet.
Sudre.
Vergnaud.
Vernoux.

CHARENTE-INFÉRIEURE
La Rochelle

Bellet.
Boisdon.
Gandriau-Geulin.
Guérin.
Guibert.
Lemétayer (A.).
Lesueur (J.).
Letellier.
Moussay (Ch.).

Picot.
Plisson.
Rondeau.
Serres.

FINISTÈRE
Brest.

Bernard.
Boulineau.
Bretel.
Coatlosquet et Cie.
Cuny.
David.
Gauthier.
Lambert.
Lenglé.
Mairet.
Maroger.
Perrot.
Pitel (A.).
Prigent.
Savin.

HAUTE-GARONNE
Toulouse.

Guilbout (Eugène), boulev. de Strasbourg, 18.
Fourcade, rue Romiguière.

GIRONDE
Bordeaux.

Amignes (Victor), rue Cadroin, 24.
Andrieu et Picamilh, rue Saint-Remi, 4.
Baratte (Emile), rue Sainte-Colombe, 30.
Berton (A.), rue Fondaudège, 174.
Caillau (Jh.), rue Pessac, 107.
Chauveau (E.), rue d'Arès, 110.
Darbon et Cie, cours du Chap. Rouge, 34.
Dumail (J.) quai de Bourgogne, 40.
Durand, rue Montgolfier, 90.
Faure (L.), rue Grassi, 23.
Favre, rue Tourat, 29.
Gaborit, rue Donissan, 10.
Houneau, rue de la Trésorerie, 53.
Julian, rue Notre-Dame, 124.
Labat, Dubos et Cie, r. du Pal. Gallien, 113.
Lagrange (C. de), cours du Médoc, 104.
Moyère (M.), rue Buhan, 18.
Pascal, rue Buhan, 17.
Prom et Cie, rue Bl. Dutrouilh, 11.
Rouch, rue Saint-Genès, 20.
Sarasolo, cours du Chap. Rouge, 8.
Tenier, rue de la Monnaie, 21.

HÉRAULT
Montpellier.

Armand (A.) fils.
Belval.
Bribes (Justin).

Brousse (Jules).
Brunel (J.).
Cairel (G.).
Cazalo (J.).
Coustan.
Desplas.
Fournier (Félix).
Guibert (André).
Maury (Félix).
Sastre (J.).
Soulairol (A.).
Vabre (Julien).
Vernhet.

ILLE-ET-VILAINE
Rennes.

Bertrand.
Chasle.
Dérigon.
Eveillard.
Fleury.
Girard.
Guillot.
Houard.
Houre.
Joubert.
Lebreton.
Legendre.
Maucry.
Poisson (Ch.).
Vaillant.
Wetter.

INDRE-ET-LOIRE
Tours.

Brun.
Simon (Ed.).

ISÈRE
Grenoble.

Albert (Louis).
Bernard.
Blanc (P.).
Bouland.
Canaple frères.
Fenouillet aîné.

LOIRE-INFÉRIEURE
Nantes

Angot-Chevreuil, rue du Moulin, 16.
Bottineau (P.), rue du Sanitat, 8.
Gaillance, avenue Launay, 6.
Cotay fils, place du Commerce.
Délétang, quai Fosse, 54.
Duc, rue Franklin, 20.
Durand, rue Marceau, 16.
Gorry, rue Général-Musnier, 2.
Grosland, rue Gresset, 9.
Housseau, avenue Grilland.
Litoux, quai Fosse, 72.
Rousse (Gaston), quai Moncousu.

MAINE-ET-LOIRE
Angers

Besnier.
Chéreau.
Coignard.
Héon.
Poitevin.

MANCHE
Cherbourg

Bonfils (G.) et fils.
Brun (H.).
Buhot (E.) et fils.
Chadée.
Cottel (P.).
Daguenet.
Descottes.
Faudomer.
Fenard et fils.
Flamary (ancienne maison Ernest Liais).
Grouard frères et Lemoigne.
Hainneville frères.
Jeanne (C.).
Jourdan (Louis).
Launay (Emile).
Launay (A.).
Legoupil.
Lehouillier.
Le Jolis (A.-J.).
Lemarié.
Lemeland.
Lepont (E.).
Le Veziel-Lot.
Lucas (Charles) et Cie.
Malvieu.
Mauger (Léon).
Mauger (Bernard).
Menut (Henri).
Péron.
Pontus frères.
Postel (A.).
Sehier (P.) et Cie.
Soin et Dubost.
Varin.

NORD
Dunkerque

Antoine.
Beaujeu.
Bérode.
Bertot (L.).
Dantec.
Dorine (L.) et Cie.
Dupon fils.
Goldberg (S.).
Lahaeye (G.).
Le Querhic.
Leroux (Ch.).

Lille

Artaud-Novelli, rue Nationale, 60.
Boulin (J.-B.), rue Parrayou, 12.
Carlier (E.), Grande Chaussée, 36.
Cousin (A.), rue Bourgogne, 58.

Charmes.

Blum frères.
Dandelot.
Gorge (Mlle).
Mangin fils.

Châtenois.

Boyé (Mme).

Contrexeville.

Devoux.

Cornimont.

Combeau.
Moos-Choffel.

Darney.

Dupupey.
Meunier.

EPINAL

Marlin et Tarroy.
Roth, *à la Ménagère*.
Viard-Marlin, *bazar des Vosges*.
Weil-Mahler.

Etival.

Aubertin-Chevelot.

Gérardmer.

Lecomte.
Razel (Vve).

Granges.

Gentil (Mme).

Gruez.

Marchal frères.

Hollande (la).

Vilmin.

Martigny-les-Bains.

Legras.

Mirecourt.

Griselin (Vve), *bazar Lorrain*.
Legras.

Moyenmoutier.

Lilaize fils.

Monthureux-sur-Saône.

Antoine (Mathieu).

Neufchâteau.

Corbin-Guilbert.
Delpistoya.
Henry.
Soyller.

Plombières.

Depredurand, succ. de Vincent-Vautrin.
Duroch, dit *Larilette*.

Rambervillers.

Bédel.
Gaillard frères.
Manet-Gaillard, rue des Marchands.

Raon-l'Etape.

Magu, *bazar Raonnais*.

Remiremont.

Marlin-Delaloge, succ. de Viard.
Rog-Parmentelot, succ. de Dlle Parmentelot.

Remoncourt.

Gury-Lervat.

Rouillé (la).

Papart.

Saint-Dié.

Burghardt.
Christophe-Bajard.
Comond.
Henry.
Humbert.
Rousseau.

Saulxures-sur-Moselotte.

Joly (Mme).

Senones.

Collé.
Henriquel.

Thaon-les-Vosges.

Montavon (A.)

Thillot (le).

Aizier-Arnoud, succ. de Arnoud-Vançon.
Laurent.
Raymond.

Val-d'Ajol (Le).

Raymond.

Vittel.

Despréaux-Esmez, succ. de dame Esmez.

YONNE

AUXERRE

Borde.
Cherest.
Clavelou.
Fèvre-Durieux.
Manifacier, succ. de la Société Manifacier et
   Glenisson.
Piquant.
Saffroy.

Avallon.

Canilrot.
Peslier (E.).

Bordes (Les).

Bonnet.

Chichée.

Quitot.

Isle-sur-Serein.

Muller (J.-B.)

INDUSTRIES ANNEXES

MATIÈRES PREMIÈRES, PRODUITS, FOURNITURES, ACCESSOIRES SPÉCIAUX, ETC.

Pour la fabrication des jouets et jeux

CLASSÉS PAR

SPÉCIALITÉS ET CATÉGORIES D'ARTICLES

ACIER. TOUS EMPLOIS POUR LA FABRICA-
TION DES JOUETS.

Buisson (Paul), r. St–Maur, 140.
Dalifol (M.), quai Jemmapes, 172.
Dutheil et Mathon, r. de la Folie-Méricourt, 34.
Montandon (Alfred), r. Oberkampf, 18. (*Voir ressorts.*)

ACIER IMITATION, ORNEMENTS, DÉCORATIONS ETC.

Batard (J.), r. N.-D. de Nazareth, 30.
Chalin (L.), r. Crussol, 12.
Crédor (H.), r. Charlot, 31.
GERBEAU (M.), bijouterie, imitation d'acier, boutons-coulants, ornements pour modes, petite orfévrerie métal blanc argenté, huiliers-salières, timbales, tasses, coulants, etc., r. Charlot, 32.

ACIER POLI. CHAÎNES, FILS, OUTILS, JOUETS, GARNITURES, ETC.

AMADON, fermoirs pour portefeuilles, portemonnaie et buvards, outils à découper, r. de la Bidassoa, 44.
Bellain (H.), r. des Trois-Bornes, 17.
Credot (A.), r. Michel le Comte, 31.
DOSSANG (N.), r. S.–Maur, 165. (*V. annonce*).
Fanot (A.), r. St-Martin, 176.
Goupil (E. Eug.), r. de Bondy, 68.
Leboullanger (A.), r. Michel le Comte, 31.
Le Cordier, r. Bouchardon, 11.
Martin, r. Béranger, 15.

AGENCEMENTS DE MAGASINS, ÉTALAGES, ETC.

CAUVET (L.), faub. St-Antoine, 109.
Richardot, r. St-Martin, 222 et 224.
Simon, r. des Gravilliers, 43.
VOILLEREAU, 18, impassse Gaudelet.

AGENCES. VENTES DE FONDS, ASSO-
CIATIONS, COMMANDITES, ETC.

Berthe (A.), rue du Pont-Neuf, 21.
DEFAUCAMBERGE ET Cⁱᵉ, rue Thauteville, 82.
Lahayes, rue Réaumur, 78.

AGENTS D'AFFAIRES, RECOU-
VREMENTS, CONTENTIEUX, RENSEIGNEMENTS, ETC.

LA SURETÉ DU COMMERCE, r. d'Uzès, 3.
(*Voir Annonce* à la REVUE INDUSTRIELLE.)
Loeb (E.), r. de Provence, 46.
Masson, r. du Temple, 11.

ANCHES POUR INSTRUMENTS DE MUSIQUE.

Mainguet, fab. spéciale d'anches métalliques pour harmoniums, harmoniflûtes, boîtes à musique de Genève et autres instruments analogues, rue de Bagnolet, 73.
Paul (L.), cours de Vincennes, 66.

BIJOUX ET PARURES POUR POUPÉES.

Aubin, rue Thévenot, 8.
Besegher, rue Turbigo, 38.
Cormier (E.), rue du Temple, 150.
Labré (Arthur), rue du Temple, 134.
Trauchant, rue du Temple, 79.

BILLARDS, DRAPS, QUEUES, BILLES ET ACCESSOIRES.

Barbier (S.) fils, r. Montgolfier, 10.
Bataille, boul. Bonne-Nouvelle, 8, (*voir aux fabricants.*)
Bottelin, r. Fontarabie, 12.
Gobin (A.), r. Noisy-le–Sec, 4 (Les Lilas).
Loreau, r. Turenne, 1.

Nicolas (E.), r. Michel-le-Comte, 26.
Pradel, r. du Temple, 83.
Priguet, r. des Fontaines du Temple, 4.
Rigollet (L.), imp. du Moulin Joly, 11.
Rottembourg, r. des Blancs-Manteaux, 39.
Rousselot, r. Popincourt, 11.
Rouveau (A.), r. de Cléry, 23.
Vallois (Ch), r. Meslay, 54.

BOIS POUR LE CARTONNAGE ET LE JOUET.

Boucher (Désiré), bois hêtre, bois blanc à ou-
    vrer en bottes (1ʳᵉ marque), r. Oberkampf,
    125 (cité Griset, 10).
Guillou fils, boul. Barbès, 72.
Lebel (Léon), r. de l'Aqueduc, 5.
Liecri (Hector), r. de Reuilly, 56.
Révol, r. Beaubourg, 61.
Viart (A.), r. St-Maur, 103.

BOITES ET VALISES DIVERSES POUR JOUETS ET ÉCHANTILLONS.

Bader (Hugo), boîtes à jeux, r. Amelot, 56.
Champagne, r. St Sébastien, 9.
Couvreur (V. et fils), impassse Célestin, 11.
Cuny (Pacôme), boîtes pour jouets, r. de
    Braque, 7.
Dailly (E.), boîtes à jeux, r. Amelot, 74.
Détré, boîtes en verre pour jouets et embal-
    lages, valises pour trousseaux de poupées,
    Commission-Exportation. Faub. du Temple,
    22.
Henry (L.), r. Sedaine, 46.
Hude, r. N.-D. de Nazareth, 17.
Jandelle (A.), r. Chapon, 73.

BRODERIES POUR POUPÉES, CARTON-NAGES, BOITES DE CONFISEURS.

Alexandre (N), r. St-Martin, 41.
Boirivaux (H.), r St Denis, 158.
Fabre-Millor, r. de Cléry, 23.
Mallet (F.-D.), boul. Sébastopol, 85.
Meissonier (Vve), boul. St-Martin, 3.
Serin (Mme), quai St-Michel, 11.

CARTONNAGES ARTISTIQUES POUR THÉATRES, MASQUES, PIÈCES DE COTILLON, ETC.

Legeay (A.), cartonnages riches, r. St-Mar-
    tin, 323.
Lévy (Th.) cartons laqués et bimbeloterie, r.
    Sedaine, 17.

CARTONNAGE EN TOUS GENRES POUR JOUETS, PAPETERIES, BUREAUX ET EMBALLAGES

Barbéry, spécialité de cartonnages pour le
    jouet, r. d'Angoulême, 66.
Bernardin (L.), cartonnage pour jouets, r. du
    Vert-Bois, 44.
Cordonnier, r. Chapon, 48.
Deschepper, r. Michel-le-Comte, 20.
Détré, faub. du Temple, 22
Geoffroy (G. et fils), boîtes pour jouets, r.
    du Perche, 8.
Guichard (H.), r. de Meaux, 67.
Lancery (A.), pass. Vauconleurs, 11.
Lebeau (C.), r. Rebeval, 34.
Pelletier (L.), r. de Savies, 12. (*Voir annonce
    ci-dessous.*)
Valentin, cartons pour poupées, r. Beaubourg,
    62.
Zeller (Abel), boul. Sébastopol, 129.

CARTON PATE (JOUETS EN) CARTON PAILLE ET BRISTOL EN FEUILLES.

Ferté, r. d'Angoulême, 70.
Lequart et Mignot, r. St-Maur, 74.
Ozouf et Leprince, r. Dunoubs, 29 et 34.
Pelletier, carton pate pour jouets, r. de Savies,
    12.
Tagaud (A.), r. St-Claude, 16.

CARTON PERFORÉ POUR TAPISSERIE, BRODERIE ET FANTAISIES DIVERSES.

Catel et Farcy, r. St-Merri, 40.
Duret (J.), r. des Archives, 68.
Gottschalk et Cie, faub. St-Martin, 76.
Lepage aîné, r. des Deux-Boules, 3.

CHAUSSURES POUR POUPÉES, BÉBÉS, BAIGNEURS, ETC.

Hérier (Mlle), imp. du Talus, 11. (Montmartre.)
MOREAU (Vve), chaussures pour poupées, bas
    et chaussettes, pass. Doudeauville, 20.
Tomasson-Dalbergue, r. Pastourelle, 32 et 34.

CHROMOS EN FEUILLES ET DÉCOUPÉS.

APPEL maison, (Parrot, successeur), rue du
    Delta, 12. (*Voir annonce* REVUE INDUS-
    TRIELLE).
Berr (E.), rue de Marseille, 1.
Caux (Edouard), rue Tiquetonne, 62.
Chanel (E.), rue Salomon-de-Paris, 4.

Donadey, rue Notre-Dame-de-Nazareth, 12.
Legras (A.), rue de Bondy, 66.
Nortier (G.), rue de l'Aqueduc, 16.

CISAILLES A DÉCOUPER LE CARTON ET LE MÉTAL.

Bassaler, boulevard de la Villette, 30.
Lhernitte (A.), faubourg Saint-Martin, 208.
Mennessier (E.), rue du Chemin-Vert, 46.

COLLES DE PEAUX, PATE, POISSON, ETC.

Burette, rue Traversière, 68.
Froger-Bourdon, rue de Clignancourt, 83.
Hausen et Cie, colle de poisson, rue Saint-Pétersbourg, 6.

CONFETTIS, OPÉRAS SERPENTINS, MULTICOLORES, ETC. (*Voir aux spécialités, page 112.*)

LECOMTE (Joseph), rue d'Angoulême, 66, (*voir annonce ci-dessous.*)

CORDAGES POUR JEUX ET APPAREILS DE GYMNASTIQUE.

Bazille, rue du Faubourg du Temple, 83. (*Voir annonce* aux FABRICANTS).
Carue, rue Saint-Denis, 269. (*Voir annonce* aux FABRICANTS).
Corderie Centrale, boulevard Sébastopol, 12. (*Voir annonce* aux FABRICANTS).
Lemaire fils et Dumont, rue Meslay, 59. (*Voir annonce* aux FABRICANTS.)

CORDERIE, CORDES A SAUTER, CORDAGES DE GYMNASTIQUE, ETC.

Bazille (R.), faub. du Temple, 83.
Carue, r. St-Denis, 269.
Corderie centrale, 12, boul. Sébastopol à Paris.
Lemaire et Dumont, rue Meslay, 59.

COULEURS POUR JOUETS.

Desesquelles, couleurs inoffensives, rue des Boulets, 15.

JACQUES-SAUCE et Cie. Fabrique de couleurs à l'eau. Couleurs sèches et couleurs à l'huile. Laines à velouter et coton en poudre pour imitation de velours. Bronzes et poudres Mordants à dorer et à velouter. Boulevard de Charonne, 133. *Téléphone.* Adresse Télégraphique : « Quigog-Paris ».
Lefranc et Cie, r. de Turenne, 64.
Tugot frères, r. du Renard, 5.

CUIRS, FOUETS, HARNAIS, ETC. POUR LE JOUET ET LA JEUNESSE. (*Voir Peausserie.*)

DÉCOUPAGES EN TOUS GENRES A FAÇON.

Bergerou (L.), rue de Turenne, 24.
Gouchou (G.-B.), cité du Petit-Thouars, 5 et 9.
Kister (L.), rue Saint-Maur, 113.
Lebuffe, rue de Loos, 9.
Perceval et fils, passage Sébastien, 9.
PETIT ET SEVETTE, découpage de papier pour confettis, machines perfectionnées, cité Nys, 12. (Voir *annonce* à REVUE INDUSTRIELLE.)
Prot (Victor), rue de Picardie, 32.
Texereau, rue du Vertbois, 7.

DORURES.

Blancard (G.) et fils, boulevard Sébastopol, 85.
Dairo frères, boulevard Bonne-Nouvelle, 12.
Wunsch (G.-B.), rue Saint-Denis, 231.

EBENISTERIE ET MENUISERIE POUR JEUX, CARTONNAGES, COFFRETS, BOITES DE JOUETS, ETC.

Foucher (Paul), r. de l'Université, 6.
Lavolaille, r. Croix des Petits Champs, 3.
Liberge (E.), r. Beaubourg, 36.

Sébye, r. N.-D. de Nazareth, 68.
SUPPER (A.). Ebénisterie pour jeux, r. Saint-Maur, 167. (*Voir annonce.*)

EMBALLAGES POUR JOUETS
EN TOUS GENRES.

Champagne, r. St-Sébastien, 9.
Couvreur (V.) et fils, imp. Célestin, 11.
Hude, r. N.-D. de Nazareth, 17.
Simonin Cuny, r. de Braque, 7.

ETALAGES.

Richardot aîné (A.), r. des Gravilliers, 35.

FAIENCE DECOREE POUR BOITES
A MUSIQUE, MÉNAGES DE POUPÉES, ETC.

Boulenger et Cie, r. Paradis, 18.
Brocard (L.), boul. Richard-Lenoir, 54 bis
Cassedanne, r. du Liegat, 84, à Ivry.
Fourmaintraux (J.), r. de la Fidélité, 3.

FER BLANC EN FEUILLES OU DÉCOUPÉ.

Carnaud (J.), r. d'Argout, 41 et 43.
COULON (HENRI), ferblanterie pour la photographie et la physique, r. du Tunnel, 13.
Jouan (E.), r. des Fontaines du Temple, 12.

FERRURES, CLOUS DORÉS, POIGNÉES
ETC., POUR BOITES ET CARTONNAGES

Duveau (Vve), r. Ste-Croix de la Bretonnerie, 14.
Fournier, r. Keller, 11.
Frémion (J.), faub. St-Martin, 66.
Lucas (J.), r. Claude Vellefaux, 6.
Marouque (G.), r. Michel-le-Comte, 25.
Petit (Ch.), r. St-Maur, 150.
Prévost fils, r. St-Maur, 204.
Quarré, av. de la République, 11.
Rauly (I.), r. des Trois-Bornes, 37.
Valladier (Vve), r. Aumaire, 21.

FIBRE DE BOIS POUR EMBALLAGE.

Coupard (G.), faubourg Saint-Martin, 122.
Doutté frères et Cie, rue de l'Evangile, 6.
Guillon, boulevard Diderot, 24.
Henry (Georges), quai du Halage, 13, à Clichy-la-Garenne.

FONDEURS. (*Voir graveurs et fondeurs.*)

FOURNITURES DIVERSES.

Besnard, fournitures d'accessoires en métal pour les jouets, av. de la République, 19.
Bornoz (Léon), rue Montmorency, 9.
Bourg-Mennesson, lainages en solde coupes et coupons de toutes étoffes, pour habillage de jouets, 29, rue Cérès, à Reims (Marne).
COIFFIER (F.), fabrique de métal anglais, articles en tous genres pour bazars, boîtes à houppes unies, gravées, décorées, boîtes à savons, à thé, ronds de serviettes, timbales, boutons de houppes, articles pour confiseurs, boutons-métal fantaisie, etc., rue des Trois-Couronnes, 42.
Langlumé (A.), rue d'Angoulême, 98.
Lavesire, r. Clignancourt, 37.
Lemerle (L.), rue Beautreillis, 23. (*V. annonce page 96.*)
Paget et Cie (L.), fabrique de cadres, rue de la Folie-Méricourt, 96.
Simonel (M.), passage Vaucouleurs, 12.
Raffaelli, rue Michel-le-Comte, 13.
RUSSINGER (Mmes), cité Milton, 3. (*Voir annonce ci-contre.*)

GALONS.

Condamin (Ch.), rue de la République, 8, Lyon.
Jeance (Vve) et fils, rue Rambuteau, 65.
Jouanne-Lefebvre, rue Rambuteau, 21.
Tricou (E.), rue Saint-Martin, 141.
Vaugeois et Binot, rue Etienne-Marcel, 15.

GALVANOPLASTIE ET STÉRÉO-
TYPIE.

Bertrand fils, rue des Archives, 45.
Boudreaux (L.), rue Hautefeuille, 8.
FERY (A.) & BOISSET, rue Suger, 13. (*Voir annonce aux* INDUSTRIES ANNEXES.)
Figueras (E.), faubourg Saint-Martin, 194.
Foucher frères, boulevard Jourdan, 14.
ROUSSET (JOSEPH) et fils, rue Visconti, 13.

GLACES ET MIROIRS POUR
CARTONNAGES ET BIMBELOTERIE.

Allard et Noir, rue Saint-Ambroise, 9.
Bay (G.), cours des Petites-Ecuries, 16.
Bémont (P.), faubourg Saint-Denis, 37.
Daine (L.), rue Charlot, 5.
Minier (A.), rue Saint-Martin, 345.
Paget (Léon) et Cie, rue de la Folie-Méricourt, 96.
Renaux (Ch.), rue Portefoin, 9.

GRAVEURS ET FONDEURS.
(Voir aussi Roues.)

Biron (Ed.), rue Saint-Martin, 237.
Blondeau (Ch), rue des Grands-Augustins, 1.
Cartaux, cité Dupetit-Thouars, 6.
Colin (A.-C.), à Charency-Vézin.
SIMON (VICTOR), fondeur pour fournitures de jouets, roues, bras, jambes, etc., fondeur à façon, boulevard Ménilmontant, 82.

HARNAIS ET SELLERIE POUR
JOUETS.

Robillard, selles pour chevaux, chèvres, ânes, moutons, rue Ramponeau, 31.

IMPRESSIONS SUR ÉTOFFES.
Hattler frères, rue Botzaris, 68.

IMPRIMERIE, TYPOGRAPHIE, LITHO-
GRAPHIE ET TOUS GENRES D'IMPRESSION PAR PROCÉDÉS POUR L'INDUSTRIE

Bognard (jeune), rue Jules-César, 7.
Imprimeries-Réunies, 7, rue Saint-Benoît.
PARROT, (ancienne maison Appel), rue du Delta. *(Voir annonce à la Revue Industrielle).*
RETAUX, impressions typographiques, albums, catalogues, tarifs, etc., à Abbeville (Somme).
Sylvestre et Cie, rue Oberkampf, 97.

MAROQUINERIE.
Amson frères, rue de la Folie-Méricourt, 68.
Auffroy (H.), rue Saint-Martin, 207.
Bru jeune, boulevard Bonne-Nouvelle, 2.
Cherpuiseau, rue Chapon, 33.
Jeanroy (Mme), boulevard Poissonnière, 22.
Lacaze, rue Aumaire, 30.
Marx (L.), rue Michel-le-Comte, 31.

MOULES EN BOIS OU MÉTAL POUR
JOUETS ET POUPÉES.

Baux frères, rue d'Angoulême, 90 bis.
Bosch (Jules), rue Sainte-Croix-de-la-Bretonnerie, 7.
Boucher (Georges), rue Chapon, 48.
Bradé (G.), rue Leuck-Mathieu, 7.
Cadot, rue Saint-Martin, 88.
Daulay, rue Folie-Méricourt, 18.
Dresco, rue Fontaine-au-Roi, 26.
Gagnière, rue Oberkampf, 147.
Létang, rue Montmorency. 42-44.
WEIERSMULLER, boulevard Voltaire, 88. *(Voir annonce à la page suivante.)*

MUSIQUE. (MONTAGE ET RÉPARATIONS
DE BOITES ET OBJETS A).

Aubin (J.), rue de Poitou, 35.
Gattoliat (E.), rue de Saintonge, 41.
Mainguet, rue de Bagnolet, 73.

OUTILS ET MACHINES A DÉCOU-
PER LES JOUETS, PAPIER, CARTON, MÉTAL.

Amadon, rue de la Bidassoa, 44.
Bassaler, cisailles, boul. de la Villette, 30.
Billiot, rue des Amandiers, 36.
Gaudens, rue Dupetit-Thouars, 18.
Lapipe, rue Oberkampf, 141.
Lebuffe (A.), rue de Loos, 9.
Petit et Sevette, cité Nys, 12.

Rougier, r. Chapon, 25.
Tiersot, rue des Gravilliers, 16.

PAPIERS DE FANTAISIE, DORÉS, ARGENTÉS GAUFRÉS, COULEURS, DENTELLES, ETC.

Burnet (A.), rue Michel-le-Comte, 23.
Féry, r. St-Maur, 144.
Haenle (L.), rue Meslay, 9.
Levée et Cie, rue du Sentier, 8.
Salorne (Ch.), rue Chapon, 13.
Vacquerel, r. Réaumur, 41.
Verlant, boulevard de la Villette, 110-112.

PAPIERS D EMBALLAGE GOU-DRONNÉS, COULEURS, EN RAMES ET EN ROULEAUX.

Barrault (Ph.), rue des Archives, 67.

CROMBAC (Léon et Cie), faub. St-Denis, 83.

(*Voir annonce à la Revue Industrielle.*)
Maunoury et Wolff, rue Saint-Martin, 110.
Pezieux et fils, rue du Sentier, 8.

PASSEMENTERIES.

Cruveilher aîné, rue Montmartre, 178.
David (J.-M.), boulevard Bonne-Nouvelle, 12.
Jeance (Vve) et fils, rue Rambuteau, 65.
Jouanne Lefebvre, rue Rambuteau, 21.
Vaugeois et Binet, rue Etienne-Marcel, 15.

PEAUSSERIE, PEAUX DORÉES, MÉ-GIES, NOIRES, GLACÉES, COULEURS, VER-NIES, ETC.

Auzeaud (G.), faubourg Saint-Martin, 188.
Chezeaud (J.), faub. Saint-Martin, 188.
Dalet, faubourg du Temple, 23. (Voir *annonce jouets*).
FENOUILLET (Aimé), peaux mégies et peaus-serie pour jouets, rue de Bonne, 16, Grenoble (Isère).

Guérin (Georges), rue du Temple, 57.
Guilleux (L.), rue Grange-aux-Belles, 39.
Lelièvre frères, spécialité de peaux de mou-tons et agneaux pour jouets, rue Etienne-Marcel, 28.
Meyer (H.), rue Chapon, 45
Robillard, rue Ramponneau, 31.
Rossero (D.), rue Saint-Martin, 179.
Servant (A.), rue de Braque, 6.

PEAUX EN LAINE, SPÉCIALITÉ POUR JOUETS.

Faës (A.), rue Saint Martin, 141.

PEINTURE POUR JOUETS ET FANTAS-MAGORIE

Bourgeois, rue du Caire, 31.
Desesquelles, rue des Boulets, 15.
JACQUES-SAUCE, couleurs à l'eau et à l'huile, laines à velouter, boulevard de Charonne, 133. (*Voir annonce aux jouets*).

PELLETERIES (*Voir Peausserie.*)

PELUCHES.

Aubry et Cie, rue Turbigo, 70.
Huher (E.-M.), rue Rambuteau, 20.
Martin (J.-B.), rue du Temple, 174.
Massing frères et Cie, rue Béranger, 20.
Villy (J.-P.) et Cie, rue du Sentier, 37.

PERCALINES GAUFRÉES.

Marinier fils et Navoit, r. de Charonne, 120.
Pulois et J. Le Mahieu, r. Turbigo, 3.
Russinger (Mmes) et Cie, cité Milton, 3. (*Voir annonce page précédente.*)
Siegrist, r. de Palestro, 15.

PERFORAGE, PAPIERS ET MÉTAUX PERFORÉS.

Balat (J.), et Cie, r. Grenéta, 43.
Manfredi (L.), r. Thévenot, 23.
Petit et Sevette, cité Nys, 12.
Thiré, r. St-Sauveur, 6.

PERLES, NATURELLES, IMITÉES, MÉTALLIQUES, EN VERRE, ETC.

Audy (Vve L.), r. Montmorency, 40.
Biardot, faub. St-Denis, 142.
Bosson (Vve H.), boul. Sébastopol, 70.
Dielh, r. Meslay, 55..
Perdrizet (Paul), r. Elzévir, 4.
Prinoth (Ch.), boul. de Strasbourg, 46.
Schwenk (Ad.) et Jacob Jeiteles Sohn, r. Réaumur, 57-59.

PERRUQUES POUR POUPÉES ET BÉBÉS THIBET. FOURRURE ET CHEVEUX.

Bornoz (Léon), r. Chapon, 18.
Gagnère (P.), r. du Pressoir, 2.
Grasse (Mlle), r. de la Fontaine au Roi, 2!-24.
Lesage (Léon), r. de Paris, 55, à Vincennes.
Marbais (A.), r. Beaubourg, 73.
Maynard (H.), av. des Gobelins, 27.
Pecclet (G.). Perruques Thibet et cheveux, sentier des Hauts-Montibœufs, 11.
Richert (R.), r. des Gravilliers, 58.
Salmon, r. des Haudriettes, 5.
Thomasson-Dalbergue, r. Pastourelle, 32-34.

PHOTOGRAPHIE INDUS-TRIELLE.

Berthaud, r. Cadet, 9.
BLOCK (A.), boul. Sébastopol, 91.
Fraiture (Léon), r. Boulle, 14.
Stepowski, r. Rambuteau, 64.
Tiffereau (Th.), r. du Théâtre, 130.

PHOTOGRAVURE.

Barret (A.), boul. Montparnasse, 104.
BORDIER, r. de la Tour d'Auvergne, 38.
Charaire, faub. Poissonnière, 102.
Chene et Longuet, faub. St-Martin, 250.
PARROT (anc. Mais. Appel), r. du Delta, 12.
(Voir Annonce à la REVUE INDUSTRIELLE.)
Schaeffner (A.), r. de Chateaudun, 2.

PIERRES FINES, NATURELLES ET IMITÉES

Allen et Jonassohn, r. Turbigo, 46.
Feigl (Gustave), r. Meslay, 53.
Garreaud (H.), r. Richelieu, 59.
Gauthier, fils, r. Turbigo, 52.
Perdrizet, r. Elzévir, 4
Schwenk et Jacob Jeiteles Sohn, r. Réaumur, 57-59.

PILES ÉLECTRIQUES.

Basséc et Michel, rue de Bondy, 92.
Figueras (E.), faubourg Saint-Martin, 194.
Leclanché et Cie, rur Cardinet, 158.
Magne (Ch.), rue des Pyramides, 10.
Radiguet, boulevard des Filles-du-Calvaire, 15.
Trouvé (Gustave), rue Vivienne, 14.

PINCEAUX ET BROSSES POUR DORURE, VERNISSAGE FAUX-BOIS, ETC.

Bourgeois, rue du Caire, 31.
Feuillet, rue Erard, 30.
Prinoth (Ch.) et Cie, boulevard de Strasbourg, 46.
Rebourg, rue Cloître-St-Merri, 6.

PLISSÉS, RUCHÉS, GAUFRÉS.

Dreyfus (Edouard), rue Port Mahon, 12.
Hitier (Ad.), rue d'Aboukir, 101.
Lion, rue des Petits-Carreaux, 24.
Russinger (Mmes), cité Milton, 3.
Tabourier et Cie, rue d'Aboukir, 6.
Viallard jeune, rue Montmartre, 166.

PLOMBS ET MÉTAUX POUR LA FONTE DES JOUÉTS.

Coiffier (F.), rue des Trois-Couronnes, 42.
Simon (Victor), boulevard Ménilmontant, 82.

PLUMES NATURELLES ET IMITÉES.

Boyer (Jules), rue Pastourelle, 15.
Lang (Max.), des Petites-Ecuries, 13.
Lemercier, rue des Petites-Ecuries, 27.
Machu, rue du Caire, 32.
Mantou et Cie, faubourg Poissonnière, 2.
Nicolle (R.), rue Crussol, 14.
Sciama et Cie, rue d'Enghien, 6.

POINTES EN TOUS MÉTAUX, DE TOUTES FORMES ET POUR TOUS USAGES.

Bayeux (A.), rue d'Hauteville, 61.
Bohin (Benjamin) fils, boulevard Sébasto-pol, 51.
Charquillon (J.-P.), rue Sedaine, 43.
Grandin (L.), rue Basfroi, 18.
Lesquivin (E.), rue du Château-d'Eau, 27.
Marouque (G.), rue Michel-le-Comte, 25.
Mouton, rue Amelot, 44.
Rougier (A.), rue Chapon, 25.

POLISSAGE SUR TOUS MÉTAUX.

André, rue Pont-aux-Choux, 21.
Bellair (A.), rue des Trois-Bornes, 17.
DOSSANG (N.), spécialité d'acier poli, rue St-Maur, 163. (Voir annonce).
Guérin, rue Sedaine, 17.
Piolle (L.), spécialité de fusils d'enfants, rue Saint-Maur, 42.

PORCELAINE. STATUETTES, FLEURS, MÉNAGES, ETC.

André (H.), rue Bleue, 13.
Burguin (P.), rue des Petites-Ecuries, 33.
Chéret (E.), boulevard Magenta, 33 bis.
Denamur (E.), rue des Petites-Ecuries, 13.
Gaultier frères, rue des Epinettes, 19.
Gavot (G.), rue des Vinaigriers, 50.
Van der Taelen (M.), passage des Petites-Ecuries, 14.

———

POTERIE DE GRÈS, D'ÉTAIN, DE FONTE, ETC.

Bled (J.), rue Buffon, 23.
Boucher (Vve E.) et Cie, rue Albouy, 23.
Pointille (C.) fils, rue de Paradis, 24.
Rivière (A.), rue de la Roquette, 36.
Weiersmuller, boulevard Voltaire, 88.
Wiriot, boulevard Saint-Jacques, 29.

———

POUDRE ET PRODUITS A POLIR LES MÉTAUX.

Arnoux, r. Grenier St-Lazare, 7.
Beauvallet (C.), r. Pierre Lescot, 17.
Delaunay, r. St-Ambroise, 29.
Grauer (S.) et Cie, quai National, 47.
LEMERLE, r. Beautreillis, 23.

Voir Annonce ci-dessous

POUPÉES. FOURNITURES DIVERSES : CHAUSSURES, CHAPEAUX, PEIGNES, CHEVEUX, VÊTEMENTS, ETC.

Bornoz (Léon), tetes et perruques de bébés, habillage, laine et satin, r. Chapon, 18.
Charvoz, habillage de poupées, laine et satin, r. Crespin, 13.
Couturier (G.), Toilettes de poupées sur cartes, peignes et brosses, etc., r. Grenier St-Lazare, 31.
Detré (E.), parfumerie pour poupées, parures et toilettes, valises, coffrets verre, etc., faub. du Temple, 22.
Gagnère (P.); spécialité de têtes et perruques de bébés, thibets, tissus, chaussettes, bas, souliers, etc., réparations en tous genres, r. du Pressoir, 2.
Gaultier frères, r. des Epinettes, St-Maurice (Seine).
Grasse (Mlle), r. Fontaine-au-Roi, 22.
Guimier, biberons pour poupées, impasse Fessart, 11.
Lavesvre, r. Clignancourt, 37.
Lecoq (H.), fabrique de peignes pour poupées, r. Volta, 39 et 41.
Marbais (A.), perruques pour poupées et bébés, thibets, fourrures et cheveux, r. Beaubourg, 73.
Maynard (H.), perruques pour poupées et bébés, av. des Gobelins, 27.

PAPIERS ET TOILES A POLIR

Marque de fabrique

PAPIER FRÉMY

Verré,
Silexé,
Émerisé,

REFUSER
COMME ÉTANT IMITÉE
Toute Marque FRÉMY
NE PORTANT PAS
le Timbre de l'Union des Fabricants.

Marque de fabrique

FREMY 6

- TOILES ÉMERISÉES
EMERIS
en grains et potées.

Papier " NOBSTON "

Le " Nobston " est un minerai américain qui remplace avec avantage le verre et le silex dans son travail du polissage mécanique des bois.

———

PAPIER EXTRA EN FEUILLES
avec Rouleaux de 0 m 50 — 0 m 60 — 1 m 02

Nouveau papier verré et silexé

GLASS — FLINI
GALLIC PAPER

sur papier Japon spécial pour tous travaux de ponçage mécaniques.

EN FEUILLES OU AVEC ROULEAUX
de 0 m 50 — 0 m 60 — 1 m 02

VERRES — SILEX — EMERI — EN GRAINS ET POUDRES

Toiles verrées — Toiles silexées — Toiles émeri

L. LEMERRE, seul Succr de FRÉMY, 23, rue Beautreillis, PARIS

Métral (Mme), spécialité de bas et chaussettes pour poupées et bébés, r. Fontaine-au-Roi, 22.

Moreau (Vve), spécialité de chaussures pour poupées et bébés, bas et chaussettes, pass. Doudeauville, 20.

Raffaelli, fabrique spéciale de chapeaux nus et garnis, chaussures et chaussettes riches, lingerie et costumes, manteaux fantaisie, r. Michel-le-Comte, 13.

Richert (R.), spécialité de perruques de poupées, r. des Gravilliers, 58.

Salmon, spécialité de têtes et perruques de bébés, thibets, tissus, chaussettes, bas, sou-liers, etc., r. des Haudriettes, 5.

Vincent (G.), fab. d'ombrelles et parapluies pour poupées et bébés. Commission-Exportation, faub. St-Martin, 83.

PRODUITS CHIMIQUES.

Ador, av. de Paris, 202, plaine St-Denis (Seine).

Agobet et Cie, route d'Orléans, 3, à Arcueil (Seine).

Alexandre, r. Armand Carrel, 50, à Montreuil (Seine).

Arnoul (Camille), r. Radziwill, 37.

Barbe (Edmond), r. de l'Echiquier, 22.

Beauvallet (C.), r. Pierre Lescot, 17.

Benard (V.), r. Montmartre, 49.

Coutela, r. des Francs-Bourgeois, 43.

Desmazures, r. Parc-Royal, 8.

Hatton (E.), r. Armand Carrel, 27, à Montreuil (Seine).

Lizat (H.), boul. Beaumarchais, 91.

Michon (P.), r. St-Merri, 23.

Ruelle (Henri), r. Sévigné, 38.

Schaeffner (A.), r. de Châteaudun, 2.

PUBLICITÉ.

Bonnard Bidault, r. Montesquieu, 5.

Clavel (A.), r. de Dunkerque, 36.

Crespin et Dufayel, boulevard Barbès.

QUINCAILLERIE.

FOURNITURES SPÉCIALES POUR LE JOUET.

Amadou, outils à découper, r. de la Bidassoa, 44.

Besnard, av. de la République, 19.

Briançon, r. St-Denis, 205.

Camus (Léon), r. Sedaine, 14.

Chouanard (Emile), r. St-Denis, 3.

Cron et Boulenger, r. Birague, 14.

Denis (Eugène), r. Amelot, 90.

Guitel (F.), r. St-Martin, 308.

Journeaux, r. Aumaire, 47.

Lemaître (G.), r. Alibert, 8.

Levillain, r. de Turenne, 107.

Prévost fils, r. St-Maur, 204.

Rougier, spécialité d'outils pour jouets, r. Chapon, 25.

RÉDUCTIONS ET AGRANDISSEMENTS.

Fady (E.), r. Amelot, 70.

Janvier, r. du Moulin-Vert, 37.

Lebossé, r. du Moulin-Vert, 26.

Pilloud (E.), r. Vieille du Temple, 110.

RESSORTS DE TOUTE NATURE
POUR JOUETS ET PIÈCES MÉCANIQUES.

CAILLET ET FOURRE, pass. Ménilmontant, 11.

Clavel (A.), r. Lancry, 56.

Deschamps, quai Jemmapes, 85.

Dutheil et Mathon, r. Folie-Méricourt, 34.

Guyard, r. Pastourelle, 10.

Léon (A), boul. Voltaire, 220.

Montandon fils (Alfred), r. de Malte, 15. (V. a. u.

Simon (Jne), r. Fontaine au Roi, 2.

Sorgue (P.), pass. Cerbeau, 9.

ROUES EN PLOMB, ÉTAIN, CUIVRE, L.,
POUR JOUETS, VOITURES DE POUPÉES ET AUTRES. (V. aussi Fondeurs et Graveurs).

Avoiron (H.), r. Rébeval, 53.

BOUCHER (DÉSIRÉ), r. Oberkampf, 125, cité Griset, 10.

Bourdelet, rue Fontenay, 127 (Vincennes).

Brunon (B.), r. Belzunce, 26.

CAILLET ET FOURRE, roues pour voitures d'enfants, pass. Ménilmontant, 11.

Chambard, r. Monge, 101.

Chicot, r. Rennequin, 32.

Germain, r. de Saintonge, 17.

Renault (A.), r. Curial, 12.

Renouard (J.-B.), quai Valmy, 93.

Simon (V.), boul. Ménilmontant, 82.

Vincent fils, r. du Château-d'Eau, 29 bis.

ROULETTES EN TOUS GENRES
POUR JOUETS.

Ballauff (H.), rue Beautreillis, 22.

BOUCHER (DÉSIRÉ), rue Oberkampf, 125, cité Griset, 10.

Brisset (Auguste), passage Vaucouleurs, 9.

Guingand, faubourg Saint-Antoine, 190.

Nouvel, rue des Taillandiers, 14.

Salarnier (J.), rue des Vinaigriers, 48.

Verschave fils, rue Pavée-Marais, 17 bis.

RUBANS DE PAPIER, SOIE, ÉTOFFES,
ETC.

Boose (E.), cité Trévise, 9.

Capendu, rue Montmartre, 160.

Lecomte (A.), boulevard Sébastopol, 44.
Meyrueis (J.), passage Crouin, 8.
Tricou (E), rue Saint-Martin, 141.

SATINS FRANÇAIS ET ÉTRANGERS POUR GARNITURES, MEUBLES, COSTUMES DE POUPÉES, ETC.

Dawant et Limanton, rue Coq-Héron, 7.
Lafay, rue des Tournelles, 11.

SELLERIE POUR JOUETS. (Voir harnais).

SERRURES ET FERMETURES EN TOUS GENRES, POUR BOITES, COFFRETS, MALLES, VALISES, ETC.

Amadon, serrures et fermoirs, rue de la Bidassoa, 44.
Aubert (P.), rue Saint-Sauveur, 55.
Bricard frères, rue Richelieu, 39.
Charlier et Guénot, rue Richelieu, 43.
Foucher et Delachanal, r. Dupetit-Thouars, 16.
Gigou, rue de Charonne, 5.
Prévost, rue Saint-Maur, 204.
Salarnier (J.), rue des Vinaigriers, 48.

SIÈGES ET MEUBLES POUR ENFANTS ET JOUETS.

Besnard (Ch.), faubourg du Temple, 139.
Clair (Maxime), faubourg Poissonnière, 146.
Courtois (Ed.), rue du Chemin-Vert, 7.
Delmas (E.), rue de la Roquette, 53.
Drouard, rue de Lyon, 16.
Dupont, rue Hautefeuille, 10.
Mallein, passage Brady, 96.
Vincent, rue du Château-d'Eau, 29 bis.

SIFFLETS, GRELOTS POUR JOUETS.

Duchesne, sifflets en caoutchouc, rue des Panoyaux, 36.

SIMILIGRAVURE.
CLICHÉS DE TOUS MODÈLES D'APRÈS NATURE.

Bordier, rue de la Tour-d'Auvergne, 28.
Petit (Ch.), boulevard Vaugirard, 8.

SOCLES POUR JOUETS MÉCANIQUES, AUTOMATES, OISEAUX CHANTANTS, ETC.

Feiner (H.), rue Therigny, 4.
Lesage (F.), rue Amelot, 70.
Triboulois, rue Saint-Claude-Marais, 8.

SOIERIES EN TOUS GENRES POUR LE JOUET.

Gorecki (Ch.), rue Saint-Denis, 209.
Hamelin (E.) et Cie, rue Saint-Denis, 144.
Minaux, rue Michel-le-Comte, 23.
Perrot (Albert), boulevard Sébastopol, 97.

SOUDURES.

Drogue (Auguste). Spécialité de soudure d'étain, r. de Crimée, 40.

SOUFFLEURS DE VERRE.

Berlemont (G.), rue Cujas, 11.
Bernard, rue de Poitou, 34.
Carré, impasse Fessart, 4.
Colas fils, rue du Temple, 81.
Collardé, rue Chapon, 45.
Demichel (A.), rue Pavée-Marais, 24.
Gallois et Dupont, rue de Dunkerque, 37.
Guinier, impasse Fessart, 11.

SPARTERIE, BORDURES, ETC., POUR CARTONNAGES.

Bodin, boulevard Sébastopol, 8.
Carue, rue Saint-Denis, 269.
Corderie centrale, boulevard Sébastopol, 12.
Flamant (Vve), passage du Saumon.
Lemaire et Dumont, rue Meslay, 59.
Lemaire et Dumont, rue Meslay, 59.
Morand (Vve), rue des Joûneurs, 31.
Renard, rue de la Harpe, 20.
Thévenet, rue Saint-Sauveur, 56.
Vigier aîné, rue Constantinople, 36.

STÉRÉOSCOPES, FABRICATION ET FOURNITURES.

Block (A.), boulevard Sébastopol, 91.
Chauvet, rue Saint-Maur, 214.
Figueras (E.), faubourg Saint-Martin, 194.
Fouquet (J.), rue Oberkampf, 47.
Hanau (Eug.), boulevard de Strasbourg, 27.
Lévy (J.), avenue de l'Opéra, 28.

STRASS, IMITATIONS DE DIAMANTS ET PIERRES FINES.

Besson, rue Saint-Martin, 245.
Marcus (G.), faubourg Poissonnière, 14.
Miguet fils, rue des Archives, 88.
Perdrizet, rue Elzévir, 4.
Regad fils, rue Turbigo, 53.

SURPRISES, FABRICANTS DES ARTICLES SPÉCIAUX.

Dehan, avenue Parmentier, 64.
Donadey, rue Notre-Dame-de-Nazareth, 12.
Fouché (L.), rue de Belleville, 37.
Massicard, rue Haxo, 155.
Nepveu de Villemarceau, rue Charlot, 13.
Wurth (Ch.), rue Chapon, 17.

TABLETTERIE, MATIÈRES PREMIÈRES ET FOURNITURES.

Barbier (S.) fils, rue Montgolfier, 14.
Cartaux, cité Dupetit-Thouars, 6.
Cassella (Louis), rue du Temple, 174.
Devillard, boulevard Saint-Martin, 13.
Dupont, rue Turbigo, 44.
Dufaux, Mathieu et André, rue de la Mare, 89.

Gazel, rue de Bondy, 44.
Lithoid, rue Barbette. 14.
Reymond (P.), rue Bouchardon, 19.
Sarassin, rue du Château-d'Eau, 27.

TAPISSERIES, FOURNITURES, DESSIN, EXÉCUTION.

Alexandre (N.), et Cie, r. Saint-Martin, 241.
Berville (L.) chaussée d'Antin, 25.
Biais aîné, r. Bonaparte. 74.
Boch (J.), r. Saint-Martin, 147.
Bourgeois, r. Louis Braille, 38.
Demoulin, r. Saint-Martin, 239.
Naudé (G.), boul. Sébastopol, 8.
Sajou, boul. Sébastopol, 74.
Sevin, r. du Parc Royal, 9.

TÊTES DE POUPÉES ET BÉBÉS.

Guérin, faub. St-Denis, 187.
Tomasson-Dalbergue, r. Pastourelle, 32 et 34.
Salmon, r. des Haudriettes, 5.

TIMBRES. SONNETTES ET GRELOTS POUR JOUETS.

Arrogon (Ch.). r. Renault, 3.
Biron (Edouard), r. Saint-Martin, 237.
Cronzet-Hildebrand, r. Sambre et Meuse, 13.
DUCHESNE (GRELOT), r. des Panoyaux, 36.
Guichard, r. Renault, 3.
Leblanc (A), r. du Temple, 103.
Quarré, aven. de la République, 11.

TOILES CIRÉES, GAUFRÉES, VERNIES, ETC.

Cauvin (Ernest), r. de Lyon, 55.
Chedin et Cie, r. aux Ours, 23.
Lelachal, boul. Sébastopol, 71.
Feucille (J.), r. Château-d'Eau, 9.
Husson (F.), r. N.-D. de Nazareth, 65.
Pannier, r. de Paradis, 2.
Rambour (G.), pass. Choiseul, 32.
Romancey, r. Turbigo, 22.
Senechal, r. Réaumur, 42.
Yvose Laurent, r. Neuve-Popincourt, 17.

TOILES MÉTALLIQUES.

Bremont, r. des Gravilliers. 24.
Dondel, r. du Pressoir, 22-24.
Gosset, boul. des Filles du Calvaire, 11.
Grimaux (J.), r. Saint-Martin, 324.
Jay, r. Saint-Denis, 168.
Lebœuf, boul. Bonne-Nouvelle, 40.
Pelletier, r. du Plâtre, 13.
Roseaux (Ch.), r. Saint-Denis, 218 bis.
Tangre (J.), boul. de Belleville, 45.
Weill et Dreyfus, r. Barbès, 5 bis.

TOLERIE DE FANTAISIE POUR JOUETS, LANTERNES MAGIQUES, ETC.

Bouygues, r. Bichat, 50.
COULON (HENRI), Tôlerie et cuivrerie de fantaisie, r. du Tunnel, 13.
Moret (J.), r. Sedaine, 47.
Maugin et Aubry (A.), r. Basfroi, 30.
Peret, pass. Alexandrine, 23.

TOURNEURS SUR BOIS, MÉTAUX, ETC.

Bazin (A.), r. des Gravilliers, 7.
Brisset (Auguste), tourneur et repousseur sur tous métaux, roulettes pour jouets, pass. Vaucouleurs, 9.
Churque (P.), r. Saint-Maur, 81.
Cornau, r. Ménilmontant, 24.
Declerck frères, r. Saint-Maur, 123.
Després, r. Grenier Saint-Lazare, 13.
Diehl, r. Baubourg, 36.
Duhourguet, boul. Magenta, 33 bis.
Giroud, r. de la Chapelle, 41.
Harleux, r. des Gravilliers, 31.
LAMY (R.), quai Jemmapes, 176. (V. annonce).
Loreau, r. de Turenne, 1.

TOURS, POUR BOIS ET MÉTAUX.

Besse (Louis). r. Lappe, 10.
Chouanard (Emile), r. St-Denis, 3.
Delpuech, r. Lappe, 31.
Herlin (Aug.), quai Jemmapes, 108.
Tiersot, r. des Gravilliers, 16.
Tronchon, boul. Voltaire, 33.
Wermelinger, à Vincennes.

TRANSPORTS, EXPÉDITIONS EN TOUS PAYS.

Buthaud (V.), r. des Tournelles, 22.
Caldaguès, r. Tiquetonne, 38.
Carre (L.), av. de Paris, 8, plaine St-Denis (Seine).
Chatelard jeune, r. de Nesles, 6.
Debrez, r. Saussure, 75.
Flageolet et Cie, r. St-Vincent de Paul, 3.
Fraissinet et Cie, r. Rougemont, 9.
Jacquemin, r. Victor Hugo, 67.
Mory et Cie, r. Rocroy, 3.
Toussaint (Ch.), faub. St-Denis, 193.
Vaumorin (Charles), r. Jacob, 11.

TRÉFILERIE, EN TOUS MÉTAUX, POUR TOUS USAGES.

Condamin (Ch.), r. de la République, 8, à Lyon (Rhône).
Motteau et Baillet, r. Rambuteau, 20.
Mouton (J.), r. Amelot, 44.
Mullier, r. de Bondy, 66.
Sorgue (P.), pass. Corbeau, 9.
Verschave et fils, r. Pavée-Marais, 17 bis.

TREILLAGEURS, POUR CAGES, VOLIÈRES, ETC.

Anfroy, r. de l'Arcade, 15.
Bionda (Ch.), r. d'Amsterdam, 33.
Dorléans (Ernest), r. du Landy, à Clichy (Seine).
Gayer, boul. de Charonne, 168-170.
Hénot, r. de la Tour, 12.
Joannès (P.), r. de Montreuil, 119.
Mouton (J.), r. Amelot, 44.
Tricotel, r. Hauteville, 57.

TUBES ET TUYAUX, EN CUIVRE, EN FER, EN ÉTAIN, EN VERRE, ETC.

Appert frères, r. N.-D. de Nazareth, 66.
Cherrier (L.), boul. de la Villette, 12.
Daget (E.), r. St-Gilles, 11.
Ducomet, r. d'Abbeville, 7.
Guilbert (Martin), r. N.-D. de Nazareth, 34-36.
Katz, faub. St-Martin, 91.
Lagrange (Ed.), r. de Courcelles, 147.
Ponthieu jeune, r. Debelleyme, 29.
Sautereau, r. Bichat, 50.
Schneider, r. N.-D. de Nazareth, 34.
Sergot, r. des Vinaigriers, 37.

VANNERIE, ARTISTIQUE ET DE FANTAISIE POUR JOUETS.

Bru jeune, (Rambour successeur), boulevard Bonne-Nouvelle, 2.
Buret et Cie, rue des Marais, 48.
Joguet (S.), rue Greneta, 19.
Lugrin, avenue de l'Opéra, 3.
Martelly (Vve), rue Meslay.
Perret et fils et Vibert, rue du Quatre-Septembre, 33.

Quiney (P.), rue des Gravilliers, 50.
Russinger (Mmes), cité Milton, 3.
Tirot (A.), berceaux pour poupées, boulevard Magenta, 3.
Tissot, rue de la Bourdonnais, 31.

VEAUX, BLANCS, CIRÉS, MÉGISSÉS, VERNIS.

Bretel, rue Saint-Sauveur, 4 bis.
Guillou (M.), rue des Cordelières, 11.
Laborne (A.) et Cie, rue Hauteville, 23.
Lefranc (Ed.), faubourg Poissonnière, 74.
Lehmann, rue Beaurepaire, 26.
Schmoll frères, rue Dieu, 6.

VÉLOCIPÈDES, FOURNITURES SPÉCIALES POUR ARTICLES DE JOUETS ET D'ENFANTS.

Bisson (F.), rue de la Chapelle, 15.
Bourguet (G.), rue Oberkampf, 104.
Vincent (E.), rue du Louvre, 3.

VELOURS, TOUS GENRES POUR JOUETS ET CARTONNAGES.

Agnellet frères, rue Richelieu, 73.
Alexander (C.), rue du Sentier, 28.
Baudot et Tissot, rue Croix-des-Petits-Champs, 48.
Grellou (Alexis), boulevard Sébastopol, 43.

VERNIS EN TOUS GENRES, BRILLANT, MAT, ÉMAIL, MORDORÉ, ETC.

Arnoul (Camille), rue Radziwill, 37.
Bernard frères, faubourg Saint-Denis, 148.
Boutemy, rue Brise-Miche, 10.
Cappe (F.), rue Geoffroy-Marie, 16.
Chalmel (Gve), avenue Daumesnil, 32.
Chapelle frères, rue des Rosiers, 26.
Desesquelles (F.), rue des Boulets, 15.
Lefebvre frères et Cie, rue Rennequin, 51.
Lefranc et Cie, rue de Turenne, 64-66.
Lemoine, rue Lappe, 21.
Mary et fils, rue Chaptal, 26.
Nicaut (A.), boulevard de la Chapelle, 14.
Querolle, rue de Charonne, 45.
SAUCE (Jacques), boulevard de Charonne, 133 (*Voir Couleurs et Annonces*).
Soehnée, rue des Filles-du-Calvaire, 19.
Tugot frères, rue du Renard, 5.
Wolff (Ch.), place des Vosges, 8.

VERRERIES, VERRES DE COULEURS, GARNITURES DE MÉNAGES DE POUPÉES, ETC.

Andrée (H.), rue Bleue, 13.
Carré, impasse Fessart, 4.
Dodon et Cie, rue Mouzaïa, 63.
Dumont, rue Folie-Méricourt, 104.
Echivard, rue Beaubourg, 77.
Gabreau (P.), rue Paradis, 50.

Haroux (E.), rue Jouy, 5 et 7.
Jalliet (P.), faubourg Saint-Martin, 172.
Pochet et Cie, quai Valmy, 121.

VERROTERIE.

Dumont, rue Folie-Méricourt, 104.
Meussing, rue Saint-Martin, 208.
Scheidel (Ch.), boulevard Sébastopol, 109.
Veit et Cie, rue Sainte-Apolline, 9.
Voizot (Vve Bosson successeur), boulevard Sébastopol, 70.

VOITURES POUR JOUETS ET ENFANTS,
FOURNITURES ET ACCESSOIRES SPÉCIAUX.

Mouton (Ch.), à Vrigne-aux-Bois (Ardennes).
Pascaut et Bapst, boulevard Sébastopol, 16.

Pouchain, passage Penel, 8.
Quarré, avenue de la République, 11.
Sénéchal (Emile), rue Réaumur, 42.

YEUX ARTIFICIELS, POUR POU-
PÉES, SUJETS ET ANIMAUX.

Blain, rue Saint-Denis, 279.
Daudet, rue Vertbois, 26.
Dumont, rue Folie-Méricourt, 104.
Joncret-Raimond, rue Saint-Martin, 148.

ZINC.

Bidault et Gruel, r. Lakanal, 17.
Bridault, r. de la Huchette, 27.
Delmas (Léon), r. faub. Saint-Antoine, 45.
Gilbert, r. Sainte-Croix de la Bretonnerie, 20

COURS MOYEN DES MONNAIES ÉTRANGÈRES
En rapport avec les Monnaies Françaises.

DÉSIGNATION des Pays et des Monnaies.	VALEURS FRANCS
	fr. c.
ALLEMAGNE	
Or. — Doppelkrone (20 marks)	25
Krone (10 marks)	12 50
Cinq marks	6 25
Cinq marks	6 25
Thaler (3 marks)	3 75
Argent. — Deux marks	2 50
Mark (100 pfennigs)	1 25
50 pfennigs	0 625
20 pfennigs	0 25
pfennig	0 125
Bronze. — Pièces de 5 et de 10 pfennigs.	
Mesure itinéraire : le kilomètre.	
Ancienne mesure : Meile = 7 kil. 532.	
AMÉRIQUE (ÉTATS-UNIS)	
Or. — Double aigle (20 dollars)	103 65
Pièces de 10, 5, 2, 1/2 dollars	5 18
Un dollar	5 34
Argent. — Un dollar (100 cents)	
Pièces de 50, 25, 10, 5 cents	0 05
Bronze. — Un cent	
ANGLETERRE	
Or. — Livre Sterling ou souverain	
20 shillings	25 20
Demi souverain (10 shillings)	12 60
Argent. — Couronne (5 shillings)	6 30
1/2 Couronne (2 shillings, 6 pence)	3 15
Shilling (12 pence)	1 25
Six pence	0 62
Quatro pence (groat)	0 42
Trois pence	0 31
Bronze. — Penny	0 10
Demi penny	0 05
Farthing	0 022
Mesure itinéraire : Mille = 1 kil. 609 m.	
ARGENTINE (RÉPUBLIQUE)	
Or. — Doublon	81 50
Argent. — Piastre	5 40
AUTRICHE-HONGRIE	
Or. — Quadruple ducat	47 42
Ducat	11 85
Huit florins	20
Quatre florins	10
Argent. — Deux florins	4 93
Un florin ou gulden 100 kreutzers	2 46
1/4 florin	0 61
Dix kreutzers	0 24
Cinq kreutzers	0 12
Kreutzer	0 24
BELGIQUE	
(Système décimal français)	
BRÉSIL	
Or. — Pièce de 20,000 reis	56 60
10,000 —	28 30
5,000 —	14 15
Argent. — Pièce de 2,000 reis	5 20
1,000 —	2 60
500 —	1 30
CHILI	
Or. — Condor, 10 piastres	47 26

DÉSIGNATION des Pays et des Monnaies.	VALEURS FRANCS
	fr. c.
Or. — Doublon ou 1/2 condor	23 63
Écu ou pièce de 2 p.	9 44
Demi-écu, pièce de 1 p.	4 72
Argent. — Piastre	4 96
Pièce de 50 centavos	2 48
20 —	0 98
10 —	0 49
5 —	0 25
Bronze. — Centavos et 1/2 centavos	
COLOMBIE	
Or. — Vingt pesos	100
Dix pesos	50
Argent. — Peso	5
Pièce de 2 décimos	1
1 —	0 50
1/2 —	0 25
DANEMARK	
Or. — Pièce de 20 couronnes	27 77
— 10 —	13 88
Pièce de 2 couronnes	2 66
— 1 —	1 33
Argent. — 50 ore	0 66
— 25 —	0 32
— 10 —	0 12
Bronze. — Pièce de 5 —	0 06
— — 2 —	0 024
— — 1 —	0 012
Mesure itinéraire : Mil = 7 kil. 532 m.	
ÉGYPTE.	
Or. — 100 Piastres	25 73
50 —	12 84
25 —	6 43
Argent. — Une piastre (40 paras)	0 25
Pièce de 2 1/2, 5, 10, piastres	
ESPAGNE.	
Or. — Alphonse (25 pesetas)	25
Pièces de 100, 50, 25, 10 et 5 pesetas	
Argent. — Peseta	1
Pièces de 5, 2 et 1 pesetas acal.	0 25
Pièces de 2 et de 1 réal	
Bronze. — Pièces de 10, 5, 2 et 1 cent.	
GRÈCE.	
Or. — 20 Drachmes	20
Pièces de 10 et 5 drach.	
Argent. — 2 drachmes	2
1 drachme (100 lepta)	1
Pièces de 50, 20 Lepta	
Bronze. — Lepta	0 01
HOLLANDE ET PAYS-BAS.	
Or. — Double ducat	23 66
Ducat (5 florins, 50 cents)	11 83
Double Guillaume	41 70
Guillaume (10 florins)	20 85
Demi Guillaume (5 florins)	10 42
Argent. — Rijksdaaler (2 1/2 florins)	5 24
Florin ou Gulden	2 10
Demi florin	1 05
25 cents	0 50
5 cents	0 10
Bronze. — Cent	0 02
Mesure itinéraire : { Myl / Uren } = 1 kilom. / 5 —	

COURS MOYEN DES MONNAIES ÉTRANGÈRES
(Suite du tableau de la page précédente.)

DÉSIGNATION — Pays et des Monnaies.	VALEURS FRANCS fr.	c.
ÎLES PHILIPPINES.		
Or. — Doublon (10 escudos)........	25	
Pièces de 4 et de 2 escudos.		
Argent. — Duro (2 escudos)........	4	10
Escudo........	2	05
INDES ANGLAISES		
Or. — Mohur........	36	72
Demi-mohur........	18	36
Pagode........	9	18
Argent. — Roupie........	2	36
Demi-roupie........	1	18
Quart de roupie........	0	59
Pièces de 2 annas........	0	29
Bronze. — Pice........	0	012
ITALIE.		
Système décimal français........		
Lire........	1	
MAROC.		
Or. — Madridia........	52	50
Bendoki........	10	50
Argent. — Métikal........	2	63
Blanquillo........	0	06
MEXIQUE		
Or. — Once (4 pistoles)........	81	37
Double pistole........	40	68
Pistole (4 piastres)........	20	34
Ecu (demi-pistole)........	10	17
Escudillo (1/4)........	5	18
Argent. — Piastre (8 reales)........	5	40
Demi-piastre........	2	70
Un quart piastre........	1	35
Réal........	0	67
Demi real........	0	34
Bronze. — Quartillo (1/4) de Real.	0	17
NORVÈGE		
Or. — Pièce de 20 couronnes........	27	77
— 10 couronnes........	13	88
— 5 couronnes........	6	94
Argent. — Pièce de 2........	2	66
— 1........	1	33
— 15 skill........	0	66
— 12 —........	0	53
— 3 —........	0	12
NOUVELLE GRENADE		
Or. — Quadruple (16 pesos)........	80	»
Condor........	50	»
Argent. — Piastre........	5	»
Pièce de 50 centavos........	2	50
— 20 —........	1	»
Decimo........	0	50
Demi-decimo........	0	25
PÉROU		
Or. — Pièces de 20 pesos........	100	»
Condor 10 piastres........	48	»
Pièces de 10, 5, 2 et 1 sols........		
Le sol ou peso........	5	»
Argent. — Sol ou piastre........	3	50
Dixero 1/10 sol........	0	50
Bronze. — Centavo........	0	05
PERSE		
Or. — Thoman (100 schahis)........	11	88
1/2 thoman (50 schahis)........	5	94
Argent. — Sachibkéran (20 schahis)........	2	08
Banahat (10 schahis)........	1	04
— 5 —........	0	41

DÉSIGNATION — Pays et des Monnaies.	VALEURS FRANCS fr.	c.
PORTUGAL		
Or. — Couronne (10.000 reis)........	56	»
1/2 couronne (5.000 reis)........	28	»
1/5 — (2.000 —)........	11	20
1/10 — (1.000 —)........	5	60
Argent. — Cinq testons (500 reis)........	2	54
2 testons (200 reis)........	1	04
Teston (100 reis)........	0	50
1/2 teston (50 reis)........	0	25
Bronze. — Pièces de 20, 10 et 5 reis.		
ROUMANIE		
Or. — Vingt lei........	20	»
Pièces de 10 et 5 lei.		
Argent. — Un lei........	1	»
Pièces de 2, 1/2 lei.		
Bronze. — Bani........	0	01
RUSSIE		
Or. — Demi Impérial (5 roubles)........	20	66
Trois roubles........	12	40
Argent. — Rouble (100 kopecks)........	3	99
Poltinnik ou 1/2 rouble........	1	99
Tchetvertak ou 1/4 rouble........	0	99
Grivenick (10 kopecks)........	0	39
Rjètak (5 kopecks)........	0	20
Bronze. — Kopeck........	0	039
Pièces de 5, 3, 2, 1 kopecks........		
Mesure itinéraire : Verste = 1 kil. 67 m.		
SUÈDE		
Or. — Pièce de 20 couronnes........	27	77
— 10	13	88
Argent. — Pièce de 2 couronnes........	2	66
— 1 —	1	33
— 50 ore........	0	66
— 25 ore........	0	33
— 10 ore........	0	12
Pièce de 5 ore........	0	06
— 2 ore........	0	04
— 1 ore........	0	012
Mesure itinéraire : Mil = 10.689 mètres.		
SUISSE		
Système décimal français.		
Mesure itinéraire : Lieue = 4.800 mètres.		
TUNISIE		
Or. — Pièce de 100 piastres........	60	40
50, 25, 10 piastres.		
Argent. — Pièce de 2 piastres........	1	24
— 1 —	0	62
TURQUIE		
Or. — 500 piastres........	113	96
Pièces de 250, 100, 50. 25 piastres.		
Medjidié (100 piastres)........	22	79
Argent. — Piastre (40 por.)........	0	22
Pièces de 20, 10, 5, 2 1/2 piastre.		
URUGUAY		
Or. — 4 patacons........	20	30
1 patacon........	5	70
Argent. — 1/2 patacon........	2	40
Bronze. — Vintine (20 reis.)........	0	05
VENEZUELA		
Or. — Doublon (10 piastres)........	50	»
Ecu (5 piastres)........	25	»
Piastre........	5	»
Argent. — 1/2 piastre (50 centavos)........	2	50
Decimo (10 centavos)........	»	50

EXTRAITS

DU

TARIF GÉNÉRAL DES DOUANES DE FRANCE

POUR LES ARTICLES CONCERNANT
L'INDUSTRIE DES JOUETS ET JEUX

Tarif d'Entrée en France

		TARIF général	TARIF minimum
Jouets en carton pâte non peints	les 100 kil.	19 fr.	16 fr.
— laqués ou vernis	—	60 fr.	50 fr.
Boîtes à musiques longues de 20 cent. et plus	—	6 fr.	45 fr.
— au-dessous de 20 cent.	—	120 fr.	90 fr.
Artifices pour divertissements	—	125 fr.	100 fr.
Ouvrages de tournerie	—	25 fr.	15 fr.
Jouets en bois	—	15 fr.	12 fr.50
Tabletterie, billes de billard	—	800 fr.	625 fr.
— jeux et objets divers	—	190 fr.	150 fr.
Bimbeloterie, autres jouets, jeux et autres articles	—	75 fr.	60 fr.

Extraits des tarifs de douane d'entrée
dans les pays étrangers.

Allemagne — Jouets en carton pâte, les 100 kil. : 12 marcs. Cartes à jouer 60 m. Ouvrages de tournerie 3 m. Jouets non peints 10 m. Jouets non peints en caoutchouc 3 m.

Autriche-Hongrie. — Jouets carton pâte, les 100 kil. : 12 florins. Cartes à jouer 60 fl. Tournerie 15 fl. Jouets en bois non peints 18 fl. Jouets en caoutchouc 30 fl.

Espagne — Jouets carton pâte, les 100 kil. : 195 pesos. Tous les autres jouets, le kil. 3 p. 90 c.

Grèce. — Jouets et bimbeloterie ordinaire, l'ocque : 3 drachmes. Jouets en métaux autres que le plomb : 5 dr.

Italie — Jouets en bois ou marquetterie, les 100 kil. : 75 fr. Id. en caoutchouc : 50 fr.

Portugal. — Les jouets en général, le kil. : 500 réis.

Suisse. — Tous les jouets, le quintal : 20 fr.

Roumanie — Jouets divers, les 100 kil. : 55 fr.

Russie. — Cartes à jouer prohibées. Autres jouets, les 40 livres : 60 kopecks.

Brésil. — Poupées ordinaires, le kil. : 1,000 réis. Poupées automatiques, le kil. : 3,000 réis. Tous jouets caoutchouc, le kil. : 1,600 réis. Autres jouets de toute nature, le kil. : 1,000 réis. Jouets mécaniques ou à vapeur, le kil. : 3,000 réis.

Chili. — Tous les jeux et jouets, droit de 35 0/0 sur la valeur.

Colombie]. — Jouets ordinaires, le kil. : 70 centavos.

Equateur — Tous jouets et poupées (7e classe), le kil. : 2 fr. 50.

Rép. Dominicaine. — Les jeux, la pièce : de 50 centavos à 1 piastre. Les jouets de tout genre, 40 0/0 de leur valeur.

États-Unis. — Les jeux : 50 0/0 de la valeur. Les jouets et poupées, 35 0/0 de leur valeur.

Haïti. — Jetons, 20 0/0 de la valeur. Jeux de quilles, 1 fr. pièce. Tous autres jouets, 20 0/0 de la valeur.

Venezuela. — Jouets de tous genres, à l'exception des jouets en bois dont l'importation est prohibée, le kil. : 1 bolivar 25 c.

BREVETS D'INVENTION

En raison du grand nombre de brevets pris annuellement dans l'industrie des jouets, nous avons voulu être utile à nos lecteurs en encartant dans ce volume un *grand tableau synoptique et comparatif* des *législations relatives aux* **Brevets d'Invention** *dans les principaux pays industriels.*

Cet important tableau dressé par MM. Marillier et Robebet, ingénieurs civils, à Paris, tiré sur papier parcheminé, contient tous les renseignements utiles pour la prise des brevets : privilèges, durée, pouvoirs, formalités, opposition, protection, prolongation, exploitation, prise, etc.

Nous espérons que ce travail dans lequel une énorme quantité de documents sont condensés avec la plus grande clarté aura une utilité appréciée par les lecteurs de notre *Annuaire* auxquels nous l'offrons en supplément.

ALMANACH AZUR

Fondé en 1803

ANNUAIRE

CONTENANT LES ADRESSES DE TOUS LES FABRICANTS ET MARCHAND

BIJOUTIERS, HORLOGERS, ORFÈVRES

Négociants en Pierres fines, Commissionnaires, etc.

Et de toutes les professions se rattachant à ces spécialités

PARIS, DÉPARTEMENTS, COLONIES, BELGIQUE & SUISSE

ET CONTENANT EN OUTRE

La description des Poinçons de Maîtres des Fabricants

de Matières d'or et d'argent

DE

PARIS, LYON, MARSEILLE BORDEAUX, BESANÇON

et autres principales villes

PARAIT TOUS LES ANS FIN JANVIER

PRIX

Relié . 3 . . . . , 7 fr. | Broché . . . . . , . . . 6 fr. 50

Port en sus :

A DOMICILE. . . . . 0 fr. 85

EN GARE FRANÇAISE. . . . . 0 fr. 60

Envoi contre Mandat-Poste

Adressé à M. E. MOUZARD, directeur-propriétaire

SUCCESSEUR DE M. AZUR

24, Boulevard de Sébastopol. — PARIS

ANNUAIRE ORIENTAL
du Commerce, de l'Industrie, de l'Administration et de la Magistrature

LIVRE DE RENSEIGNEMENTS (Turquie, Russie, Grèce, Roumanie, Serbie, Bulgarie, Égypte, etc.)

ÉDITEURS-PROPRIÉTAIRES

CERVATI Frères & Cie
Officiers de l'Ordre Impérial du Medjidié

Représentants de Fabriques FRANÇAISES et ANGLAISES
ÉTABLIS EN 1879

Administration : Yaldiz Han, rue Moumhané, Galata-Constantinople.

12e ANNÉE 1893-1894 — PRIX : 25 Francs (*franco de port.*)

Cet ouvrage de plus de 1,500 pages, grand in-8°, imprimé en beaux caractères, forme un magnifique volume, avec reliure-peau et titres dorés. Il donne tous les renseignements officiels et commerciaux qu'il est possible de désirer, notamment des indications très soigneusement contrôlées sur le *genre d'opérations*, les *relations*, la *date de la fondation* et la *nationalité* de chaque maison de commerce.

Établi avec indéfiniment de clarté et de méthode, l'**ANNUAIRE ORIENTAL** est devenu un véritable **Livre de renseignements** indispensable à tout le monde. — Quelques secondes suffisent pour trouver n'importe quelle indication dont on a besoin.

L'**ANNUAIRE ORIENTAL** est le **SEUL** ouvrage de ce genre qui se publie dans le Levant, en langue française, chaque année, et qui contient :

1re Partie. — Les diverses administrations du Gouvernement de la Ville de Constantinople, le Corps diplomatique et consulaire, les chemins de fer, compagnies de navigation à vapeur, cultes, services postaux, foires, etc., etc.

2e Partie. — La liste générale de toutes les adresses par ordre alphabétique, de la Ville de Constantinople et de ses faubourgs.

3e Partie. — (*a*) Professions par ordre alphabétique : Assurances, Banques, Colléges, Ecoles, Journaux, Médecins, Négociants, Sociétés, etc., etc.

(*b*) Un magnifique **Plan de Péra et Galata** et dépendances de Constantinople, avec les ambassades, consulats, principaux hôtels, maisons de commerce, etc.

(*c*) Les adresses des Hans, des Rues de Péra, Galata, Stamboul et des rues du Grand Bazar avec son plan.

4e Partie. — Les Provinces de l'Empire Ottoman, l'Egypte et la principauté de Bulgarie.

5e Partie. — Empire de Russie.

6e Partie. — Royaume de Grèce.

7e Partie. — Royaume de Roumanie.

8e Partie. — Royaume de Serbie.

} Par ordre méthodique, avec les Divisions administratives de chaque Province et les renseignements statistiques, géographiques, éthnologiques, commerciaux; les adresses des négociants, fabricants, industriels, etc.

9e Partie. — Fabricants d'Europe (unique recueil publié jusqu'à présent en Europe), classés par ordre alphabétique de produits, de pays et de noms.

10e Partie. — Grande Revue industrielle, Annonces de Turquie et d'Europe, catalogues, prix courants, etc. — *Table des Matières.* — *Table géographique.* — *Table des Annonces.*

Prix des annonces : 1 page 120 francs. 1/2 page 70 francs. 1/4 de page 40 francs.

Insertions : chaque ligne de 28 lettres 5 francs

BANQUE ET CHANGE

Maison fondée en 1883

ARMAND BAZE

6, Rue de Maubeuge, PARIS *(Près le Faubourg Montmartre)*

OPÉRATIONS DE BOURSE

(SIMPLE COURTAGE DE L'AGENT DE CHANGE)

AVANCES SUR TITRES

Taux de la Banque, Commission variable

LIVRAISON IMMÉDIATE

DES RENTES FRANÇAISES, RUSSES, DES OBLIGATIONS DE LA VILLE DE PARIS,
DU CRÉDIT FONCIER, DES CHEMINS DE FER, etc.

TIRAGES

Au moment des tirages, la **Banque Baze** *tient à la disposition du Public, les Obligations à lots du Panama, du Congo, Bons du Foncier, etc., etc, avec engagement de les reprendre après le tirage avec une différence variant de* **1** *franc à* **2** *fr.* **50** *par titre.*

CRÉDIT FONCIER DE FRANCE

CAPITAL SOCIAL : 170,500,000 FR., divisé en 341,000 act. de 500 f., ent. libérées.

PARIS. — Siège social : rue des Capucines, 19, PARIS

CONSEIL D'ADMINISTRATION

GOUVERNEUR : M. CHRISTOPHE (Albert), ancien ministre des travaux publics, place Vendôme, 19.

SOUS-GOUVERNEURS : MM. LE GUAY (Albert), O ✻, ancien préfet, rue Roquépine, 10 ; — N...

ADMINISTRATEURS : MM. BRET, DEVES, O ✻, GAY, C. ✻, HEUZEY-DENEIROUZE, LE TRÉSOR de la ROCQUE ✻, MARRAUD ✻, MATHIEU-RODET ✻, MÉLIODON ✻, MÉZIÈRES ✻, MIR, de NEUFVILLE, PASTEUR (G. ✻), PICARD, PLASSARD, RIVIÈRE ✻, ROULAND ✻, SANSON ✻, SIMON (Jules) ✻, THOUREAU.

CENSEURS : MM. René BRICE, de MARCÈRE, SAURET.

Prêts hypothécaires à long terme avec amortissement.

PRÊTS HYPOTHÉCAIRES A COURT TERME SANS AMORTISSEMENT

PRÊTS COMMUNAUX

Obligations foncières à long terme. — Emprunts avec lots de 1853, 1863, 1877, 1879, 1885.

Comptes courants avec chèques. — Encaissement de coupons.

DÉPOTS DE TITRES. — ORDRES DE BOURSE. — PRÊTS SUR DÉPOTS DE TITRES

Obligations foncières de 500 fr. 4 0/0 (1882-86) sans lots.

Obligations foncières de 500 francs 3 0/0 1883.

OBLIGATIONS COMMUNALES A COURT TERME EN ÉMISSION

Obligations communales à long terme. — Emprunt avec lots de 1860, 1875, 1879, 1880,

OBLIGATIONS COMMUNALES 4 0/0 SANS LOTS

USINE HYDRAULIQUE DE NOISIEL (PRÈS PARIS)

POUR LA

FABRICATION SPÉCIALE DE CHOCOLATS DE QUALITÉ SUPÉRIEURE

CHOCOLAT-MENIER

Le **CHOCOLAT-MENIER** se consomme en tous pays du monde, dans les villes, dans les campagnes, et jusque dans le moindre village. Il est adopté universellement, et le chiffre de sa consommation s'exprime par 15 millions de kilogrammes. Une vente aussi importante ne peut s'expliquer que par la bonne qualité de ce chocolat, dont la supériorité réelle s'affirme encore, par la comparaison avec ceux qui sont vendus 20 à 25 pour 100 plus cher.

Cet accord entre la modération du prix et la bonté du produit dérive naturellement de la position spéciale de la **MAISON MENIER**.

Sa fabrication a pris une telle importance, que ses frais, répartis sur cette grande production, deviennent bien moindre que dans les fabriques ordinaires.

Fondée depuis de longues années, elle a eu le temps d'amortir le capital représenté par ses machines et son installation industrielle; l'intérêt de ce capital n'est plus une cause d'augmentation de ces prix de revient.

On peut donc faire ce raisonnement : si elle achète moins cher les bonnes sortes de cacaos, si elle cultive elle-même, si elle fabrique à moins de frais, elle peut conséquemment vendre à meilleur marché les qualités de chocolat que d'autres fabriques sont obligées de coter un plus haut prix.

En visitant l'usine de Noisiel, près de Lagny, spécialement consacrée à la fabrication du **CHOCOLAT-MENIER**, on peut se convaincre des soins, inusités ailleurs, qui y sont employés, et se donner en même temps, une idée des développements énormes apportés à la fabrication de cet aliment sain et réparateur.

Cacaos de premier choix achetés directement dans le pays de production par des agents spéciaux, ou importés par ses navires des 7,500 hectares de ses plantations du Valle-Menier, au Nicaragua.

Sucre de sa Fabrique et de ses cultures de betteraves à Roye (Somme).

Machines hydrauliques et à vapeur, d'une force totale de 1,000 chevaux ; outillage considérable de machines broyeuses de différentes formes, tout en granit, faites exprès dans les dépendances de l'usine.

Grands ateliers disposés méthodiquement, où les cacaos choisis et triés avec le plus grand soin, sont ensuite torréfiés dans des appareils perfectionnés.

Vastes salles closes, maintenues à une très basse température par de puissantes machines, où le chocolat, pour se refroidir, est entraîné par une chaine à mouvement continu.

Chemins de fer mettant les ateliers des divers bâtiments en communication réciproque.

Embranchement particulier de 10 kilomètres à voie large, reliant l'Usine de Noisiel (S.-et-M.) à la gare d'Emérainville, et à son entrepôt d'Aubervilliers (chemin de fer de l'Est).

Ligne télégraphique et téléphonique privée entre l'Usine et la Maison centrale de Paris, 56, rue de Châteaudun.

Personnel de plus de 1,500 ouvriers, hommes et femmes, employés au triage des cacaos et à leur torréfaction : au broyage et au pesage du chocolat ; à l'empaquetage des tablettes et à la mise en caisse, des 50,000 kilogrammes que l'usine fabrique chaque jour.

Comme on le voit, rien n'a été négligé pour que le **CHOCOLAT-MENIER** soit préparé dans des conditions exceptionnelles qui permettent d'offrir aux consommateurs, à un prix modéré, un produit excellent que personne ne peut faire meilleur.

Aussi la maison Menier a-t-elle obtenu à toutes les Expositions internationales les plus hautes distinctions : Croix de la Légion d'honneur, — Grands prix, — Hors concours, — Diplômes d'honneur, — Médailles d'or, etc., etc., notamment pour l'Exposition de 1889, qui lui a valu la Croix d'officier de la Légion d'honneur, 3 Grands prix, 5 Médailles d'or, etc., etc.

De tous temps, pendant le siège de Paris principalement, les contrefacteurs se sont efforcés de répandre dans le commerce des produits de qualité inférieure, sous les marques de fabrique contrefaites de la maison **MENIER**. De nombreuses et sévères condamnations sont intervenues pour protéger le public et le fabricant contre des tromperies aussi pernicieuse à la santé.

Mais c'est au consommateur surtout qu'il appartient, par sa vigilance, d'**EVITER LES CONTREFAÇONS**.

Chaque tablette, en six ou sept divisions, porte incrusté deux fois sur chaque bâton le nom **MENIER** en toutes lettres, l'un en dessus, l'autre en dessous. — Il faut donc, avant toute chose, comme garantie, **EXIGER LE VÉRITABLE NOM MENIER**.

BUREAUX : 56, rue de Châteaudun, PARIS.

AU FIDÈLE BERGER

PARIS

16, Boulevard de Sébastopol, 16

CI-DEVANT RUE DES LOMBARDS

SPÉCIALITÉ

DRAGÉES DE BAPTÊME

BOITES DE BAPTÊME

Papier Fantaisie en Chromo.

BOITES RICHES

noms peints à la main ou gravure riche.

BOITES dites MARRAINES

Nouveautés et toutes fantaisies

FONDANTS, BONBONS CHOCOLAT

FRUITS GLACÉS

Sucre d'orge — Nougat

CONFISERIE, CHOCOLATERIE & SIROPS POUR SOIRÉES

VICTOR JULIEN

A LAVAUR (Tarn)

Membre et l'Auréat de l'Académie nationale industrielle de France

Nombreuses Médailles et Diplômes d'Honneurs

INVENTEUR DU

PROCÉDÉ DE LIMPIDITÉ ET FIXITE INALTERABLES DES VINS DE QUINQUINA

Par ce procédé

PLUS DE VINS PERDUS POUR LES VITICULTEURS!

Les vins les plus tournés sont remis vins de première cuvée

BYRYQUEM

Au quinquina et jus de mandarines

PROPRIÉTÉ DE L'INVENTEUR

LIMPIDITÉ ET FIXITÉ GARANTIES

VICTOR JULIEN, Grande distillerie de la Palme, LAVAUR (Tarn)

LES PETITES ANNONCES
DU FIGARO

LES PETITES ANNONCES DU " FIGARO " sont d'un grand secours pour tous ceux qui savent s'en servir.

Leur classification méthodique, l'uniformité voulue de leur aspect typographique et principalement la faveur dont elles jouissent auprès du public, qui y trouve tout ce qu'il a besoin, on en fait le moyen de communication le plus rapide, le plus direct et le plus efficace entre celui qui offre et celui qui demande.

LES PETITES ANNONCES DU " FIGARO " constituent pour les gens du monde le véritable « Indicateur de la vie pratique et élégante ».

En raison des résultats qu'elles produisent presque sûrement, leur prix est peu élevé.

Leurs diverses rubriques, créées et classées par l'expérience, ont chacune une clientèle spéciale qui les consulte avec intérêt et avec fruit.

LES PETITES ANNONCES DU " FIGARO " paraissent tous les jours dans ce journal après la signature du Gérant. Elles sont classées par rubriques et d'un aspect uniforme comme celles des journaux anglais et américains.

LES PETITES ANNONCES DU " FIGARO " sont divisées en onze rubriques intitulées :

Plaisirs Parisiens, Avis Mondains, Établissements de Crédit, Officiers Ministériels, Ventes et Locations, Maisons recommandées, Voyages et Excursions, Avis Commerciaux, Renseignements Utiles, Enseignement, Offres et Demandes d'Emploi.

Chacune de ces rubriques comporte plusieurs subdivisions.

LES PETITES ANNONCES DU " FIGARO " sont d'un prix peu élevé. La ligne coûte. . . . . **6 fr.**

Pour dix insertions ou cinquante lignes dans un mois, le prix de la ligne est abaissé à . . . . **5 fr.**

Dans le numéro du mercredi exceptionnellement pour les annonces ayant trait aux *Institutions, Cours et Leçons, Offres et Demandes d'Emploi, Gens de Maison*, le prix de la ligne est abaissé à . . . . **3 fr.**

LES PETITES ANNONCES DU " FIGARO " ont un bureau spécial, à l'Hôtel du *Figaro* **26, rue Drouot**, à PARIS.

MIROITERIE ET DORURE

L. CAUVET

CAUVET Frères Successeurs

MIROITERIE EN TOUS GENRES

GLACES UNIES ET ENCADREES

ATELIERS : 109, Rue du Faubourg-Saint-Antoine, PARIS

AMEUBLEMENTS COMPLETS

Armoire Louis XVI, pilastre 150 × 59, biseau, noyer ciré ou palissandre ciré frisé .... **210 fr.**
Lit 1m45, 3 faces assorti .... **150** } **430**
Table de nuit chiffonnier assortie.... **75**

Armoire Louis XVI cintrée, pilastre 150 × 67, biseau, noyer ciré ou palissandre ciré frisé.... **250 fr.**
Lit 1m45, 3 faces.... **185** } **505**
Table de nuit chiffonnier assortie.... **75**

Armoire Louis XVI à colonnes, 150 × 69, biseau, noyer ciré ou palissandre ciré frisé .... **290 fr.**
Lit 1m45, 3 faces.... **225** } **615**
Table de nuit chiffonnier assortie.... **100**

Armoire Louis XV, fronton rocaille, 150 × 69, biseau, noyer ciré ou palissandre ciré frisé .... **280 fr.**
Lit 1m45, 3 faces assorties.... **210** } **580**
Table de nuit chiffonnier.... **95**

Grand choix de Salles à manger en tous genres.

(Réclame) GLACES FRANÇAISES PORTES (Réclame)

MESURES		Façon orientale	Noir et doré ou tout doré	Avec Fronton	Frise fond or ou or fin vert ou ciselé	Avec Fronton	Or fin gravé avec perlés	BAMBOU jaune ou brun
de glaces	Compris le cadre							
39/30	52/43	4	4.20	6.70	4.80	7.30	7.55	3.60
42/33	55/46	4.25	4.75	7.25	5.65	8.65	8.30	5.75
48/36	61/49	5.30	5.70	8.45	5.35	9.10	9.55	6.75
54/39	67/52	6.25	6.85	9.85	7.55	10.55	11 »	7.90
60/42	73/55	7.25	7.75	10.75	8.50	11.50	12.25	9 »
72/48	87/63	10.25	20.50	13.50	11.25	14.25	16.40	12 »
84/57	102/75	13.50	14.50	18.50	15.40	19.40	22 »	15.60
96/66	114/84	19.75	20.50	25. »	21.50	26. »	29 »	21.50
120/66	138/84	24.75	25.75	30.50	26.50	31.25	35.25	26.25
108/72	126/96	25. »	26. »	30.75	26.75	31.50	35.50	26.50
120/81	138/99	33.50	34. »	39. »	35. »	40. »	44 »	34.50

A ces prix les Glaces devront être prises par au moins 3 d'une mesure

AMEUBLEMENTS COMPLETS

COMMISSION **L. CAUVET** EXPORTATION

CAUVET Frères Successeurs

MIROITERIE EN TOUS GENRES
GLACES UNIES ET ENCADRÉES

ATELIERS : 109, Rue du Faubourg-Saint-Antoine, PARIS

	VIEUX CHÊNE	VIEUX NOYER
Buffet 1 mètre 45	280 ⎫	325 ⎫
Table 1 mètre 15, 3 rallonges	75 ⎬ 455	90 ⎬
4 Chaises cuir de Cordoue (17 fr.), nº 4125 bis	102 ⎭	102 ⎭ 515
Dressoir à étagère 1 mètre 15	105	125
Total	560	640

LA FRANCE

JOURNAL RÉPUBLICAIN, LIBÉRAL, INDÉPENDANT
144, rue Montmartre, 144

DIRECTEUR POLITIQUE

CH. LALOU, DÉPUTÉ DU NORD

LA FRANCE est le PREMIER JOURNAL républicain indépendant qui parail tous les jours à 3 heures du soir avec le cours complet de la Bourse et donne toujours deux Feuilletons du plus haut intérêt. — Ce journal, qui est le plus rapidement et le plus sûrement informé des journaux du soir, ne recule devant aucun sacrifice pour bien renseigner ses lecteurs. Aussi fait-il une *édition supplémentaire* aussitôt qu'un événement important vient à se produire.

EN VENTE PARTOUT

LE NUMÉRO : 10 CENTIMES

Tout abonné reçoit, à titre de PRIME GRATUITE : *La République illustrée* ou le *Bon Journal* pendant toute la durée de son abonnement.

PRIX DE L'ABONNEMENT POUR TOUTE LA FRANCE

UN MOIS.	4 fr.	SIX MOIS	20 fr.
TROIS MOIS.	10 fr.	UN AN.	40 fr.

PAYS ÉTRANGERS COMPRIS DANS L'UNION POSTALE
UN MOIS, 5 fr. ; TROIS MOIS, 14 fr. ; SIX MOIS, 28 fr. ; UN AN, 56 fr.

PRIMES PHOTOGRAPHIQUES

Un RÉVOLVER est donné aux Abonnés d'Un An, mais à l'exclusion de tout autre Prime.

LA FRANCE publie pour **Bordeaux et le Sud-Ouest,** une édition spéciale qui s'imprime à Bordeaux, elle contient le compte-rendu des séances des Chambres jusqu'à la dernière heure et les faits intéressants qui lui sont adressés par télégraphe et par ses correspondants particuliers.

ANNONCES ET RÉCLAMES

LAGRANGE, CERF & Cie, 8, PLACE DE LA BOURSE, PARIS
à BORDEAUX : Péristyle du Grand-Théâtre.
Et au Bureau du Journal.

LE JOURNAL

Quotidien, Littéraire, Artistique et Politique
106, RUE RICHELIEU, 106
Directeur : FERNAND XAU

ABONNEMENTS

	Paris	Départ.	Étrang.
Trois mois.	5.50	7. »	10. »
Six mois....	10.50	13. »	18. »
Un an..,..	20. »	25. »	35. »

Abonnement sp cial, numéro du mercredi avec son supplément :
Paris et Départements, 6 francs
Étranger, Union postale, 8 francs.

TARIF DES ANNONCES-RÉCLAMES

	La ligne.
Echos 1re page.	20 fr.
Annonces . . .	2 fr.
Réclames	5 fr.
Faits divers. .	10 fr.

LE JOURNAL avec son Supplément justifie son titre tout à fait impersonnel. Il est à la fois le plus littéraire et le mieux renseigné des organes de la presse parisienne. On a fait le journal littéraire et le journal d'informations. LE JOURNAL est l'un et l'autre, avec une partie politique absolument indépendante.

Emile Zola. François Coppée. Henri Meilhac,
Mmes Séverine, Juliette Adam, Gyp.
Paul Bourget, Emile Bergerat, André Theuriet, Arsène Houssaye,
Hugues Le Roux, Maurice Barrès, Grosclaude. Paul Hervieu.
Joseph Caraguel, Fernand Vanderem, Jean Maure, Oscar Méténier,
Camille de Sainte-Croix. Paul Alexis, Ivan Bouvier, Mentor,
Georges d'Esparbès, Clovis Hugues, Jean de Bonnefon, Pierre Wolff,
Lucien Descaves, Jules Renard. Jean Bayol, Jules Huret,
Félicien Champsaur, Paul Bonnetain. Henry Céard, Une Parisienne,
Mirliton, Gaétan de Méaulne. Paul Adam, Rodolphe Darzens,
Bernard Lazare, Cambrian, Louis Bertin, Alphonse Allais, Pierre de Lano.
Remy de Gourmont, Vigné d'Octon. Jacques Redelsperger. Laisant,
Edmond Le Roy, Félix Régnier, Léon Millot. Adolphe Mayer,
Emile Goudeau, Jean Raphanel, Maurice Lefèvre, Paul Brulat.
Auguste Marin, Georges Docquois. M' Huvelin, Georges de Labruyère,
Louis de Robert. Puymirail, Jules Ranson. Evariste Mangin.
d'Ingouville. George Bastard, Emilien Chesneau, Vicomte Ulric de Civry,
André Gresse, Arlequine, H. Valoys, G. de Liliers, Emile Guitton.
Paul Fonquian, Hector France, Alberty, Baude de Maurceley, Dr Legué,
Edouard Hubert, Maurice Colin, Jules Quinaud, Eugène Doré,
Jocelyne. Un Domino rose; Jean de l'Echiquier, Marcel Pradier,
Un Snob, Eugène Lintilhac, Joseph Gayda, Eugène Clisson.
Jacques Daurelle. de Santa-Anna Nery, Daniel d'Aigre, Henri Viard,
E. Barroil, Un Monsieur en habit noir, Bertie-Henri Clère,
Nachette. F. Ogier, Emile André. Altaïr, J.-A. Natali, Colin-Maillard,
Clam. Harry. Louis Labat, Scarron, Jacques Finance,
Pierre Paul, Louis Baïssas, Lefrancier, Paul Héra, d'Aguerre,
Léon Couturat, Servet, F.-A. Steenackers, James,
Etc., etc., etc.
Secrétaire de la Rédaction : ALEXIS LAUZE.
LA SOIRÉE PARISIENNE est illustrée par MANTELET.

LE JOURNAL
POUR TOUS

Supplément illustré du JOURNAL, paraissant
TOUS LES Mercredis.

Ce Supplément, qui a 12 pages de texte, dessins, gravures et musique, est illustré par **J.-L. FORAIN**, et le maître écrivain **EMILE ZOLA** y publie des œuvres inédites. — Tous nos abonnés recevront sans augmentation de prix ce Supplément.

LE PLUS RÉPANDU DES JOURNAUX SCIENTIFIQUES :

Revue des Sciences et de leurs applications aux Arts et à l'Industrie.

JOURNAL HEBDOMADAIRE ILLUSTRÉ PARAISSANT LE SAMEDI

GASTON TISSANDIER, Rédacteur en Chef

Abonnement annuel : Paris, **20** fr. — Départements, **25** fr. — Union postale, **26** fr.

Cette revue est dans toutes les mains, à l'école, au collège, au laboratoire, dans les salons aussi. Depuis sa fondation en 1873, M. Gaston Tissandier la dirige dans le même sens avec une rare faculté d'apprécier ce qui, dans les faits de la semaine, peut attirer l'attention de ses lecteurs et soulever quelques points d'interrogation dans leur esprit. Il se charge, lui, de donner réponse à tout ou de trouver des collaborateurs qui, sous son contrôle, exposeront la découverte de la veille, dans tous les genres de sciences : physique, chimie, astronomie, etc.; dans tous les genres d'industries : métallurgie, filature, imprimerie, papeterie, etc. Rien de nouveau ne lui échappe et sa grande notoriété lui donne pour parler de tous les événements qui touchent à la science avec rapidité et avec autorité, des moyens d'informations dont il sait faire profiter ses lecteurs.

Fidèle à sa devise : *instruire en amusant*, M. Tissandier a, le premier, inauguré ces *Récréations scientifiques*, qui ont si souvent amusé en même temps qu'instruit les lecteurs des deux âges. Il consacre généralement une page de chaque numéro à faire connaître des curiosités scientifiques, des expériences et des travaux qu'il est facile de reproduire sans appareils ni laboratoire. Rien de plus intéressant que ces singularités de la physique, de la chimie, et rien n'est plus facile que de les vérifier. On y joint l'explication de jouets, d'instruments, d'appareils qu'on voit tous les jours sans s'en rendre bien compte. Il a fait connaître la toupie magique, le gyroscope, des jeux scientifiques, des appareils de locomotion, dévoilé plusieurs trucs de prestidigitation, différents tours de physique amusante.

Mais ce n'est pas tout, grâce à la *Boîte aux lettres* publiée chaque semaine dans la NATURE, tous les lecteurs en quelque sorte, deviennent les collaborateurs du directeur, notamment pour ces innombrables recherches dont on est si friand, pour les renseignements usuels, qu'on ne sait, surtout hors Paris, comment se procurer cette partie du journal a pris une telle importance que, simple annexe de la couverture, elle est devenue elle-même une Revue, où sont réunies, sous le titre de NOUVELLES SCIENTIFIQUES, les informations et les correspondances, auxquelles leur objet ou leur caractère tout actuel ne donnent pas place dans le journal même.

LIVRE-RÉPERTOIRE DES BAZARS

DEUXIÈME ÉDITION

Ce répertoire contient environ **3,000** noms de Bazars de la France continentale (département de la Seine excepté).

Il est utile aux Négociants pour :

1° Etablir des LISTES DE CLIENTS à leurs voyageurs ;

2° Se renseigner immédiatement, sauf contrôle ultérieur, sur leurs clients ;

3° Et, enfin, envoyer des circulaires et des échantillons.

Le classement de ce Recueil est fait par départements et par villes.

Chacun des noms inscrits est suivi d'un numéro de crédit, restant d'ailleurs bien entendu que cette appréciation n'est faite qu'au point de vue de l'importance des affaires et du crédit, sans qu'elle puisse jamais, et en aucune manière, porter atteinte à l'honorabilité ou à la considération de qui que ce soit.

L'ancienneté approximative de chaque maison est indiquée avant le n° de crédit.

RENSEIGNEMENTS SUR LE CRÉDIT DES COMMERÇANTS : SOCIÉTÉ ANONYME — CAPITAL 1,584,000 FRANCS

Fondée en 1857, a été patronnée et spécialement recommandée aux Banquiers, Négociants et Manufacturiers par le Ministre de l'Agriculture, du Commerce et des Travaux publics.

3, RUE d'UZÈS. (Ci-devant 17, rue Saint-Fiacre).

NOUVELLE REVUE INTERNATIONALE

Fondateur Directeur : BARON STOCK

25ᵉ Année. — 23, Boulevard Poissonnière, 23. — PARIS

Tout le monde sait la place importante qu'a conquise la *Nouvelle Revue internationale* au premier rang des grandes publications qui traitent, avec une autorité supérieure, les questions étrangères : politique, diplomatie, littérature, art, etc., etc.

C'est vraiment une publication universelle. Les plus brillantes plumes de l'Europe et de l'Amérique collaborent, sous une habile direction, à ce recueil bi-mensuel qui forme comme un vivant tableau du mouvement littéraire, politique, artistique et mondain, et est un organe militant de l'union des races latine et slave. Le grand politique Emilio Castelar y traite longuement dans chaque numéro de la politique européenne.

ABONNEMENTS :

Bureaux de la Revue

23, Boulevard Poissonnière, PARIS —❖— 16, Paseo de la Castellana, MADRID

France **50 fr.** par an.

Étranger (Union postale) **62 fr.** papier hollande, **100 fr.**

Par suite d'une entente avec l'administration du journal *La France*, tout abonné d'un an à la *Nouvelle Revue internationale* qui souscrira au journal *La France*, bénéficiera d'une réduction de 25 o/o sur le prix d'abonnement au journal. Au lieu de 40 fr., il ne payera son abonnement que 30 fr. seulement, avec le droit aux primes du journal.

Prix d'abonnement à la *Nouvelle Revue internationale* et au journal *La France* ensemble : 70 fr. au lieu de 90 pour les pays de l'Union latine. Pour les autres pays, port en plus suivant le tarif postal.

LA " NOUVELLE REVUE INTERNATIONALE "

Paraît le 1ᵉʳ et le 15 de chaque mois.

LIBRAIRIE LAROUSSE, 17, Rue Montparnasse, PARIS

VIENT DE PARAITRE

200 JEUX D'ENFANTS

En plein air et à la maison

Par L. HARQUEVAUX et L. PELLETIER

Un beau volume in-8 illustré, de 160 gravures

Broché 3 francs. — Relié, tranches blanches, 4 francs. — Tranches dorées, 4 fr. 50

On trouvera dans cet ouvrage des règles précises sur les jeux auxquels peuvent se livrer les enfants, suivant leur âge, leur tempérament, leur nombre et les moyens dont ils disposent. De fort belles gravures montrent la physionomie des principaux jeux et en facilitent l'exécution.

JEUX POULET (BREVETÉS S. G. D. G.)

NOUVELLE ÉDITION ILLUSTRÉE

Histoire de France (de 1328 à 1871), 5 jeux. — Géographie, 5 jeux (Frontières, Bassins, Chemins de fer, Industrie, Colonies). D'autres jeux sont en préparation. Chaque jeu, comprenant 32 cartes bicolores, une carte notice et les règles des « Jeux Poulet », 50 centimes.

Chaque série de 5 jeux se vend en boîte.......................... 3 francs.

Instruire en amusant n'est pas chose facile, M. Poulet y a cependant réussi. Ses jeux offrent aux enfants une distraction nouvelle, intelligente et peu coûteuse, à laquelle les parents pourront même prendre part avec plaisir.

LE FILS A GUIGNOL

Petites Scènes avec chants, pour Théâtre Guignol et Théâtre de Salon

Par Claude HINOT

PREMIER VOLUME

Guignol au Collège — Guignol à la Caserne — Guignol dans la Politique

Une préface détaillée sert de guide pour la mise en scène

Un beau volume in-8, illustré de 40 volumes

Broché, 3 francs. — Relié, tranches blanches, 4 francs. — Relié, tranches dorées, 4 fr. 50

LA SCIENCE AMUSANTE

PAR

TOM TIT

Premier volume. — 18e édition. — 100 Expériences. — 115 Gravures
Deuxième volume. — 8e édition. — 115 Expériences. — 120 Gravures
Troisième volume (vient de paraître). — 100 Expériences. — 105 Gravures

PRIX DE CHAQUE VOLUME

Broché, 3 francs. — Relié, tranches blanches, 4 francs. — Relié, tranches doré, 4 fr. 50

L'immense succès de cette publication nous dispense d'en faire l'éloge ; les expériences de Tom Tit sont aujourd'hui populaires dans le monde entier. Excellents livres à recommander aux familles, auxquelles elles procureront de charmantes et inépuisables distractions.

EXTINCTEUR LECHARTIER

Breveté S. G. D. G., en France et à l'Étranger

Hors Concours, Saint-Pétersbourg 1892 — Diplôme d'Honneur, Bordeaux 1892
Médailles d'argent, Paris 1892 — Tours 1892
Royan 1893, Diplôme d'honneur

PETIT & SEVETTE

CONSTRUCTEURS, SEULS CONCESSIONNAIRES

PARIS. — 12, Cité Nys (38, rue de l'Orillon). — PARIS

TÉLÉPHONE

APPAREIL COMPLET 10 fr.
CHARGE SEULE. . . . 4 fr.

APPAREIL COMPLET 10 fr.
CHARGE SEULE. . . . 4 fr.

Le meilleur, le plus pratique de tous les extincteurs d'incendie

L'INSTANTANÉ

est *indispensable* aux

Distillateurs, Meuniers, Raffineurs, Fabricants de sucre, de couleurs et à tous les fabricants ou entrepositaires de marchandises inflammables, telles que : alcools, essences, huiles, pétroles, bois, papiers, tissus, etc., etc., car, grâce à l'Instantané, il n'y a *plus d'incendie* à redouter puisque, en cas d'alerte, on a immédiatement sous la main un extincteur dont la puissance est supérieure à plusieurs centaines de litres d'eau et qui éteint les flammes sans causer de dégâts.

TRÈS UTILE CONTRE LES FEUX DE CHEMINÉES

IMPRIMERIE DE « LA LANTERNE »

PAPETERIE DE STAINS (Propriété de La Lanterne)

Récompenses obtenues par « *LA LANTERNE* » aux différentes Expositions

MENTION HONORABLE. — MÉDAILLE D'ARGENT
MÉDAILLES DE VERMEIL. — MÉDAILLE D'OR. — DIPLOMES D'HONNEUR

Grâce à son outillage perfectionné, l'Imprimerie de **LA LAN-TERNE** se charge de **FAIRE VITE, BIEN** et **BON MARCHÉ** les Circulaires, les Prospectus, les Têtes de Lettres, les Factures, les Lettres de Mariage et les Lettres de Décès, les Enveloppes avec ou sans impression, les Actions et les Obligations, les Carnets de chèques et de Mandats, les Affiches électorales ou autres, les Bulletins de vote pour élections et pour Sociétés de tir, gymnastique, les Cartes de visite et les Cartes de commerce, etc., etc.

L'Imprimerie de **LA LANTERNE** se charge également de tous les Travaux de luxe sur Chine, Japon, papier de Hollande, etc.

NOTA. — Les personnes qui voudront bien nous confier leurs ordres sont priées d'adresser leur texte au Bureau de l'Imprimerie, avec toutes les indications nécessaires.

RÉPONSE DANS LES 48 HEURES POUR LES PRIX

UNE ÉPREUVE SERA ENVOYÉE AVANT LE TIRAGE

IMPRIMERIE LITHOGRAPHIQUE & TYPOGRAPHIQUE

F. APPEL
PARROT & CIE, SUCCESSEURS
PARIS. — 12, Rue du Delta, 12. — PARIS

SPÉCIALITÉ D'AFFICHES CHROMOS POUR LE COMMERCE
ET L'INDUSTRIE

TABLEAUX SUR CARTON, TOLE ET VERRE

ÉTIQUETTES, REGISTRES

Catalogues en tous genres. — Chromos en feuilles et découpés.

– TÉLÉPHONE –

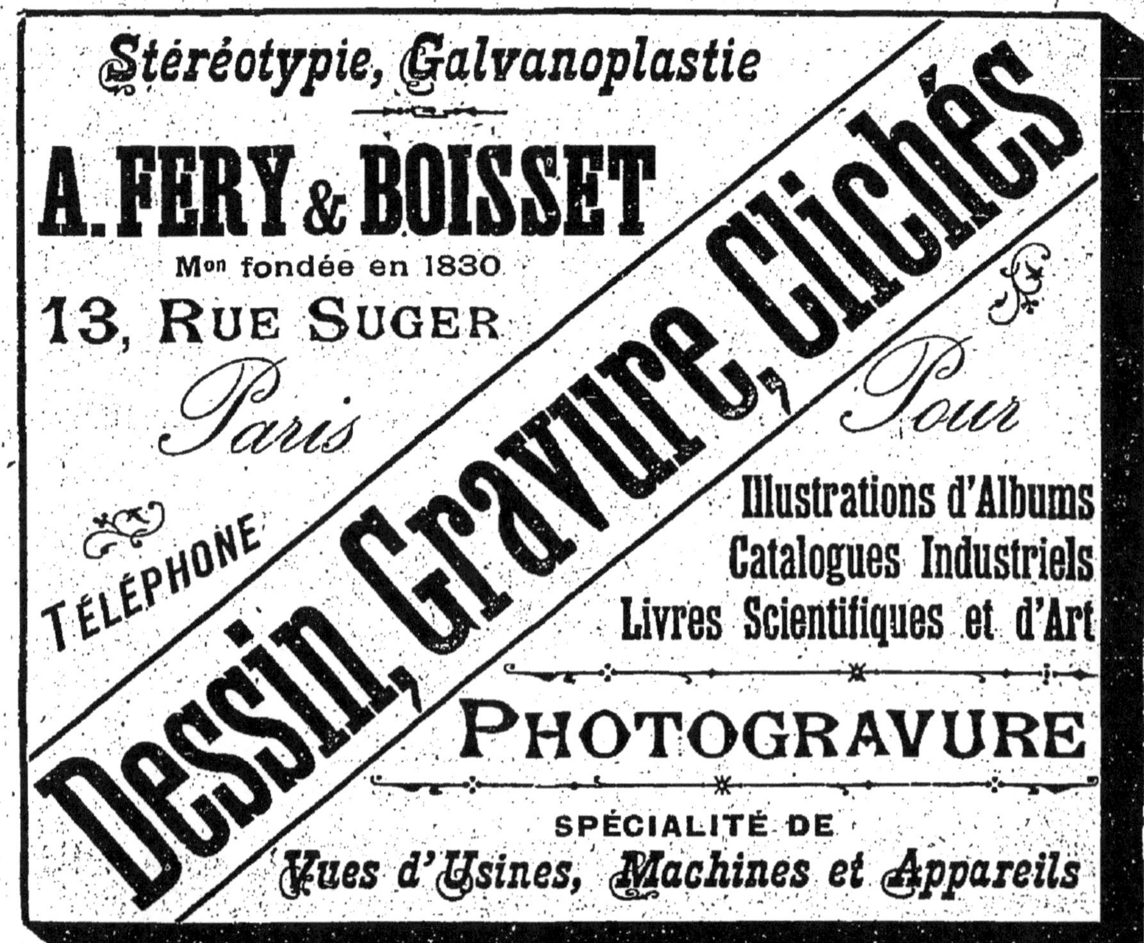

LÉON CROMBAC & CIE

PAPIERS
EN GROS

CARTES
ET BRISTOLS

83, Rue du Faubourg Saint-Denis, 83
✠ **PARIS** ✠

PAPIERS D'EMBALLAGE

PAPIERS BLANCS ET COULEURS. — Pour l'écriture, l'impression et les divers emplois commerciaux.

PAPIER D'ALPHA ANGLAIS. — PAPIER SIMILI JAPON.
Papier journal. — Papier gommé. — Papiers et enveloppes deuil et vélin.

CARTE VÉLIN, IVOIRE ET BRISTOL

BLANC, COULEURS, MI-COULEURS ET FANTAISIE
Envoi de Carnet d'échantillons et prix courants.
Sur demande adressée à M. L. CROMBAC & Cie.
PARIS. — 83, RUE DU FAUBOURG SAINT-DENIS, 83. — PARIS

OUTILLAGE POUR AMATEURS
ET POUR INDUSTRIELS

Fournitures pour le DÉCOUPAGE

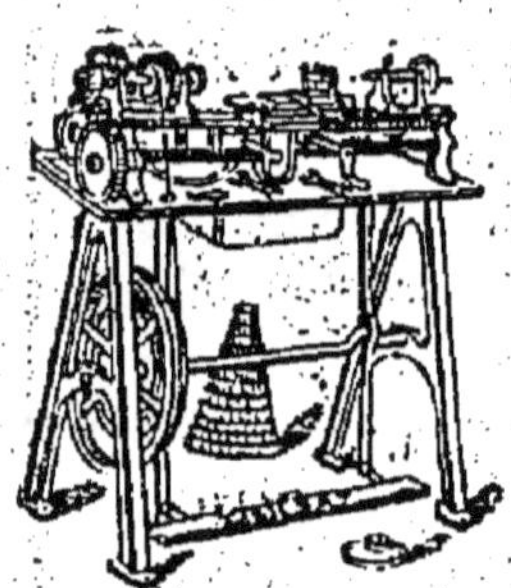

TIERSOT

Breveté S. G. D. D. G.

PARIS — 47, Rue des Graviliers, — PARIS

Médaille d'Argent, Exposition Universelle Paris 1889
(LA PLUS HAUTE RÉCOMPENSE)

Fabrique de TOURS de tous systèmes
SCIES MÉCANIQUES (pl. de 50 Modèles) ET COUPEUSES POUR TOUTES ÉTOFFES

OUTILS DE TOUTES SORTES — BOITES D'OUTILS

Publication de dessins pour le tour le découpage, la sculpture, la marqueterie

Le Tarif-Album (250 pages et plus de 600 gravures) franco contre 65 centimes

**Machines de premier ordre et tous accessoires
tarif franco sur demande**

LA MODE FRANÇAISE

PARIS — 67, Rue de Grenelle, 67, — PARIS

Le Journal la **MODE FRANÇAISE** est de tous les organes s'occupant des modes féminines et des intérêts de la famille, le mieux illustré, le plus au courant des nombreuses créations élégantes, le mieux renseigné sur tous les tissus et leurs accessoires qui se porteront chaque saison.

La partie littéraire, confiée à Madame la baronne de CLESSY avec la collaboration de MARYAN, Marthe LACHÈSE, Gabriel BÉAL, Georges du VALLON, etc., etc., est morale, instructive et récréative. La correspondance continuelle que ce journal entretient avec ses abonnées, répondant aux questions les plus diverses d'ordre intime, d'usages et de convenances du monde et donnant des renseignements souvent utiles dans les familles sur les détails de notre organisation militaire, administrative, judiciaire, etc., intéresse particulièrement ses nombreuses lectrices.

La **MODE FRANÇAISE** paraît tous les samedis. Ses éditions sont au nombre de 4 savoir :

La première à **12** fr. ; la deuxième à **16** fr. ; la troisième à **18** fr. ; et la quatrième à **25** fr.

On s'abonne directement et sans frais dans tous les bureaux de poste.

Adresser aussi mandat-poste à M. ORSONI, directeur, 67, rue de Grenelle.

Envoi *franco* contre 0 fr. 50 d'un spécimen et du Panorama contenant 80 toilettes nouvelles de la Saison.

BICYCLETTES

De Précision

FABRICATION DE PREMIER ORDRE

GARANTIE ABSOLUE

EMPLOI DE MATÉRIAUX
de
PREMIER ORDRE

Course : 40 kil.

Demi-Course : 13 kil.

Route : 17 kil.

NOUVEAU

GUIDON TOURNANT

Breveté s. g. d. g. France et Étranger

En soulevant un imperceptible ressort, et sans desserrer le moindre écrou, on peut faire opérer un quart de tour à son guidon, ce qui permet de passer sa bicyclette par un couloir, par une porte étroite, et aussi de l'appuyer solidement contre un mur.

Le frein est invisible et indéréglable.

Le guidon et le frein sont ajustables.

Transformation à toute machine, du guidon ordinaire, en guidon tournant et frein invisible.

A. OGNARD

INGÉNIEUR-CONSTRUCTEUR

BREVETÉ S. G. D. G.

PARIS — 55, rue de l'Aqueduc, 55 — PARIS

Tout ce qui se dit,

Tout ce qui se fait,   Tout ce qui se passe,

SE TROUVE DANS

LA LANTERNE

MISE EN VENTE DANS TOUS LES KIOSQUES

DANS TOUTES LES GARES ET CHEZ TOUS LES LIBRAIRES ET MARCHANDS

DE JOURNAUX

LA LANTERNE

PUBLIE CHAQUE JOUR

Deux Feuilletons — le compte rendu des Chambres — les résultats des Courses — du Pari-Mutuel — les Nouvelles théâtrales — des chroniques sur tout les faits du jour et les Dernières Nouvelles de la nuit de la Province et de l'Étranger.

LA LANTERNE

SE VEND PARTOUT

5ᶜ   5ᶜ

Le Supplément Littéraire illustré

DE

LA LANTERNE

publie dans chaque numéro, outre les feuilletons, 3.200 lignes de nouvelles, contes et poésies, de la musique, des jeux d'esprit, charades, rébus.

Le Supplément Littéraire illustré ne contient aucune ligne de politique, et c'est certainement le plus intéressant des journaux de ce genre.

EN VENTE TOUS LES LUNDIS ET JEUDIS

5 cent. — LE NUMÉRO — 5 cent.

PORTRAITS PEINTS A L'HUILE D'APRÈS PHOTOGRAPHIES
PEINTURES ARTISTIQUES

Mon C.-ALEXANDRE

PARIS, 36, RUE DE DUNKERQUE, 36, PARIS

TABLEAUX		**PORTRAITS**
MARINES, PAYSAGES		SUJETS RELIGIEUX
Scènes champêtres		*Natures mortes*

REPRODUCTION et AGRANDISSEMENT de toutes PEINTURES
COPIES D'APRÈS LES TABLEAUX DES GRANDS MAITRES

La maison *C.-Alexandre,* afin de faire apprécier les reproductions de portraits d'après photographies qui lui ont valu des milliers de chaleureux témoignages de satisfaction, offre, à titre de *Prime gratuite,* un premier portrait gratis à tout lecteur de cet annuaire qui lui enverra une photographie et **1 fr. 50** pour frais du panneau d'acajou, emballage et expédition.

Envoi sur demande de notices, catalogues et renseignements

TIMBRE-CACHET DE POCHE
EN CAOUTCHOUC VULCANISÉ

Si vous voulez que vos lettres parviennent sûrement, obtiennent une prompte réponse, ne soient pas jetées au rebut en cas d'adresse erronée ou changée, appliquez toujours, à l'intérieur et sur l'enveloppe, *un timbre donnant lisiblement votre nom et votre adresse.* Les personnes qui n'ont pas d'entêtes de lettres imprimées ne se doutent pas de l'importance de notre conseil et cette négligence est d'autant plus inexcusable aujourd'hui que nous offrons un timbre de poche qui est une *véritable prime,*

Il se compose de quatre lignes et s'enferme dans une jolie boîte de poche nickelée, contenant un tampon imbibé d'encre sans huile. Le tout expédié dans une boîte avec provision d'encre dans un petit flacon, en tous pays, *franco* par poste, **1 fr. 75.**

LE JEUNE COLORISTE

Six albums comprenant une grande variété de modèles en couleur, empruntés à tous les genres, avec les esquisses pour la reproduction au coloris. La collection entière à prix réduit, *franco,* **1 fr. 50.**

TRAITÉ PRATIQUE
DE
PHOTOGRAPHIE
A L'USAGE DES AMATEURS ET DES DÉBUTANTS
Par Ch. MENDEL

Il est impossible de résumer d'une façon plus pratique les connaissances nécessaires pour réussir dans ce qui est à la fois « *un art et une science* ». Les gens du métier aussi bien que les amateurs trouveront intérêt et profits à parcourir ce volume soigneusement imprimé et illustré de 88 gravures. Rédigé à un point de vue essentiellement pratique, non seulement il conduit le débutant par la main et l'initie de suite aux opérations photographiques, mais encore il constitue un véritable *memento de l'amateur ;* — il est *utile* à ceux qui savent, *indispensable* à ceux qui veulent apprendre.

Nos bonnes relations avec l'auteur nous ont permis de réduire sensiblement pour nos lecteurs le prix de cet intéressant ouvrage et de l'adresser *franco* en tous pays, au prix de **1 fr. 25.**

L'ENSEIGNEMENT PROFESSIONNEL PAR LES YEUX
SCIENCES, ARTS, INDUSTRIE, PROFESSIONS, MÉTIERS
magnifiques tableaux de 72 sur 55 centimètres imprimés en chromo sur papier fort
Par un groupe de savants, de professeurs et de spécialistes
Résumés clairs, précis, synthétiques, embrassant d'un coup d'œil tout un ensemble de connaissances

DIPLOME D'HONNEUR A L'EXPOSITION DE PARIS

Botanique, 2 tabl. chacun 200 fig.	4 » »	Le Dessinateur de jardins........	2 » »	Hygiène et Médic. de la Basse-Cour.	2 » »
Le Jardinier modèle, 123 fig.....	4 » »	La Menuiserie (lavis)...........	1 50	Le parfait Pêch. engins, appats...	1 » »
Herbier de l'herb. renf. 73 fig....	2 » »	Le Charpent.-Constr. (lavis)....	1 50	Le parfait Chasseur.............	2 » »
Insectes, 2 tabl. remarq. 250 fig..	4 » »	Serrurerie et Quincaillerie, (lavis)	1 50	Boucherie, renseig. cha. morc.	2 » »
Le Collec. d'insectes, 200 fig....	1 50	Cosmographie, les divers systèmes	1 50	Le Const. d'embarcation 23 fig...	2 » »
Le préparat. de Zoologie, 80 fig..	2 » »	Météorol. phénom. div. (lavis)..	2 » »	Cours de perspective	2 » »
Anat. hum. par Werner, 4 tabl..	5 50	La Vigne, le Vin, la Cave....	2 » »	Peinture du paysage à l'aquarelle	2 » »
Arpontage, métroae, nivellement,	2 » »	L'éleveur de Vers-à-Soie, 94 fig..	2 » »	Cours de phrénologie (curieux)...	2 » »
Architecture élémentaire (lavis)..	2 » »	Le Conseiller des amat. de Chev.	2 » »	Le Médecin de la maison,.......	2 » »
Archéologie (fragments)...........	2 » »	Le Vétérinaire de la ferme......	2 » »	L'artiste en Cheveux	2 » »

Adresser les demandes au COMPTOIR PARISIEN, 36, *rue de Dunkerque,* PARIS

APPAREILS ET FOURNITURES PHOTOGRAPHIQUES

TÉLÉPHONE   Maison MORGAN   TÉLÉPHONE

V. GABREAU Successeur

PARIS — 29, boulevard des Italiens, 29 — PARIS

Nouvel appareil instantané à main (création de la maison) Le « **Multigraphe** » contenant 24 plaques se remplaçant par la simple manœuvre d'un rideau, système breveté, S. G. D. G.

Demander la notice spéciale.

Nouvel appareil l'**Universel** s'employant à volonté sur un pied, à la main et pour faire l'agrandissement à la lumière du jour (nouvelle création).

Ebénisterie photographique soignée. — Objectifs de toutes marques. — Plaques au gelatino. — Accessoires et produits chimiques purs. — Cartes et cartons.
Seul dépositaire de plaques, papiers, plaques opales et toiles sensibilisées de la maison Morgan et Kidd's de Richmond Londou.

Tous les matins, de 10 h. *à midi,* démonstrations **gratuites** pour Messieurs les amateurs, opération, développement, tirage, agrandissements, etc.

PRIX RÉDUITS

Demander le Catalogue général illustré

L'ANNUAIRE OFFICIEL DES JOUETS & JEUX

Très répandu dans toutes les industries

TOUCHANT A LA FABRICATION ET A LA VENTE DE CES ARTICLES

Remis à tous les principaux commissionnaires de Paris

DEMANDÉ PAR TOUS LES GRANDS BAZARS DE LA PROVINCE

EXPÉDIÉ A TOUTES LES CHAMBRES DE COMMERCE FRANÇAISES

DE L'ÉTRANGER

PAR L'INTERMÉDIAIRE DU MINISTÈRE DU COMMERCE

Ainsi qu'aux principaux Consulats et chargés d'affaires de France

PAR L'INTERMÉDIAIRE DU MINISTÈRE DES AFFAIRES ÉTRANGÈRES

CONSTITUE UN EXCELLENT MOYEN DE PUBLICITÉ

Aussi important qu'efficace et économique

POUR TOUS CEUX QUI Y FIGURENT A UN TITRE QUELCONQUE

PRODUITS ANTISEPTIQUES

PRÉPARÉS PAR

P. GABRIEL, Pharmacien-Chimiste

26, Passage de l'Opéra. (Boulevard des Italiens, 12)

20 ANNÉES DE SUCCÈS

EAU DENTIFRICE

ANTISEPTIQUE A LA RÉSORCINE

Cette **Eau Dentifrice**, antiseptique à la Résorcine, détruit les bactéries et micro-organismes si fréquemment nombreux de la bouche et rend l'éclatante blancheur des dents.

Eau Antiseptique, (à la Résorcine), contre la chute des cheveux, détruit les pellicules en donnant de la force et du ton au cuir chevelu. Fait reparaître les cheveux qui tendraient à ne pas croître par suite de maladies parasitaires.

BAUME DENTAIRE ANTISEPTIQUE

Calmant instantanément la douleur la plus vive.

BAUME NOUVEAU

CONTRE LES MAUX D'OREILLES

Calme en quelques instants les violents maux d'oreilles si fréquents chez les jeunes gens.

BAUME NOUVEAU

Contre les **Cors, Verrues, Durillons, Œils-de-Perdrix,** disparaissant rapidement après quelques applications.

ON TROUVE ÉGALEMENT A LA MÊME MAISON

LE SIROP ET LA POMMADE DU D^{teur} BERTHOMÉ

(50 Années de Succès)

Contre les maladies chroniques de la peau : *Dartres, Herpès, Ulcère Syphilides, Acnées, etc.*

Demander le tarif des prix de gros pour les dépositaires.

ALBUM ILLUSTRÉ

DES

TIMBRES-POSTE

Enveloppes, Cartes postales, Télégrammes, Bandes, Mandats, etc.

par L. RICHARD

IMPRESSION DE GRAND LUXE PAR SENF FRÈRES DE LEIPZIG

CINQUIÈME ÉDITION, CONTENANT

4,500 types de timbres-poste

45 PORTRAITS DE CHEFS D'ÉTAT

92, *Armoiries des principaux états*

Cet album forme un superbe volume de 1040 pages, pouvant également se diviser en 2 volumes, sur beau papier blanc satiné.

Texte français avec traduction anglaise

Édition moyenne prix : 9 fr. 50, 11 francs, 11 fr. 50, 12 francs, selon reliure.

Grande édition prix : 17 francs, 20 francs, 30 francs, 40 francs, selon reliure.

PREMIÈRES RÉCOMPENSES A TOUTES LES EXPOSITIONS

Envoi franco des prospectus détaillés avec fac-simile des pages sur demande adressée à
M. A. CLAVEL, 36, *rue de Dunkerque, Paris.*

L'ANNONCE TIMBROLOGIQUE

QUI COMPTE ACTUELLEMENT 4 ANS D'EXISTENCE

Paraît chaque mois sur 12 à 16 pages grand format

Elle a des abonnés dans les pays du monde et est l'organe officiel des 3 sociétés timbrophiles les plus importantes de Belgique (Cercle Timbrophile de Liège, Société Anversoise de Timbrologie, Fédération des Philatélistes belges) et d'une société française (l'Union des Echangistes). Les annonces sont donc lues par la majorité des collectionneurs belges et offrent aux marchands toutes les garanties d'une publicité efficace.

Les collectionneurs ont tout intérêt à s'y abonner, car la liste d'échangistes qui paraît régulièrement dans l'*Annonce timbrologique* est des plus complètes et ne comprend que les adresses de ses abonnés, qui ont droit à une insertion annuelle et gratuite de 4 lignes sous cette rubrique spéciale contrairement à ce que son titre laisserait supposer, l'*Annonce timbrologique* contient chaque mois au moins 8 pages de texte consistant en chroniques originales et inédites sur tous les sujets qui intéressent les collectionneurs de timbres ou de journaux, chroniques illustrées des nouvelles émissions, poésies, comptes-rendus de sociétés, résultats des ventes publiques de timbres de Londres et de New-York, etc., etc.

Un numéro spécimen est toujours envoyé franco sur toute demande faite par carte postale payée ou par carte-lettre.

Abonnement annuel : 2 francs pour tous pays.

Annonces : 1 page : 25 francs ; 1/2 p. 15 francs ; 1/4 p. 10 francs ; 1 colonne : 10 francs ; 1/2 colonne p. 6 fr. 50 ; 1/4 colonne p. 4 fr. 50 ; la ligne : 25 centimes.

Une réduction de 50 0/0 est accordée sur toute annonce répétée 12 fois.

Adresser toutes les communications au Directeur de l'annonce timbrologie, M. Armand Delhier, Liège, Belgique.

LE GUIDE COMMERCIAL

Journal Politique, Commercial, Industriel et Financier

PARAISSANT TOUS LES MERCREDIS

RECUEIL ET ASSEMBLAGE DE TOUS DOCUMENTS

COMMERCIAUX OU FINANCIERS

Indispensables à tous négociants ou porteurs de titres

COURS DES HALLES, MARCHÉS. — FAILLITES ET FORMATIONS DE SOCIÉTÉS

VENTES DE FONDS

TIRAGES D'ACTIONS ET OBLIGATIONS — COURS DE LA BOURSE, ETC.

RENSEIGNEMENTS COMMERCIAUX

(10ᵉ année) Maison la plus consciencieuse (10ᵉ année)

Particulièrement recommandée au Commerce

SERVICE SPECIAL POUR PLACEMENTS

DE TOUS PRODUITS FRANÇAIS ET ÉTRANGERS

PRIX DES ABONNEMENTS :

Un an : Paris, **8** fr. — Province, **10** fr. — Étranger, **12** francs.

DIRECTION ET ADMINISTRATION :

PARIS. — 158, rue Saint-Antoine, 158. — PARIS

COLLECTION DES ÉTUDES GÉNÉRALES GÉOGRAPHIQUES
CARTES COMMERCIALES
Physiques, Politiques, Administratives, Routières Ethnographiques, Minières et Agricoles
AVEC NOTICE DESCRIPTIVE

COMPRENANT LES RENSEIGNEMENTS LES PLUS RÉCENTS SUR L'HISTOIRE, LES MŒURS, LES COUTUMES, LA POPULATION, LES STATISTIQUES COMMERCIALES, LES PRODUITS A IMPORTER, LES INDUSTRIES A CRÉER, LA LÉGISLATION, L'ADMINISTRATION, LES TRIBUNAUX.

Par F. BIANCONI
Ingénieur-géographe. — Avec la collaboration des principaux voyageur français.
Publiées par la Librairie CHAIX

Les cartes ont obtenu de nombreuses souscriptions de la part des Ministères ; du Commerce, des Affaires étrangères, de l'Instruction publique, de la Guerre, de la Marine, des Travaux publics, de l'Agriculture, du Sous-Secrétariat d'État des Colonies et de plusieurs Chambres de Commerce, pour les Écoles et les Bibliothèques.

Cette publication présente un intérêt exceptionnel au point de vue des relations de notre commerce d'exportation et d'importation. Les cartes, dressées à une grande échelle pour chacun des pays des régions de l'Orient, de l'extrême-Orient, de l'Afrique, de l'Amérique et de l'Australie, indiquent, en lettres rouges, les productions dominantes par districts ; les villes et les villages de plus de 500 habitants avec le chiffre de leur population ; les routes postales et carrossables, et celles qui ne le sont que sur une partie de leur parcours avec les emplacements des relais aux chevaux ; les bureaux de poste et de télégraphe ; les itinéraires des bateaux à vapeur appartenant aux Compagnies qui ont établi dans les ports des services réguliers ; les lignes de chemins de fer en exploitation, en construction ou en projet, les régions occupées par des races indépendantes, avec l'indication de l'ordre politique et administratif qui s'y rattache.

Tout ce qui n'a pu trouver place sur les cartes mêmes est mentionné dans un **texte explicatif** et complémentaire qui accompagne chaque carte. C'est là que sont données d'amples explications concernant les mœurs, les coutumes des populations, la manière de commercer de chaque peuple, un historique du pays, des indications relatives à l'administration, aux tribunaux, les prix des produits naturels et ouvrés, ceux des matières premières et de la main-d'œuvre, les prix moyens des transports, etc., etc.

LA COLLECTION COMPRENDRA LES CARTES SUIVANTES :

1re série (7 cartes) : Turquie d'Europe : Macédoine, Albanie et Epire, Thrace (Roumélie turque). Bulgarie et Roumélie orientale. — Bosnie, Herzégovine et Monténégro. — Grèce continentale. — Roumanie.

2e série (6 cartes) : Turquie d'Asie : partie Nord de l'Asie Mineure, partie Ouest, partie Sud, Syrie de Liban. — Perse. — Russie (région du Caucase).

3e série (9 cartes) : Tonkin. — Cochinchine et Cambodge. — Annam. — Iles de la Sonde. — Iles Moluques. Iles Philippines. — Japon. — Chine (ports ouverts au commerce). — Nouvelle-Calédonie, Taïti, etc.

4e série (8 cartes) : Basse-Egypte. — Haute-Egypte. — Tripolitaine. — Tunisie. — Algérie : Province d'Alger. — Province d'Oran. — Province de Constantine. — Maroc.

5e série (6 cartes) : Abyssinie et Choa. — Zanzibar. — Madagascar, Ile de la Réunion, Sainte-Marie, Nossi-Bé, etc. — Le Cap, Transvaal et Orange. — Congo et Gabon. — Sénégal.

6e série (9 cartes) : Uruguay. — Confédération Argentine. — Chili. — Bolivie et Pérou. — Brésil : Partie Nord. — Partie Sud. — Guyanne Française. — Vénézuéla. — Colombie et Equateur.

7e série (6 cartes) : San-Salvator, Nicaragua, Honduras, Guatémala, — Guadeloupe, Martinique. — Mexique : Côté de l'Atlantique. — Côté du Pacifique. — Cuba. Haïti et Saint-Domingue. — Canada.

IL PARAIT UNE CARTE TOUS LES DEUX MOIS DEPUIS MAI 1885
Chaque carte avec texte, prix cartonné, 4 francs
PRIX POUR LES SOUSCRIPTEURS A UNE SÉRIE ENTIÈRE : 3 FR. PAR CARTE
FRAIS DE PORT EN PLUS : 0 fr. 50 c.

En vente à la Librairie Chaix, rue Bergère, 20, Paris.

THE
NEWSPAPER PRESS DIRECTORY

(ANNUAIRE DE LA PRESSE)

CONTENANT DES RENSEIGNEMENTS DÉTAILLÉS SUR TOUS

JOURNAUX, MAGAZINES, REVUES & PUBLICATIONS PÉRIODIQUES
DE L'ANGLETERRE

DE TOUTES LES COLONIES BRITANNIQUES
Et de tous les autres pays du monde

PAR C. MITCHELL AND Co

12 et 13, Red Lion Court, Fleet Street, London, E. C.

Cet important annuaire, fondé en 1846, est l'un des plus clairs, des mieux faits, des plus méthodiques qui existent pour renseigner sur l'existence et l'importance de tous les journaux du globe.

Tout industriel ou commerçant ayant besoin de faire de la publicité pourra le prendre pour guide et le consulter avec le plus grand intérêt.

M. Mitchell se charge également de la publicité dans tous les journaux et répondra à toute demande de renseignements adressée soit à lui directement à Londres, soit à M. A. Clavel, 36, rue de Dunkerque, Paris.

LA POLITIQUE COLONIALE
ORGANE DES INTÉRÊTS COLONIAUX

Paraissant 3 fois par semaine : MARDI, JEUDI et SAMEDI
BUREAUX : 364, Rue Saint-Honoré, PARIS

La *Politique Coloniale*, le mieux renseigné et le plus complet des Journaux coloniaux, est indispensable à tous ceux qui ont un intérêt quelconque à connaître nos colonies, leur commerce et leurs ressources.

ABONNEMENTS D'UN AN

Paris. . . . **15 fr.** — Départements et Colonies. . . **20 fr.** — Étranger. . . . **25 fr.**

OCCASION EXCEPTIONNELLE

DERNIÈRES COLLECTIONS
DES DIX PREMIERS VOLUMES ANNUELS
du Journal illustré
LES SOIRÉES LITTÉRAIRES
Direction de A. CLAVEL, fondateur

Publication de la famille récompensée par plusieurs médailles d'honneur

Peu d'ouvrages s'adressant à la Famille justifient aussi complètement leur titre et réunissent autant d'avantages pour plaire à la fois à la bourse et a l'esprit du lecteur. Les soins scrupuleux apportés à la rédaction, le talent et les noms bien connus des collaborateurs parmi lesquels figurent les écrivains les plus aimés du public, le choix, la variété des sujets et des illustrations, confiées à des artistes de talent, ont assuré pendant longtemps un légitime succès à cette publication qui ne ressemble à aucune autre et dont la littérature variée charme tous les goûts et tous les âges.

On a peine à se rendre compte de l'immense quantité de sujets traités dans ces dix volumes, véritable encyclopédie de famille qui a le grand mérite de ne contenir aucune question d'actualité et forme un fonds important de bibliothèque qui, pour cette raison, restera toujours une mine inépuisable d'attrayantes lectures.

Chaque volume renferme, sous une élégante couverture illustrée, avec titres et tables, la matière de près de 10 volumes ordinaires. Aucun ouvrage de librairie ne représente autant, et ne contient pour le même prix plus de texte choisi et de jolies gravures.

La collection, à raison de 8 fr. 50 par vol. *rendu franco*, est de **85 fr.**

Nous pouvons l'offrir *exceptionnellement* et pour un nombre limité d'exemplaires, comme une véritable prime à nos lecteurs au prix réduit de **40 fr.** en France et de **50 fr.** net pour l'étranger, *franco de port et d'emballage.* — C'est une occasion exceptionnelle dont nous leur conseillons de profiter vivement, avant épuisement complet.

NOTA. — Ceux de nos lecteurs qui trouveraient la dépense un peu forte pour leur budget et voudraient la fractionner, peuvent nous adresser leurs propositions en comptant sur nos efforts pour leur être agréable.

Belle reliure rouge, titre or, fers spéc., tranches or, en plus par vol. : 3 fr.

S'adresser à M. A. CLAVEL, directeur de *La Petite Revue Parisienne* et du *Comptoir Parisien de Commission*, 30, rue de Dunkerque, PARIS.

La Petite REVUE Parisienne

ET

LE CORRESPONDANT LITTÉRAIRE

Journal illustré de la vie pratique

Cette publication, d'un genre absolument nouveau, consacre une large place à *La Vie pratique* et publie une très intéressante Revue des *Inventions nouvelles ;* elle renferme un second journal indépendant, le *Correspondant littéraire* auquel tous les abonnés peuvent collaborer, sans aucun frais pour eux.

Malgré le prix réduit pour tous pays, de **5 francs par an** pour ces deux journaux, les abonnés ont encore le droit d'en recevoir *gratuitement DOUZE autres*.

En outre, une prime de *cent francs* et d'autres innovations attrayantes complètent les avantages exceptionnels de cette publication originale.

DIRECTION, 36, rue de Dunkerque, 36, PARIS

Véritable LIQUEUR d'HENDAYE

(Blanche, Jaune, Verte)

PLUSIEURS MÉDAILLES D'OR

Grande finesse, goût exquis, propriétés hygiéniques et digestives bien constatées. — *Délicieuse liqueur de dessert.* — Se trouve partout, en France et à l'étranger, chez les principaux négociants en spiritueux, Épiciers, Confiseurs, etc.. et dans les bons cafés. — *Se défier des contrefaçons.* — Toujours exiger sur l'étiquette des flacons (*litre, 1/2 litre,* ou *1/4 litre*) la signature P. BARBIER. — Envoi *franco de port*, dans toute la France continentale, pour commandes de 8 à 10 litres au *minimum*.

Fabrique à **HENDAYE** (Basses-Pyrénées, frontière d'Espagne) *Distillerie* **Paulin BARBIER**.

possédant un système optique tel qu'avec une simple veilleuse à l'huile, on projette a plusieurs mètres une lumière égale à 3 bougies, pour 3 centim. par nuit.

La Veilleuse-phare en métal blanc nickelé, avec des mèches pour 6 mois, est envoyée franco contre mandat poste adressé à

M. A. CLAVEL
36, rue de Dunkerque, PARIS.

Prix avec lentille fine :
Paris......**101.65**
Province.**11,90**
Étranger. **12,25**
par co¹s postaux

L'ART DE PLAIRE DANS LE MONDE

enseigné en douze volumes

Contenant les connaissances et les talents qu'on recherche en société

Nouvelle Académie des Jeux	Manuel de l'Homme d'esprit
Manuel des tours de physique	La Clef des Songes
L'escamoteur de bonne société	Langage des fleurs et des fruits
La grande Cartomancie	Le Secrétaire français
Collections de tours de Cartés	Les Refrains de Béranger
Recueil de Compliments	Nouvel Oracle des Dames

La collection des 12 vol., franco, France et Étranger, **3 fr.**

TRAITÉ DE LA PÊCHE

à la ligne et au filet

DANS LES RIVIÈRES ET DANS LES ÉTANGS

Illustré d'un grand nombre de gravures, faisant connaître tous les engins dont on se sert et toutes les espèces de poissons, avec les bonnes recettes et manières d'amorcer, ainsi que les lois et ordonnances spéciales. — 1 vol. couverture coloriée *franco* **2 fr.**

LE DESSIN ET LE COLORIS SANS MAITRE

Albums artistiques appropriés à toutes les forces

DESSIN EN NOIR		COLORIAGE	
Petits albums de modèles variés		*Modèles pour dessiner ou peindre en couleurs*	
12 albums, nº 1, à fr............	**0.50** cent.	24 albums, nº 5, à fr............	**0.50** cent.
6 — nº 2, —	**0.75** —	8 — nº 6, —	**0.75** —
Séries grand format in-8		*Séries grand format in-8*	
12 albums, nº 3, à fr............	**1** »	24 albums, nº 7, à fr............	**1** »
12 — nº 4, —	**1.50**	12 — nº 8, —	**1.50**

Nouveaux dessins en couleurs exécutés en quatre séances

3 albums, nº 9, avec conseils aux commençants, format : 32 × 25 cent. Chacun : **2 francs**

Ces albums ont été choisis avec soin comme étant les mieux compris, les plus avantageux. Ils sont accompagnés de notions en quatre langues. Malgré le poids du fort papier à dessin qui les compose, ils sont expédiés *franco* pour un minimum de 4 albums. (Joindre 0.40 cent. si l'on désire la recomᵐᵉ postale.)

Adresser les demandes au COMPTOIR PARISIEN, 36, rue de Dunkerque, PARIS

BORDEAUX, 74, cours d'Albret.

Monsieur,

Offrant à mes acheteurs toutes les références désirées parmi les notabilités du commerce et de l'industrie de Bordeaux, et garantissant ainsi l'exécution irréprochable des ordres que l'on me confie, je me permets de vous soumettre ci-après, en Vins, Cognacs et Rhums, quelques produits garantis naturels et purs, fournis aux prix les plus réduits grâce à la suppression de tous intermédiaires payés entre l'acheteur et ma Maison :

VINS AUTHENTIQUES DE LA GIRONDE

(Achetés par la Maison aux vignobles de la Gironde.)

ROUGES..	Crûs bourgeois du Médoc......	la barrique...... Fr.	**125**
	» »	la 1/2 barrique......	**70**
	Médoc Saint-Vivien..	la barrique...... Fr.	**150**
	» »	la 1/2 barrique.......	**85**
BLANCS..	Graves (1888)	la barrique...... Fr.	**130**
	»	la 1/2 barrique.......	**75**
	Barsac (1887)	la barrique...... Fr.	**160**
	»	la 1/2 barrique.......	**90**

COGNACS

(Achetés par la Maison aux vignobles des Charentes.)

Bon Cognac..............	25 fr.
Cognac vieux.............	35 »
» Fine Champagne....	48 »
» Grande Champagne..	60 »

En caisse de 12 bouteilles.

RHUMS

(Importés directement des Colonies par la Maison.)

Rhum Guadeloupe.. ..	20 fr.
» Martinique.......	28 »
» Sainte-Lucie........	36 »
» Jamaïque très vieux..	45 »

En caisse de 12 bouteilles.

Toutes ces marchandises remises franco de logement en gare de Bordeaux. — L'acheteur n'a à régler que les frais de transport, de régie et d'octroi. — Le paiement se fait à 60 ou 90 jours sans escompte ou au comptant avec 2 0/0 d'escompte.

Pour les autres marchandises, je tiens à votre disposition mes Prix-Courants généraux et, sur votre demande, je vous les adresserai franco. Tous mes prix sont les plus bas qui puissent être offerts par une Maison sérieuse et honorable ne vendant soit en spiritueux soit en vins que des produits naturels et purs.

J'espère donc, Monsieur, être non seulement honoré de vos ordres mais encore entrer avec vous en relations suivies, et, dans cet espoir, je vous prie d'agréer mes salutations dévouées.

I^{lle} GRILHÉ.

CHEMINS DE FER DE L'EST

1° Relations directes de la Compagnie de l'Est

(SERVICES PERMANENTS)

A. — Avec l'Autriche-Hongrie, la Roumanie, la Serbie, la Bulgarie et la Turquie :

1° Viâ Avricourt-Strasbourg (Train d'Orient).
2° Viâ Belfort-Bâle, la Suisse Orientale de l'Artberg (Trains rapides)

B. — Avec la Suisse, viâ Belfort-Bâle (Trains rapides)

C. — Avec l'Italie, viâ Belfort-Bâle et le St-Gothard (Trains rapides)

D. — Avec Mayence, Wiesbaden, Francfort-sur-Mein, Ems et Hombourg-les-Bains viâ Metz, Sarrebruck (trains express)

E. — Avec Luxembourg (charmante ville dans une situation fort pittoresque) viâ Longuyon, Longwy et Rodange (Trains directs)

2° Voyages circulaires et Excursions à prix réduits

(SAISON D'ÉTÉ)

A. — EN FRANCE

Voyages circulaires à prix réduits pour visiter les **Vosges,** avec séjour facultatif dans toutes les villes du parcours.

1° de **Paris** à **Paris.** — 2° de **Laon** à **Laon.**

3° de **Nancy** à **Nancy** { a. — viâ Blainville, Charmes.
 b. — viâ Pagny-sur-Meuse, Vaucouleurs.

B. — A L'ÉTRANGER

1° Billets d'aller et retour de **Paris** à **Bâle, Lucerne** et **Zurich** (viâ Belfort-Delle ou Belfort-Petit-Croix).

2° Voyage circulaire pour visiter la **Vallée** de la **Meuse, Hastière** et **Dinant.**

3° Voyage circulaire pour visiter le **Luxembourg** et la **Belgique** (Grottes de Ham et de Rochefort).

a. — viâ Luxembourg, Liège, Marloie ;
b. — viâ Luxembourg, Arlon, Marloie ;

4° Voyage circulaire pour visiter la **Suisse,** la **Haute-Engadine** et les **Lacs Italiens.**

5° Voyage circulaire pour visiter les **Bords** du **Rhin,** la **Suisse** (Oberland, Bernois et le lac de Genève), **l'Allemagne, l'Autriche** et **l'Italie.**

Nota. — Pour tous autres renseignements, consulter 1° le livret des voyages circulaires et excursions publié par la Compagnie des Chemins de fer de l'Est et mis à la disposition du Public dans la gare de Paris et bureaux-succursales ; 2° les affiches et les indicateurs en ce qui concerne les relations directes.

CHEMIN DE FER DU NORD

SAISON DES BAINS DE MER

BILLETS D'ALLER ET RETOUR

Valables du VENDREDI au MARDI

PRIX AU DEPART DE PARIS, pour :

	1re cl.	2e cl.	3e cl.		1re cl.	2e cl.	3e cl.
	fr. c	fr. c.	fr. c.		fr. c.	fr. c.	fr. c.
Eu (le Bourg-d'Ault) .	25 40	20 10	13 70	Boulogne.	34 »	25 70	18 90
Le Tréport-Mers . . .	25 75	20 35	13 90	Wimille-Wimereux. .	34 55	26 10	19 30
St-Valéry-sur-Somme. .	27 15	21 35	14 75	Ambleteuse, Audres-selles (Marquise-Rinxent)	35 50[2]	26 75[2]	20 »[2]
Cayeux (station du ch. d'int. loc.) *via* Saint-Valéry.	27 15[1]	21 35[1]	14 75[1]	Wissant (Marquise-Rinxent)	35 50[3]	26 75[2]	20 »[2]
Le Crotoy (station du chem. d'int. local) *via* Noyelles. . . .	26 45[1]	20 85[1]	14 35[1]	Calais.	37 90	29 »	21 95
				Gravelines	38 85	29 95	22 60
Berck (Verton) . . .	29 60[1]	23 05[1]	16 20[1]	Dunkerque	38 85	29 95	22 60
Etaples (le Touquet-Paris-Plage). . . .	30 90	23 95	17 »				

(*Tous les samedis*, train spécial express de Paris au Tréport-Mers)
(*Tous les lundis*, train spécial express du Tréport-Mers à Paris)

1. Ce prix ne comprend pas le trajet du chemin de fer d'intérêt local.
2. Ce prix ne comprend que le trajet en chemin de fer.

SERVICES DIRECTS ENTRE PARIS ET BRUXELLES
actuellement en vigueur (mars 1892)

Départs de Paris, à 8 h. 15 du matin, midi 40, 3 h. 50, 6 h. 20 et 11 h. du soir.
Départs de Bruxelles (Midi) à 7 h. 30, 9 h. 14 du matin, 1 h. 15, 6 h. 20 du soir e minuit.
Wagon-salon et Wagon-restaurant aux trains partant de Paris à 6 h. 20 du soir et de Bruxelles (Midi) à 7 h. 30 du matin.
Wagon-restaurant aux trains partant de Paris à 8 h. 15 du matin, et de Bruxelles (Midi) à 6 h. 20 du soir.

PARIS-LONDRES

CINQ SERVICES RAPIDES dans chaque sens

Trajet en 7 h. 1/2. — Traversée en 1 h. 1/4.

Tous les trains, sauf le Club-Train, comportent des 2e classes.

DÉPARTS DE PARIS :
Via **Calais-Douvres** : 8 h. 22, 11 h. 30 du matin, 3 h. 15 (Club-Train) et 8 h. 25 du soir.
Via **Boulogne-Folkestone** : 10 h. 10 du matin.

DÉPARTS DE LONDRES :
Via **Douvres-Calais** : 8 h. 20, 11 h. du matin, 3 h. (Club-Train) et 8 h. 15 du soir.
Les voyageurs munis de billets de 1re classe sont admis *sans supplément* dans la voiture de 1re classe ajoutée au Club-Train entre Paris et Calais.
De Calais à Londres, supplément de 12 fr. 50.
Via **Folkestone-Boulogne** : 10 h. du matin.

UN SERVICE DE NUIT ACCÉLÉRÉ
à prix très réduits et à heures fixes, *via* Calais, en 10 heures.
Départ de Paris à 6 h. 10 du soir. — Départ de Londres à 7 h. du soir.

CHEMIN DE FER DU NORD

SAISON D'ÉTÉ

VOYAGES CIRCULAIRES A PRIX RÉDUITS

Distribution des Billets du 1ᵉʳ Mai au 30 Septembre inclus

1° POUR VISITER
LE NORD DE LA FRANCE ET LA BELGIQUE

BILLETS VALABLES PENDANT UN MOIS
PREMIÈRE CLASSE : **86 FR. 95**. — DEUXIÈME CLASSE : **65 FR. 40**

Itinéraire. — Paris, Amiens, Douai, Lille, Courtrai, Gand, Bruges, Ostende, Bruxelles, Malines, Anvers, Louvain, Liège, Spa, Huy, Namur, Charleroi, Saint-Quentin, Compiègne, Chantilly et Paris, ou *vice versa*. On peut également passer par Laon et Chimay. — Arrêt facultatif dans toutes les gares et stations comprises dans l'itinéraire (*a*).

2° POUR VISITER
LE CHATEAU DE PIERREFONDS
LES RUINES DU CHATEAU DE COUCY, LES BORDS DE LA MEUSE
LES GROTTES DE HAN ET DE ROCHEFORT

BILLETS VALABLES PENDANT UN MOIS
PREMIÈRE CLASSE : **70 FR. 60**. — DEUXIÈME CLASSE : **53 FR. 15**.

Itinéraire. — Paris, Chantilly, Compiègne, Pierrefonds, Chauny, Coucy-le-Château, Chauny, Saint-Quentin, Erquelines, Charleroi, Namur, Huy, Liège, Rochefort, Namur, Dinant, Givet, Hastière, Chimay, Anor, Laon, Soissons et Paris, ou *vice versa*.

Le voyage peut s'effectuer : 1° de Paris à Pierrefonds, par Compiègne ou Villers-Cotterets ; 2° de Pierrefonds à Coucy-le-Château, par Chauny ou par Anizy ; 3° de Coucy-le-Château à Namur, par Charleroi ou par Chimay, à la condition pour le voyageur de ne pas suivre au retour, sur le parcours belge, l'itinéraire choisi à l'aller. — Arrêt facultatif dans toutes les gares et stations comprises dans l'itinéraire (*a*).

3° POUR VISITER
LA BELGIQUE, LA HOLLANDE ET LA PRUSSE RHÉNANE

BILLETS VALABLES PENDANT UN MOIS
PREMIÈRE CLASSE : **119 FR. 10**. — DEUXIÈME CLASSE : **89 FR. 20**

Itinéraire. — Paris, Amiens, Douai, Valenciennes, Quiévrain, Mons, Bruxelles, Anvers, Zevenberghen, Dordrecht, Rotterdam, Delft ou Gouda, La Haye, Leyde, Haarlem, Amsterdam, Utrecht, Arnheim, Zevenaar, Emmerich, Dusseldorf, Cologne (ou Utrecht, Arnheim, Zevenaar, Clèves, Kempen, Neuss, Cologne) (ou Utrecht, Boxtel, Venlo, Kempen, Neuss, Cologne), Aix-la-Chapelle, Verviers, Spa, Liège, Huy, Namur, Charleroi, Saint-Quentin et Paris, ou *vice versa*. Arrêt facultatif dans toutes les gares et stations comprises dans l'itinéraire (*a*).

4° POUR VISITER
LES BORDS DU RHIN

BILLETS VALABLES PENDANT TRENTE JOURS
PREMIÈRE CLASSE : **141 FR. 50**. — DEUXIÈME CLASSE : **105 FR**.

Itinéraire. — Paris (Nord), Amiens, Douai, Valenciennes, Mons, Bruxelles, Liège (ou Saint-Quentin, Quévy, Mons, Bruxelles, Malines, Liège) (ou Saint-Quentin, Charleroi, Namur, Liège), Spa, Verviers, Aix-la-Chapelle, Cologne, Bonn, Coblentz, Saint-Goar ou Ems, Bingen ou Rudesheim, Mayence ou Wiesbaden, Francfort, Darmstadt, Manheim, Friedrichsfeld, Heidelberg, Carlsruhe, Baden-Baden, Kehl, Strasbourg, Nancy et Paris (Est), ou *vice versa*. — Arrêt facultatif dans toutes les gares et stations comprises dans l'itinéraire (*a*).

5° POUR VISITER
LA FRANCE, LA BELGIQUE, LA HOLLANDE, LES BORDS DU RHIN ET LA SUISSE

Itinéraire. — (Voir les voyages de P.-L.-M., nᵒˢ 71, 73, 74 et 76). Billet valable pendant 45 jours (*a*).

a Transport gratuit de 25 kilog. de bagages, sauf sur les parcours des chemins de fer de l'Etat belge.

PRIMES EXCEPTIONNELLES — A NOS LECTRICES

Si vous désirez posséder l'une des meilleurs

MACHINES A COUDRE

adressez-vous directement

A LA MAISON D. BACLE 46, *RUE DU BAC*

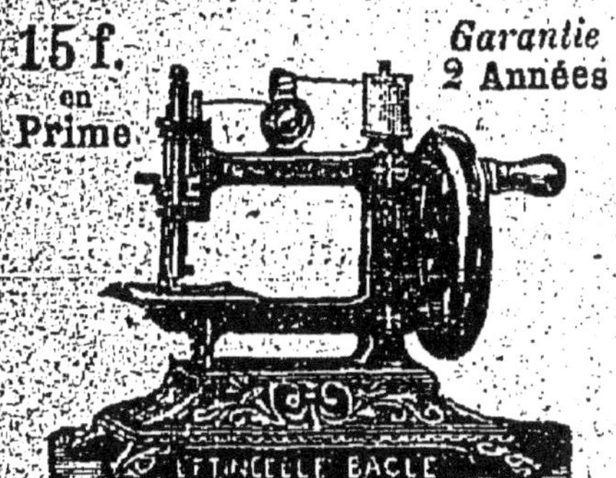

L'ÉTINCELLE BACLE A 1 FIL

15 f. en Prime — *Garantie 2 Années*

A cette époque de l'année elle livre dans un but de grande propagande à titre de **PRIME-ÉTRENNE,** trois modèles de ses superbes machines à des prix réellement exceptionnels : Valable jusqu'à fin Décembre 1894.

1° L'ÉTINCELLE BACLE, charmante petite machine à main à un fil, de qualité garantie, est livrée **en Prime** contre mandat de **15 fr.** *franco* de tous frais.

LA VOYAGEUSE BACLE N° 6

PRIX Exceptionnel 55 fr. Franco d'emballage et de port en toute la France

COMPLÈTE d'accessoires et des **GUIDES** désignés — **QUALITÉ** garantie 3 années

2° La VOYAGEUSE BACLE n° 6, belle et grande machine également à main, mais à deux fils faisant le point de navette bien perlé et indécousable, **en prime** contre mandat de **55 fr.** Elle pique droit, petits plis, ourle ouate.

L'emballage de ces deux machines à main est *gratis,* le port, par exception, est également *franco* en toute la France.

LA FAMILLE N° 1

Modèle exact livré avec leçon gratis dans Paris, ou bien **franco** de port et d'emballage dans toute la France.

Étrennes 1894 — 89 f.

EN PRIME 89 fr.

3° **LA FAMILLE** très belle et parfaite machine sur pied à roulettes, richement décorée, table en noyer d'amérique avec bord à frise, mètre et bande marqueteries, dévidoir automatique, bien complète d'accessoires et de tous les guides. Cette dernière est par exception expédiée *franco* de tous frais gare d'arrivée en toute la France, excepté pour les colonies, contre mandat de **89 fr.** Sa qualité irréprochable est garantie sur facture **3 années.**

NOTA. — *Les trois modèles désignés ci-contre sont la propriété exclusive de la* **Maison D. BACLE.** *Toute machine livrée avec dénomination pareille n'est qu'une imitation de qualité inférieure que l'acheteur doit soigneusement éviter.*

La **Maison D. BACLE,** qui est fondée depuis un quart de siècle, n'a aucun dépôt ni succursale, elle est bien connu d'un grand nombre de Lectrices de notre *Journal* ; son succès, qui est dû à la préférence des acheteurs, est motivé par l'application sérieuse du principe qu'elle a adopté dès son début. vendre bon marché est entièrement de confiance les modèles de machines à coudre les mieux perfectionnées, les plus douces, et les plus complètes.

Toutes les commandes faites avec indication des avantages offerts par notre organe seront immédiatement exécutées.

S'adresser uniquement au Fabricant : Maison D. BACLE

PARIS — 46, Rue du Bac, 46 — PARIS

Seul Propriétaire des Célèbres Machines à PÉDALE MAGIQUE, Brevetée et Médaillée